国外集体谈判机制研究

主编　刘燕斌

中国劳动社会保障出版社

图书在版编目(CIP)数据

国外集体谈判机制研究/刘燕斌主编. —北京：中国劳动社会保障出版社，2012

ISBN 978-7-5045-9744-1

Ⅰ.①国…　Ⅱ.①刘…　Ⅲ.①劳资合作-谈判-研究-国外　Ⅳ.①F249.1

中国版本图书馆 CIP 数据核字(2012)第 108236 号

中国劳动社会保障出版社出版发行

(北京市惠新东街 1 号　邮政编码：100029)

出 版 人：张梦欣

*

北京北苑印刷有限责任公司印刷装订　新华书店经销

787 毫米×960 毫米　16 开本　21.5 印张　333 千字

2012 年 6 月第 1 版　　2012 年 6 月第 1 次印刷

定价：54.00 元

读者服务部电话：010－64929211/64921644/84643933

发行部电话：010－64961894

出版社网址：http：//www.class.com.cn

劳动力市场与劳动关系
（代　序）

宋晓梧

中国的劳动力市场是各要素市场中发育最晚的一个，从“劳务市场”正名为劳动力市场就用了10年多的时间。至今中国的劳动力市场仍处于转型过程中，转型的速度比较快，可以说是急剧转型。一是劳动力配置体制转型，由计划配置劳动力资源，到市场配置劳动力资源；二是劳动力的产业结构转型，由农业就业为主转变到工业、服务业就业为主；三是劳动力的年龄结构从偏年轻型转向偏中老型；四是随着经济社会发展，劳动力的技术平均等级由低等向中高等转型。

这四个转型从下向上看，一个争论比一个大。论及我国的劳动力素质从低端提升到中高端基本没有争论。论及人口老龄化问题、人口红利问题有争议，但争议不大，因为我国人口基数庞大，惯性很大。1990年的人口预测与现在的比较，并没有太大的变化。论及农业劳动力转移问题、刘易斯拐点问题等，争论很多。如刘易斯拐点是否到来，刘易斯理论在中国是否适用等问题，意见很不一致。争论最大的是由计划配置劳动力资源向市场配置劳动力资源转型。这主要是由于所涉及的劳动关系问题异常复杂。

讨论劳动力市场，劳动关系究竟如何转型是争论最大的问题。而且这个问题比较敏感，有些方面还没有展开充分的讨论，但现实迫使我们不得不认真回答这个问题。中国出现了强资本、弱劳工的格局，关键是劳动关系失衡，是政府主导下的劳动关系调整存在一些问题。再有，中国劳动力总供给大于总需求下的劳动关系调整也造成一些问题。因为劳动关系是劳动者与雇主之间的关系，而人和人的关系就不是简单的经济关系，涉及社会问题、政治问题，是十分敏感的经济社会问题。

劳动关系究竟如何实现转型？总的说，应从计划经济下的劳动关系转型为市场经济下的劳动关系，劳动力资源的配置主体、配置方式、劳动力供求双方关系及其特点都要转变。

计划经济下劳动力配置主体是政府，配置方式是行政指令，那时劳动关系就是干群关系。计划经济时期，从工人到班组长、工段长、车间主任、厂长，再到主管局、国家部委，完全是行政关系，没有劳动力供求关系。干群关系的特点是上下层级关系。现在要转到社会主义市场经济，要把配置主体转变为劳动力的供方和需方，即企业主和普通劳动者，如果还是政府充当资源配置主体就谈不上社会主义市场经济了。现在，配置方式是通过劳动合同，这和过去的行政指令不一样了，关系是契约关系。是否聘用与是否应聘由劳动力供求双方自愿选择。这应该是转型的方向。同时很重要的一点就是现代劳动力市场中，劳动关系的特点是集体谈判，而不是单个工人与单个企业家的关系。这可称为劳动力市场的组织行为，或是劳动力市场的集体行为。

劳动力是很特殊的生产要素。西方经济学很少有人论证劳动力是否是商品，只是说把它视为一种商品可以方便用供求关系分析它。国际劳工组织章程第一条就明确劳动力不是商品。因为劳动力是人的体力和智力的总和，是不能和劳动者分离的，其他的生产要素都可以和所有者分离，比如土地，资金等。这样，劳动关系就不仅仅是交换过程中两个所有者之间交换财产的关系，他会一直延续到企业中间，你要用职工的脑力和体力，还得通过劳动者本人在企业生产过程中发挥作用。这样一种关系就使得劳动争议很大程度发生在企业内部，政府要企业自主经营，不能直接干预企业的日常经营活动，要给企业用人自主权，日常大量的劳动关系不是由政府而是由劳动力市场的供求双方决定。现代劳动力市场是一种组织行为，单个劳动者对单个雇主的关系是原始积累时代的劳资关系。还应看到，只有建立了劳动力市场组织行为，政府才可以摆脱日常的劳资纠纷，集中力量解决宏观问题，同时避免了和工人的直接对话，有利于社会的稳定。

当前，在劳动关系转型实践中，必须回答以下问题：在企业用人自主权和职工择业自主权落实之后，在劳动力市场的组织行为方面，政府要从劳动力市场的竞争、配置资源方面摆脱出来，大量的劳动关系问题如何处理？哪个组织可以代表企业的利益同工会谈判。发生了劳动争议工会如何代表工人的利益进行集体谈判？

近 20 年来，中国劳动关系日趋紧张，从 1993 年到 2002 年我国集体劳动争议案件从每年 864 件上升到 11 024 件，平均每年增长 40.5%，2003—2007 年共发生劳动争议案 60 万件，平均每年 12 万件，与前 5 年相比上升 30%。

全国总工会一项调查，2001—2007 年劳动争议以年均 3.3 万件的速度递增，2008 年大幅增加 69.3 万件，为近 10 年最高，2009 年才有所回落。2010 年前三季度全国劳动争议仲裁委员会受理争议案件 44.3 万件，是 2007 年的 126.6%。2010 年外资、港澳台和国企改制企业及劳动密集型民营企业，连续出现集体停工、怠工等群体性事件。据有关方面研究，我国当前劳工集体性事件的年度平均数据已明显高于美国 20 世纪 70 年代罢工高发期的水平①。

① 常凯．中国劳动关系报告——当代中国劳动关系的特点和趋向［M］．北京：中国劳动社会保障出版社，2009

2008年劳动争议案有大幅度上升，海南改革发展研究院2008年年底调查了369位专家，其中98位认为《劳动合同法》提高了中小企业成本，加大了企业困难，应暂缓施行，21位专家认为不应暂缓实施，47位认为不好说。可见专家的意见分歧极大。由于企业内部并没有真正建立劳动力供求双方集体讨价还价的市场机制，出了问题必须政府干预。这样，或者是劳动者的利益容易受侵害，或者是侵犯经营者的正当利益，劳动力市场没有一个自协调、自平衡机制，也只好还是靠政府协调、平衡。企业情况又千差万别，政府有时难免处在“宽严皆误”的尴尬境地。有人提出，现在西方国家工会组织率大幅度下降，如美国、加拿大、澳大利亚、日本工会组织率，都在逐年下降，我们还搞什么集体谈判？不错，一些发达国家的工会组织率是在下降。

但我认为，不能以西方国家工会组织率下降来否定我国劳动力市场组织行为、集体行为的重要性。各国发展的阶段不一样。就是现在美国、加拿大、澳大利亚、日本、韩国工会的作用依然是非常强大的。如美国要想把通用汽车公司改制，工会不同意就无法进行。我认为，绝不能以现代西方国家工会组织率下降否定当前我国劳动力市场集体行为的重要性。

这些年来我国是政府主导模式，在这种情况下政府要进一步转变职能，在二次分配应该更多的承担责任，通过社会保障、税收等手段加大社会共济，平抑分配差距。一次分配方面，政府应通过完善立法和加强监管，建立维护公平、公开、公正的劳动力市场秩序，但政府不应该直接干预企业内部的分配，要充分发挥市场配置劳动力资源的基础作用。确实应呼吁改变普通职工工资低、农民工工资低的状况，要加强有效的干预。但不能只用行政方法确立指标，例如几年内工资必须增长多少，并作为书记、市长一把手责任制分解下去，这种做法是与建立社会主义市场经济体制的大方向有所违背的。但是由于迟迟未能建立劳动力市场自平衡机制，导致目前处于两难的境地。

中国劳动力长期总供给大于总需求，所以有些学者说，普通劳动者工资低是很正常的。如是的话，公务员每年却有大量人员报考，这种情况已经持续很多年了，而公务员的工资却未下降，可见供求关系还在一定的体制、机制下起作用，不是供求关系决定一切。长期以来，中国农村富余劳动力近乎无限的供给，刘易斯拐点是否已经到来，大家有不同的观点，但可以肯定是在向拐点走。就是拐点没到之前，农民工工资压得过低也是不合理的。有人说提高农民工成本违背市场规律，我认为这是不对的。农民工劳动成本除了工资外，还有各项社会保障支出，目前覆盖面最高的工伤保险才覆盖到百分之三十几的农民工。健全社会保障体系是市场经济下政府应尽的职责。再有，现代劳动力市场反对就业歧视，本来第一代农民工长期存在就没多大道理，出现第二代、第三代农民工就更是毫无道理。仅仅局限于经济学供求关系的角度是说不清这个问题的，必须以人为本，从人的平等政治权利、平等就业权利才能把这个问题讲清楚。因为是农民工，就可以同工不同酬，这不符合现代市场经济规律。劳动报酬的变动有供求关系起作用，还要看到现有体制、机制的影响。一些人讲的供求理论，实际是19世纪的生存工资理论。他们认为，农民工只要进城，生活比农村好一点就该知足了。西方工资理论后来发展了，有工资基金理论、边际工资理论，现在流行的是集体谈判工资理论，还有分享工资理论等等。我们不能以19世纪的生存工资理论来简单分析21世纪中国的劳动关系、劳动报酬问题。

劳动关系问题是敏感的社会问题，中国作为社会主义国家不能重蹈发达国家资本原始积累时期劳资剧烈冲突的覆辙，在劳动力市场发育时期就要注重劳动力供求主体组织行为的形成。在当前形势下，劳动力市场供求主体的组织行为不仅有利于平衡劳动报酬与资本收益之间的关系，还可以起到反对官僚主义、监督腐败行为的作用。劳动者在真正代表自己利益的工会和农民组织下维护自己的合法权益会对官僚主义起抵制作用是不言自明的。企业经营者通过各种行业协会、雇主协会与政府打交道，也可以大大减少现在各部门与众多企业直接交往，从而提供的广泛的权钱交易空间。其实这个问题可以再延伸一些，不仅是劳动力市场的组织行为问题，能不能让各种不同利益群体组织起来自律维权，并建立社会组织之间的自协调、自平衡机制，对于完善社会主义市场经济体系十分重要。如果迟迟不建立这种自协调、自平衡机制，包括劳资纠纷等各种社会矛盾就只能由政府一手管控，那必然会产生诸多弊端，最重要的是政府自身将失去社会的监督，而且权钱交易空间太大，体制性腐败很难抑制。

完善劳动力市场的组织行为为什么这么难？很多学者不愿意讨论，因为涉及雇主组织和工会组织，这就比较敏感了。涉及社会主义市场经济条件下工人的组织权利、谈判权利、罢工权利如何界定？经营者的谈判权、组织权、关厂权如何界定？现在没有明确的回答和深入的讨论，甚至于一定程度上限制进行这方面的讨论。我认为中国的经济体制、社会体制、文化体制、政治体制必须四轮驱动，需要进一步解放思想，借鉴成熟市场经济国家的经验，立足我国的实际情况，探讨解决上述问题。

在劳动关系中还要处理好敏感的罢工问题。20 世纪 90 年代中期以来我国开始推行集体协商机制，建立了国家级的三方协商机制，企业中开展了集体协商，取得了一定的进展，为探索符合社会主义市场经济的劳动关系积累了宝贵的经验。进入 21 世纪，科学发展观的提出和落实，对推进工会职能的转变，构建和谐劳动关系也起到了积极的推进作用。但严重损害企业职工合法权益的事件依然经常发生，进一步健全集体协商机制迫在眉睫。完善集体协商机制涉及的问题很多，许多从事这方面理论研究和实际工作的人认为，缺少职工罢工和雇主关厂规范程序使集体协商机制很不完整。

国际上，罢工早已从资本原始积累阶段被禁止的非法活动逐步演变为工人的合法权益，对平衡劳资关系起了重要作用，被视为工人运动的伟大成果。正常情况下罢工是经济性的，主体只涉及劳资双方，罢工涉及的矛盾多是企业层次当然也有行业层次。欧美等国19世纪中后期开始相继承认罢工的合理性，20世纪以后罢工逐步取得合法的法律地位。现在各国关于罢工的立法形式不同，有的在宪法，有的在部门法，有的在专门法律中明确，也有的通过司法判例确定职工的罢工权益。在各国立法的基础上，国际组织对罢工也有明确的规定。联合国1966年12月通过的《经济、社会、文化权利公约》正式确认受雇者享有罢工权，同时指出各缔约国可以用法律限制军人、警察及公务员的罢工权。在国际劳工组织确定的核心劳工公约中有两个直接涉及工人的谈判权，既1948年通过的《结社自由和组织权利公约》、1949年通过的《组织权利和集体谈判公约》。作为国际劳工组织的核心公约，这两个公约并没有对罢工直接做出规定，但国际劳工组织通过大会决议、委员会声明，明确表达了工会组织及活动的权限。我国1954年的宪法没有罢工的规定，1975年的宪法规定公民有言论、通信、出版、集会、结社、游行、示威、罢工的自由。1978年的宪法把大鸣、大放、大辩论、大字报也写进去。1982年修改宪法，取消了中国“文革”时期的特殊产物“四大”，同时也取消了国际社会普遍认可的罢工自由。

但从法理来说我国工人是享有罢工权的。2001年全国人大常委会批准的《经济、社会及文化权利公约》中规定本公约各国承担保证，“有罢工权”，应按照各个国家的法律行使此项权利。但至今我国没有制订具体的法律程序。工会法中也对停工怠工条款进行了修改，2001年《工会法》对停工、怠工的条款进行修改，规定企业、事业单位发生停工、怠工事件，工会应当代表职工同企业、事业单位或者有关方面协商，反映职工的意见和要求，提出解决问题的建议。对职工的合理要求、企业、事业单位应当予以解决，工会协助企业、事业单位做好工作，尽快恢复生产、工作秩序。这里讲的停工、怠工事件就是罢工和变相罢工，这种情况在各类企业都存在。

现在不是讨论中国职工有没有罢工权的问题，全国人大常委会批准了《经济、社会及文化权利公约》，并已经生效。研讨罢工绝不是鼓动罢工，而是要通过立法明确罢工程序，规范罢工。罢工也给工人和社会造成损失，会带来较大的负面影响，应该作为劳动争议的最后阶段使用。但现在我国没有规范的罢工程序，而无序的罢工造成的影响更大。有时企业负责人或地方领导还不知道，员工已经罢工了，罢工了都不知道跟谁谈。南海本田工会要求工人恢复工作，结果工人没跟雇主打起来，却和工会先打起来了，被很多中外学者认为是世界劳工史的奇闻。应正视这些问题，认真研究这些问题。可是长期以来，大家研究劳动力市场都尽量回避这些敏感问题。学者们可以做许多数学模型、搞些数字分析，但劳动者的基本权利搞不清楚，雇主的基本权利也搞不清楚，这样就很难建立劳动力市场秩序。

需要强调的是，建议通过立法明确赋予工人罢工权，绝对不是“鼓动罢工”，而是规范罢工。对此是有国际共识的，如国际劳工组织认为，“罢工的确是一种基本权利，但其本身并不是目的。罢工是代价昂贵的和分裂性的行动，不仅给雇主和工人自身造成损失，而且可能危及第三方利益，带来较大的负面经济和社会影响”，“应当作为解决劳动争议的最后手段加以使用。”[①] 在这方面，具体国别的相关规定也很多，例如美国 1947 年通过《劳资管理关系法》（塔夫脱—哈特莱法），对 1935 年通过《国家劳动关系法》（瓦格纳法）以后出现的各种不公正劳动行为和非法罢工做出纠正，在强调禁止 5 种雇主不公正劳动行为的基础上，

① 国际劳工局：pp. 136，137，Part I. Freedom of Association and Protection of the Right to Organize，Chapter V. The Right to Strike，1994，Freedom of Association and Collective Bargaining：The Right to Strike，ILO。

对工会6种不公正劳动行为也予以禁止。[①] 一些国家有关罢工的立法和罢工典型案例都说明，明确罢工的合法程序不仅有利于保障职工合法权益，也有利于国家以合法手段制止可能发生的职工过激行为和非法罢工事件。

显然，罢工会造成经济损失，但为什么世界各国、国际组织还要给工人罢工权呢？因为历史证明，在没有工人罢工权的原始资本积累时期，剧烈劳资矛盾造成的损失比罢工的损失要大得多。明确罢工的合法程序不仅有利于保障职工合法权益，也有利于国家以合法手段制止可能发生的职工过激行为和非法罢工事件。没有合法程序，实际上把所有罢工都置于违规、违法之列，把那些提出合理诉求的工人也推到对立面，反而使矛盾激化。规范罢工行为对于建立和谐劳动关系，完善劳动力市场具有积极意义。

在劳动关系转型过程中，应特别重视发挥集体协商机制在调整劳动关系中的作用。纵观工业革命以来世界劳动关系的发展历史就会发现集体谈判自其产生以来的一个多世纪中，在改善劳动条件、调整劳资关系、保护劳动者权益等方面发挥了至关重要的作用。市场经济国家和有关国际组织为保证集体谈判机制的有效运行，制定了一系列法律制度和国际标准，形成了许多行之有效的做法经验。鉴此，认真研究和借鉴市场经济国家集体谈判机制，对于不断完善我国集体协商机制，并充分发挥其在构建和谐劳动关系中的作用，具有重要意义。

① 该法案还赋予美国总统干预全国性紧急罢工的权力，当发生危及全国健康和安全且影响到整个行业的罢工时，总统可以禁止工人罢工80天，以此给劳资双方进一步集体谈判的机会。该法在充分考虑工人权利的同时，也顾及资方尤其是中小企业的利益，在工会举行一些不公正劳动行为及非法罢工时，法律给予了明文的禁止。防止工会滥用权利进行罢工，防止对整个国民经济不利的大型罢工行为，对其采取紧急措施等。

目 录

第一章　国外集体谈判概述及发展趋势　（1）
一、集体谈判的起源与演进　（1）
二、集体谈判的现状与特征　（8）
三、集体谈判的理论基础及其发展　（14）
四、集体谈判的发展趋势　（22）
第二章　国外集体谈判立法研究　（31）
一、各国集体谈判立法的层次和形式　（31）
二、各国集体谈判立法的内容　（39）
三、国际劳工组织与集体谈判　（58）
第三章　国外集体谈判的主体研究　（69）
一、集体谈判中的工会　（69）
二、雇主和雇主组织　（84）
三、我国集体协商主体存在的问题及其对策　（94）
第四章　国外集体谈判的主要内容研究　（99）
一、集体谈判内容概述　（99）
二、工资集体谈判　（103）
三、工资谈判对工资效力的影响因素　（110）
四、对我国的借鉴和政策建议　（125）

第五章　国外集体谈判的程序、规则与层级研究　(127)
一、国外集体谈判的程序　(127)
二、国外集体谈判的规则　(131)
三、国外集体谈判的级别　(133)
四、对我国的借鉴　(137)
第六章　国外集体劳动争议处理机制研究　(141)
一、集体劳动争议的界定　(141)
二、集体劳动争议处理制度　(142)
三、对我国的借鉴　(151)
第七章　国外罢工和闭厂研究　(153)
一、罢工　(153)
二、闭厂　(174)
三、典型案例：芬兰造纸业工人大罢工及纸浆厂闭厂事件　(183)
四、对我国的借鉴　(186)
第八章　国外公共服务部门的集体谈判研究　(188)
一、对公共服务部门的界定　(188)
二、国外对公共服务部门罢工的限制规定　(192)
三、对我国的借鉴　(198)
第九章　国外集体谈判中政府的作用研究　(200)
一、制定有关集体谈判和集体协议的法律法规　(200)
二、制定作为集体谈判依据的基本劳动标准　(205)
三、提供集体谈判所需要的条件、环境和服务　(211)
四、保障集体谈判机制的运行和法律的实施　(213)
五、对我国的启示与借鉴　(221)
第十章　借鉴国际经验，完善我国集体协商机制　(224)
一、完善集体协商制度是构建和谐劳动关系的必然要求　(224)
二、加快制定有关集体协商和集体协议的法律法规　(227)

三、促进集体谈判主体双方建立均衡对等的协商关系 (228)
四、积极调解和处理集体劳动争议 (230)
五、为劳资双方提供多方面的服务 (231)
附录　典型国家集体谈判制度研究 (233)
美国集体谈判制度研究 (233)
德国集体谈判制度研究 (245)
英国集体谈判制度研究 (273)
法国集体谈判制度研究 (278)
瑞典集体谈判制度研究 (285)
澳大利亚集体谈判制度研究 (294)
俄罗斯集体谈判制度研究 (311)
参考文献 (320)
编后语 (326)

第一章　国外集体谈判概述及发展趋势

一、集体谈判的起源与演进

（一）“集体谈判”概念的提出与演进

1. 集体谈判的首次提出

最早提及“集体谈判”概念的是比阿特丽斯·韦伯（Beatrice Webb），1891 年，韦伯在其出版的《英国工会运动》一书中指出：“在无工会组织的行业，劳动者个人无论在寻找工作，还是接受或拒绝雇主提供的就业待遇时，除了考虑自身所处的紧急状况之外，并没有与其同伴进行交流。为了出卖劳动力，劳动者个人不得不与雇主进行艰难的个人交涉，但如果工人团结起来，推选代表以整个团体名义与雇主谈判，其弱势地位将会即刻得到改变。雇主也无须再分别与每个雇员签订一系列的个别劳动合同，而只要签订一个能够满足集体意愿、规定集体劳动条件的协议即可。根据这一集体协议所确立的准则，从签订之日起，所有特定群体、特定阶层、特定等级的人员都要遵守该协议。”①

1902 年悉尼·韦伯（Sidney Webb）夫妇在《产业民主》一书中的“工会活动”中第一次使用了“集体谈判”（Collective Bargaining）一词。其将“集体谈判”定义为：“雇主不是面对雇佣劳动者个体并与之订立劳动合同，而是面对集体的意志、决定，订立统一的合同，合同订立的原则是在当时条件下的雇佣劳动者的集体抉择。”

2. 国际劳工公约对“集体谈判”概念的规定

---

① Terry Mcllwee, Collective Bargaining, in European Labor Relations. Vol. 1. Gower, England, 2001. 14.

1981 年，国际劳工组织在《促进集体谈判公约》（第 154 号）第一部分第 2 条中指出：就本公约而言，“集体谈判”一词适用于雇主，一些雇主或一个或数个雇主组织为一方同一个或数个工人组织为一方就以下目的所进行的所有谈判：

（a）确定劳动和就业条件。和（或）

（b）解决雇主和工人间的关系。和（或）

（c）解决雇主或其组织同一个或数个个人组织之间的关系。

该定义对集体谈判的内容进行了总括性的解释和界定。

3.“集体谈判”概念的界定

英国学者吉尔帕尔墨（Gill Palmer）认为，“集体谈判是专门的雇主和工会谈判委员会共同决定有关雇佣问题的制度化的协商谈判体系”①，其强调集体谈判的内容只限于与雇佣有关的问题，而且工会和雇主必须相互承认对方作为谈判主体的资格。

英国学者多诺万（Donovan Commission）将集体谈判的含义界定为“员工不是单独地仅作为自己的代表进行谈判，而是通过集体代表进行谈判”，其结果是通过达成协议在群体的层面上而不是个人的层面上规范雇佣关系②。艾伦·弗兰德斯（Alan Flanders）则指出，集体谈判不仅具有经济功能，而且还具有政治的作用。因为集体谈判本身也是规则形成的过程，涉及不同组织之间的权力对比。他认为“集体谈判的双方除了对实体性条款进行谈判之外，还要对程序性规则进行协商，从而将自身关系的调整与委托人之间的雇佣关系清楚地区别开。这些程序性规则，规范着解决争议的行为，包括第三方的调解、仲裁程序”。

美国学者乔治·斯特劳斯（George Strauss）在《工商管理大百科全书》中对“集体谈判”作出的定义是：集体谈判是指通过工人（常常组成工会）与雇主进行谈判以决定条款和条件的一种制定制度的过程。

美国劳工领袖萨缪尔·高泊尔斯（Samuel Gompers）认为雇员有权利组织起来，派出代表与雇主协商工资和工作条件。集体谈判说明工资不应

---

① Terry Mcllwee, Collective Bargaining, in European Labor Relations. Vol. 1. Gower, England, 2001. 15.

② Graham Hollimshead, Peter Nicholars, Stephanie Tailby, Employee Relations. The Financial Time Pitman Publising, 1999, 302.

该由管理方控制，也不仅仅是管理方的职责。集体谈判是为了就合同条款进行协商，雇主与代表雇员的组织之间的一种持续的关系。①

国际劳工组织约翰·P·温德姆勒（John P. Windmuller）则认为，“集体谈判是代表雇主和雇员利益的团体之间的决策过程，它的压倒一切的任务是谈判，以及应用一系列经过认同的规则来约束就业关系的实质内容和程序，同时，还要确定谈判过程中参与者之间的关系”。

而研究企业人力资源管理的学者们大都认为，集体谈判是雇主和雇员代表为相互履行义务，在商定的时间商谈，就工资、工时以及雇佣条件和期限等进行谈判，或就其引发的任何问题进行谈判，并应任何一方的要求，执行体现任何已达成的协议的书面合同，但这种义务并不强迫任何一方同意一项建议或做出某种让步。

综上所述，集体谈判是企业（组织）和工会确定工作条件和待遇的谈判过程，其是企业（组织）和工会团体进行的谈判，谈判过程包含能力、压力、让步、冲突等多种因素。其是通过特定的谈判结构进行谈判制定规则的过程，即通过雇员的代表与雇主或其代表就工作条件和劳资关系等问题进行协商确定具体的劳资关系规范的过程，从广义上讲其也是一种协商谈判体系，是一种解决劳资问题的方法。

“集体谈判”区别于劳动者个人与雇主之间的“个别谈判”，其目的是签订集体协议，规范双方的权利义务关系，解决工作场所中共同关注的问题。集体谈判建立在“共同规范”的基础之上，其允许雇员通过自己的代表提出议题，在与雇主协商谈判后达成协议。集体谈判需要具备两个基本条件：（1）雇员需要将自己看做是在规范劳动关系方面具有相同目标和利益的团体而不是单纯的个体。他们应该加入某种组织，如工会，形成集体的力量，通过与雇主进行谈判以维护自己的利益。（2）雇主必须接受雇员组织，并认可该组织具有代表其所代表的雇员利益，这也就意味着雇主原先具有的单方面的权力会受到某种程度的制约，组织的行为将受到集体谈判的协议的限制。

---

① Michael R. Carrell，Christina Heavrin. Labir relation and collective bargaining：cases，practive and law. New Jersay：Prentice-Hall，A Simon &Chuster Company，1998，4.

（二）集体谈判的起源

1. 集体谈判起源的背景

18 世纪末 19 世纪初，欧洲的产业革命不仅推动了经济社会的飞速发展，形成了人数众多的工人阶级队伍，而且资本原始积累的野蛮性与残酷性又将崭新的工人阶级队伍置于异常悲惨的境地。高强度劳动、低廉报酬、恶劣劳动条件和频发的工业事故严重超越了工人的生理承受极限和社会的道德底线。这一切也迫使工人阶级为改善自己的生存状况而自发地与资本家进行斗争，然而工人们的自发斗争往往又都是以失败告终。正是在斗争——失败——再斗争——再失败的实践循环之中，工人阶级逐渐意识到单凭个体的力量是不可能与具有强大经济基础、政治背景的资本家抗衡的，只有团结起来，实现团体一致的行动，才能对资本家形成威慑，迫使其接受工人阶级的合理诉求，所以一些掌握技能的熟练劳动者自发组织起来，利用罢工或消极怠工等手段迫使资本家不得不到谈判桌上与工人进行谈判。在这一背景下，工人阶级的群体维权组织——工会也应运而生。工会出现后，代表工人阶级同雇主进行谈判，并把谈判达成的协议，用书面形式固定下来，这就是早期形式的“团体协约”和集体谈判。

显然集体谈判的出现，是与工业革命所出现的技术、经济、社会和人口的变化分不开的。由于社会深刻变革带来的极度混乱和不安，给传统的劳动关系带来了新的问题和挑战，工人们开始组织能代表其利益的团体以对抗雇主和资方，保护自己免受生产技术革新和机械化带来的伤害。集体谈判的起源史在一个侧面反映了工会的起源史，集体谈判的发展和工会的发展紧密联系，而工会活动也密切围绕着集体谈判开展。

2. 典型国家集体谈判的起源

在集体谈判发展之初，不但没有得到欧洲各国政府的承认与保护，却得到了更多的反对和仇视。当时欧洲各国还把劳动关系当做“自由”的契约加以规定，将工人个体利用集体力量迫使雇主签订团体协议的行为视为“限制贸易自由的共谋罪”。

19 世纪初英国法律就曾规定，“凡 2 人或 2 人以上联合要挟雇主改良劳动条件，一律给予徒刑或罚金处罚”，政府还宣布取缔工会组织，禁止工人罢工等。到了 1850 年，虽然英国的纺织、矿山和炼铁业的工会组织也通过谈判与企业雇主之间达成一些协议，但是当时的集体谈判仍然没有得到法律的保护，谈判达成的协议也是“君子协议”，随时可能被资方抛弃。当时欧洲其他国家的法律，如法国 1791 年颁布的《夏勃里埃法》和英国 1799 年颁布的《结社法》也大都禁止工人结社、罢工和示威，劳动者难以合法组织起来，集体谈判处于萌芽状态。

不过，工人阶级的团结斗争却并未因此而停滞，反而愈演愈烈。与此同时，激烈的劳工冲突迫使雇主不得不转换思维，从有利于自己的一面重新审视集体谈判。在不断的深入研究中，资本家们发现集体谈判不仅可以避免劳资对抗，抑制罢工怠工行为，还可以避免同行业者之间的无谓竞争，因而，资本家们开始接受集体谈判和团体协约。在此基础上，英国政府也开始转变立场，通过立法对集体谈判加以鼓励和支持。1871 年英国就公布了世界上第一部《工会法》，此后又于 1875 年公布了《企业主和工人法》，明确规定工人有组织工会的权利，承认工人与雇主之间地位平等，允许工人以团体名义与雇主举行谈判签订契约。

继英国之后，欧洲其他国家也相继颁布法律对集体谈判加以规范，如 1884 年法国颁布《工会法》，1904 年新西兰颁布规范的集体谈判和集体合同法律，奥地利和荷兰也先后在 1907 年颁布相关法律。第二次世界大战以后，获得民族独立的第三世界国家也纷纷借鉴欧美国家劳资关系的处理办法，先后确立了集体谈判制度。集体谈判逐渐得到了国家法律的认可和支持，也使集体谈判日益成为制度化解决产业冲突的手段。

3. 对早期集体谈判的评述

纵观集体谈判的起源史，其经历了受压制、对抗、认可、确认的发展过程。集体谈判并没有单一的、共同的起源，其起源历程同各国各时期的经济社会政治大环境有着紧密的联系。不过，虽然没有共同的起源，集体谈判主体的相互博弈，却一直影响着集体谈判发展的进程和方向。

（三）集体谈判的发展进程

在集体谈判发展初期，工人作为个体孤立地分布于劳动力市场处于极其不利的地位。随着时间的推移，工人组织起来形成工会，具有一定的组织力量，并以谈判和罢工等形式争取自身权益。但是，资本家的经济实力和政治地位仍然处于强势一方，而且这一地位随着寡头资本和雇主协会的出现和发展逐渐得以加强。其后，政府也参与进来成为集体谈判的主体。政府就集体谈判的过程、内容、结果以及实施进行了详细的规定，某些国家更是通过正式的法律法规建立了独立的工会组织，并以此形成与雇主力量相互制衡的劳资政三方关系。概括起来，集体谈判的发展进程，可以分为五个阶段：萌芽和产生阶段（起源）——开始被法律认可的阶段——向制度化地位过渡阶段——制度化地位被确认阶段——多元发展阶段。

1. 开始被法律认可

19 世纪末 20 世纪初，劳资双方以及政府都认识到建立产业民主、认可工会活动以及集体谈判实践的必要性，三方尤其是劳资双方从对立转向谋求一定程度的合作，政府在一定的法律范围内也开始允许工人组织工会并通过集体谈判与雇主签订集体劳动合同。

世界主要资本主义国家逐渐废除了禁止工人结社的法律，工会开始在法律许可下代表工人与资方进行谈判，劳资双方在政府的监督下开始接受通过协商等较温和的方式进行谈判解决劳资矛盾的方法。英国 1871 年《工会法》、1875 年《企业主和工人法》，法国 1884 年《工会法》，新西兰 1904 年《集体谈判和集体合同法》等一系列的法律法规，标志着集体谈判制度得到了国家法律的认可和保护，使得集体谈判逐渐成为制度化的解决产业冲突的手段。

2. 向制度化、法制化过渡

从 20 世纪初期到第二次世界大战，全球劳资关系开始向制度化、法制化过渡，劳工结社、集体谈判和集体合同制度在社会立法中得到进一步的明确。西方资本主义国家进一步完善社会立法，加强劳资关系管理工作，健全相关机构，扩大劳动监察范围，全面干预劳动关系。

集体谈判和集体协商制度在各国也日益普及，由劳资双方通过有组织的协商解决工资和劳动条件的方式逐渐被劳资双方所接受，政府的角色也转变为给劳资双方进行集体谈判创造条件，提供调解、仲裁等行政服务。在劳动立法的过程中，政府从以前仅邀请雇主代表转变成同时邀请工人及其代表的工会组织参加劳动立法的过程。此外，一些国家还成立了由劳方（工会）、资方（雇主协会）和政府参加的三方协调机构（如劳资协议会等）。

在此阶段，世界主要资本主义国家也出台了一系列的相关法律法规，如 1906 年英国《行业争执法》、1911 年瑞士《债务法》、1919 年法国《劳动协议法》、1921 年德国《劳动协约法》、1938 年瑞典《劳动关系法》以及最具代表意义的 1935 年美国《劳动关系法》。

3. 制度化地位确认

第二次世界大战以后，劳工结社、集体谈判和集体合同制度在主要资本主义国家的劳动立法中广泛得到确认。西方国家普遍运用多种措施缓和劳资矛盾，并形成了一整套规范化、制度化的法律体系和调解机制。

虽然个别国家曾经出现了比较激烈的劳资冲突，如法国1968年五月风暴和20世纪80年代英国煤矿工人大罢工，但是整体而言，世界主要资本主义国家的劳资关系很少出现较激烈的冲突，日常性、规范化、有组织的行为则成为主流，集体谈判、三方协商制度成为劳资关系的基本协调机制。

第二次世界大战后，国际劳工组织也非常重视集体谈判的重要作用，并借助于劳工公约和建议书在世界范围内推广这一制度。1944年第26届国际劳工大会在《费城宣言》中提出应“切实承认集体谈判权利”的要求。1949年国际劳工大会通过的《组织权利与集体谈判权利公约》（第98号）第4条规定：“对于雇主或雇主组织同工人组织之间进行自愿谈判的机制，政府应当采取符合本国国情的措施给予鼓励，并促进其充分发展与应用，以使双方通过签订集体协议来规定工人的就业条件。”1951年国际劳工组织通过的《集体协议建议书》（第92号），更具体地规定了集体谈判和集体合同的程序、定义、效力、解释、监督等内容。这些国际劳工公约和建议书对于各成员国承认集体谈判权利，有效发挥集体谈判的功能产生了巨大的促进作用。

也正是在国际劳工组织的推动下，集体谈判之花遍撒全球，如日本1946年《工会法》、1947年《劳资关系调整法》和1976年《劳动标准法》，德国1949年《集体合同法》，法国1950年《劳资协议法》及1981年《劳动法典》，加拿大1965年《劳动（标准）法》，美国1978年《劳资合作法》等。

集体谈判日益成为处理日常劳资问题的主要手段，也成为雇佣关系中决定规则的主要手段。[①] 不仅工资、工时和工作条件等传统劳工问题可以通过集体谈判加以解决，而且劳资合作、员工参与管理等新的劳工问题也可以日益显现，集体谈判的范围日益扩大。此外，集体谈判还呈现出一些

① ［荷］约里斯·范·鲁塞佛尔达特，耶勒·菲瑟. 欧洲劳资关系——传统与转变. 佘云霞等译. 北京：世界知识出版社，2000. 17

新的特点和发展趋势，如不限于集体合同的签约过程，而成为一项经常性制度，方式上日趋多样灵活，种类上日趋完善，多层次的谈判互为补充等。

4. 多元发展

20 世纪 80 年代以来，经济全球化大大改变了全球劳动法发展的环境，各国政府开始放松劳动法的实施。就连非常重视与劳动者及工会进行利益调整的日本企业，在工人运动衰退和经济发展低迷的影响下，为了强化经济全球化下的国际竞争力，追求企业的繁荣也开始使用种种规避法律的手段来牺牲劳动者的利益。

而且，由于第三产业的迅猛发展，集体谈判重要主体的工会的组织率开始下降，工运活动衰退，以工会主导的集体谈判和集体劳动合同为中心形成的相对稳定的劳资关系的体系开始分崩离析，以至于工会存在的意义都开始遭到质疑。

20 世纪末 21 世纪初，各国在新自由主义的影响下，解除了对纯粹控股集团的禁令。控股集团的合法化促使许多企业集团应运而生。在企业集团内部，不仅劳动条件千差万别，工会相对多元化、扁平化，而且企业集团借整理内部事务之名舍弃非营利部门，实行大规模解雇，使劳动者的就业状况岌岌可危。企业集团母公司与子公司之间的经营、劳动条件决定的关系更加复杂，很多工会甚至连经营者到底是谁都无法明确，集体谈判也开始变得更加艰难。

二、集体谈判的现状与特征

（一）不同劳资关系下的集体谈判

根据劳资双方力量对比和政府在其中的作用可以将劳资关系分为合作主义、多元主义等范式。[①] 集体谈判在不同的劳资关系下，所起到的作用和效果是不同的，在合作主义范式下作用和效果最明显，在多元主义范式下次之。

① ［荷］约里斯·范·鲁塞佛尔达特，耶勒·菲瑟．欧洲劳资关系——传统与转变．佘云霞等译．北京：世界知识出版社，2000．33

1. 合作主义范式下的集体谈判

合作主义的劳资关系中，雇主的力量比较强，雇主组织也比较稳定，不过，工会组织与强大的雇主及其组织相比，力量也很强，组织也较稳定。

在这种范式下，集体谈判在高度组织化的劳方和资方之间进行，双方的价值体系部分重叠，双方都承认对方有不同的利益诉求并愿意通过谈判和协商达成一致。其中，国家干预的角色处于中等水平，主要作用是促进劳资双方形成合作。集体谈判是劳资双方解决争端和问题的主要手段。

合作主义范式下集体谈判的典型代表是德国和瑞典。

完善的劳动法律、规范的集中化集体谈判及工人代表参与管理委员会等是德国最具特色的劳资管理体系。在进行集体谈判时，雇主联合会和工会都得到了法律保护。集体谈判基本在产业级进行，集体谈判的覆盖率高达80%。雇主通过雇主协会同工会代表在产业层面上谈判，雇主同企业委员会代表在公司级进行谈判。在产业层面上，德国工会具有相当大的调整劳动关系的能力，工会在产业层面上的集体谈判也比工作委员会在企业层面上更能发挥作用。同时，在集体谈判达成集体合同的履行期间，集体合同各方受到和平义务的约束，工人行动必须在没有和平义务的时期进行，集体谈判为解决劳资冲突提供了良好的机制，避免了劳资冲突被激化。因此，德国的罢工活动也非常少。

瑞典的合作主义主要体现在三个方面：集中的工资谈判和有序的劳资关系，指向明确的“劳动市场政策”，对福利制度的普遍共识。瑞典实行从中央到地方的集体谈判，谈判体系非常稳定。集体谈判在中央级、部门级和地方级依次进行，最后可能细化到公司管理方与部门员工代表之间的协商，每级谈判达成的集体合同在下一级集体谈判中又被细化，而且，几乎所有的员工都能被某个集体合同所覆盖。与其他欧洲国家相比，瑞典工会组织的力量更为强大，罢工发生也很少，劳资关系经常被发达国家视为典范。

2. 多元主义范式下的集体谈判

多元主义下雇主或雇主组织是比较分散的，力量有大有小，工会组织与雇主或其组织比较，力量也有强有弱，组织的稳定性也不尽相同。劳资双方存在不同的利益诉求，谈判协商被认为是解决劳资冲突的常规的、经常性的手段。在这种范式下，国家对集体谈判的干预大小不一，发挥的作用也大小不同，政府较多采取了回避的态度，试图依靠市场的力量进行劳资谈判从而形成集体合同。

多元主义范式下集体谈判的典型代表是英国。英国历来在集体谈判上有自由主义的传统，主张雇佣双方依靠市场的力量进行谈判解决劳资问题。虽然在 1945 年，英国集体谈判的覆盖率高达 80%，行业协议成为最主要的集体谈判形式，但是此后英国的集体谈判出现了分散化趋势，全国性协议开始趋于制定工资和工时的最低标准，规定解决冲突的程序，但是普遍缺乏实质性内容。而且，得到政府承认的工会日益减少，集体协议覆盖面日益变小，到了 1990 年仅有 47%的雇员被集体协议所覆盖。与此同时，没有工会会员的企业比例在增加。英国劳资关系分散化的趋势意味着其各行业、企业和地区之间以及公司间雇佣关系、规则和条件存在着极大的不同。[①]

（二）国际金融危机爆发后集体谈判的角色

集体谈判在 2008 年国际金融危机爆发后应对危机的过程中，以及在以后的经济复苏过程中起着极其重要的作用。

危机爆发至 2010 年 4 月末，法国、西班牙、波兰、荷兰、比利时等 10 个欧盟国家[②]劳资双方达成了全国性跨行业层面的双方或三方协议。这些协议有的提出了处理危机的方法，有的提出了应对危机的具体措施。法国社会伙伴就管理经济危机造成的就业问题达成了全国性的跨行业协议。协议内容包括：拓展法定缩短工时计划至新员工群体；提高缩短工时后的工作福利；推出公司间“员工租借”制度；提高员工跨地区和跨职业的流动性；完善计划，帮助被裁减工人重新就业；协助目标群体，如长期失业者、年老工人和青年人。西班牙社会伙伴于 2010 年达成了为期三年的《就业及劳资谈判协议》，其核心是保护并创造就业岗位，包括采取工资调节、促进无限制性就业等措施。工资方面，协议提出每年适度加薪，规定三年内如果通货膨胀增幅超过加薪幅度，需要为工人提供补偿；协议还提出，劳资协议中应包含避免并缓解失业、促进无限制就业、增进劳动力流动

① ［荷］约里斯·范·鲁塞佛尔达特，耶勒·菲瑟．欧洲劳资关系——传统与转变．佘云霞等译．北京：世界知识出版社，2000．79-82

② 欧盟委员会．2010 年欧盟产业关系．欧盟出版社，2011．ISBN 978-92-79-17861-0

性、加大培训力度等措施。

2008 年秋至 2010 年 4 月，欧盟各成员国在公司层面达成了 76 份特定协议。如美国通用（欧洲公司）与其企业劳动联合理事会在 2009 年 1 月签署了“关于欧洲所有企业工作时间缩短的通用最低标准的框架协议”，比利时安赛尔－米塔尔钢铁公司与欧洲金属工人联合会就管理和计划变革签署了劳资协议等。劳资双方签署的特定协议旨在应对危机产生的不利影响。这些协议的内容主要包括：推出临时工作，并规定受影响员工的条件；采用其他工时安排，以避免或减少裁员，最常见的形式是建立时间账户或银行，或者调整年假安排；做出妥协安排，包括牺牲收入和就业条件以换取就业保证；通过“更柔和”方式缓解计划内失业、避免强制性裁员措施，以及为被裁减工人提供补偿和协助等。

集体谈判对经济复苏的作用，还可以从它与平均工资和最低工资的关系来分析。2008 年国际金融危机前（1995—2007 年期间）平均工资的增长总体上滞后于人均 GDP 的增长，平均来看，人均年度 GDP 每增长一个百分点，平均工资只增长 0.75 个百分点，即“工资弹性”为 0.75。其最主要的原因是劳动生产率的增长并没有转化为更高的工资。而且，在集体谈判覆盖劳动者比率超过 30%的发达国家，工资与劳动生产率的关联度更高。在集体谈判覆盖率较高的国家，人均年度 GDP 每增长一个百分点，平均工资增长 0.87 个百分点，而覆盖率较低的国家，工资弹性只有 0.656 9。

国际金融危机期间，工会在保持平均月工资与劳动生产率之间的互动上仍具有强大的力量。例如，德国在应对危机中似乎加强了其核心机制以及主要利益相关者合作的意愿。在政府补贴下，雇主继续承诺长期雇佣核心员工。作为回报，工会和工人理事会同意在工资和劳动条件上做出让步。行业层面的集体谈判也导致实际工资明显下降。这种协同合作的模式导致了经济危机中经济大幅衰退而岗位损失较少的局面。

其他国家，包括中东欧国家，与德国的情况相反。在这些国家，企业在危机一开始时的直接反应就是消减岗位，工资和工时的调整并不明显。其原因是许多国家鼓励就业、工时和工资共同调节的制度尚不完善。不过，匈牙利的情况表明，2008 年 5 月至 2009 年 5 月，集体合同覆盖的企业比其他同样规模的企业损失的岗位数量要少。然而，由于集体谈判只覆盖了一小部分劳动者，私营企业典型的调节方式还是保持工时和名义工资稳定，削减总雇佣水平。

总体来看，集体谈判能够加强工资和劳动生产率之间的关联度，甚至在危机时期也是如此，这有助于形成更弹性而不是更僵化的劳动力市场。集体谈判还能保障在国际金融危机后经济指标回升时，工资也实现恢复增长。

此外，危机后期，集体谈判不仅加强了工资和劳动生产率之间的联系，也有助于缩小工资差距。无论是从整体来看，还是局限于处于工资分配队列后半段的部分人群，集体谈判覆盖率高的国家比覆盖率低的国家工资差距明显要小。通过缩小工资差距，提高工资“地板”，集体谈判有利于减少低工资发生的可能性。

通过对经合组织 20 个国家的研究，可以看到低工资就业的发生率和一些衡量工资决定机制的管制力度的指标之间有很强的负相关。对单一指标进行简单回归分析表明，在这些国家，工会密度每提高一个百分点，低工资就业的发生率就会下降 1.5 个百分点。工会密度低于 15％的国家，低工资的发生率平均接近 25％；而如果工会密度达到中等水平的国家（15％～50％之间），低工资的发生率就下降 3 个百分点；对于高工会密度的国家（高于 50％），低工资的发生率减半至 12.3％。最重要的是，当大多数劳动者成为工会会员时，工会会员的影响会变得更加显著，而低工会组织率和中等工会组织率之间的差距并不明显（图 1—1 反映了在提供工会密度和低工资就业发生率两组数据的国家，高工会密度和较低的低工资发生率之间的相关关系）。

（三）集体谈判的特征

集体谈判是一个非常复杂的机制，这与其形成并发展的各个时期的社会大环境有着紧密的联系，但是集体谈判在发展的进程中也呈现了一些比较稳定的特征。

1. 灵活性

灵活性又称作弹性。比起立法的刚性，集体谈判显然是一个很有弹性的决策手段，它既可以运用到各种形式的政治、经济制度中，也可以运用到各个产业和职业中。谈判可以在全国、地区、行业、企业等不同的层面展开。而集体协议方式的多样性（如全国性集体协议、地区性集体协议、行业性集体协议、企业集体协议，以及工资集体协议、工时集体协议等）同样说明集体谈判的灵活性。

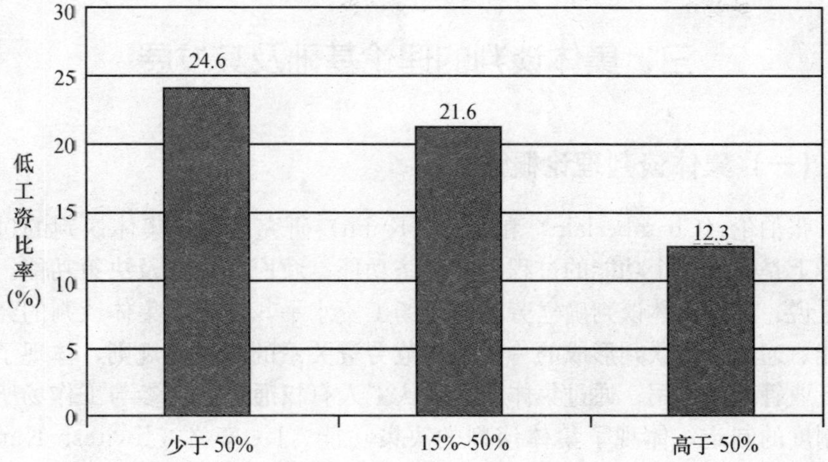

图 1—1　33 个国家按工会密度区分的低工资平均比率，2009 年或最新年度（%）

2. 公平性

随着现代工业社会的发展，平等和社会公正的理念被逐渐引入劳动力市场，工人个体难以通过单独与雇主对抗来保护自己，只能通过工会组织等团体加强雇员的集体力量，以平衡雇主在谈判中的分量，集体谈判正是实现社会公正和公平的最直接手段。

3. 民主性

工业民主的理念是集体谈判所固有的特征，它决定了集体谈判成为工人参与工业社会决策的重要渠道。而且集体谈判还将民主的实践引入组织体系之中。随着集体谈判范围的不断扩大，工人在许多问题上合法地参与了企业决策的过程，从而将民主的理念运用于劳资关系，避免了盲目或勉强的服从。

4. 有效性

集体谈判最主要的目的是签订集体劳动合同，它是解决劳资利益冲突，稳定劳动关系的最重要的工具之一。随着集体谈判的发展，收入“分配”的观点逐渐演化为“创造性”的观点，通过集体谈判的过程，劳资双方都将受益。

三、集体谈判的理论基础及其发展

（一）集体谈判理论概述

张伯伦（Chamberlain）和库恩（Kuhn）研究认为，集体谈判的过程实际上是完成三个功能的过程，即经济功能、政府作用以及决策功能。也就是说，通过集体谈判确立劳动力市场工资水平，体现了集体谈判的经济功能；通过集体谈判形成的一系列规范劳资关系的程序性规则，体现了政府行业管理的作用；通过集体谈判确认工人有权通过工会参与工作场所规章制度的制定，体现了集体谈判的决策功能。J·辛格（Jiwitesh Kumar Singh）又把上述集体谈判的三种功能概括为如下三种理论：

1. 基于交易关系的市场理论

该理论以比阿特丽斯·韦伯（Beatrice Webb）和悉尼·韦伯（Sidney Webb）夫妇的看法为基础，把集体谈判看做是在劳动力市场上以合同方式购买劳动力的手段。其建立了一种交易关系，通过这种交易，劳动者个人可以出卖其拥有的技能、知识或经验，签订适用于全体雇员的就业协议。

此理论认为，集体谈判是劳资双方根据市场供求的变化就效用进行谈判，调整并确定双方的均衡效用，使双方效用最大化的一种有效交易方式。劳资双方通过不断的谈判和协商，明确双方的权利、责任和义务，以达成妥协。

此理论认为，集体谈判也是一种分配机制，是企业内部调节劳资分配和就业的交易行为，因而也可以把其看做是劳资双方确定交易对象、内容以及交易价格的一种市场机制，交易的主体是雇主和工会，交易的内容是工资、就业、利润率、工作保障和福利水平等。

2. 治理理论

治理理论则把集体谈判看做是行业管理的一种方式。该理论认为，集体谈判体现了契约性质，本质上是一种政治关系，主要目的是建立雇主行使权力的规则，因而在集体协议中制定了一系列规范工会与雇主关系的程序性规则，如惩戒、不满申诉和争议处理程序，等等。不过，通过集体谈判，虽然管理职能仍由雇主们行使，但工会作为雇员权益的代表，与雇主共享了企业的最高管理权。

3. 管理理论

集体谈判的管理理论承认工人有权通过工会代表参与工作场所规章制度的制定，工会或工人的其他代表组织可以与雇主一起，就共同关心的劳工问题进行磋商和谈判。这一理论强调了工会和企业间的相互依赖关系，认为劳资双方应通过集体谈判联合起来，使解决劳资冲突的手段制度化，用共同的利益协调存在的劳资分歧。该理论还认为，那些努力为企业工作的劳动者，应该有权对企业的经营管理发表意见，尤其当这些决策对他们的工作和生活会产生某种影响时，更应当赋予工会代表他们参与企业管理的权力。

（二）集体谈判的理论基础：多元论

艾伦·福克斯（Alan Fox）认为，雇主在选择接受或拒绝以集体谈判方式决定雇员的就业条件时，主要采用两种不同的价值判断体系：一元论和多元论。

一元论强调资方的管理权威，要求雇员忠诚于企业。其认为每一个工作场所都是一个完整、和谐的整体，不同的员工为了共同目的走到一起，作为一个团队工作，以实现管理方制定的组织目标。无论是劳动者、所有者（管理者）之间，也无论是在提供技术、知识还是经验的工人之间，都没有利益冲突。雇主和雇员都是整个“团队”的一部分，雇主制定目标，其他人执行目标。在这种环境下，企业将成功实现其目标，雇员也将成功地保留其工作和收入，企业组织被视为一个相互合作的利益共同体。一元论面临的困境，在于组织内部利益群体间的任何形式的冲突或争议，都被看做会对组织产生本质性的危害，管理方的决策和意志绝不能受到挑战和质疑。按照一元论的观点，工会的存在会分散雇员对企业的忠诚感，所以应尽量消除或避免成立工会，以防止任何冲突的产生。

与一元论相反，多元论则承认劳资冲突的客观存在，其甚至认为在工作场所，劳资冲突的存在是不可避免的，而且在任何工作环境中都存在着不同利益和信念的群体。因此，组织必须要在不同利益群体之间寻求持续的妥协，组织面对的是一个关系复杂且必须对不同要求和主张进行控制的联合体。

在多元论下，工会是法律承认的在工作场所有权代表劳动者权益的合法组织。工会不仅是劳资冲突的发起者，而且也是争议的调解者，特别是对于调整雇员与雇主之间，因确定工资产生的争议以及就业合同的谈判发挥着重要作用。通过共同确立的程序性规则可以使劳资冲突的解决方式制度化，促使劳资双方互相让步，达成协议，从而降低潜在冲突可能引发的破坏性。

因此，集体谈判被认为是规范和调整劳资之间利益关系的最好形式。正如艾伦·福克斯指出的“多元论体系框架的价值，在于它既关注了工会所起的决定性作用，又阐明了工会获得合法性的基础——它以代理制度为特征，代表工人参加到对日常事务的共同决定机制中来。其价值主要体现为其方法论上的意义，而不在于具体结果如何”。

（三）集体谈判模型理论

1. 雇主与工会的集体谈判模型

假设企业希望与工会的代表达成协议，只雇佣该工会的会员。工会要求的利益 $m>0$（m 是一个比较宽泛的概念，即并非所有的工会成员都会被企业所雇佣），这说明工会会员拥有对于企业来说所必需的某种特殊价值的专门技能。

任何工会会员如果没有被企业所雇佣，他将得到一个“保留工资” $r>0$，即作为机会成本的“替代部分”，工会的一些会员最终会获得保留工资。可“替代”意味着可能在劳动力市场获得全职工作，或失业后依靠政府救济，或介于两者之间的某种状态，三者的具体权重取决于经济中的整体失业水平。

如果进一步假设某个问题值得劳资双方进行谈判，即企业雇佣一些工人后得到的利益大于它完全不雇佣工人得到的利益。这样工会就被赋予了某种权力，使得其可以通过威胁企业撤出工人来获得高于“保留工资”水平的额外利润或要求企业实现“闭厂”政策。不过，一般来说，工会及其会员无法获得全部额外利润，因为企业也会威胁不雇佣该工会的会员。在这种状态下，劳资双方都有动力达成协议，以便双方分享额外利润。

当然额外利润的存在需要四个假设作为前提，即：（1）企业不可能从工会以外雇佣所有自己需要的具有特殊技能的工人。如果不然，当工会要求高于保留工资以上的薪酬时，企业会从非工会会员中雇佣工人。m 的大小在一定程度上取决于工人蓄水池的情况。（2）存在行业进入的门槛。这样不会因为行业自由进入或进入门槛较低，而使得其他厂家把成本压低到接近保留工资。(3) 存在一个对企业而言的技术要求，企业的运营需要这个技术要求。这也是某些经济部门，如零售业，为什么工会难以存在的原因。(4) 企业在保留工资的水平上依然能够获得正利润，这是工会能够获得讨价还价权利的根本来源。

如果假设一个企业以 $p>0$ 的价格水平销售产品，它雇佣 n 个工人进行生产，产量为 q，其市场函数为：

$$q = f(n)$$

$$f'(n) > 0, f(n) < 0$$

可以看到，其边际产出为正且递减。

假设企业没有固定成本，即 $f(0)=0$，为企业的生产起点，随后，假设雇佣第 1 个工人时 $pf'(0)>r$，这时企业按照高于保留工资的水平雇佣工人仍有利润，而且存在超额利润，所以也是可以谈判的。

当 $w \geqslant r$ 时，企业就不再雇佣工人，这样企业的收益函数为：

$$\pi(n,w;p) \equiv pf(n) - wn$$

由于上面假设无固定成本，则企业的收益情况主要取决于同工会达成的协议情况，则：

$$G/(n,w;p) = \pi(n,w;p)$$

这时企业的等利润曲线（如图 1—2 所示）为：

当 n 既定时，利润的大小取决于工资水平。因为边际产出递减，因此

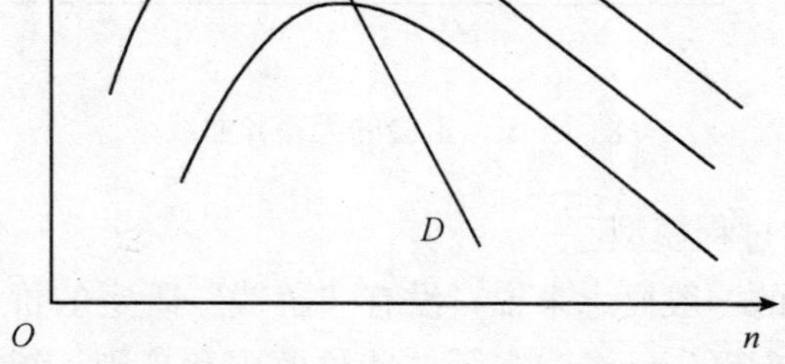

图 1—2　企业的等利润曲线

在初期边际收益高于工资的情况下，利润随着雇佣量的增加而增长。到了最高点的拐点，利润达到最大，这时再增加雇佣量，利润反而随着雇佣量的增加而减少。拐点的雇佣量就是各个工资水平的最大雇佣量。

假设有 m 个工会会员，其中 n 个取得了 w 的工资水平，而另外 $m-n$ 个取得了 r 的保留工资。假设工人随机地从雇佣池中被雇佣，则工会会员的预期效用为：

$$U(n,w;r,m)=(n/m)u(w)+[1-(n/m)]u(r)$$

上式 $U(x)$ 指工人肯定获得收入 x 时的效用。假设 $u'(x)>0$，$u''(x)\leqslant 0$，工人要么是风险中立的，即 $u''=0$，要么是风险厌恶的，即 $u''<0$。

假设工会没有能够与企业达成协议让所有的工人在 r 的工资水平被雇佣，而只有 n 个工人在 w 的工资水平被雇佣，这样工会成员的收益为：

$$GU(n,w;r)\equiv n[u(w)-u(r)]$$

图 1—3 为工会的无差异曲线，在曲线中 w 和 n 的组合效用是一样的。此时，$w\geqslant r$，工人是风险厌恶的。

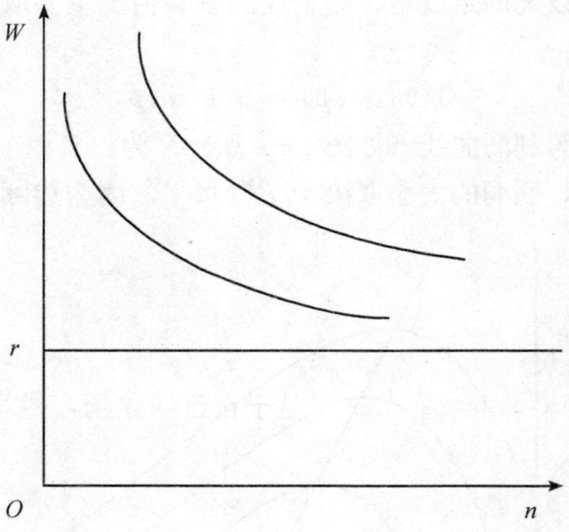

图 1—3　工会的无差异曲线

2. 集体谈判过程模型

就“谈判”的一般概念来说，没有“游戏”既定的价值观和规则，除非参与谈判的双方事先已经确定了这些价值观和规则。谈判更多的是一种宽容的艺术，没有一方全赢或皆输。

对集体谈判的研究根据其谈判过程又被分为三种类型：关注谈判参与方，关注谈判条款，关注谈判双方的力量对比。具体来说，关注谈判参与方的理论或许是最现实的理论，因为集体谈判的过程由参与谈判的双方达成。然而这需要假设一个理性的谈判者清楚地了解条款背后的成本和收益，当收益大于成本时才可接受所达成的谈判条款，而且，也需要假设谈判者是完全理性的、具有完全信息的，而且其在谈判前对谈判结果的设想也是准确的。关注谈判条款的理论则相对比较简单，例如比较劳资双方的罢工成本可以精确地发现各方的谈判平衡点，不过这一理论缺乏对于谈判者的动机和知识的分析。关注谈判双方力量对比的理论重点研究双方力量的对比及其变化，分析集体谈判各方的个性和强弱点，其主要关心谈判力量以及这种力量控制谈判过程的机理。

当然，实践中的集体谈判是上述三种类型的结合，集体谈判的各方会利用自己的优势达成自己组织的目标，而谈判成功的关键是灵活性地理解和控制谈判过程。

集体谈判的过程模型被用于理解谈判过程，并力图预测集体谈判双方的谈判结果。这里简单介绍一下解释集体谈判过程的行为理论模型（The Walton & Mckersie Model）。该理论对于系统地理解动态的集体谈判过程提供了一个概念框架，其提出的四个过程几乎解释了集体谈判中的所有行为。该模型认为的集体谈判四个过程包括：（1）分配式谈判。其认为集体谈判是一种利益分配，结果是其中一方受益，另外一方相应地承担损失。例如工会获得10%的加薪，则企业承担相应数额的支出。这种理论简单地认为某种资源是固定的，一方受益则另一方必然承担相应的损失。这种理论强调的重点是通过讨价还价对资源进行分割，双方从特定的立场出发提供对立的信息，未来的行为取向也立足于自己的立场，很难相互协商来达成折中的谈判结果。（2）综合型谈判。该理论也叫做双赢式谈判，其认为劳资双方针对共同面临的劳工问题，通过相互协商、平衡利益，可以一起妥善地解决劳资问题。此类谈判多发生在劳资双方能够无条件地、宽容地认可对方的需要或双方同时能够获得利益，这种情况一般在雇主提供了较高的灵活性或工会希望给予会员更多的职业安全保障时比较容易达成妥协。（3）态度结构。其认为，集体谈判双方的活动会产生一种合作、信任、对立和敌意的氛围，这种氛围最终对谈判双方的行为产生重要影响，也直接导致了最后谈判结果的产生。例如合作的氛围会使双方易于将对方的利益认为是合理的，更加容易达成有利于双方的协议；而冲突的氛围则会促使双方相互诋毁，不承认对方利益的合理性，甚至认为对方的存在妨碍了自己的利益，更不利于最终协议的达成。（4）组织间谈判。其认为集体谈判实际是发生在谈判的双方组织之间的，参与谈判的代表（工会或雇主组织）存在向自己的工会会员或雇主会员“销售”谈判结果的现实情况，同时参与集体谈判的代表也要受到自己所代表的组织的影响。所以，对于集体谈判而言，可以比喻成前台和听众，即集体谈判首席代表的听众是谈判组成员，谈判组成员的听众是该次谈判的委托人（见图1—4谈判代表的结构）①，他们之间相互影响，而这种影响又影响着集体谈判的活动过程以及最终谈判的结果。

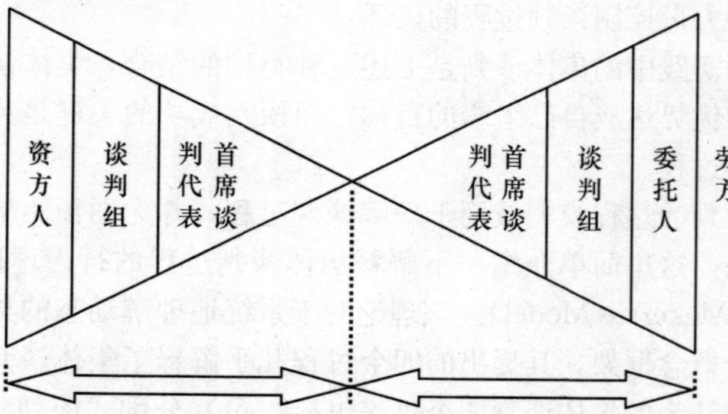

图1—4　谈判代表的结构

集体谈判过程的行为理论模型中还突出了“谈判区”的概念，即参与集体谈判的各方都有谈判的底线，如果双方的谈判底线重合，则存在正谈判区，双方可能在这一正谈判区迅速达成一致，如果谈判底线不重合，则存在负谈判区，双方就无法达成一致。因此，在集体谈判中，把握好谈判底线对于达成协议具有十分重要的意义。举例来说（如图1—5所示），雇主协会和工会双方就工资问题进行集体谈判，工会希望给会员增加5元/小时的工资，雇主协会则希望只增加3元/小时的工资，这样双方就存在着一个讨价还价的空间（3元，5元）。当工会底线是4元/小时，而资方底线是

① John A. Fossum, Labor Relations: Devlopment, Structure, Process, Irwin McGraw-Hill Publishing, 1999, Seventh Edition, 338.

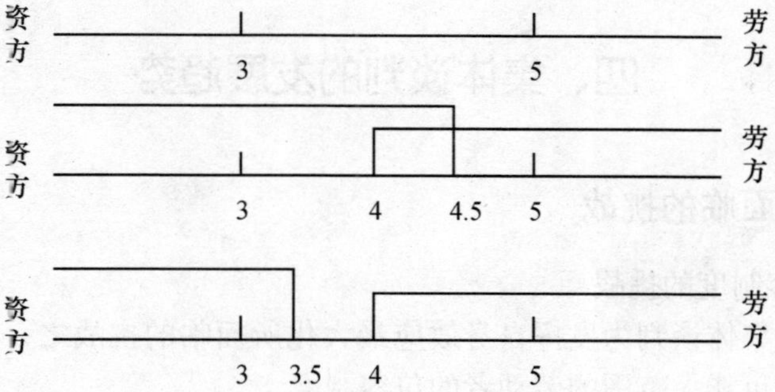

图 1—5　谈判接触点模型

4.5 元/小时的时候，参与集体谈判的双方就存在着一个正谈判区（4 元，4.5 元），双方经过谈判的过程可以确定一个处于 4～4.5 元/小时之间的协议工资，并能够达到双方都满意的目标。但是，当工会的底线是 4 元/小时，雇主协会的底线是 3.5 元/小时的时候，参与集体谈判的双方则存在一个负谈判区（4 元，3.5 元），双方就无法通过谈判这一过程来确定一个可以让谈判各方彼此都十分满意的协议工资，迫于成本，最终的谈判协议或许可以达成，但是至少会有一方不满意，最坏的结果则是无法达成集体协议。

（四）集体谈判理论前沿

目前国外对于集体谈判理论的前沿研究主要集中在以下几个方面：

第一，工会会员资格对于集体谈判结果的影响。对于这个问题的研究需要说明工会的权势从哪里来，工会凭借什么分享工资剩余等。同时这一问题也与失业问题相联系，即已经就业的人可以索要高于市场工资的工资，而其他人可能不得不接受低于市场水平的工资。

第二，对于不同结构的集体谈判的研究。集体谈判的结构有多种多样，需要研究集体谈判结构对于由此形成的工资、就业规模具有什么样的影响，以及某种特定的制度性集体谈判结构如何产生。

第三，博弈对于集体谈判过程和结果的影响。因为集体谈判的过程和结果既取决于一方施以要挟的顺序，也取决于对方反要挟策略的安排，博弈的情况对于集体谈判结果有较大的影响。

四、集体谈判的发展趋势

（一）面临的挑战

1. 包容制度的挑战

当前，集体谈判为发挥自身效应最大化所面临的挑战之一，就是设计能够覆盖尽可能大范围的劳动者的包容制度。

包容制度通过对工资集体合同开展积极的协调，或者通过政府使用扩展机制，都可以将集体谈判协议为工人带来的权益保障扩展到一个行业里的全部企业。这一制度可以将工资协议从相对强势的工人群体传播到处于劣势的工人群体，因此，即使在工会组织率或劳动生产率较低的企业，这一制度也能够抑制企业试图利用一些经营策略（如将业务外包给非工会组织劳动者）来节约人工成本的做法。此外，包容制度也可以“避免工资的竞争”，鼓励企业在提高质量上下工夫，而不是进行价格竞争，减少企业抑制工资增长的压力。

总体来看，加强协调和集权化能够显著缩小低工资劳动者的比例，但在当前的实践中，设计包容制度至少还面临着三个方面的挑战。

第一，包容制度一般意味着工资水平需要在行业层面上商定，因此对其的设计和实施需要进一步开展行业间的协调。在更高的对话层面上，社会伙伴能够就某一更宽泛的职业的工资和岗位条件开展协商，但同时也限制了企业层面的雇主以及工会在工资决定上的影响力。而且，这一制度在避免低工资就业方面的力度有限。行业工资协议还取决于雇主参加雇主协会的情况，如果行业中的龙头企业是外资企业的话，其就可能主导采用这一外资企业母国的工资协商机制来议定工资，这使得行业工资决定机制难以维系。

第二，工会要组织起低工资劳动者有一定的难度，而且妇女工会组织率偏低的问题也一直难以解决。图 1—6 反映出从低工会组织率到中等工会组织率对缩小低工资劳动者的比重的影响相当有限。即使在工会覆盖率达到中等程度的国家，低工资工人也很少加入工会。如图 1—6 所示，用韩国代表低工会密度国家，用南非代表中等工会密度的国家，该图反映了低收入劳动者加入工会的比率。在这两个国家，低工资劳动者组织率都偏低，

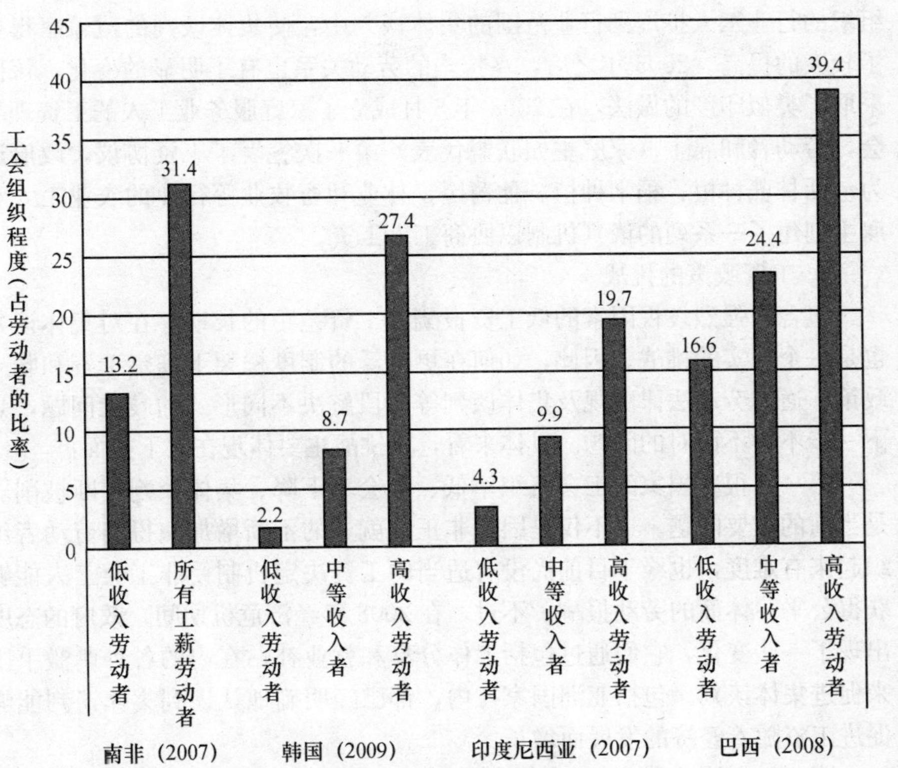

图 1—6　四个国家按工资水平划分的工会组织程度（占劳动者的比率）

不过，韩国的数字更令人吃惊，2009 年劳动者参加工会的入会率降到 12.2%，工会会员中几乎没有低工资工人（仅占 2.2%）。即使南非 2007 年有约 31.4%的工薪劳动者加入了工会，但是其低收入劳动者加入工会的比率仍然过低，仅略高于全国水平的 1/3（13.2%），比 1995 年的 17.0%也有所下降。从图中还可以看到，巴西和印度尼西亚也是和南非大致相同的情况。

第三，包容制度不仅有赖于工会组织程度，也取决于是否存在向非工会成员扩展的机制。这一点在解决低工资劳动者组织新工会或加入现有工会比较困难的问题上尤为重要。不过，虽然解决这一问题的难度很大，但是近年来世界各国对此都已经有了一些积极的探索。例如，印度在政府的推动下，将之前未包括在集体协议中的企业（如海绵铁行业、冷藏业、针织业的小企业）都纳入到集体谈判的覆盖范围之内，其不断将未加入工会组织的行业工人扩展到行业范围的集体谈判中，使集体谈判的覆盖率得到了较大的提高。2005 年之后，乌拉圭的劳动关系也有了明显的变化，该国采取了类似印度的做法，在 2008 年 8 月成立了家庭服务业工人的工资理事会，劳动者和雇主（家庭主妇联盟代表）第一次签署了工资协议，政府还为包括甘蔗种植、稻米种植、葡萄园、林业和畜牧业等行业的农业工人和雇主创建了一系列的谈判机制以协商工人工资。

2. 工资政策的挑战

包含着强烈歧视因素的低工资报酬和工资差距的长期存在对集体谈判也是一个现实的挑战。因此，如何在更广泛的制度框架下确定工资和收入政策，通过劳动法律法规及集体谈判等手段解决不同形式的歧视问题，是下一步不得不面对的问题。具体来看，其挑战主要体现在以下方面：

第一，很多国家的工会组织率低、入会率下降、集体谈判不断被削弱是当前的主要问题。这不仅是因为非正规就业的不断增加使得将劳动者组织起来有难度，也缘于目前尚没有适当的工资决定机制使非工会工人能够获得公平、体面的劳动报酬。不过，在 2008 年经济危机期间，政府的态度出现了一些变化，它们通过包括工作分享和就业补贴在内的各种刺激手段来促进集体谈判。包括亚洲国家在内，都已经明确地认识到集体谈判能够促进工资随着经济的发展而增长。

第二，集体谈判在工资决定机制中的作用被逐渐减弱，使得最低工资制度的作用日益显现，在一些国家，最低工资制度甚至成为唯一的劳动政策工具。在这一背景下，最低工资制度在许多竞争性的政策需要和目标当中脱颖而出，其实际上已经发生了质的改变。而质变的结果使得最低工资制度不是为低工资群体而设，反而成为服务中等工资收入者的政策工具。因此，在这种情况下，最低工资保护最弱势劳动者的最根本目标已经做出了一定程度的让步。所以，今后最大的挑战在于保障低工资劳动者更明显地受益于最低工资制度。当然，回归最低工资制度最根本目标的同时，也必须为促进中等收入劳动者开展针对性的工资协商建立相应的机制。总而言之，不论劳动者的工资水平高低、是否加入工会或就业形式如何，都必须建立一个使所有劳动者都能受益的工资政策体系。

第三，在采取集体谈判、最低工资制度等政策措施的同时，还应考虑实施能够增加低收入家庭可支配收入的政策。这些政策设计和实施的目标都是为了避免低工资的家庭进一步恶化为贫困家庭。一般来说，减税等工作福利措施都是有益的，但一定要与规定“工资地板”的政策措施配套进行，如通过最低工资制度或者通过集体谈判制度加以确定；否则，工作福利措施将会压低工资水平。在非正式就业群体过于庞大，工作福利政策又不太可行的国家，可以考虑对贫困家庭进行更直接的现金资助。而且，为使政策措施的效果最优，所有这些政策都应当与其他工资政策配套实施。

（二）发展的新特点

集体谈判的力量和价值取决于其在不同的经济和社会条件下处理问题的灵活性和适应性，以及与劳动力市场调节的其他形式共存和互补的能力。伴随时代的发展，集体谈判正在许多国家为推进该国的体面劳动作着巨大的贡献。与此同时，迅速增长的新兴经济体将集体谈判确立为劳动力市场治理的一个有效工具，并在许多国家被视为减少非正规经济规模的一个重要因素。不过，在欧洲和主要工业化经济体以外的国家中，在集体谈判有关的基础知识方面仍存在着相当的不足，特别是对集体谈判对社会和经济影响的作用以及集体谈判和其他劳动力市场变数之间关系的认识。

集体谈判现在被视为是实现体面劳动的更广泛条件下的一个重要组成部分，而这一观点将涉及承认雇佣关系的三个目标的同等重要性并发现使之平衡的方法，即效率（竞争力、经济发展、工作岗位、质量、生产率和经济繁荣）、公平（报酬分配中的公平以及就业政策的管理）和话语权（雇员无论是单独还是集体为工作场所决策做出具有意义的投入的能力）。从这一方面来看，集体谈判不仅为有关工作场所决策制定方面的努力和参与提供了某些直接和间接回报的可能性，而且是通过建立高性能的工作制度改善效率的一个途径。

（三）发展趋势

总体来看，尽管从一个地区到另外一个地区以及各区域内部都存在着变化，而且趋势也并不是统一的，但是的确可以发现集体谈判的覆盖范围近年来出现了下降。

在研究集体谈判的发展趋势中，尤其是确定各个国家已经出现的和潜在的长期发展趋势时，工会的密度和集体谈判的覆盖范围被视为是最基础的指标。这两项指标又受制于三个决定因素：政治（如存在一种有利的政治气候的程度，对结社自由的尊重以及使之成为可能的立法）、经济（如经济和生产结构以及劳动力构成方面的变化）和行为（如变化中的工人或雇主的态度和价值观）。而且，这些因素中的某些因素在一些国家或地理区域比在另外一些国家或地理区域表现得更为显著。

此外，尽管有关工会密度的趋势在某些情况下可被视为是集体谈判覆盖程度的一个指标，但确实存在着在特定的情况下确定集体谈判的真正作用和影响的其他重要的考虑因素。这些因素包括工人代表的总体实力和有效性、社会伙伴之间存在着强有力的协作性的相互作用、谈判的水平（在部门一级还是在更分散的企业一级）、存在着扩大谈判影响的“扩展”机制以及谈判协调的程度等。

依据以上所述的判断集体谈判发展趋势的指标，可以看一下全球不同地区集体谈判的发展趋势。

1. 欧洲

虽然欧洲大多数的国家都承认集体谈判和社会对话是劳动力市场治理的一个重要组成部分，但是整个欧洲集体谈判和产业关系的发展趋势都在遭受着不断变化的劳动力市场和商业环境的影响。企业调整、新的投资战略、劳务移民规则的变化、人口老龄化以及新的教育和职业培训需求都影响到集体谈判的进程和内容。

尽管在欧盟最初的15国中，平均2/3的工人受到集体谈判的保护（其中法国、比利时、瑞典和意大利的这一比例高达90％），但在欧盟10个新成员国中，这一覆盖率仅为40％或更少，在立陶宛甚至低达10％。尽管欧洲大多数国家的集体谈判覆盖率相对稳定，但在欧盟最初的15国的一些国家也出现了覆盖率的下降（如德国和英国），而且欧盟10个新成员国中的一些国家普遍较低的集体谈判覆盖水平正在进一步地下降（如波兰、斯洛伐克和匈牙利）。

与集体谈判相关的企业调整涉及私有和国有企业，而无论是私有还是国有部门目前都面临着裁员。在许多情况下，集体谈判以工会岗位担保的形式采取预防措施，为被裁减的工人提供赔偿，或是将针对某些工人的工作岗位保障与那些针对被裁减人员的社会措施结合在一起。不过，一些政府正在鼓励社会伙伴就诸如工作信息的磋商或寻找替代工作援助一类的领域展开集体谈判。此外，伴随欧盟的扩张，企业的迁移，尽管在欧盟仅代表了5％的计划工作岗位的裁减，但是其已经成为集体谈判磋商和谈判的一个非常敏感的领域，并由此产生了一系列预防性措施或改善了的有关裁减的一揽子解决方案和程序，以在企业一级的集体谈判中进行磋商和谈判以寻求善后方案并尽量减轻其不利影响。

在当前的经济形势下，工资稳定在大多数西欧国家是一个关键的问题，该问题是通过中央协议（芬兰、爱尔兰、荷兰和西班牙）或部门协议（奥地利、丹麦、德国和瑞典）协调的。在拥有较快经济增长的欧盟新成员国中，集体谈判集中在劳资之间分配社会新产生的财富上。此外，丹麦、芬兰、意大利等国将旨在增加灵活性的新的报酬制度纳入了集体谈判的视野。工时在其中仍然是一个显著而又有争议的问题，许多集体谈判达成的协议为私营部门和公共部门更灵活的工时创造了条件。法国、德国的公司寻求扭转工作时间持续下降的趋势，以便减少劳动力成本和增强企业的竞争力。与此同时，报酬节制以及工作时间通常也成为集体谈判中有关工作岗位保障的牺牲品。

在集体谈判中，与人口统计和就业趋势相关的新发展是“职业生涯结束”时所必须面对的一系列问题：养老金改革、补充职业养老金方案和提前退休。与养老金有关的问题一般在国家级以及部门或企业级的集体谈判中协商。

集体谈判议程上另外一个重要的新问题是劳务移民，包括采取在扩大了的欧盟逐步实施与劳动力的自由流动相关的措施和方案等。

在欧洲的集体谈判中，存在着两个不同产业关系制度的国家集团：在欧盟 15 国中，集体谈判主要是通过国家或部门协议协调的，而在欧盟 10 个新成员国中，集体谈判主要是分散化的。这两种产业关系制度现在又面临着某种程度的交汇，但其趋势是朝着分散化方向发展：高级别的协议扩展了在公司一级进行深入谈判的范围，而“开放条款”的采用允许公司在更高级别达成一致的某些条款方面采取不同的做法。

分散化的趋势其实是通过各种各样的手段加以促进的，包括增加企业协议的范围或改变部门和企业协议之间的重要性等级的法律，由社会伙伴达成一致的有关协调集体谈判的分散化的新规则以及通过开放性条款使部门和公司谈判之间的关系发生变化等。部门协议一般用于协定工资增长的总水平、养老金方案的改善以及工时安排等问题，企业的集体谈判则集中在具体工资的确定（往往将报酬增加与公司的盈利性联系起来）以及实施适用于特定的企业或职业的详尽的工作时间安排等问题。

当然，分散化的趋势并不一定意味着政府或雇主和工会的中央一级机构对从国家层面影响集体谈判的进程不再感兴趣。在已经达成的一些国家级别的集体协议中，处理了一系列社会和经济问题，也突出了包括经济稳定在内的一系列具体问题和改革任务。中央一级的谈判和对话将继续存在，这不仅是由于诸如养老金、劳动力市场的某些社会改革要求广泛的社会协议，更因为国家在保持国民经济的总体国际竞争力方面依然担负着重大的责任。

2. 美洲

在美国和加拿大，由单一的雇主进行企业一级的谈判是集体谈判的主要特征。由于缺乏雇主参与协调谈判的意愿，这两个国家的许多工会转向在地方、省和国家级别协调它们自己的谈判活动。美国和加拿大两个国家中的经济转变，反映在传统的不成立工会的服务业部门的快速增长，以及制造工业向其国界以外地区的搬迁，这直接导致了私营部门工会会员数量的下降。当然，导致工会密度水平下降的其他原因还包括新的工作形式的涌现，特别是处于结社自由等传统法律保护以外的非正式和临时工群体的出现。加拿大的工会密度尽管在整个 20 世纪 90 年代中期出现了下降，但与其邻国相比仍然相当高，其集体协议的覆盖范围也处于同样的状况。然而，美国雇主对成立工会的抵制，自从 20 世纪 80 年代和 90 年代期间得到显著加强以来，一直对工会活动和集体谈判的开展带来了相当大的冲击。

拉丁美洲的工会趋向于主要在公司一级建立组织，而私有化和劳务外包却导致了工会解体的增加。尽管工会的数量在很多国家仍然出现了增长，但除少数例外情况外（如巴西），工会会员的比例还是出现了下降。在阿根廷、巴西和智利等国家，工会无论是在私营部门还是在国有部门都很强大，而在许多其他中美洲的国家，工会的成立主要局限在公共行政管理部门。巴西、厄瓜多尔、萨尔瓦多和巴拿马等一些国家限制公务员组建工会和开展集体谈判的权利，而在玻利维亚、洪都拉斯等国家则将农业工人排除在享有集体谈判的权利之外。总体来看，整个拉丁美洲的集体谈判覆盖率除阿根廷、智利、乌拉圭和秘鲁外都出现了下降，大多数国家的覆盖率似乎不到 10%。出现这种趋势的原因包括：集体谈判的分散化，与企业级别的谈判相一致的工会结构的存在，将小型企业排除在工会组织以外，劳动法实施方面的薄弱，缺乏对加强劳动机构的重视以及缺乏对部门谈判的管理。

3. 亚洲和太平洋地区

当面临技术的迅速变化和显著进步时，集体谈判在许多亚洲国家已经成为社会变革的一个重要工具。虽然近20年来民主制度的传播使得工会在印度尼西亚、韩国、柬埔寨等一些国家得到了一定发展，但是，市场自由化、放宽管理、对真正结社自由的限制以及经济调整仍然导致了整个亚洲和太平洋地区工会密度和集体谈判覆盖率的全面下降。

私营部门工会的密度在许多国家不到10％（孟加拉国、马来西亚、菲律宾、韩国、泰国），在其他一些国家不到25％（澳大利亚、日本、新西兰、新加坡）。由于高度组织化的种植园部门，斯里兰卡的工会密度比例为30％。从有限的数据来看，集体谈判的覆盖率趋向于很低，在许多国家（马来西亚、印度、菲律宾、泰国）不到5％，而且在集体谈判传统上享有很高覆盖率的澳大利亚，这一比率现已降到不足30％。尽管在马来西亚以及东南亚一些国家的种植园部门中开展了整个产业范围的集体谈判，但是其他一些国家（如日本）则以企业一级的谈判来协商工资的确定，集体协议的绝大多数都是在企业一级达成的。在非正规经济、农村和农业活动占主导地位的那些国家，工人从工会化和集体谈判中得到的直接权益很少，不过，亚洲的经济调整导致了服务业的高就业增长，而且还为非正规经济中的增长作出了贡献。

亚洲和太平洋地区集体谈判和加入工会的其他障碍还包括：有关谈判主题的法律限制，对在出口加工区中开展谈判的限制，禁止公共部门中的集体谈判，外包劳动的日益采用，工会运动的分裂等。不过，为应对全球化的竞争压力，印度、斯里兰卡等国家的集体协议已经开始包括劳动力裁减、工作岗位工资交易、生产率、工作岗位灵活性和工作的重新组织等内容。

4. 非洲

无论是工会的密度还是集体谈判的覆盖范围在整个非洲大陆上出现了持续的下降。非正规经济的高度流行、正式工资雇佣的低水平以及在小型和微型企业和农村地区将人组织起来的困难，是造成低覆盖的主要因素。

这些问题是因为很多国家在20世纪80年代和90年代实行的结构调整计划以及经济和公共部门的改革而加剧的，其导致了作为传统的工会会员的重要来源的正规和非农业工资就业水平的进一步下降。

南非往往被引证为在工会化方面下降趋势的一个例外情况。不过，这一例外除了因为它是一个比较“新的”民主制度以外，还来自于工会在争取民主斗争中所起到的积极作用。

一些非洲国家的政府将促进部门一级的集体谈判作为确保产业关系稳定的一个手段，而且这一级别的谈判在诸如尼日利亚、南非、坦桑尼亚联合共和国、津巴布韦和突尼斯一类的国家仍然是谈判的主要级别。然而，企业一级的谈判在数目众多的国家（如喀麦隆、科特迪瓦、埃塞俄比亚、加纳、肯尼亚、纳米比亚以及赞比亚）上升为占主导地位的谈判级别，而且这一分散化谈判趋势在该地区似乎正在获得迅猛发展。

在大多数法语非洲国家，除了 20 世纪 70 年代通过集体谈判达成的国家集体协议至今仍然有效以外，企业一级的谈判补充了国家和部门级别谈判的不足。但在尼日尔、塞内加尔等一些国家的社会伙伴最近决定重开谈判，以便对国家集体协议进行修订。

第二章 国外集体谈判立法研究

集体谈判是现代社会调整劳动关系的基本手段和重要机制，市场经济国家通过立法手段保证和推进集体谈判的制度化和规范化。其基本原则是承认、尊重工会和雇主组织的自主权利，鼓励开展劳资之间自由和自愿的集体谈判，同时建立既符合国际通行准则，又适应本国国情与需要的，对集体谈判相关活动进行规范指导的法律和行政框架，保证双方在合理公正的基础上通过有效协商就劳动关系和就业有关事项达成协议。

集体谈判立法自20世纪中期以来在世界各国广泛建立。至今，无论在发达国家还是发展中国家，劳资集体谈判已经成为一个被普遍采用的，以确定工作条件和就业条件、调整雇主与工人之间的关系、维护劳动者基本权益为目标的行之有效的制度，相应的法律框架也不断得到完善。世界各国在经济发展水平、文化背景、产业关系传统和工会运动的地位和力量方面有很多差别，由此形成在劳动关系和集体谈判立法上的各自特点，包括在集体谈判自愿原则基础上的政府介入程度的不同。但就立法原则、法律形式和内容而言则是基本一致的。

国际劳工组织自20世纪40年代初开始总结各国在集体谈判方面的立法和实践经验，在此基础上制定了包括1949年《组织权利与集体谈判公约》在内的，倡导建立集体谈判制度，推动集体谈判活动开展的一系列国际劳工标准，目前这一国际劳工立法活动仍在继续。有关国际标准对各国集体谈判立法的发展发挥了十分重要的作用。尤其是，国际劳工组织通过对各国实施劳工公约情况的监督检查以及其他活动，使该组织关于集体谈判问题包括立法的原则、立场、政策得到广泛的国际传播和各国认可（也存在争论），推动了国家立法的进一步完善。

一、各国集体谈判立法的层次和形式

与集体谈判有关的问题在各国被纳入不同层次的立法，包括宪法、劳动法（劳动法典）①、劳动关系法、集体谈判和集体协议专项法规等。最“完全”的形式是宪法和劳动法规定集体谈判权利和原则，专门法规规定具体的操作程序。但采用这种形式的国家并不多，例如一些集体谈判相当发达的国家在基本法律中并无这方面的明确规定。其原因可能在于很多国家更强调集体谈判的自愿性质，而且将集体谈判权利作为劳动者组织权利或劳动权利的一项内容，在基本法律中不单列。

（一）《宪法》关于集体谈判的规定

1.《宪法》规定集体谈判权利的国家

《宪法》规定集体谈判权利在欧洲国家比较多见②，大体上可分为直接规定和间接规定两种情况。

《宪法》对集体谈判做直接规定的国家不多。具体情况如下：

（1）在比利时《宪法》中，集体谈判权利被作为保障人民享受有尊严生活权利的手段之一。其第 23 条规定：

每个人都有权享受有尊严的生活。为此目的，第 134 条提及的法律、法令和法规应当在考虑相应义务的前提下，确保各项经济、社会和文化权利并决定行使这些权利的条件。这些权利特别应包括：

一是在一个以确保最高和最稳定的就业水平为目的的就业政策总框架下，获得就业机会和自由选择就业岗位的权利，享有公平的工作条件和报酬的权利，以及获得信息、参与协商和开展集体谈判的权利；二是享受社会保障、健康保护和社会、医疗及法律援助的权利；三是拥有体面住房的权利；四是保护健康环境的权利；五是实现文化和社会发展的权利。

（2）西班牙《宪法》明确承认集体谈判权利及其法律效力。其第 37 条规定：法律保证工人代表与雇主代表开展的劳工集体谈判以及集体谈判的法律约束力。

（3）韩国《宪法》第二章（公民的权利与义务）第 33 条（工会）第 1

① 在大多数国家，劳动法是对规范劳动者权利的法律、法规和规章等的总称，而不是单指一部法律。因而，此处所说的劳动法主要是指劳动法典。

② 例如，欧盟研究机构的一次调查显示，在接受调查的 26 个欧盟成员国中，有 17 个国家的《宪法》对集体谈判权利有直接或间接规定。Changes in national collective bargaining systems since 1990，Eurofound.

款，以明确劳动者三权的方式对工人的集体谈判权利作出规定：为提高工作条件，工人有权建立独立的组织、开展集体谈判、采取集体行动。[①]

（4）法国《宪法》在前言中对工人的集体谈判权利作出原则规定，即：所有的工人通过其代表参与集体谈判决定他们的工作条件和工作场所的管理。

更为多见的是间接规定，即在《宪法》中规定工人和雇主，主要是工人的组织权利，并对此解释为包括集体谈判相关权利。

（1）德国《宪法》第 9 条规定工人和雇主的组织权利如下：（a）所有德国公民有权建立社团和协会；（b）禁止建立其目标与活动违反刑事法律、《宪法》秩序或国际公认的观念的社团和协会；（c）所有个人、工会组织和专业团体为维护及改善其工作与经济条件而建立社团的权利受到保护。限制或试图阻止这种权利的协议属无效，以此为目的的措施属非法。

对此，德国学者是这样解释的：该条规定每个人都有权以劳工和经济事务为目的成立组织，即工会和雇主联合会。而维护及改善其工作与经济条件的活动，即包括工会和雇主组织在国家不干预的情况下开展劳动报酬和就业条件协商的活动。[②]

（2）匈牙利《宪法》有 3 处关于公民包括工人和雇主建立组织的规定，包括：第 4 条规定，工会和其他代表性机构应保护和代表雇员、合作社成员和企业家成员的利益。第 63 条规定，以结社自由原则为基础，匈牙利共和国的每个公民都有权建立法律不对其目标予以禁止的组织，以及加入这些组织。第 70 条规定，每个公民都有权与其他人一道以维护他们的经济或社会利益为目的建立或加入组织。匈牙利学者认为这些条款是对集体谈判和集体协议进行法律规范的宪法依据。

荷兰（《宪法》第 8 条）、芬兰（《宪法》第 13 条）等也是这种情况，即宪法条文规定结社自由原则及建立工会和雇主组织以保证其利益的权利，并理解为其中包括对集体谈判权利的承认和保护。

2.《宪法》对集体谈判不作规定的国家

---

① 这里的集体行动（collective action）主要指罢工。

② GERMANY，National Report，The Role of Collective Bargaining，Tenth Meeting of European Labour Court Judges，Stockholm，2002。http://www. ilo. org/public/english/dialogue/ifpdial/events/_udges/stockholm. htm.

集体谈判或集体谈判权利列入《宪法》在各国不是普遍做法。例如，美国、英国、日本、加拿大、澳大利亚、韩国、瑞典、挪威等国的《宪法》均没有对集体谈判问题的规定。《宪法》无规定不等于这些国家的集体谈判权利和制度没有《宪法》依据。一般认为，现代国家《宪法》对公民基本权利的规定均包括自由结社的权利，这理所当然包含工人组织工会和雇主建立企业组织的权利。而且，根据国际通行理论，工会权利是由所谓“劳动者三权”，即团结权、集体谈判权及集体争议权构成。所以，在《宪法》对集体谈判没有规定的国家，应该属于对公民的结社权利以及劳动者建立和参加工会，没有细化到工人集体谈判权利层面的情况，在实践中劳动者享有集体谈判权利和开展有关活动并不因此受到不利影响。一些国家在被询及集体谈判制度的宪法依据时即作如此答复。①

（二）劳动法典关于集体谈判的规定

在采用劳动法典立法形式的国家，主要是俄罗斯和中东欧各国，通常在劳动法典中设专章对集体谈判和集体协议有关问题进行规定。例如，俄罗斯 2001 年劳动法典包括六大部分、14 章、62 节共 424 项条款，关于集体谈判和集体协议的是第二部分的第 2 章（劳动领域的社会伙伴关系）第 6 节（集体谈判）和第 7 节（集体合同和协议），从第 36～51 条共 16 个条款。保加利亚劳动法典包括 19 章 408 条，第 4 章（集体协议）第 50～60 条对集体谈判和集体协议有关事项进行规定。波兰劳动法典第 11 章（集体劳动协议）第 238～241 条（第 241 条包括 30 款）对集体谈判和集体协议进行规定，等等。实行劳动法典的国家有一个共同特点，就是对开展集体谈判和达成集体协议相关程序的规定均十分全面和详细。

通过以下俄罗斯劳动法典集体谈判部分各条的标题，可了解采用劳动法典立法形式的国家关于集体谈判立法包含的基本内容。俄罗斯劳动法典第 6 节规定了参加集体谈判的权利、集体谈判的程序、集体争议的处理、参加集体谈判人员的权利保障和酬劳等。第 7 节规定了集体合同的内容和结构、起草集体合同的程序、集体合同的效力、集体合同的修订和终止、集体协议的形式、集体协议的内容和结构、起草和缔结集体合同的程序、

① 国际劳工组织：第 19 次欧洲劳动法官研讨会，http://www. ilo. org/public/english/dialogue/ifpdial/events/judges/paris. htm.

集体协议的生效、集体协议的修订和终止、集体合同与集体协议的登记、集体合同与集体协议的实施保障等。

采用劳动法典立法形式的国家除在劳动法典中对集体谈判作出规定外，还制定专门法规对有关问题作进一步规范。例如俄罗斯的1992年《集体协议与合约法》(Act No. 24901 of the Russian Federation respecting collective agreements and accords)。该法包括总则、集体谈判、集体协议、集体合约、责任等五章28个条款。[①]

(三) 专门法律对集体谈判的规定

各国的普遍做法是通过劳动关系方面，主要是集体劳动关系法律对集体谈判进行规范。例如美国1935年的《国家劳动关系法》、澳大利亚1996年的《产业关系法》、西班牙1980年的《工人法》、南非1995年的《劳动关系法》、日本1949年的《工会法》[②]、韩国1997年的《工会与劳动关系调整法》、新西兰2000年的《就业关系法》、新加坡1960年的《产业关系法》，一些非洲和拉美国家的产业关系立法等。也有的国家制定集体谈判或集体协议专门法律，如德国1949年的《集体协议法》、荷兰1927年的《集体协议法》、比利时1968年的《集体协议与联合委员会法》、芬兰1946年的《集体协议法》、瑞典1976年的《就业(工作场所共决)法》等。

这些法律从内容上可以分为两类。一类是将集体劳动关系的有关事项都纳入，例如韩国《工会与劳动关系调整法》包含工会的组建、集体谈判和集体协议的程序、产业行动(罢工)的条件、劳动争议调解的规则、不公正劳动行为的禁止等内容。美国和南非等也是这种情况。另外一类是只规范集体谈判的程序和集体协议的达成，对集体协议的争议等其他问题另由劳动争议调解仲裁法律作出规定，例如德国、荷兰、芬兰等国家的情况。[③]

---

① 国际劳工局：NATLEX，http://www.ilo.org/dyn/natlex/docs/WEBTEXT/29677/64851/E92RUS01.htm。

② 在日本，1945年制定的《工会法》，1946年制定的《劳动关系调整法》和1947年制定的《劳动标准法》并称为“劳动三法”，即基本劳动法律。其中《工会法》的内容主要侧重在工会的集体权利，《劳动关系调整法》规定劳动争议调解仲裁制度，《劳动标准法》规定工资、工时等劳动标准。

③ 例如，德国的《劳动法诉讼程序准则》(Code of Procedure for Labour-Law litigations)。

（四）各国集体谈判立法的特点

通过对部分国家劳动法典中的集体谈判部分，和劳动关系及集体谈判专门法律的大致比对，可以看出各国在集体谈判立法方面的共同和不同之处。

一是都包含集体谈判和集体协议的基本内容，而且遵循了基本相同的原则。例如，对于集体谈判主体，主要是代表劳方的工会如何取得谈判资格、谈判前和谈判期间应当遵守的程序性规定、谈判过程中出现争议问题的解决手段、集体协议包含的内容及协议的形成和法律效力、政府或准政府机构以及司法机关在集体谈判过程中的作用等主要问题，在多数国家的法律中都有大致相同的规定。

二是在法律规定的详略程度上有较大差别。有的国家采用原则规定的方式，基本不涉及具体操作程序，有的国家则有相对更为具体、详细的程序性规定，这种对比十分明显。例如，德国《集体协议法》的 14 条规定基本上是原则性的，篇幅也很短。该法自 1946 年制定，经 1969 年修订之后至今内容并无大的变化，仍是规范德国集体谈判制度的基本法律。日本《工会法》的集体协议部分、瑞典《就业（工作场所共决）法》的集体谈判和集体协议部分的规定也是这种情况。而有些国家的集体谈判法律则包含十分具体和详细的规定，具有很强的可操作性。例如，韩国《工会与劳动关系调整法》第三章（集体谈判和集体协议）包括以下条款：开展集体谈判和达成集体协议的授权、建立单一谈判渠道的程序、谈判单位的确定、谈判的原则、协议的起草、协议的有效期、协议条款和条件的有效性、对集体协议的解释、集体协议的适用范围、集体协议的地理区域适用等。

一般来说，在前一类国家通常存在比较强大的，尤其是国家和产业一级的工会和雇主组织，以劳资自主协商为特征的集体谈判制度拥有较长历史，相对来说也更加强力和完善，从而国家可以将相关操作问题交由谈判制度本身解决而无需在法律上具体规定。[①] 例如，德国以产业层级谈判和协议为主的实际情况，以及瑞典国家级集体协议的主导作用等仅从法律规

① 仅指一般情况，有的国家（如法国）在某些问题（如集体协议的扩展适用）上的法律规定也是十分详细的。

定上是体现不出来的。与之相比，后一类国家（包括多数发展中国家和转型国家）的集体谈判制度建立得比较晚，集体谈判各方面问题主要靠相关法律来规范，因而需要规定得尽可能详细以便保证集体谈判制度的普遍采用和有效开展活动。

三是在法律规定的“完整”程度上存在差别。如果仅比较条文本身，看起来更合乎“标准”的集体谈判法律并非出自欧美国家，其法律往往并没有纳入集体谈判和集体协议应当包含的所有事项，而是只涉及一部分问题。而转型国家以及一些非洲、拉美等发展中国家的法律则规定得更为全面，体例也更为规范。例如，在本书考察的各国情况中，波兰《劳动法典》[1] 关于集体谈判和集体协议的程序性规定应当是最全面和详细的。

其原因除上面所谈到的以外，还可能与一个情况有关，即发达国家集体谈判立法的时间较早，当时还没有形成国际公认的、成熟的集体谈判立法模式；而且各国的劳动关系经历了不同的发展和演变过程，由此形成集体谈判法律形式和内容的各自特点。在这方面，美国《国家劳动关系法》比较典型，其关于集体谈判的有关规定并不是集中在一个章节，而是分散在几个部分，并且有很强的美国国情特色。对不熟悉美国情况者，如果没有诸如美国国家产业关系委员会“国家劳动关系法基本指南”[2] 这类工具的提示，可能很难看出哪些条款与集体谈判有关以及这些条款的确切含义。

与此对照，部分发展中国家（包括转型国家）法律形式和内容的相对规范是可以理解的。这些国家的集体谈判制度历史较短，立法活动大都始于20世纪七八十年代，有更多的国际经验可资借鉴。特别是，引领国际劳动立法主流的国际劳工组织，在集体谈判领域陆续制定了一批重要的国际劳工标准（国际劳工公约和国际劳工建议书），其内容既源于各国法律又对各国的集体谈判立法产生了重要影响。国际劳工组织还对发展中国家和转型国家提供直接的集体谈判立法技术援助，包括为其起草法律。[3] 这些

① 波兰《劳动法典》于1974年颁布，最后一次修订在2008年。

② 美国国家劳动关系委员会网站，http://www.nlrb.gov/publications/foreign-language-publications。

③ 相关情况见国际劳工组织，Labour Legislation Guidelines，http://www.ilo.org/public/english/dialogue/ifpdial/llg/main.htm。

法律在很大程度上体现了国际劳工组织的原则立场，法律内容也比一些发达国家的早期立法更为完善。国际劳工组织为其成员国[①]起草的有关集体协议的法律主要包括以下内容：

关于集体谈判的内容和形式，法律规定：集体协议应：（a）采用书面形式并由谈判双方签署；（b）注明适用的谈判单位；（c）注明生效日期；（d）规定在集体协议的解释、实施和管理发生争议时的解决程序；（e）规定双方同意纳入的其他事项。

关于集体协议的效力，法律规定：（a）协议双方或达成协议的一个产业委员会的成员；（b）作为协议一方的任何一个组织的所有成员，或达成协议的一个产业委员会的成员，适用程度依这些成员与协议的相关程度而定；（c）协议所包括的一个谈判单位的所有雇员，如果谈判的一方被认定为该谈判单位的唯一谈判机构，或者一个企业的所有雇员，如果该企业被达成协议的产业委员会包括在内，适用程度依这些雇员与协议的相关程度而定。

关于集体协议与法律和法规的关系，法律规定：集体协议中不应包含与法律或法规相比更不利于工人的条款，除非法律或法规另有规定。

关于集体协议的扩展适用，法律规定：

（1）包含多个雇主的集体协议的双方可联合向法院提出申请，将协议或协议的某些内容扩展使用于未签订协议的雇主和雇员。条件是：（a）这些雇主和雇员与作为协议方的雇主和雇员从事同类活动；（b）协议方雇主和雇员在同类活动中具有足够代表性。

（2）法院应当将收到的扩展适用申请转交专门委员会（确定谈判双方代表性的机构），由委员会确定是否满足上述要求，并将结果报告法院。

（3）在得到肯定答复的情况下，法院应：（a）与扩展适用所涉及的雇主和经登记的工会进行磋商；（b）只要认为不至于对相关产业部门的企业生存或就业造成重大不利影响，发布命令将集体协议扩展适用于相关雇主和工人以及如属适宜相关工会；（c）确认命令和集体协议的生效日期。

（4）集体协议对原协议双方与扩展适用的双方有同等效力。

（5）非协议双方的雇主或工会如果认为扩展适用将对本企业生存或就

① 国际劳工组织未列出国名，仅说明是某个国家。

业造成重大不利影响，可要求法院将自己全部或部分排除在外。

关于集体协议的登记，法律规定：

（1）只有经谈判一方在委员会履行登记手续的集体协议才被法院认为有法律效力。

（2）对于形式和内容不符合前述第 44 条规定的集体协议的登记要求，委员会应当向双方提供适当信息和建议。

关于权利和义务的继承，法律规定：

（1）在企业被出售、出租、转让的情况下，接手者应负有这之前达成的集体协议规定的全部义务。

（2）如在以上情况发生前就接受者的权利和义务发生争议，法院应：(a）要求委员会确认现有的谈判单位和谈判机构是否仍然合适，如不再合适，就谈判单位和谈判机构的代表性作出新的决定；（b）要求有关的雇主或雇主组织与谈判机构就原有集体协议内容引起的不同意见进行协商；（c）对协商未解决的其他问题作出决定或判决，此为对双方有约束力的最后决定。

关于集体协议的解释和执行，法律规定：围绕经登记的集体协议的解释和执行，以及其是否与法律或法规规定一致所出现的争议，在使用协议本身规定的程序解决无效后，可由协议任何一方提交法院裁决，裁决对双方有约束力。

二、各国集体谈判立法的内容

在各国的产业关系和集体谈判立法中，无论是法律条文比较原则的国家，还是更为详细的国家，都是以集体谈判的自愿原则，即政府不干预情况下的工会和雇主之间的自主谈判为基础，并包含了集体谈判和集体协议的有关重要事项，如集体谈判和集体协议的定义、确认工会代表性的标准、工会谈判主体的选择、谈判过程中争议的解决、集体协议的格式和内容、协议的扩展适用、协议内容的解释和实施等。多数国家还就开始集体谈判、谈判的层级、提供信息、诚信谈判、集体协议的登记和生效等程序性问题作出规定。其目的是确保集体谈判的自主性，通过高效率和有效的协商达成集体协议，在维护劳工权益与化解产业关系冲突的同时，不至于对其他社会成员的利益产生负面影响。从以下对各国法律条文的介绍引用可以看出，工人谈判代表的产生和确认与谈判中争议问题的解决是集体谈判程序的关键环节，公共部门（政府、法院、准政府机构）的介入和干预程度虽有所不同，但都是必不可少的。

（一）集体谈判和集体协议的定义

各国均对集体谈判和集体协议进行界定，但并非都是在产业关系或集体谈判法律中作出，在一些欧洲国家及澳大利亚、日本、韩国等，就没有这类法律定义。在有法律定义的国家，多数是对集体协议，较少见到对集体谈判的定义。

美国是对集体谈判进行法律定义的国家。美国《国家劳动关系法》第8项规定：谈判是雇主与雇员的代表带有各自的愿望，以诚信的态度在一定的时间就工资、工时、工作条件或其他事项履行双方义务的操作；或对协议和与其相关的问题进行谈判；或对书面合同执行的协商过程。

关于集体协议定义，各国在法律定义方面有共同之处，即包括协议主体和协议内容两个基本要素，表述方式也比较简明一致。例如：

荷兰《集体劳工协议法》规定①：集体协议是指由一个或多个雇主、一个或多个雇主组织与一个或多个工会签订的，主要或全部涉及由劳动合同所规范的各项就业条件的协议。

加拿大《劳动法典》规定②：“集体协议”是指在一名雇主与一个谈判团体（bargaining agent）之间达成的，关于就业条款和条件及相关事项的书面协议。

芬兰《集体协议法》规定③：集体协议是指由一个或多个雇主或者经登记的雇主组织与一个或多个经登记的雇员组织，就应当纳入就业合同的问题，或者与就业有关的一般问题所达成的协议。

爱尔兰《工人参与（国有企业）法》规定：集体协议是指雇主、雇主组织或代表雇主的其他机构为一方，工人组织或代表工人的其他机构为另一方，就雇员的报酬、其他就业条款和条件，或工作条件进行协商的结果。

---

① 荷兰《集体劳工协议法》第1条。
② 加拿大1985年《劳动法典》第一章第1条。
③ 芬兰1946年《集体协议法》第1条。

有的国家的表述方式稍有不同。例如：俄罗斯《劳动法典》规定[①]：集体合同是规范用人单位内部社会劳工事项的法律文件，由雇员和雇主通过其代表形成。

匈牙利《劳动法典》规定[②]：集体谈判协议管理的事项为：a）由就业关系派生的权利和义务，行使权利和履行义务的方法，此种义务的程序规定；b）达成集体谈判协议双方的关系。

有的国家定义得很简单。例如，新加坡《产业关系法》规定[③]："集体协议"指关于产业关系问题的协议。

有的国家除法律定义外，还有补充解释。例如，西班牙《工人法》规定[④]：集体协议作为雇员代表与雇主代表进行谈判的结果，是双方凭借其集体自决权自主作出的决定。西班牙学界对集体协议的说明是：集体协议是雇主与雇员代表，或者雇主组织与工会之间通过集体谈判达成的书面协议，目的是确定工资、工作和就业条件，规范不同层级（工作现场、公司、行业、产业部门）的集体劳资关系。[⑤]

美国没有集体协议的法律定义，相关的专家解释是：集体协议是指通过雇主或其代表与被确定为集体谈判代表的，代表所有非管理类雇员的工会经过协商所签订的具有强制效力的合同。[⑥]

（二）集体谈判立法的主要内容

各国集体谈判立法主要包括三个方面的内容，即如何确定工会的谈判资格、谈判过程中发生矛盾和争议如何解决，以及通知提出谈判要求、谈判的开始和结束等程序性规定。在这方面各国法律也存在规定得比较原则或比较具体的不同情况。这里所举的国别例子均属于规定比较具体的。

1. 工会谈判主体资格的认定

---

① 俄罗斯《劳动法典》第 40 条规定。

② 匈牙利《劳动法典》第三章"集体谈判协议"第 30 条规定。

③ 新加坡《产业关系法》第 2 条规定。

④ 西班牙 1995 年《工人法》(Workers'Statute) 第 82 条规定。

⑤ National Report，SPAIN，XIVth Meeting of European Labour Court Judges，http://www.ilo.org/public/english/dialogue/ifpdial/events/judges/paris.htm.

⑥ National Report，SPAIN，XIVth Meeting of European Labour Court Judges，http://www.ilo.org/public/english/dialogue/ifpdial/events/judges/paris.htm.

确定作为谈判代表的工会组织是集体谈判制度的基础，也是集体谈判法律的重点内容。

首先，只有具有代表性的工会才具备与资方进行集体谈判的资格，代表性不足的工会则被排除在外。在工会多元化的国家，认定一个工会是否具有代表性是比较复杂的问题，在企业一级、产业一级和国家一级都是这样，其中对企业工会代表性的认定更为困难。多数国家通过立法对如何认定工会组织的代表性问题作出规定，其原则是客观公正和预设一些前提条件。认定工会代表性的法律规定不仅有工会和会员的数量标准，也包含工会的影响力、独立性和地域范围方面的标准。例如：

波兰《劳动法典》规定①：有代表性的工会组织（在跨企业谈判的情况中）是指：（1）由“社会与经济事务和社会对话三方委员会法”所定义的工会组织；或者（2）其会员数占拟议的集体协议应覆盖人数的至少10%并不少于10 000人的工会组织；或者（3）在拟议的集体协议中雇员人数最多的工会组织。

企业一级有代表性的工会组织是指下列工会组织：（1）会员人数不少于本企业雇员总数的7%，并根据本法第241～17条第1款第1段被认为具有代表性的工会组织；（2）会员人数不少于本企业雇员总数的10%的工会组织；（3）在没有符合上述条件的工会的情况下，本企业会员人数最多的工会组织。

保加利亚1993年第7号法令（Decree No. 7）规定②：作为一个产业部门的工会联合会必须由至少50个工会组成，每个工会的成员人数不得少于5人。

法国《劳动法典》规定③：工会组织的代表性取决于下列标准：成员数量、独立性、所作的贡献、具有的经验和建立时间、对国家的态度（patriotic attitude）。

其次，一个企业（或者其他单位）无论有多少工会具有代表性，都只能有一个工会作为谈判代表机构，或者由各工会共同组成一个谈判代表机构参加谈判。各国立法对此较多采用“混合”方法，即视实际情况而定，

① 波兰《劳动法典》第241～17条。

② 保加利亚1993年第7号法令（Decree No. 7）第3条。

③ 法国《劳动法典》第L. 133. 2条。

先确定是否有一个合格的工会作为谈判代表机构，如果没有，再由各工会组成联合谈判代表机构。这种形成谈判代表机构的机制遵循一个重要原则，即由各工会自行决定而无需第三方（例如政府）的同意或批准。例如：

匈牙利《劳动法典》第33条第2款规定：一个在工人委员会选举中得到的同意票超过一半的工会将有权与雇主达成集体谈判协议。第3款规定：如果一个用人单位有一个以上的工会组织，集体谈判协议可由这些工会联合达成，前提是这些工会在工人委员会选举中得到的同意票数合起来超过一半。第4款规定：如果上款规定无法达到，集体谈判协议应当由本法第29条第2款规定的各有代表性的工会联合达成，前提是这些工会在工人委员会选举中得到的同意票数合起来超过一半。第5款规定：如果上款规定无法达到，集体谈判协议应当由在工人委员会选举中得到的同意票数合起来超过65%的工会联合达成。第6款规定：如果在以上第2款、第3款规定的情况中各工会在工人委员会选举中得到的同意票数合起来未超过一半，也可就达成协议进行协商，但协商结果须经全体雇员表决通过，赞成票应超过一半。第8款规定：所有的工会都可以参加以上协商，这些工会应当努力促成协商成功。

俄罗斯《劳动法典》第六章（集体谈判）第37条（集体谈判的程序）规定：如果用人单位存在两个以上工会，这些工会应当组成一个联合谈判团队，提出一个统一的集体协议草案。谈判团队应当根据各工会的会员人数按比例组成，每个工会应当有至少一名代表。如果在谈判开始5天内不能组成谈判团队，应当由雇员人数占一半以上的工会作为全体雇员的谈判代表。如果没有雇员人数超过一半的工会，应当由全体雇员大会通过不记名投票确定一个工会代表雇员进行集体谈判。

韩国1997年《工会与劳动关系调整法》第29～2条（建立单一谈判渠道的程序）规定：在一个用人单位存在两个以上工会的情况下，各工会应当共同确认代表他们开展集体谈判的一个工会（包括组成由各工会参加的谈判团队）并提出谈判要求；除非雇主不同意使用单一谈判渠道的程序。

（1）如果在一个企业或工作场所有两个或多个不论何种类型的工会组织，这些工会组织应确定一个谈判代表工会（包括由两个或多个工会组成的谈判代表团队）并要求进行谈判；在以下情况中此项规定可不适用，即在可自主决定谈判代表工会的期限内雇主同意不采用本条规定的建立单一谈判渠道的程序。

（2）所有参与确定谈判代表工会程序（以下称“建立单一谈判渠道的程序”）的工会应在总统令规定的期限内自主确定谈判代表工会。

（3）如果在第（2）款规定的期限内未能确定谈判代表工会且未得到第（1）款中提及的雇主的同意，由参加建立单一谈判渠道程序的所有工会中的多数成员组成的工会将成为谈判代表工会。

（4）参加建立单一谈判渠道程序的所有工会，如果没有依照第（2）及（3）款的规定确定一个谈判代表工会，将共同组织一个谈判代表团队与雇主进行谈判。在这种情况下，有资格参加联合谈判团队的工会的标准为，其成员人数不少于参与建立单一谈判渠道程序的所有工会会员总人数的1/10。

以上列举的法律都属于工会谈判代表机构由工会自主决定，无需第三方同意批准的情况。也有一些国家如加拿大、南非等规定集体谈判的工会代表必须由政府或准政府机构认定。例如在加拿大，哪些用人单位可以作为开展集体谈判的单位，单位中哪个工会可以成为集体谈判的工人代表机构，都是由加拿大产业关系委员会决定的。

加拿大《劳动法典》第二章（产业关系委员会）第15条规定：产业关系委员会可就以下问题制定规则：（a）决定适于开展集体谈判的单位；（b）确认作为开展谈判机构的工会；（c）为以上目的组织实施投票表决；（d）决定一个工会作为谈判机构的申请被产业关系委员会拒绝后，可再次提出申请的时间。第三章（集体权利的获得和终止）第24条（1）规定：希望被认定为谈判单位的集体谈判代表机构的工会，应当依照本条及第15条（e）的规定，向产业关系委员会提出申请。第28条规定：委员会在收到申请、认为工会符合条件并确认谈判单位多数雇员希望该工会作为他们谈判代表的情况下，应当认定该工会的谈判代表资格。第29条（1）规定：委员会为了解雇员的意见可以命令举行工会代表性投票。

从以上规定可以看出，在加拿大得到准政府机构的批准是工会成为集体谈判工人代表机构的先决条件。这种情况在各国集体谈判立法中并不多见。

另外，有的国家如加拿大、美国等对哪些工会不具备谈判资格作出规定。基本上是受雇主支配的工会不能做谈判代表，这也是各国立法的普遍原则。例如，加拿大《劳动法典》第25条（1）规定：如果产业关系委员会认为一个工会受雇主的支配或影响，从而使该工会作为工人代表与雇主开展集体谈判的资格受到损害，委员会应当不将该工会认定为集体谈判机构，即使达成集体协议也将被认为不符合本法的规定。

美国《国家劳动关系法》第 9 项规定[①]：为了保证雇员享有完全的自由权利，国家劳动关系委员会在决定参加谈判的单位时，应考虑各方的利益，参加谈判方应有雇主方、行业方、雇员方和其下属单位。在下列情况中委员会不得决定一个单位为参加谈判的单位：如果单位中除其他雇员外还雇用了针对雇员的警卫或保安人员；如果一个警卫或保安人员谈判单位中的劳工组织（工会）接纳除这些人员以外的其他人员为会员，或该劳工组织直接或间接从属于某一接纳了其他人员的劳工组织，则该劳工组织不得被认定为谈判单位的雇员代表。

2. 集体谈判的层级

大多数国家的集体谈判是在不同层级上进行的。从低到高为企业级、跨企业级、行业级、部门和产业级、地区级、中央或国家级。一般来讲，欧洲国家尤其是北欧国家以行业和国家等较高层级的谈判为主，美国、澳大利亚、日本、韩国等以企业层级的集体谈判为主。从实际效果来看，不同层级之间可能并无优劣之分，但工会力量强的国家集体谈判层级较高是肯定的。在集体谈判法律中一些国家没有谈判层级方面的规定，个别国家明确规定为企业层级，有的国家虽然有多个谈判层级的规定，但并不涉及哪个层级为主的问题。

——有关单一谈判层级的规定：韩国《工会与劳动关系调整法》第 29～3 条（谈判单位的确定）规定：谈判代表工会所在的单位应当是一个企业或企业的一部分（a business or workplace）。

——有关多谈判层级的规定：德国《集体协议法》第 2 条（集体谈判的参加方）规定：（1）集体谈判的参加方是工会、雇主和雇主组织；（2）上一级工会和雇主组织可以代表其下属组织签订集体协议；（3）上一级工会和雇主组织可以签订覆盖其下属组织的集体协议；（4）在以上（2）和（3）款的情况中，全国性的工会和雇主组织可以为其下属组织履行签订集体谈判的义务。

① 美国《国家劳动关系法》第 9 项［§159］。

保加利亚《劳动法典》第51条（谈判的层级）规定：(1) 集体协议应当在企业、部门、行业和城市一级签订；(2) 在每个企业、部门和行业只能签订一个集体协议。

俄罗斯《劳动法典》第45条（集体协议，协议的形式）规定：集体协议是雇员代表和雇主代表在国家、地区、产业（跨产业）和地方层次在其权限范围之内，就它们之间的社会—劳动关系和经济关系达成的总原则的法律文件。

3. 提供谈判所需的资料

为保证谈判的公平和有效，集体谈判双方有义务向对方提供必要的资料，这对于消除工会方面因信息不足而所处的不利地位尤为重要。各国集体谈判法律对此都有明确规定，基本原则包括以雇主向工会提供信息为主，以谈判的必要需求为准，对涉及商业秘密的资料应当保密等。

波兰《劳动法典》第241～4条规定：为了就谈判所涉及的事项进行负责任的协商，雇主有义务向工会谈判代表提供关于其经济状况的资料。这一义务尤其应当适用于那些为纳入中央统计局（Central Statistical Office）报告而提供的资料。

俄罗斯《劳动法典》第22条（雇主的主要权利和义务）规定：雇主应当为达成集体合同和集体协议以及确保其实施，向参加谈判的雇员代表提供完整准确的资料。第54条（对不提供资料等行为的处罚）规定：对拒绝提供集体谈判和集体合同与集体协议的实施所需资料者，应按联邦法律规定的方式和数额给予罚款处理。

保加利亚《劳动法典》第52条（谈判和提供资料的义务）规定：（雇主应）提供对达成集体协议属重要的，关于其经济和财务状况的及时、可靠和易于理解的信息；对于泄漏可对雇主造成损害的信息可拒绝提供或增加保密要求。企业的工会组织应当在谈判开始时应雇主要求提供其实有会员人数的资料。

瑞典《就业（工作场所共决）法》第18条（获取信息的权利）规定：在谈判过程中，引用任何书面材料的一方应当在对方的要求下向其提供这些材料。第19条规定：雇主有义务向与之签订集体协议的工会定期提供关于本企业生产和财务状况及人力资源政策方面的资料。雇主还应以维护工会成员的利益为目标，保证雇员组织能查阅与本企业有关的资料、账目和其他文件。只要不造成过分负担，雇主应当在雇员组织的要求下向其提供相关资料的文本，并帮助其对资料进行审查。第21条规定：提供资料的一方有权就资料的保密问题与对方协商。如果达不成一致，任何一方可在协商结束10日内就保密义务相关问题向法院提起诉讼。法院应当就在何种程度上遵守保密义务以便不对起诉一方或任何其他人造成实质性危害作出裁决。

4. 诚信谈判的义务

各国法律普遍规定集体谈判应当遵循诚信原则。谈判双方以诚信的态度参与谈判过程是集体谈判制度有效发挥作用的重要保障。诚信原则主要是指，尊重对方谈判代表的权益，为达成协议尽最大努力，开展有诚意的和建设性的协商，避免不合理的拖延，认真遵守和实施已经达成的协议。

多数国家的法律对诚信问题的规定比较原则。例如，加拿大《劳动法典》第50条规定：双方代表应以诚信态度开始谈判，并作一切努力以达成协议。马拉维《产业关系法》第31条（诚信谈判的义务）规定：集体协议各方应以诚信态度开展谈判并尽一切合理努力达成集体协议。美国《国家劳动关系法》第8项规定：谈判是雇主与雇员的代表带有各自的愿望，以诚信的态度在一定的时间就工资、工时、工作条件或其他事项履行双方义务的操作；或对协议和与其相关的问题进行谈判；或对书面合同执行的协商过程。韩国《工会和劳动关系调整法》第30条（集体谈判的原则）规定：(1) 工会和雇主或雇主组织应以诚信和真诚的态度进行谈判和签订集体协议，并不得滥用权力；(2) 工会和雇主或雇主组织无正当理由不得拒绝或拖延谈判或达成集体协议。

有的国家对诚信问题作出具体或非常细化的规定。例如，波兰《劳动法典》第241～3条规定：谈判双方有义务进行诚信协商并尊重对方的法定权益。这特别意味着：(1) 在参考雇主经济状况的情况下考虑工会组织的谈判要价；(2) 避免提出雇主财务能力明显无法满足的要求；(3) 尊重集体协议不覆盖的其他雇员的利益。

新西兰《就业关系法》第32条（集体谈判的诚信要求）规定：诚信是指工会和雇主在谈判过程中至少应做到以下各点：(a) 在谈判开始之后，工会和雇主组织要立即尽一切努力作出安排，制定有效率的谈判程序。(b) 双方应就谈判事项随时进行沟通。(c) 双方应认真考虑对方的建议并及时做出回应。(d) 在谈判就某一事项停顿或陷入僵局的情况下，双方应继续就其他事项进行谈判［包括按以上 (b) (c) 款的规定行事］。(e) 双方必须：(i) 承认对方指定的谈判代表或助手的作用和权限；(ii) 除非对方另有同意，不直接或间接与谈判代表或助手所代表的人员就就业条款和条件进行谈判；(iii) 不破坏或试图破坏谈判过程或对方的谈判权限。(f) 双方必须应要求并按照第 34 条的规定，向对方提供就谈判目的而言对支持或证实谈判要价，或对谈判要价作出回应属合理必要的信息。

5. 集体协议包含的事项

关于集体协议应当包括哪些内容，也就是集体谈判应当围绕哪些事项，各国法律规定差异很大，但多数是原则规定。例如，美国《国家劳动关系法》只规定集体谈判的事项是工资、工时和其他劳动条件（第 9a 条）。德国《集体协议法》第 1 条（集体协议的内容和形式）更为原则，仅规定集体协议应当规范双方的权利和义务，应当包含关于就业的内容、开始和终止的规则，企业运行制度方面的问题，以及集体协议必须是书面形式。在日本、加拿大、新加坡等国家的产业关系和集体谈判相关法律中，甚至没有集体协议应当包括劳动领域哪些问题的具体规定。

这或许与各国对集体谈判制度的认识有关，即集体谈判本质上是工会与雇主或雇主组织之间的自主协商，国家法律规范的重点是由谁谈、怎么谈、发生矛盾分歧时如何解决的问题，而不对谈判中必须涉及哪些事项作出具体规定，尽管在各国实践中包含就业条件和劳动关系几乎所有事项。但也有例外情况，例如俄罗斯法律对集体协议应当包含的内容列举是很具体的，不过这在各国集体谈判立法中可能是一个特例。俄罗斯《劳动法典》第 41 条（集体合同的内容和结构）规定①：雇主和雇员的相互义务可以形成包含下列事项的集体合同：

——工资的形式、时间和数额，奖金和补贴的发放；

——根据物价上涨、通货膨胀、集体合同规定等对工资进行调整的专门机制；

——工人就业、再培训、解雇的条件；

——工时和休息时间，包括各种假期及其长度；

——改善工作条件和职业安全卫生，包括妇女和未成年人有关事项；

——在实行私有化时保护雇员利益，以及用人单位提供居住条件；

① 在俄罗斯 1992 年《集体协议与合约法》（Act No. 24901 of the Russian Federation respecting collective agreements and accords）中也有类似规定。

——生产工人（production employees）的环境安全职业健康；

——为参加在职学习的员工提供机会和经济上的补贴；

——为员工及其家属提供休息和健身设施；

——保证集体合同的诚信度、修改或终止集体合同的程序、谈判双方的责任、确保雇员代表切实行使职责的条件等相关事项；

——在集体合同内容得到兑现情况下放弃罢工权利。

此外还规定集体合同可以在考虑财务和经济状况的情况下，对雇员的津贴和奖金作出规定，并对其他工作条件作出高于法律和国家标准的规定。相关法定标准应当在集体合同中列明。

有的国家虽然没有规定集体协议应包含哪些事项，但规定不应包含哪些事项。例如，新加坡《产业关系法》第 17 条规定：尽管有上述（1）款的规定，任何工会都不得对拟议的集体协议提出以下建议：（a）要求雇主将一个雇员从较低的级别或位置提升到较高的级别或位置；（b）要求雇主将一个雇员调整到另一个岗位，除非这种调整不影响该雇员的就业条件；（c）要求雇主任命任何个人填补现有的职位空缺；（d）要求雇主以冗员、单位重组为理由终止任何雇员的就业或提出终止就业的标准；（e）要求雇主在适用第 35 条（2）的情况下对雇员加以解雇和复职；（f）要求雇主任命和安排一个雇员担负各种责任或从事各种具体任务，即使这些职责和任务与其就业条件一致。

6. 集体协议的扩展适用（extension of collective agreements）

集体协议的扩展适用是集体谈判制度非常重要的一个问题，是指集体协议不仅适用于签订协议的雇主和雇员，也适用于更多其他雇主和雇员。其目的是提高集体谈判的效率。但需要满足一定条件，包括：主管机关认为协议已经具备足够代表性即覆盖了大多数雇主和雇员，应当由协议的一方或双方向主管机关提出这样的要求，以及被扩展进来的雇主和雇员有表达意见的机会，等等。

很多国家的集体谈判法律有集体协议扩展的规定，但大都是在以行业谈判为主导的国家。德国《集体协议法》第 5 条（1）规定：联邦劳工和社会事务部部长在集体协议缔约方的要求下，经与集体谈判全国委员会协商同意，可宣布该协议的普遍适用，前提是：（1）受该协议约束的雇主所雇用的雇员超过协议范围内雇员的半数；（2）普遍适用对公共利益有利。如果社会条件使得有必要，关于普遍适用的决定可以取消。波兰《劳动法典》第 241～18（1）条规定：应一个行业工会组织（supra-enterprise trade union organization）或者一个雇主组织的要求，劳工和社会政策部部长有权与一个提出要求的组织缔结行业协议的组织协商，可发布命令将一个行业协议或其中的一部分，扩大适用于未被任何协议覆盖的工人，如果出于重要社会利益需要的话。这种行业协议的扩大适用应仅适用于那些未被其他行业协议覆盖的工人。俄罗斯《劳动法典》第 48 条第 5、第 6 款规定：如果在联邦一级签订了一个产业的集体协议，联邦劳动行政部门首长有权建议未参与缔结该协议的雇主加入协议。如果相关雇主在收到建议 30 天内未作书面回复并表明有理由拒绝该建议，即被认为是在通知发出之日起受到协议覆盖。保加利亚《劳动法典》第 51B 条（部门或行业集体协议）规定：全国性雇主组织和工会应当达成协议，并各自指派代表参加签订部门或行业集体协议。工会代表应当向雇主代表提交共同协议草案。如果部门和行业的集体协议由所有工会和雇主代表达成，劳工和社会政策部部长可在这些代表的请求下，决定将该协议或其中部分条款扩大适用到相应部门或行业的所有企业。韩国《劳动关系法》第 36 条规定：如果一个地区有 2/3 以上从事同样工作的工人适用于一项集体协议，行政部门可根据劳动关系委员会的决定，应集体协议一方或双方的要求，或者自行决定，将该协议适用于该地区从事同样工作的其他工人及其雇主。行政部门应立即将相关决定通告有关工人和雇主。南非《劳动关系法》第 32 条第（1）款、第（2）款规定：一个谈判单位（bargaining council）可以书面向劳工部部长提出要求，将本谈判单位达成的集体协议扩大适用到那些属于本谈判单位登记范围的非协议各方……劳工部部长应当在收到要求 60 天内在政府公报上发布扩大适用的公告。匈牙利《劳动法典》第 34 条规定：应协议双方的要求并征求与此有关的全国性雇员和雇主组织的意见，劳工部部长可将集体谈判协议的适用范围扩大到整个部门（或者分部门），前提是达成协议的双方在该部门（或者分部门）具有足够的代表性。日本《工会法》第 17 条（集体协议的一般约束力）规定：在一个用人单位有 3/4 以上同类型工人适用一项集体协议时，其余同类型工人也应当适用于该项协议。第 18 条（集体协议的地域约束力）规定：（1）在一个地方有 3/4 以上同类型工人适用一项集体协议时，厚生劳动省大臣或地方政府知事在集体协议一方或双方要求下，根据“劳动关系委员会”的决议，可决定该地方的其余同类型工人也适用于该项协议。（2）在执行上款提及的决议过程中发现集体协议内容有不当之处时，劳动关系委员会可对这些内容进行修改。(3) 集体协议的地域适用决定应当向社会公布。

一些国家虽然没有集体协议扩展适用的法律规定，但存在这种做法。例如瑞典的集体谈判法律没有涉及扩展适用问题。对此的解释是，瑞典的集体协议层次较高，覆盖面很宽，足以覆盖 3/4 以上的劳动者。另外，虽然没有明文规定，但在实践中雇主一般均将集体协议规定的就业条件适用于非工会会员，即所谓“外部工人”（“outside” employees)。在未纳入集体协议的劳动者与雇主发生争议时，法院的解决办法是用相关的集体协议规定对个人劳动合同进行“补充”。尤其是全国性集体协议规定的最低标准是法律性质的，对没有集体协议的雇主和工人有很强的约束力。[①]

7. 集体谈判（集体协议）争议的处理

除确认集体谈判的工会代表外，另外一个需要由法律作出规定的重要问题是，对于围绕集体谈判有关事项出现的争议应当如何解决，包括谈判过程中直到达成集体协议发生的争议，以及对集体协议的解释和执行发生的争议。尽管开展集体谈判和签订集体协议应当是劳资双方的自主行为，但在出现争议时第三方的干预是必不可少的。一般情况下，各国法律对处理争议的手段规定为先调解后仲裁，对调解的方式规定为先劳资双方自行调解，如不成功再由第三方机构调解，仲裁也有自愿和强制之分。第三方机构可以是政府部门或者独立的准政府机构如产业关系委员会，也可以是劳资双方为解决争议自己建立的临时机构。一些国家规定，谈判双方对仲裁结果不接受的可以采取罢工和关厂行动，并进入处理产业行动法律程序。以下是部分国家的情况：

(1) 行政机构处理集体谈判争议的国家

①美国

从美国法律规定可以看出，美国对集体谈判争议的解决采用政府主导的方式，机构和程序比较健全，可以主动也可以应要求介入争议，但不是强制性的，尤其是最后解决方案不要求争议双方必须接受。同时也鼓励劳资双方自己通过协商解决争议。美国《国家劳动关系法》规定[②]：在雇主

---

① SWEDEN, The Role of Collective Bargaining, Tenth Meeting of European Labour Court Judges, Stockholm, September 2, 2002.

② 美国《国家劳动关系法》第 201 项［§171. 目的与政策］。

和雇员通过谈判解决争端的基础上，政府使用调解、中介和自愿仲裁的方法帮助和鼓励雇主和雇员代表在解决工资、工时和劳动条件等问题达成或维持协议；帮助和鼓励雇主和雇员代表尽最大努力，通过谈判协商解决他们之间的分歧。第 202 项规定：(a)（联邦协调和中介机构的产生；主任的任命）联邦调解和中介服务中心。服务中心是在中心主任的领导下，主任是由总统任命，参议院批准。主任不允许参与其他商业活动，任职和受雇。第 203 项规定：(b)（主动或被动干预；回避小纠纷）在解决影响商业的工业争端时，如服务中心认为某争端具有给商业造成影响的潜在威胁时，服务中心可主动，或经当事的一方或多方的要求提供调解服务。(c)（如果调解失败，寻求其他解决方法）如果在一段时间内，通过调解，不能解决争端。主任应该引导双方自愿地寻求其他的解决方法，而不导致罢工、关闭，或其他的强硬方式，包括把雇主的最后谈判条件交给雇员，或用匿名投票的方式决定同意或反对以解决纠纷。如果调解失败，或双方拒绝主任提出的任何建议不能被解释为主任或中心失职。(d)（采用调解和中介的方法是最后手段）双方通过协商，调整和解释现存的协议而平息不满是理想解决纠纷的方法。服务中心用调解和中介的方法去解决这样的纠纷是最后采取的方法。

第 204 项［§174. 减少劳工纠纷是雇员、雇员代表和雇主的共同责任］规定：为了避免和减少由劳工纠纷造成对商业自由流通的影响，对商业有影响的工业的雇主、雇员和雇员代表应：(1) 尽一切努力制定和维持合理的有关工资、工时、工作条件的协议，对协议的修改要有一个合理的解释。(2) 当由于协议中的条款和协议的实施引起的纠纷时，任何一方应尽快要求会面，双方应尽最大努力尽快地解决纠纷。(3) 如果这种会面不能解决纠纷，服务中心应尽快地组织会议，以帮助解决纠纷。

②新西兰

新西兰的就业关系署（Employment Relations Authority）属于准政府机构，负责调查、调解、处理集体谈判争议问题。新西兰《就业关系法》第五章（集体谈判）第 50B 条（就业关系署）[①] 规定：(1) 在为达成集体协议而进行的谈判过程中发生的各种问题，可以提交就业关系委员会以帮

① 就业关系委员会（Employment Relations Authority）是政府独立机构，负责处理调解程序无法解决的劳动争议。

助克服困难从而达成协议。(2) 提交的条件是：(a) 可以单方或双方共同提交；(b) 必须是关于下列事项：(i) 一方严重不遵守诚信原则并已影响到谈判，(ii) 谈判被过度拖延，经过努力包括调解仍无法克服困难达成协议，(iii) 在谈判过程中发生罢工或关厂，并且发展到严重程度，(vi) 一方提出罢工或关厂，如果发生将严重影响公共利益。

③新加坡

新加坡的集体谈判争议由劳工部处理，谈判双方必须接受调解。新加坡《产业关系法》第21条（调解）规定：(1) 如果谈判开始14天后没有达成集体协议，谈判双方都可以将情况报告劳工专员。(2) 劳工专员应亲自或安排一位调解官进行调解，帮助其达成集体协议。第22条（产业争议通知）规定：劳工专员如果在调解开始7天后认为调解不能成功，或者调解无助于达成协议，应通知劳工部部长和集体协议登记机关确认存在产业争议。第23条（强制调解）规定：(1) 如果劳工部部长认为仍存在进一步调解成功的可能，应当通知双方到场接受政府调解。(2) 调解通知可口头或书面发出。(3) 调解应不公开举行。(4) 拒不到场的应处以2 000元以上罚款或12个月以内监禁，或两者并处。第24条（通知的程序）规定：(1) 劳工专员的通知应包含：争议双方的声明、劳工专员所了解的争议的事项、劳工专员所了解的协商不成的原因。(2) 登记机关在接到通知后应立即报告总统。

④瑞典

对集体协议的解释权在缔结协议的双方。如果对协议的理解出现争议应首先通过协商解决。如无法解决可将问题提交全国劳动法院（National Labour Court），如双方同意，也可将问题提交一位仲裁人。瑞典的劳动争议调解机构是全国调解办公室（政府机构）。在发生集体谈判争议时，办公室可以在谈判双方要求下或者自行任命由社会人士担任的调解人帮助协调解决争议，达成协议。瑞典《就业（工作场所共决）法》第46～53条（争议调解）对调解办公室和调解人、仲裁人的权限和工作程序等有关事项作出规定。

(2) 谈判双方自己建立机构解决谈判争议的国家

①加拿大

加拿大对集体谈判争议采用劳资双方自己解决的机制。加拿大《劳动法典》第57条（在不停工情况下最终解决争议问题）规定：(1) 所有集体协议都应当包括一条关于在不停工的情况下，通过仲裁或其他方法，就集体协议的解释、实施、管理和违反等方面，对谈判双方的争议加以最终解决的专门条款。(2)（任命仲裁人）：在集体协议未包含上述专门条款的情况下，相关争议应当按以下方式解决：(a) 将争议问题提交双方同意自行选择的仲裁人；(b) 如双方无法就选择仲裁人达成一致，或者有一方向劳动部部长书面提出任命仲裁人的请求，将争议问题提交劳动部部长认为有必要并任命的仲裁人。(3) 如果集体协议中包含争议问题最终由仲裁委员会解决的专门条款，而一方未能提出自己的仲裁委员会人选，争议问题应当提交上款 (a) 和 (b) 规定的仲裁人加以最终解决。(4) 如果双方无法就任命仲裁人或仲裁委员会主席达成一致，任何一方可向劳工部部长书面提出要求，请其直接加以任命。(5) 劳工部部长应在收到要求后任命仲裁人或仲裁委员会主席。(6) 以上仲裁人或仲裁委员会主席应被视为根据双方的集体协议所任命。

②俄罗斯

俄罗斯的争议调解机构是谈判双方协商建立的。俄罗斯 1992 年《集体协议与合约法》[①] 第 8 条（争议的解决）规定：为解决集体谈判过程中发生的争议，谈判双方应求助于调解程序。在确认存在争议问题 3 日内，谈判双方应协商建立一个调解委员会；如果无法建立委员会，双方应将争议问题提交一位其共同选择的调解人。在对争议问题进行审查后，调解委员会或调解人应当在 7 日内对如何解决争议问题提出实质性建议。如果双方不接受调解建议，可以依法采取罢工行动。为支持己方在集体谈判中提出的要求及达成或修改集体协议和集体合约，工会或经工人授权的代表机构应有权在不影响企业活动的情况下，在工作时间以外集会和聚会、设置纠察线和组织示威。

③匈牙利

匈牙利的谈判争议调解和仲裁程序由谈判双方协商建立。匈牙利《劳动法典》第 4 部分（劳动争议）第一章（集体劳动争议）第 195 条规定：(1) 为有利于解决劳动争议，谈判双方可求助于一位独立调解人，该调解人应当是双方共同认可的。(2) 调解人可要求双方提供有关的必要信息和

① 在俄罗斯，集体协议指企业级协议，集体合约指企业以上各层级的协议。

资料。(3) 调解人应将调解过程和结果书面提交争议双方。第196条规定：(1) 为有利于解决劳动争议，谈判双方可在协商一致基础上聘请一位仲裁人。如双方同意，仲裁人作出的仲裁决定具有法律约束力。(2) 仲裁人可建立一个调解委员会，争议双方应在委员会中有数量相同的成员。第198条规定：(1) 调解协议和仲裁决定应视为集体协议的一部分。(2) 如双方同意，可聘请专家或证人见证调解和仲裁过程。(3) 除非另有约定，调解或仲裁产生的费用由雇主负担。

另外，对于集体谈判和集体协议中争议问题的解决，有的国家不是单独作出法律规定，而是与个体劳动争议的解决一起适用于规定的法律程序。例如日本《劳动关系调整法》[①] 规定的，由劳动关系委员会主导，包括调解、斡停和仲裁程序在内的劳动争议解决机制。

(三) 集体谈判和集体协议程序的规定

1. 集体谈判通知和尽早开始谈判

这方面规定的目的主要是为了使工会提起谈判的权利得到保障，基本原则是只要工会的谈判资格和要求符合法律规定，雇主方即不得拒绝谈判或借故拖延。为此，一些国家对收到谈判要求至开始谈判的时间作出具体规定。例如，新加坡《产业关系法》第三章（集体谈判）第18条（发出协商要约）规定：获得集体谈判资格的工会和雇主可按规定格式向对方发出通知，要求就有关事项进行协商以便达成集体协议。加拿大《劳动法典》第48条（为签订集体协议进行谈判的通知）规定：在产业关系委员会确定工会谈判机构之后，谈判机构可向雇主发出通知，或雇主可向谈判机构发出通知，要求着手进行集体谈判以达成集体协议。第50条（谈判义务和不得改变就业条款与条件）规定：通知发出后，工会谈判机构和雇主应立即，并在最多20天内（除非双方另作决定），开始进行有诚意的谈判。俄罗斯《劳动法典》第六章（集体谈判）第36条（集体谈判的开始）规定：收到集体谈判书面要求的一方应当在7天内开始谈判。保加利亚《劳动法典》(2004年) 第52条规定：雇主或雇主组织应当：(1) 与雇员代表开始谈判以达成集体协议；(2) 在收到要求谈判的通知一个月后未开始谈判的

---

① 日本《劳动关系调整法》于1946年颁布，最近一次修订在2004年。

视为故意拖延。日本《工会法》第7条（不正当劳工行为）规定：雇主不得有下列行为：无正当理由拒绝与工人代表开展集体谈判。

2. 协议的生效和有效期

对集体协议的生效一般规定为自双方签署协议的日期起。协议有效期分为有年限和无年限两种。对有年限的协议一般规定为1～3年，更长年限的基本没有，或者规定最长不超过多少年，最短不少于一年等。还有就是规定在集体协议期满后如没有新的协议则原协议继续有效是比较普遍的做法。例如，日本《劳动法》第14条规定：工会和雇主或雇主组织达成的关于工作条件和其他事项的集体协议，在以书面形式起草并经谈判双方签署姓名或盖章后即生效。第15条规定：（1）集体协议的有效期不得超过三年。（2）集体协议有效期超过三年的应视为有效期为三年。（3）未规定有效期的集体协议可以由任何一方以书面事先通知并签名盖章的方式予以终止。规定了有效期，并规定有效期期满后将继续无限期有效的集体协议，其内容在有效期期满后继续有效。（4）上款所指的事先通知应至少在90天前发出。

波兰《劳动法典》第241～12条规定：集体协议应自行规定生效日期，但不能早于在行政机关登记的日期。第241～5条规定：在集体协议中应明确规定有效期或属于无限期协议；在有效期协议期满前，双方可协议延长有效期或者转为无限期合同。韩国《工会和劳动关系调整法》第32条（集体协议的有效期）规定：（1）任何集体协议的有效期不得超过两年。（2）集体协议未明确有效期或规定有效期超过两年的其有效期应为两年。（3）除非协议另有规定，如果在集体协议期满时未达成新的协议，且在此前后已经在进行新协议谈判，则集体协议将继续有效三个月。如果在三个月后未达成新协议，原协议将继续有效，前提是原协议中有关于新协议未达成前原协议继续有效的明确规定，而且，谈判双方有权提前6个月通知终止原协议的效力。芬兰《集体协议法》[①]第3条规定：有效期为4年的集体协议在期满后将被视为无限期协议。加拿大《劳动法典》第67条（1）和（2）（集体协议的有效期）规定：没有规定有效期或者有效期少于1年的集体协议应视为有效期1年，除非属本法第36条（2）的情况或者经产业关

① 芬兰《集体协议法》于1946年颁布，2001年最后修订。

系委员会同意，协议双方不得在 1 年内终止协议；除有效期外，谈判双方对协议其他规定都可作出修改。

3. 协议的登记

对集体协议进行登记主要是为了使国家了解集体协议总体情况，发现存在的问题，并对双方提供帮助。各国法律关于集体协议的登记有三种情况，即无须登记、必须登记和自愿登记。多数国家的法律并不规定集体协议需要在政府部门或法院登记才能生效，包括美国、德国、法国、芬兰、挪威、瑞典、加拿大、匈牙利等。有的国家规定，集体协议必须送登记机关进行登记，从而成为协议生效的先决条件之一。

例如，西班牙《工人法》（Workers’ Statute）第 90 条规定：集体协议必须以书面形式形成并送交主管机关进行登记和公布。保加利亚《劳动法典》第 53 条（协议的达成和登记）规定：集体协议应当在当地劳动监察机构的登记部门进行登记。部门和国家级集体协议在中央劳动监察署登记。关于登记管辖权的争议由劳动和社会政策部部长解决。劳动监察机构应在收到协议双方的登记申请后 1 个月内完成登记手续。随登记申请应附上双方签字的集体协议文本。

新加坡《产业关系法》[①] 第三部分（集体谈判）第 25 条（集体协议）规定：集体协议达成后，其各项条款应当：（a）由协议双方整理成一项书面备忘录；并（b）在一周内送交登记机关，登记机关应立即将其送交法院进行审核，经审核通过的备忘录应送回登记机关进行登记。

有的国家规定，行政机关对内容不符合法律的集体协议应要求修改后登记或不予登记。例如，波兰《劳动法典》第 241～11 条规定：集体协议有不符合法律内容的，登记机关可：（1）同意该协议在删除不符合法律的部分后进行登记；（2）要求协议方在 4 日内作适当修改后进行登记。在协议方拒绝采取上述行动的情况下对集体协议不予登记。在协议登记遭拒绝后 30 日内协议方有权提出上诉。

有的国家将集体协议是否登记作为协议双方的选择权利。例如，爱尔兰《产业关系法》[②] 第 27 条规定：（1）集体协议双方可以（may）向法院提出对集体协议进行登记的申请。（2）登记申请应随附集体协议文本。

---

① 新加坡《产业关系法》于 1960 年颁布，2010 年最新修订。

② 爱尔兰《产业关系法》于 1946 颁布，2001 年最新修订。

(3) 如果法院认为协议符合规定要求，应予以登记。

由此可以看出，爱尔兰法律对登记的规定不是强制性的。爱尔兰学者对此的说明①是，法律允许登记，经过登记的集体协议有法律约束力。如果集体协议是行业或部门层级的，则所有该行业或部门的工人和雇主无论是否属协议签约方，都应受到协议约束。在实践中只有少数集体协议经过登记，主要是行业和部门协议。

4. 对违反集体协议行为的处罚

有的国家对违反集体协议的行为给予罚款处罚。例如，芬兰《集体协议法》第 7 条规定：如果集体协议方故意违反或有证据证明违反协议规定，对雇主可处以 23 500 欧元的罚款，对工会可处以不超过 230 欧元的罚款。可重复罚款直到违法行为终止。新加坡《产业关系法》第 23 条（强制调解）规定：如果劳工部部长认为劳动争议存在调解或进一步调解成功的可能，应当通知有关人员到场接受政府调解；对无合法理由拒不到场的应处以 2 000 元以上罚款或 12 个月以内监禁，或两者并处。

三、国际劳工组织与集体谈判

国际劳工组织在倡导集体谈判原则，推动世界各国建立、完善集体谈判制度方面发挥着独特的重要作用。国际劳工组织早在 1944 年《费城宣言》中就提出，应“切实承认集体谈判的权利，在不断提高生产率的情况下推动劳资双方的合作，以及工人和雇主在制定与实施社会经济措施方面的合作”。在 1998 年《工作中基本原则和权利宣言》中指出，所有成员国有义务尊重、促进和实现工作中的基本权利，包括对集体谈判权利的有效承认。在 2008 年《国际劳工组织关于争取公平全球化的社会正义宣言》中强调：结社自由和有效地承认集体谈判权利对能够使四项战略目标得以实现尤为重要。在国际劳工组织 90 余年的历史与活动中，促进集体谈判始终是一个核心主题。

国际劳工组织通过制定国际劳工标准（公约和建议书）、促进会员国对标准的批准实施以及提供技术援助等手段不断推动世界各国的集体谈判

---

① IRELAND, The Role of Collective Bargaining, Tenth Meeting of European Labour Court Judges, Stockholm, September 2, 2002.

活动。其中制定标准是一项基础工作。多年来，劳工组织还对集体谈判涉及的各方面问题进行了广泛研究，形成了重要成果，包括对集体谈判的原则、立场和一些基本问题的态度，对各国集体谈判立法和制度建设发挥着重要的倡导和指引作用。以下是对集体谈判劳工标准及劳工组织相关原则的简要介绍。

（一）与集体谈判有关的国际劳工标准

集体谈判劳工标准分为两类。一是直接对集体谈判进行规定的公约和建议书；二是对集体谈判可能涉及的一些事项，如企业中工人代表的地位和作用、个人和集体劳动争议的处理进行专门规定的公约和建议书。其中具有特殊重要地位的是1949年制定的《组织权利与集体谈判公约》。该公约在劳工标准中首次提出集体谈判原则，为后来其他标准的制定奠定了基础，目前被列为国际劳工组织敦促各国批准实施的8个核心公约之一。①

1. 集体谈判公约和建议书

（1）1949年《组织权利与集体谈判公约》（第98号公约）

本公约包括两个方面的内容，一是规定对工人行使工会权利的保护原则和措施，二是提倡自愿基础上的集体谈判。包括工人不得因加入工会，尤其是领导和参与工会活动而受到包括解雇在内的各种伤害，即“工人应享有充分的保护，以防止在就业方面发生任何排斥工会的歧视行为”；工人组织和雇主组织均不应干涉对方活动；政府应采取措施鼓励和推动集体谈判以确定工人的就业条件等。

与87号《结社自由与保护组织权利公约》一样，第98号公约的主旨也是为了保障工人的组织权利即组织和开展工会活动的权利。但不同之处在于，第87号公约针对的是政府，要求政府实行结社自由原则；而第98号公约针对的主要是雇主，规定雇主不得因工人领导和开展工会活动而对其采取解雇等不利措施。

① 8个核心公约包括：1948年《结社自由与保护组织权利公约》（第87号公约）、1949年《组织权利与集体谈判公约》（第98号公约）、1930年《强迫劳动公约》（第29号公约）、1957年《废除强迫劳动公约》（第105号公约）、1951年《同工同酬公约》（第100号公约）、1958年《（就业和职业）歧视公约》（第111号公约）、1973年《最低就业年龄公约》（第138号公约）、1999年《消除最恶劣形式的童工劳动公约》（第182号公约）。其中规定了国际劳工组织主张的劳动者4项基本权利，即结社自由和集体谈判、免于强迫劳动、平等和非歧视、废除童工劳动。

涉及集体谈判的实际上只有一条："必要时应采取符合国情的措施，鼓励和推动在雇主或雇主组织同工人组织之间，最广泛地发展与使用集体协议的自愿谈判程序，以便通过这种方式确定就业条款和条件。"（第4条）这里仅将集体谈判作为一个问题提出，不涉及具体操作，但其重要意义在于首次提出集体谈判原则。

（2）1981年《促进集体谈判公约》（第154号公约）

该公约于1981年第67届国际劳工大会通过，被列入劳动关系类别，是除第98号公约外唯一直接对集体谈判进行全面规范的公约。内容如下：

①适用范围。公约适用于所有经济活动部门，军队和警察是否开展集体谈判，公务员是否采用专门的谈判形式由各国自行决定（第1条）。

②集体谈判的定义。公约对集体谈判有十分清楚的定义，即雇主或雇主组织与一个或多个工人组织之间开展的所有协商活动。其目的是：（a）决定就业条款和工作条件；（b）调整雇主与工人的关系；（c）调整雇主或雇主组织与一个或多个工人组织的关系（第2条）。

③集体谈判行为的法律地位。可以通过国家法律对集体谈判有关事项作出规定（第4条）。

④集体谈判的事项。应逐步覆盖公约第2条规定的各项（第5条）。

⑤集体谈判与劳动争议调解仲裁的关系。解决劳动争议的机制应当有利于开展集体谈判，集体谈判也不应当妨碍劳动争议调解和仲裁活动（第6条）。

⑥集体谈判的自愿性。关于集体谈判的国家政策法律应体现集体谈判的自愿原则，因为集体谈判本质上不是政府行为，而是雇主与工会之间的行为（第8条）。

（3）1981年《促进集体谈判建议书》（第163号建议书）

该建议书是对1981年《促进集体谈判公约》的细化，围绕如何推动集体谈判作出更具体的规定。主要内容如下：

①促进组织发展和赋权。以集体谈判为目的，强调雇主组织和工人组织的建立应当遵循自愿原则，并具有足够的独立性和代表性。对最有代表性的组织应当依法赋予其作为集体谈判主体的权利，为此应当采用明晰公正的衡量标准（第2条、第3条）。

②集体谈判的层级。集体谈判应当能在各个层级进行，包括企业层级、公司层级、部门层级、产业层级、地区层级和国家层级。各层级之间

应当保持良好协调（第 4 条）。

③集体谈判的能力建设。工会和雇主组织应当通过培训措施和计划提高集体谈判人员的谈判能力和技巧，政府应当提供帮助，培训活动不应当影响劳资双方对谈判人员的自主选择，谈判人员应当获得开展谈判和达成协议的充分授权（第 5 条、第 6 条）。

④谈判双方有权获得信息资料以保证谈判的有效性，包括雇主向工会提供谈判单位经济和社会状况的资料，如果提供资料可能导致泄密，应增加保密要求；提供哪些资料可由双方协商确定。如有必要政府应当提供国家和部门经济与社会状况的资料，但应以不损害国家利益为准（第 7 条）。

⑤政府应当制定程序以便谈判双方在出现争议时自己加以解决，这些争议可以是协商过程中出现的，也可以是围绕集体协议的解释或者实施发生的（第 8 条）。

（4）1951 年《集体协议建议书》（第 91 号建议书）

①建立集体谈判机制。各国应立法或通过其他方法建立集体谈判机制，用于规范和帮助劳资双方组织和开展集体谈判，达成、修改或更新集体协议。此种机制的形式、运作和功能应当由劳资双方依照法律确定（第 1 条）。

②集体协议的定义。就本建议书而言，集体协议一词系指一个雇主、一个雇主群体，或一个或多个雇主组织为一方，与一个或多个工人代表组织，或在没有此类组织的情况下，与依照国家法律和法规由工人选举并授权的工人代表为另一方，就工作条件和就业条款达成的所有书面协议。此定义不意味着承认那些受雇主支配或资助的工人组织（第 2 条）。

③集体协议的效力和约束力。集体协议适用于定约双方及其所代表的所有成员，受集体协议约束的雇主和工人不能再签订其内容与协议冲突的个人劳动合同。此种劳动合同应视为无效并由集体合同自动取代。标准高于集体协议的劳动合同不视为与集体协议冲突（第 3 条）。

④集体协议的扩展适用。集体协议的全部或部分规定如属适宜可扩展适用于一个产业或地区的所有雇主和雇员，但应满足下列条件：（a）主管当局确认该协议已经覆盖了足够数量的雇主和雇员；（b）谈判一方或双方提出扩大适用的要求；（c）可能被扩大适用的雇主和工人有机会表达意见（第 5 条）。

⑤集体协议的解释和实施监督。谈判中出现争议的解决程序可以由谈

判双方决定，也可以由法律规定。对集体协议实施情况的监督可以由协议双方进行，也可以由为此专门建立的第三方机构进行（第6条、第7条）。

⑥其他规定。国家法律可要求雇主向工人公布集体协议文本，对集体协议的登记和最短有效期等作出规定。

2. 与集体谈判有关的其他公约和建议书

（1）1951年《自愿调解和仲裁建议书》（第92号建议书）

第92号建议书所指的劳动争议包括个人劳动争议和集体劳动争议，相关程序也适用于这两种情况，而不是专指用于解决集体谈判争议的程序。主要内容如下：

①自愿调解。应建立自愿调解机制以预防和解决劳资争议。机制中应当有同等数量的雇主代表和工人代表。调解不得收取费用，法律应规定尽可能短的调解期限。调解程序可在争议双方要求下启动，也可由自愿调解机构依法启动。应鼓励在调解期间不举行罢工和关厂（第1～5条）。

②自愿仲裁。如果争议双方同意并将问题提交劳动争议仲裁机构，仲裁机构应当鼓励在仲裁期间不举行罢工和关厂并接受仲裁决定，但不意味着对罢工权的任何限制（第7～9条）。

（2）1971年《工人代表公约》（第135号公约）

本公约所指的工人代表包括工会代表和工人选举的其他代表，公约主旨是保护工人代表开展活动的权利。主要内容如下：

①对工人代表的保护。凡工人代表的活动符合法律、集体协议或其他共同约定的，均应受到有效保护并免受包括解雇在内的任何不利对待。企业应当向工人代表提供便利条件以便他们能有效履行职责，但要根据企业的需要、规模和能力且不致对企业产生不利影响（第1条、第2条）。

②工人代表与工会代表的关系。如果在同一企业同时存在工会代表和选举产生的工人代表，应采取措施保证选举代表的存在不妨碍工会代表的地位，并鼓励双方在有关事务中的合作（第5条）。

（二）国际劳工组织对集体谈判重要问题的原则立场和主张[①]

除以上劳工公约和建议书条款的规定外，国际劳工组织的相关文献资料和研究成果等也反映了其对集体谈判一些重要问题的立场和态度。这特别反映在劳工组织对会员国履行集体谈判公约义务的情况进行监督时所提出的各种评论意见当中。劳工组织作为以维护劳动者权益为宗旨的政府间国际组织，工人和工会代表在其中发挥着独特的重要作用。这表现在无论是涉及集体谈判的基本原则还是一些具体的程序性规定，与各国的立法及实践对比，劳工组织的立场和主张都表现出明显地向工人一方倾斜，或者说采用的是更高、更严格的标准。例如，澳大利亚立法规定企业层级集体谈判的优先地位，埃及规定集体协议中有损于国家经济利益的条款属无效，德国规定具有公务员身份的教师无集体谈判权，英国立法不鼓励和推进自愿谈判，土耳其禁止产业级谈判，以及很多国家实行的集体协议需经政府主管部门登记方为有效、对集体谈判争议可实行强制仲裁等做法，在劳工组织看来都是有悖于集体谈判相关要求的，尤其是集体谈判最基本的自愿原则。反过来也可以认为，由于各国劳动关系和集体谈判制度具有不同的特点和发展水平，在立法和实践方面一般不可能都达到国际劳工组织所希望的“理想状态”，而是存在某些不足。无论发达国家还是发展中国家，在集体谈判问题上都要更多考虑劳资关系的平衡以及国家经济利益，从而形成更有利于雇主的实际状况。以下是劳工组织对集体谈判一些主要问题的看法：

1. 集体谈判和集体协议的定义

国际劳工组织对集体谈判的看法首先体现在劳工组织各种文书中对集体谈判和集体协议所作的定义上。在这些文书中，集体谈判被视为是达成集体协议的一种活动或过程。1981 年《促进集体谈判公约》（第 154 号公约）第 2 条对集体谈判给出了详细定义；1951 年《集体协议建议书》（第 91 号建议书）第 2 条对集体协议做出了详细定义。这两个定义（上文已有

---

① 本节内容根据国际劳工组织以下资料整理：COLLECTIVE BARGAINING：ILO standards and the principles of the supervisory bodies；ILO principles concerning collective bargaining；CHAPTER III：Substantive provisions of labour legislation：Effective recognition of the right to collective bargaining.

阐述）与各国法律关于集体谈判和集体协议定义的形式和内容是相同的。

2. 工会在集体谈判中的优先地位

参加集体谈判的工人代表能够有效地代表工人利益，是集体谈判成功的重要基础和保障。对于集体谈判中工人代表如何产生的问题，相关国际劳工标准强调一个基本原则，即工会的地位高于其他形式的工人代表，只有在谈判单位没有工会的情况下，才能由工人通过选举产生代表他们参加集体谈判的人选。

对此，1971 年《工人代表公约》（第 135 号公约）规定：如在同一企业内同时存在工会代表和选举产生的代表，如有必要应当采取措施，保证不利用选举产生的代表的存在去妨碍有关工会及其代表的地位，并鼓励选举产生的代表与有关工会及其代表在一切有关事项中进行合作。1981 年《集体谈判建议书》（第 163 号建议书）第 3 条第 2 款规定：若为实施上文第 1 款规定，“集体谈判”一词也包括同本款所涉及工人代表的谈判，则必要时应采取适当措施确保这些代表的表现不得被用来削弱有关工人组织（工会）的地位。

国际劳工标准规定，工人选举的代表也可以与雇主开展集体谈判和达成集体协议，主要是为了适应 20 世纪中期很多国家工会组织未普遍建立，或者虽然有工会存在但力量不够强大，不足以代表多数工人的情况。几十年后的情况已经与当初有很大不同，但在一些国家工会力量薄弱的情况仍然是存在的。为了防止在集体谈判中雇主通过操纵工人代表排斥工会的现象，国际劳工组织仍将工会的代表权优于为开展集体谈判选举出的工人代表，作为一项重要原则加以强调。针对一些国家的这类问题，国际劳工组织指出，在谈判单位有工会的情况下，由雇主与一个不是工会的工人群体直接签订协议不利于促进集体谈判原则。

3. 工会作为唯一谈判代表的条件

各国立法对集体谈判中工会代表权的规定有两种情况。一种是在一个谈判单位中如果存在两个以上的工会，需要由这些工会通过协商组成联合谈判团队；另外一种做法是如果其中有一个工会能够代表大多数雇员，或者能够代表由法律规定的一定比率的雇员，则这样的工会就可以成为代表所有雇员的唯一谈判代表。对此，劳工组织的意见是二者都符合相关劳工标准的原则。对于有些国家的工会组织就后一种做法持反对态度，劳工组织说明，国家法律规定一个工会在集体谈判中可以代表所有工人而不限于自己的会员，应当有一些前提条件，包括：（a）由一个独立机构对其进行资格审查；（b）经过谈判单位全体工人投票表决；（c）未能当选的工会有权在质疑选举结果时在规定时限内要求重新选举；（d）如果谈判单位出现新建工会，这些工会有权在经过规定时限后要求重新选举。另外，如果参选工会得票都不超过50%，就可以认为没有能代表大多数工人的工会，应当由各工会协商组成联合谈判团队。

4. 集体协议应当包含的事项

第98号、第151号和154号公约，第91号建议书等集体谈判有关标准都有类似规定，即集体协议的主要内容应当是对工作与就业条款和条件，以及对雇主和工人、雇主组织和工人组织之间关系的规范。对于工作条件和就业条款应当包括哪些事项，国际劳工组织认为应当不仅限于工资、工时、加班和休息时间等基本事项，也应当包括通常属于就业条件范畴的其他事项，诸如调换岗位、提升、事先未通知的解雇等。在发达国家实际上也存在一种承认“管理型”集体谈判的趋势，其达成的协议涉及裁员、调整工时等超出狭义就业条款的事项。

对此劳工组织的基本态度是，凡属与就业条件有关的事项均应纳入集体谈判的范围，行政当局单方面限制谈判范围和事项的做法不符合国际劳工标准的原则。同时，谈判事项的范围也不可以无限扩大，而是应当与就业和工作条件有比较密切的关系。那些应当由雇主作决定的生产管理方面的问题如工作任务的分派和职务的任命、劳动纪律的规定，应当由政府负责的事项如国家的全面教育政策，以及不符合国家法律最低保障标准的条款不应成为集体谈判的事项。

需要指出的是，无论是国际劳工标准还是各国法律，对集体协议应包含事项都是采取原则列举而不是详细列举的形式，除极个别国家的例外，二者在这个问题上是相当一致的。

5. 自由和自愿协商的含义

集体谈判的自愿性质在1949年《组织权利与集体谈判公约》（第98号公约）中表达得十分清楚，即自愿基础上的集体谈判是结社自由原则的一个重要方面。因而在促进集体谈判的各种手段中不应当包括强制要求进行谈判的规定，特别是国家不能建立强制性集体谈判的机制。劳工组织强调，第98号公约第4条关于运用集体谈判手段的规定，并不是要求政府用强制手段迫使雇主或工人组织进行谈判，这些组织也没有必须谈判和达成协议的义务。法律关于集体谈判的各种程序性规定的目的，只能是赋予雇主和工人组织谈判权利，同时保证参与谈判的是那些最有代表性的组织。

当然，立法和行政措施应当对谈判过程中双方的某些“不公正劳工行为”诸如阻碍集体谈判的做法予以禁止。公共机构支持集体谈判的各种措施包括提供信息、咨询、调解和仲裁服务等原则上也应当是自愿性质的。劳工组织认为，在这方面有的国家有一些带有强制性的程序，要求双方在谈判过程中必须遵守，往往造成行政当局对谈判过程的过度介入。同时，劳工组织也指出，这些国家之所以制定这样的程序主要是考虑到本国工会活动力量不足的情况，以及为了避免在谈判失败时导致不必要的罢工和其他过度紧张的局面，特别是在集体谈判层级较高，涉及工人人数很多的情况下。

在自由和自愿协商的问题上，国际劳工组织与各国立法的差别表现得比较明显，各国一般并不刻意强调集体谈判的自愿性质。

6. 谈判层级的选择权

第 163 号建议书第 4 条第（1）款对集体谈判层级的规定是，如有必要，应采用符合国情的措施以保证在各层级开展的集体谈判，包括企业层级、公司层级、部门层级、产业层级，以及地区和全国层级。劳工组织认为，有些国家通过法律、行政当局的决定或者劳动行政部门的判例规定集体谈判必须在部门和产业等较高层级进行不符合第 98 号公约的原则。在哪个层级进行谈判只能由谈判双方自己决定，他们的选择是最符合实际需要的。据此，劳工组织对美国和亚洲一些国家以企业层级谈判为主，欧洲各国大都以行业和国家层级谈判为主的现实情况并不作孰优孰劣的评判。

7. 谈判中的诚信原则

国际劳工组织认为，集体谈判的成功有赖于谈判双方对诚信原则的切实遵守，对诚信的法律要求是一方面，更重要的是谈判双方作出自觉自愿的努力。在集体谈判相关劳工标准中对此虽没有作出直接规定，但劳工组织通过对会员国实施公约的情况进行监督检查，发表评论意见等方式表明了自己的看法。劳工组织的解释是，遵守诚信原则意味着谈判双方尽一切努力达成协议，包括承认工会组织的代表性，以真诚和建设性的态度开展协商，避免无正当理由拖延谈判进程，以及尊重对方在集体协议中的权利和义务，认真履行谈判成果。另外还指出，在法律规定不得罢工的公共部门和城市基本设施服务部门，在集体谈判中遵守诚信原则尤为必要。

8. 自愿调解和强制仲裁

国际劳工组织提倡通过自愿性质的调解、调停和仲裁程序解决集体谈判中出现的争议问题。1951 年《自愿调解和仲裁建议书》（第 92 号建议书）第 2 条第 2 款规定：应当规定（此类程序）可以由谈判双方提出建立，或者由自愿调解机构依法建立。

国际劳工组织的主张是，国家应当建立相关机制和程序以支持和推动集体谈判，但协议如何达成应留给谈判双方自己决定。负责解决谈判争议的机构应当是独立的和完全中立的，是否求助于这些机构应取决于谈判双方。所有关于解决谈判争议的机制和程序的立法都应当充分尊重谈判双方的自主权。作为公共部门在促进集体谈判方面的主要作用是提供信息，包括谈判单位的情况、类似单位的工资和工作条件、国家的总体经济形势，等等。

在所有公共机构的干预行为中，力度最大的是在谈判无法达成协议或谈判破裂导致罢工情况下，由法律规定或行政决定的强制仲裁制度。强制仲裁手段有时也在谈判一方的要求下采取。非常重要的是，劳工组织认为无论属于哪种情况，强制仲裁的做法都不符合自愿协商原则，因为其结果体现的并非谈判双方的意愿，而是未被双方共同接受的一个第三方的意愿。

基于此，国际劳工组织对一些国家集体谈判争议强制仲裁制度的基本看法是，只能在必要时适用于少数特定情况，而不应当作为一种普遍使用的手段。其列举的情况包括：国家处于严重紧急状态、公共部门的集体谈判争议涉及国家公务员、基本服务设施部门的争议可能对公众的安全健康和生活造成危害，等等。另外，如果在集体谈判协议中有如果发生争议交仲裁机构公断的规定，或者集体谈判长期拖延无果，非当局介入无法解决，强制仲裁方法也是可以采用的。这一立场与各国情况有较大差异。

9. 国家的其他干预措施

集体谈判有关劳工标准对于劳资双方利益与国家整体利益可能存在冲突的情况未作规定，这并非出于疏忽而是有意为之。各国在非常局势下包括战争和战后恢复阶段，或者为了抑制通胀、实现供需平衡、降低失业率以及达到其他经济目标，可能采取控制工资和收入的政策。例如冻结工资或限制工资增长水平，冻结物价和最低工资线，要求对已经达成的集体协议进行修改甚至放弃等。这些措施可能经过与工会和雇主组织的协商，也可能不经协商。对这些做法劳工组织并不过多表态，但有一点是其明确不能认同的，即政府对已经生效的集体协议要求修改或放弃，认为属侵犯劳资双方的自主协商权利。劳工组织能接受的国家对集体谈判的干预是，如果国家整体情况确实有必要，政府可以就还未开始的集体谈判和集体协议目标及内容作出限制性规定。

10. 集体协议的批准和登记

劳工组织认为，除非是应谈判双方要求提供纯属技术性的支持，公共机构不应当干预集体协议的起草和内容。只要集体协议不存在格式或程序错误、或者不符合法律规定的最低标准，政府就不应当拒绝批准。以诸如不符合政府经济政策或关于工资和工作条件的官方指令为理由对集体协议不予登记或者批准不符合国际劳工标准的原则。而且，规定集体协议必须经行政当局批准本身就违反了劳资双方自主协商的原则。

不过，各国政府一般都建立一种机制，使劳资双方在谈判时能够考虑国家的经济和社会政策及公众利益。劳工组织认为，这类机制应当采取劝导而不是强制的方式，例如要求他们自己对谈判的目标和要求作进一步考虑，或者接受适当咨询机构的意见和建议，但最后决定仍应当由谈判双方作出。

上述劳工组织对集体谈判的原则立场可归纳为下列要点：

(1) 集体谈判权利是一项基本权利，国际劳工组织各成员国都有义务尊重和促进其实现；(2) 只有在没有工会组织的情况下才能由工人推举的代表担任集体谈判代表；(3) 集体谈判的目的是对广义的就业条款与条件进行规范，以及对双方关系进行规范；(4) 集体协议所规定的条款一定不能低于法律规定的就业条款与条件；(5) 集体谈判不得被雇主或雇主组织控制，或行政当局的不适当干涉；(6) 应当由代表大多数工人的工会行使集体谈判权力；(7) 在集体谈判过程中应遵循诚信原则；(8) 集体谈判的自愿性体现在不能强迫工人和雇主开展谈判，谈判应当可以在所有层级上进行；(9) 法律可以作出对集体谈判争议的调解规定，但不应规定强制仲裁；(10) 立法或行政当局的干预导致谈判双方自愿达成的结果（包括工资标准）失去效力或者被改动不符合集体谈判的自愿原则；(11) 政府不应当以执行稳定经济或结构调整政策为由，限制工人和雇主展开集体谈判和达成集体协议，特别是关于工资的协议。

第三章 国外集体谈判的主体研究

集体谈判的主体主要是指工人组织和雇主组织。国际劳工组织1951年《集体协议建议书》规定：集体协议缔结双方，一方为雇主、一个雇主团体或一个或几个雇主组织；另一方为一个或几个劳动者代表组织，或在没有此类组织的情况下，由有关劳动者根据本国法律或条例正式选举或委任的代表。劳动者的组织一般就是指工会。1949年《组织权利与集体谈判权利公约》第2条规定：工人组织和雇主组织在其设立、行使职责和管理方面，应享受适当保护，以抵抗相互间或各自代理或成员的任何干预行为。

一、集体谈判中的工会

（一）工会的定义

工会，或称劳工联合会、劳工总会、工人联合会，是指基于共同利益而自发组织的工人社会团体。这个共同利益团体诸如为同一雇主工作的员工，在某一产业领域的工人或全国范围的工人。成立工会组织旨在保护工人的利益，包括可以与雇主就工资薪水、工作时间和工作条件等劳动条件开展集体谈判。工会应该是工人的自发组织。从历史发展看，工会正是由于单个工人觉得力量薄弱而自发组织起来的团体，而且这里所指的工人即是雇员，而非管理者。各国对于雇员均有定义和认定标准。

在雇员的定义中，人的“从属性”“依赖性”和“被管理或控制”是其特征。根据美国《公平劳动标准法案》(*Fair Labor Standards Act*)，雇员是指“被主要雇主雇用的任何人”。因此，雇员的定义和雇主的定义的密切相关的，而美国对雇主的定义是“直接或间接的为了与雇员相对应的雇用方的利益而行事的任何人”。可见成文法中对于“雇员”的定义较为简单，判断时不易操作。所以，雇员身份的认定主要依据判例法。法官在判断雇员身份时通常需要考虑以下因素：（1）受“雇主”控制的程度；

（2）“雇员”对设备和材料投资的程度；（3）“雇员”分享利润和承担损失的机会；（4）工作所需要的技术的程度；（5）双方关系的持续时间；（6）“雇员”所提供的服务等方面作为“雇主”业务不可分割的一部分的程度。[①] 当然法院在判定某一个人是否是雇员时必须综合考虑以上因素，但判断的核心标准是“控制”标准。如果一个商业机构对自然人的工作情况进行控制或有权力进行控制，可以认定劳动关系存在，如果一个商业机构对自然人的工作情况缺乏有效的、普遍的控制，那么根据《公平劳动标准法案》就难以认定“雇员”身份的存在。在美国和英国，与雇员相区别的是“独立合同人（independent contractor）”。独立合同人是美国和英国法律中的一个概念，系指与企业之间签订合同约定在自己的工作场所利用自己的设备和雇员完成特定的工作，企业支付其报酬的工作者。雇员和独立合同人（independent contractor）的不同在于雇员和雇主之间建立的是就业关系（employment relationship），而独立合同人按照服务合同（service contracts）而工作。雇员和独立合同人在保险和福利待遇、工资和税收、替代责任、职业安全、合同条款等方面有很大不同。一般认为独立合同人不是雇员。在德国和日本，一般认为，“从属性”是雇员的主要特征。即雇员“从属于企业的组织体系中”[②]。

（二）工会的组织层次

1. 企业工会

各国的工会组织层次有所区别，但是无论如何以企业为基础的工会广泛存在。这里的企业工会是指企业中的工会，这个工会和行业工会是有区别的，这种工会只限于企业内部，不分工种。企业工会的会员一般仅限于雇员。例如在日本，企业工会成员仅限于科长以下的职工，一旦晋升为科长，就不再是工会的成员。在某些国家，企业工会成为工会组织的主体。日本的集体谈判往往以企业为单位进行。日本的企业工会与西方工会有所差别，西方工会和企业管理阶层往往处于对立状态，而日本企业的管理者和工会却更多地强调利益的一致性。尽管如此，企业工会也要对企业的经营状况、财务数据起到监督的职能，以防止经营者滥用职权，损害职工的

---

① 马克·罗斯汀等．就业法．西方出版公司，2005。

② 田思路，贾秀芬．契约劳动的研究——日本的理论与实践．北京：法律出版社，2007。

利益。在企业处于困难时期，企业工会会采取一些方法激励工人为企业尽力。

2. 工厂委员会

在欧洲一些国家中，企业设有工厂委员会，其主要目的在于保护工人利益。德国《劳动法》规定，凡拥有雇员 5 名以上的企业，都应建立工厂委员会，其成员由职工选举产生。企业委员会拥有参与决定的权力，即与厂方就某项事务共同决定的权力、简称共决权。其范围包括报酬原则、休假、劳动保护、企业分红等。它在如下问题上拥有协商和咨询权：人事计划、招工和解雇，劳动岗位开发和培训。德国的工厂委员会是工人参与管理的比较典型形式，是德国工人借以参与企业管理的一条重要途径。它不同于工会基层组织，又与工会存在密切联系，其大部分成员同时为工会会员甚至工会官员。工厂委员会代表全体职工，不论其是否是工会会员。在大企业活动的工厂委员会也不仅限于在工厂一级才有，它通过成员的层层推选，直至在企业集团一级也存在。成员每 3 年选举一次，选举产生后其在工厂的身份获法律保护。

工厂委员会享有企业在财务、生产、技术等方面广泛的知情权，并据此向企业提供建议。在涉及雇员具体事务上则可参与协商。在工时及临时变动、工资发放地点和程序等 12 项事务中则与企业有共决权。共决意味着无工厂委员会的同意，企业方面就不能单独决定。当企业无法共决时可将争议提交至仲裁委员会乃至法院。但法院只裁定仲裁过程是否合法和仲裁委员会是否越权，对裁决结果则不做表示。工厂委员会最重要的职能其实是在单个职工的雇佣、调迁和解雇方面发挥作用。如对某些职工需要予以解雇时，工厂委员会会出面要求对该名职工进行经济赔偿（反过来也以此制约企业解雇行为）；当企业需要雇佣新人时，工厂委员会有否决权，但无权推荐替代人选。工厂委员会还可在工会与雇主已签订的集体合同框架内与雇主再签订“工厂协议”，但只能通过自愿方式而不能强迫雇主签订。这意味着工厂委员会必须要与企业方面进行充分的协商，而协商需要彼此建立信任关系。德国关于工人参与企业管理的劳资关系模式设计本质是在于让工人参与企业管理，可有助于加强劳资双方彼此的理解，通过对话协商的方式来预先消除潜在冲突的因素，防止冲突的发生，但并不真正对雇主完全行使快速果断经营决策权力构成威胁。相反，为保持企业市场竞争能力，工厂一级的工人代表的影响被严格限制在与雇员有关的事务上，并在获得知情权的同时有遵守保密的义务，更不可组织罢工。

3. 行业工会

各国行业工会一般以行业的企业工会为基础而建立。但也有一些国家不以企业工会为基础，而是直接把该产业的工人组织起来成立工会组织。如澳大利亚过去没有企业工会，只承认行业工会及全国工会。1997 年 1 月 1 日开始实施的《工作场所关系法》虽允许成立企业工会，但因实施时间不长，目前澳大利亚仍是以行业工会为主。现在全澳共有 20 个大的行业工会，如行政事务职员工会，建筑业、林业、工业职工工会，通信工会，纤维制衣、鞋业工会，教育工会等。法律要求行业工会成立后必须到产业关系委员会登记备案、获准认可，否则只能作为行业性团体而不是劳动关系意义上的劳方组织，更不具集体谈判资格。通常情况下，行业工会在有其会员的企业设立支部，每个支部选派 1～2 名懂法律、懂经济的代表行业工会的干部。自 1991 年行业集体谈判转为企业集体谈判后，行业工会的主要任务是：(1) 指导、协助企业工会支部制定集体谈判方针、纲领并代表会员与企业雇主进行谈判；(2) 到企业了解会员情况、征求意见；(3) 向工会联合会反映企业情况，提建议。设在墨尔本的澳大利亚工会联合会是全国性工会组织，由各行业工会派资深干部承担其日常工作。联合会的主要职责是：(1) 制定工会（包括行业工会）活动的总方针、政策；(2) 协调各行业工会的关系；(3) 代表全澳雇佣劳动者就改善、提高工作条件等问题与政府及雇主组织进行协商、谈判；(4) 代表工会参加国际活动及出席三方性会议。现澳大利亚共有雇佣劳动者约 800 万人，其中 140 万人加入了工会，工会组织率约为 18%。

4. 全国性的工会架构

很多国家具有全国性的工会组织，其目的在于更好地把工人组织起来。各国工会的架构包括全国性组织、地区组织和行业组织等。以德国为例，德国工会联合会是德国最高层次的工会组织，德国工会的组织架构如下：

(1) 德国工会联合会（DGB)。德国工会联合会是德国工会组织的联合体，主体是由全国八大行业工会联合组成。其主席团有 13 名成员，由八大行业工会主席和 5 名德国工会联合会专职人员组成，每 4 年换届改选，选出新一届德国工会联合会主席及主席团成员，决定德国工会今后的走向。

（2）德国地区工会联合会。德国工会联合会在德国境内16个州建立了88个地区工会联合会，这些联合会也是地区工会组织的联合体，主体也是由所在区的八大行业工会联合组成，领导成员的任期与德国工会联合会一致，均为4年。

（3）德国行业工会。主要有八大行业工会，分别为建筑—农业环境工会、矿山—化学—能源工会—教育和科学工会、五金业工会、食品和餐饮业工会、警察工会、公共交通业工会、服务业联合会工会。其中金属工人工会是德国目前最大的产业工会。

（4）集体谈判工会的选择。根据国际劳工组织规定，集体谈判的工会组织应该是全国最有代表性的工会。这一规定的全国最有代表性工会在实践中往往由最大的工会组织充当。例如，德国金属行业集体谈判的工会代表即是德国金属工人工会（IG-Metall），其前身是德国金属工人协会。

下面以德国金属工人工会为例说明该工会的架构。德国金属工人工会成立于1891年，经过几十年的发展，至1914年时已成为德国最大的工会组织。后来，通过吸纳基督教五金工人联盟和另一个自由组织，逐步发展成了德国最大的产业工会，也就是如今的德国金属工会。金属工人工会特别注重发展会员，当年提出的口号是：金属行业的所有工人都可自愿加入该组织。德国金属工人工会是一个民主化的工会组织，成员均是自愿入会，拥有170多个地方基层组织，其中超过一半的地方组织的会员均在1万人以上。成员每月按照工资总额的1%交纳会费。截至2009年9月，该工会已拥有230万会员，会员成分呈现多样化。

德国金属工人工会的组织机构包括基层代表大会、地方董事会、区域组织、区域会议、工会代表大会、执委会、中央委员会、监事会、审计。

金属工人工会基层代表大会是基层组织一种议会模式的大会，每年召开4次（每3个月一次）。在会上，基层组织成员选举工会代表大会、区域会议以及地方董事会的代表，以及协商委员会的成员。

金属工人工会地方董事会是基层组织的领导机构，成员为金属工人工会专职干部，由金属工人工会以无记名投票的方式选出，任期4年由执委会确定。主要任务是执行基层代表大会的决定，以及成立工作小组和委员会。在德国七个地区的金属工人工会都有一个区董事会，由区主席、区书记和一个5人委员会组成。区主席由执委会任命并按照执委会的指示行事。工会区域组织主要负责集体谈判、工资、薪金的协商。

金属工人工会区域会议在每年召开的大会上研究有关协商、组织建设及工会政治方面的问题。批准协商委员会的成员以及选举中央委员会和区域委员会的成员。

金属工人工会代表大会：这是德国金属工人工会的最高机构，也是每4年召开一次。约每5 000名会员中有一名代表，选举德国金属工人工会的执委会以及监事会，制定章程和维护工会政策的选定性。执委会和监事会向工会代表大会代表作报告以及被表决通过。其中执委会由1名主席、1名副主席、1名联合会的财政主管、4名全职人员以及29名名誉委员组成。其任务是执行工会代表大会的决议、执行或终止集体谈判和协商、作出有关罢工意见征询以及罢工的决定。

金属工人工会中央委员会是工会代表大会闭会期间的最高决策机构。每年至少开会3次。区域会议每3万名会员中有一个中央委员会委员的席位。执委会委员同时也是中央委员会委员。

金属工人工会监事会：由德国金属工人工会中不担任其他职务的7名成员组成。主要任务是关注章程、工会代表大会及中央委员会的决定被执委会遵守、执行的情况。

此外，在德国金属工人工会中，从地方到区域、中央每一级均有审计委员会，以防止渎职腐败和提高工作效率。德国金属工人工会有自己的法律顾问。

5. 工会的国际组织

工会的发展日益走向国际化，由此创立了许多国际性的组织。主要的国际工会组织有：

（1）国际工会联合会（ITUC，国际工联）。成立于2006年11月1日，主要由前国际自由工联（ICFTU）、世界劳工联合会（WCL，世界劳联）和其他8个工会组织合并而成，目前有会员1.68亿人。在国际工会联合会成立大会上通过了该联合会的《纲领》和《原则宣言》。国际工会联合会的原则是要继承前人“通过工会斗争争取社会公正、自由、民主、和平和平等”的事业，继续“争取劳动人民的解放和实现一个人人享有尊严和权利的世界，一个人人都能追求自己的幸福并在工作中和社会上发挥其潜能的世界”。其历史使命是改善男女劳动者及其家属的劳动条件和生活水平，争取人权、社会公正、性别平等、和平、自由和民主。国际工会联合会的任务是适应经济全球化的要求，采取国际行动反对贫困、饥饿、剥削、压迫和不平等，争取对经济全球化实行民主治理，使之符合劳动者的利益。联合会首要的“长期职责是维护和促进所有劳动人民的权利和利益，特别是要为他们争取尊严、公正和安全的条件和公平的劳动报酬”。国际工会联合会要以“民主治理下的全球经济取代当前全球化过程中的自由市场新自由主义政策以及国际社会突出的缺陷和凝聚力的缺失”。

其中，国际自由工会联合会（国际自由工联）于1949年12月在伦敦成立，是一个右翼国际性工会组织，总部设在布鲁塞尔。其宗旨是维护和发展一个世界性的和区域性的，由自由、民主的工会组成的强有力的国际组织。该组织在145个国家和地区拥有215个会员组织，合并前会员人数达1.25亿。世界劳工联合会于1920年在荷兰海牙成立，其宗旨是反对旨在把人当成一个工具使用的任何经济制度，全世界人民都有权公平享用全部土地资源和一切人们生产活动的成果，反对任何新老殖民制度，反对任何帝国主义或一国人民剥削另一国人民，一个集团或阶级剥削另一个集团或阶级的剥削形式等。该组织下设运输工人、农业和食品工人、产业工人等9个国际产业工会联合会，并设有亚洲劳工兄弟会、拉美工人中央工会和非洲工人民主工会组织等地区性组织，合并前在102个国家和地区拥有约2 000万名会员。

（2）世界工会联合会（World Federation of Trade Unions）。世界工会联合会，简称世界工联，总部设在布拉格。第二次世界大战结束后成立的一个具有广泛代表性的国际工会联合组织。1945年9月10日在巴黎召开了世界工会第一次代表大会，大会通过了世界工会联合会章程，选举了领导机关，正式建立了世界工会联合会。世界工会联合会的建立，实现了世界各国各种不同政治倾向的工会的广泛团结，但是由于其成分复杂，政治主张极不相同，从成立之时就潜伏着不稳定因素。成立之后，很快就有29个工会退出了世界工联。东欧剧变后，东欧各国工会于1989年纷纷退出世界工联，前苏联工会也于1991年“冻结”了与世界工联的关系，这股退会风波及其他各大洲。近年来，世界工联开展活动不多，据世界工联称，在某些国家发展了一些新会员。其中世界工会联合会（世界工联）1994年，世界工联确定的宗旨是：致力于争取工人的解放，反对一切形式的剥削，争取获得并保障全体劳动者的生活和劳动条件；争取在经济、社会、政治和文化方面反对殖民主义、帝国主义统治和扩张主义，铲除种族主义及其各种表现，争取建立新的和公正的国际经济秩序等。其主要组织机构包括代表大会、理事会、主席理事会、书记处等。该组织共拥有127个国家和地区的约1.35亿名会员。

(3)地区性国际工会组织。如非洲工会统一组织(1973年4月成立,在52个国家和地区有会员组织)、欧洲工会联合会(1973年2月成立)、阿拉伯工会国际联合会(1956年3月成立,包括西亚、北非各阿拉伯国家的工会)等。地区工会组织对于协调本地区国家工会的立场、行动具有重要作用。

国际工会组织对于协调和团结各国工会作用巨大,而且国际工会组织是各国工会加强交流、增进了解的重要平台。随着经济全球化深入发展,各国工人组织之间的联系更加密切。各国工会组织可以在国际工会组织中进一步加强交往,共同分享发展机遇,共同应对国际工运形势的发展变化及各种挑战,不断推进维护劳动者权益事业的发展。目前,几个国际工会组织由于种种原因存在一定的分歧,但是,国际工会组织间日益密切的合作是发展趋势,有些国际工会组织甚至出现合并的情况。

(三)工会的作用

工会的主要作用在于保护工人的权益,而且在其他许多方面具有影响力。例如,美国有两大全国性的工会组织,分别是劳联—产联(全称为美国劳工联合会与产业工会联合会)和变则赢(Change to Win),在代表工人利益,与资方和政府谈判方面,有着巨大的影响力。

美国经济政策研究所的劳伦斯·米舍尔(Lawrence Mishel)和马修·沃尔特斯(Mathew Walters)在一篇题为《工会如何帮助所有工人》的文章中调查了有关文献,他们认为工会有如下作用:

工会可以将加入工会工人的工资提高大约20%,将包括工资和津贴在内的补偿提高大约28%。工会可以减少工资不平等,因为它们可以使中低工资工人的工资提高幅度高于高工资工人的工资提高幅度,使蓝领工人工资的提高幅度高于白领工人工资的提高幅度,并提高没有高等学历文凭的工人的工资。

强大有力的工会可以确定不与工会订合同的雇主也得遵守的工资标准。例如,一个其工作场所没有工会但其行业的工会化程度为25%的高等学院毕业生,其工资比没有加入工会的同行业的类似工人高5%。

工会对不通过劳资谈判确定的总工资的影响同通过集体谈判确定的总

工资的影响几乎一样大。

加入工会的工人的最普遍的好处是附带津贴。加入工会的工人比他们的未加入工会的工人同伴更有可能享受带薪假，将近18%～28%的加入工会的工人更有可能享受雇主提供的健康保险，32%～54%的加入工会的工人更有可能参加雇主提供的养老金计划。

加入工会的工人可以比未加入工会的工人获得更慷慨的健康津贴。他们还可以少付18%的健康保险自付费和较少的家庭负担成本。退休后，24%的加入工会的工人更有可能享受由他们的雇主缴费的健康保险。

加入工会工人可以享受更好的养老金计划。他们不仅可以在退休后有保障，而且他们的雇主还可使他们的养老金再增加28%。

加入工会的工人可以享受26%以上的休假时间，14%以上的全薪假(休假和节日)。

工会在实现法定的劳动保护和安全健康权利、加班、家庭/疾病休假方面，在工作中实施这些权利方面发挥着枢纽作用。因为加入工会的工人消息灵通，他们更有可能从失业保险和工人补偿等社会保险项目中获益。

由此看来，加入工会是工人改善其生活质量，保护他们免遭资本主义的许多不稳定因素打击的最好办法。尽管雇主和许多媒体有反工会倾向，但工人们似乎对工会的益处有充分的理解。据盖洛普最近所作的民意调查，有65%的美国人赞成工会；绝大多数人认为工会利大于弊；数以百万计的工人说，如果可能的话，他们将加入工会。

(四) 工会的发展变化

在过去的百年里，世界工会运动经历了曲折而复杂的历程，发生了巨大而深刻的变化。

工会组织的产生源于工业革命，当时越来越多的农民离开赖以为生的农业涌入城市，为城市工厂的雇主打工，但工资低廉且工作环境极为恶劣，在这种环境下，单个的被雇佣者无能力对付强有力的雇主，恶劣的劳动条件时常引发工人的强烈反抗，工潮时有发生，工会组织应运而生。然而工会在很多国家在相当长的时间内属于非法组织，当局对组织成立工会处以酷刑，甚至有的处以死刑，尽管如此，还是存在各种工会，并逐步获得政治权利，从而导致工会组织的合法化，也催生了各国劳工法或工会法的诞生。

世界各国工会组织不断发展。从最初分散的行业工会发展到产业工会，再由产业工会或产业与地方工会相结合组成全国性总工会，形成了有组织的工人群体。工会组织程度较高的时期是在第二次世界大战后至20世纪60年代。当时各国的工人队伍得到很大发展。至今，凡是有工人群众的地方几乎都有工会，全世界已有数百个国家级工会、众多的产业与地方工会组织，以及多个地区性和国际性工会组织。

1. 工会的性质和组织率变化

在大部分西方国家中，早在19世纪中叶即已在最先实现了工业革命的英国等西方国家出现了工会组织并取得了合法地位。进入20世纪以后，它们经受了两次世界大战的洗礼并在第二次世界大战后的20世纪五六十年代迎来了工会运动的高涨时期，工人组织率平均达到了40%左右。但是，自60年代以来，大多数发达国家的工会组织率持续下降。在当今欧盟27个国家中，工会组织率从2000年的27.8%下降到了2008年的23.4%，在欧盟范围内，工会失去了将近300万会员。在年轻工人中工会比例很低且呈下降趋势，在服务部门和小企业工会的吸引力也在下降。1970—2009年主要OECD国家工会组织参与率变化见表3—1。

表3—1　1970—2009年主要OECD国家的工会组织参与率变化表　　%

	1970	1980	1990	1995	1998	2000	2003	2006	2009
奥地利	62.8	56.7	46.9	41.1	38.9	36.5	35.4	31.0	28.6
英国	44.8	50.7	39.3	32.6	30.6	29.8	29.3	28.1	27.2
德国	32.0	34.9	31.2	29.2	25.9	25.0	23.6	20.7	18.8
法国	21.7	18.3	10.1	9.0	8.2	8.1	8.3	7.7	7.6*
意大利	37.0	49.6	38.8	38.1	35.7	34.9	33.7	33.2	34.7
西班牙	—	12.9	12.5	16.3	16.4	16.1	16.3	15.0	15.9
荷兰	36.5	34.8	24.3	25.7	24.5	23.1	22.4	20.4	19.4
瑞士	38.9	31.1	24.3	22.8	21.7	19.4	17.8	18.5	17.8
爱尔兰	53.2	57.1	51.1	45.8	41.5	36.6	35.3	33.1	33.7
芬兰	51.3	69.4	72.5	80.4	78.0	75.5	74.1	71.7	69.2
瑞典	67.7	78.0	80.8	83.1	81.3	79.1	78.0	75.1	68.4
丹麦	60.3	78.6	75.3	77.0	75.6	73.3	70.4	69.4	68.8
美国	23.5	19.5	15.5	14.3	13.4	12.8	12.4	11.5	11.8

资料来源：Union membership statistics in 24 countries，Monthly Labor Review，January 2006. OECD图书馆统计资料2011。其中“*”为2008年数字。

日本的情况稍有例外，该国在20世纪70年代工会会员数量达到峰值，随后开始下降（见表3—2）。

表3—2　　日本工会数、成员数和组织率

	1950	1960	1970	1980	1990	2000	2006	2007	2008	2009
工会数	29 144	41 561	60 954	72 693	72 202	68 737	59 019	58 265	57 197	56 347
成员数（万人）	577.4	766.2	1 160.5	1 236.9	1 226.5	1 153.9	1 004.1	1 008.0	1 006.5	1 007.8
组织率（%）	46.2	32.2	35.4	30.8	25.2	21.5	18.2	18.1	18.1	18.5

资料来源：日本厚生劳动省《工会基础调查》，2009年。

造成工会会员数量下降趋势的主要原因有：

（1）科技革命引起的产业结构变化使工人阶级的结构发生了变化。在发达国家，钢铁和制造业等传统产业不断萎缩，信息和计算机等高科技产业迅速崛起，出现了传统产业的“蓝领工人”在锐减而“白领工人”增加的趋势。如全欧洲1996年的制造业工人占全部劳动力总数已不到30%。在西方发达国家中脑力劳动者在工人中的比重上升。

（2）非全日制临时工和家庭工等非正式部门的工人迅速增加。在非全日制和非正规部门中组织工会很困难。

（3）新自由主义经济政策和私有化进程，造成广大发展中国家和转轨国家的民族工业萎缩，国有企业在私有化进程中，大批工人被解雇。居高不下的失业率直接导致工会组织率下降。

（4）席卷非洲的民主化和工会多元化浪潮，使工会在本国社会和经济中的地位和作用下降，对工人的吸引力和凝聚力降低。

2. 工会和政府的关系

工会的建立目的在于保护工人利益，而工人利益往往受到雇主和政府的侵害。因此，在许多国家中，历史上许多国家的工会组织曾经和政府有过对立；但是，后来许多国家工会和政府的关系相当密切，比如英国工党和工会、美国民主党和工会、法国社会党和工会等等。这种密切的关系在近期有较大的改变，工会与政党的关系不像以前那样密切了，但是工会和政党的关系仍然存在。在美国，虽然在过去的大约100年中，人们进行了多次尝试，打算在美国成立一个永久性的工党，但从来没有取得任何成功，在成立一个主流的社会党方面也没有取得任何成功。很久以前，美国曾出现过工党的两个化身，一个是20世纪二三十年代的农工党，另一个是社会主义工人党。社会主义工人党曾在第二次世界大战结束后的很短一段时间内出过两名国会议员。1996年由几个大工会成立的劳工党，可以说是在成立工人阶级政党方面所作的一次主要尝试。虽然它由几个大工会成立，但仍然很小。有人说劳工党是失败的，因为它不愿提出地方候选人参加竞选，而这是使该党成为一支主要政治力量所必需的。工党之所以不愿这样做是因为这意味着对民主党发起挑战。在劳工党周围是无数极左翼宗派性组织，如进步劳工党、美国社会党和美国社会主义劳工党，但它们都不能发起全国性的挑战。也就是说，在2008年的国会和总统选举中，工人和工会没有一个可供他们投票支持的工党、社会党或者社会民主党。

自20世纪30年代以来，大多数工会都支持民主党。在民主党总统罗斯福实行“新政”和约翰逊提出“伟大社会”的施政纲领等进步和改革时期，这种倾向得到了加强。然而，也有一些工会支持共和党。里根就曾经是一名工会成员，但是，正是他在1981年解散了机场塔台专业指挥人员组织（这是一个空中交通管制人员的工会），其实该工会在1980年时还曾支持他参选总统，而货车司机工会在某些问题上也曾支持共和党的布什。今天，许多美国工人认为民主党和共和党都支持新自由主义主张，两党难分彼此，也许在它们拉选票时会强调彼此之间的区别，但真正上台后往往趋同。最近的民主党总统（如克林顿和奥巴马）执政期间就很令工会失望，两位民主党的总统都没有完成在劳资关系和劳动法方面的重大改革。尽管如此，工会和民主党的关系还是比和共和党的关系更加密切。

历史上工会和欧洲社会民主党的关系就非常紧密。许多国家的工会领导往往就是社会民主党的领导。可以说，欧洲社会民主党的群众基础就是工会会员及其他工人。当然，随着时代的发展，工会的独立性越来越强，但是在很多欧洲国家，工会仍然和社会民主党保持了良好的关系。

（五）工会的代表性

工会要发挥作用，必须具有良好的代表性以维护工人利益。工会主要关心的是员工权益，如果不能进行有效保护，工会的作用就会被大大削弱，工人加入工会的意愿就会降低。

工会代表权是指法律确认的工会作为会员和职工利益代表的资格、权利和义务。工会获得代表权之后，才能行使代表权，包括代表权（集体谈判权是核心、代表诉讼权是保障）、代表行动权（罢工决定权和组织权是主要内容）、代表参与权（共同决定权是核心、参与立法权是保障）和代表监督权。为避免受到侵犯、并且保证正确行使（妨害行为可能来自雇主，也可能来自工会），工会代表权还需要立法保护。工会代表权只有这样才能得到充分又恰当地行使。因此，发达国家的劳动立法都对此做出规定。发达国家有关会代表权的立法主要有三个方面，即代表权的获得、代表权的行使和代表权的保护。

1. 工会代表权的获得

代表权的获取需要结社权作为前提，西方一些发达国家均用立法保障了结社权的确认。所谓结社权即是工人有权自发、自由组织起来，以维护其权利，对此项权利的行使不得加以限制。

西方发达国家均用立法的方式保障结社自由的权利和合法的代表权。日本宪法规定了保障劳动者的结社权、集体谈判权和其他的集体行动权。日本于1945年制定了工会法，工会获得了组织权、罢工权和谈判权。也就是说，集体谈判权等工会代表权自工会成立起自动获得，无须经过内部竞争和专门程序认可。

美国1935年的《国家劳动关系法》（National Labor Relations Act，即《瓦格纳法》）规定了举行选举以决定是否多数雇员希望由一个工会组织来代表他们的有关规则。《国家劳动关系法》第7条规定雇员有权组织、参加或帮助工会组织、通过自己选出的代表进行集体谈判、从事其他为集体谈判或其他互助和保护而商定的活动。该法还规定，工会代表权要经过竞争，并且得到国家劳动关系委员会的认可。美国工会代表权的获得要经过竞争。即在同一个企业里只能允许一个“代表性”的工会代表所有工会的全体会员同雇主进行集体谈判；哪一个工会组织能够具有这种代表权，是由企业里所有工会的全体会员投票公决产生的。如果该企业里的几个工会都没有获得半数以上的支持票，那么就不能产生出一个“有代表性”的工会去与雇主进行集体谈判。

德国《基本法》和《集体协议法》规定所有德国人有结社自由的权利，自由组织的工会具有代表性，工会代表权自工会成立之日起自动获得。

2. 工会代表权的行使

行使代表权是工会发挥作用的关键，发达国家的工会立法都对此作出了规定。

德国《基本法》规定雇主及工人参与管理经济财务。1949年的《集体协议法》明确规定集体协议当事人的资格、集体协议的内容及其法律后果等。1951年的《煤钢共决法》规定在1 000人以上的煤、钢企业中，监事会由劳资双方对等代表组成并在经理委员会设由工会推荐的劳工经理，以利于共同决定企业的重大事务。1972年的《工厂委员会法》规定了工厂委员会的成立、机构、职权范围及其参与决定等问题。1976年的《共决法》规定其他行业大企业中的工人具有“共决权”。德国以法律手段逐步建立了雇员参与企业管理的共决制度，扩大了工人的权利范围。

美国《国家劳动关系法》第7条规定，雇员有权组织、参加或帮助工会组织、通过自己选出的代表进行集谈判、从事其他为集体谈判或其他互助和保护而商定的活动。该法保护进行投诉、在职抗议、停工和罢工的雇员。日本的工会代表权行使主要体现在集体谈判制度、劳资协商争议制度和三方协调机制三个方面。法国劳动法确定了工会的代表权，规定法国总工会、法国工人力量、民主工联、法国基督教工人联盟及全国职员和高级职员工会这五大工会是被政府指定为法定的“社会伙伴”，尽管法国工会组织率较低，这五大工会在三方协商会发挥了极其重要的作用。

3. 工会代表权的保护

工会代表权的保护是工会能够正当行使代表权的保障；代表权的保护，主要是禁止不当劳动行为（Unfair Labor Practices）并保证行使代表权正常的程序。

早在1974年瑞典《工会代表法》中就规定工会代表享有广泛的雇佣保护权利以防止雇主报复性解雇，还规定了其对法律和集体协议的优先解释权。随后在1987年的《董事会代表法》中规定，雇有25人以上的企业董事会中要有2名职工代表担任董事。瑞典《就业保护法》和《工作环境法》对企业主解雇职工的权力进行了一定的限制，主要是需要和工会沟通并解释理由。工会在工作环境和工作条件等问题上具有发言权。瑞典法律还规定，工会不支持会员的情况下，会员可以告工会失职；工会要证明不支持会员的原因是合理的，一般通过仲裁来解决（因为涉及工会及其会员的内部纠纷，内部章程中都有规定）。由于工人可以自由选择参加哪一个工会，因此工会会努力兑现自己的承诺。

美国 1935 年《国家劳动关系法》、1947 年《劳资关系法》和 1959 年《劳资管理报告及披露法》（Labor-Management Reporting and Disclosure Act）均有关于代表权保护的条款。《国家劳动关系法》对雇主和工会的各种不正当劳动行为进行定义，既禁止雇主针对工作的不当劳动行为，也禁止工会的不当劳动行为，但重点是限制雇主；《劳资关系法》主要限制工会的不当劳动行为；《劳资管理报告及披露法》主要是为了防止工会领导层内部的腐败问题以及工会内部管理的非民主问题。根据《国家劳动关系法》，美国设立了国家劳动关系委员会（NLRB），其中职能之一是监督工会选举、禁止某些雇主的不公平劳动行为，禁止雇主妨碍组织工会，也禁止工会的不正当行为，保证工会代表权的公正性和程序的合法性。国家劳动关系委员会的成员往往是劳动法律专家，可以裁定劳动行为是否公平，尽管这些决定可以向法院上诉。

日本 1945 年颁布的《劳动组合法》对雇主的不当劳动行为做出了定义，但其内容只局限于不利待遇和黄犬契约，其救济方式是对违反者处以禁锢或处罚金，这一规定被称为“科罚主义的不当劳动行为救济制度”。1949 年日本对《劳动组合法》进行修改，在不当劳动行为中增加了雇主拒绝集体谈判和支配、介入工会等内容，并将救济方式由处罚主义改为劳动委员会发布救济命令的准司法的行政救济程序。

日本工会法规定，“雇主因劳动者是工会会员，或因参加或组织工会或从事正当的工会活动，而对其采取解雇或其他不利之待遇”“缔结以劳动者不加入或退出工会为雇佣条件的劳动合同”“对劳动者成立工会或开展工会活动进行控制或干涉，对工会活动经费的开支在财政上给予援助”“对劳动者成立工会或开展工会活动进行控制或干涉，对工会活动经费的开支在财政上给予资助”“雇主无正当理由拒绝同所雇佣的劳动者代表进行集体谈判”，为不当劳动行为。在日本，作为工会集体谈判的对手，雇主方面负有“回应谈判义务”和“落实谈判义务”。前者是指在工会提出集体谈判的请求时，雇主没有正当理由不得拒绝；后者是指雇主不得借故刁难、妨碍或中止谈判。日本工会法还创设求同存异的三方协调机制，设立由资方、工会和公益方三方面代表组成劳动委员会，处理不正当劳动行为。

二、雇主和雇主组织

（一）雇主和雇主组织的概念

“雇主”是各国企业在建立劳动关系过程中，所有者和经营者自然身份的通常表述。相比雇员的概念，雇主概念的重要性不及雇员概念。很多时候雇主的概念依靠于雇员的概念而定。

例如，在德国，雇主的概念需要通过雇员来定义，雇员的劳动合同另一方当事人是雇主。雇主可能是自然人、法人，也可能是商事合伙。法人机关和商事合伙有代表权的合伙人是雇主指令权的行使主体。因此，绝大多数的意见排除了这些人同时是雇主。但也有反对意见者。

在美国，雇主是“直接或间接的为了与雇员相对应的雇用方的利益而行事的任何人”。可见其范围相当宽泛。在决定某主体是否为《公平劳动标准法案》的雇主时，关键在于所谓的雇主对其工人是否有控制的权力。在确定某一主体是否具有“雇主身份”时，通常需要考虑以下因素：(1) 该主体是否享有雇用和解雇雇员的权力；(2) 该主体是否可对雇员进行工作安排或对雇佣状况进行监督和控制；(3) 该主体是否享有确定工资支付比率及方式的权力；(4) 该主体是否保存雇佣记录。在判断雇主身份时，法院也需要综合考虑以上诸因素。在美国，雇主不仅包括法人或企业，个人也可能被认定为具备雇主身份，从而承担雇主的责任。“雇主”的个人责任可能产生于雇主在公司中所享有的所有者权益或对公司的日常经营活动所享有的有效控制权利。雇主的法定含义应当是“足够广泛的”，“雇主”应包括那些虽然不拥有雇佣者公司的所有权权益，但可以有效支配公司的管理活动，或者为了公司的利益进行活动或有权利这样活动的人。美国法律规定，雇主包括实际控制公司雇佣事务的个人。

从以上关于雇主的定义和范围看，雇主的范围相当广泛，不仅法人可以充当雇主，合伙甚至自然人都可以充当雇主，而且事业主或者负责人都可以成为劳动法上的雇主，并承担雇主的义务和责任。可见，在雇主范围的认定上，是否具有指挥和控制的权力是判断雇主身份的重要标准，而且公司对雇员的管理和控制事实上必须由个人来完成，因此，个人也可以被认定为雇主。

雇主组织是指由雇主（用人单位）依法组成的，旨在代表、维护雇主利益，并努力调整雇主与雇员以及雇主与工会之间关系的团体组织。维护雇主利益、建立协调的劳资关系、促进社会合作，是雇主组织建立的宗旨和目标。但在具体的内容上稍微有些差别。雇主组织（企业联合会、企业家协会、行业协会及各类商会等民间组织）是市场经济的产物，是市场经济运行体系中的重要组成部分。市场经济成熟的国家，雇主组织非常发达，在经济发展与社会事务中发挥了重要作用。如法国、意大利、西班牙、葡萄牙等国的雇主组织，广泛服务于经济与社会活动，在参与立法与国家政策的制定、国际贸易的管理、行业的协调管理、国内外市场调研与风险预测、协调劳动关系三方机制等经济与社会的服务中，成为不可或缺的重要力量。雇主范围的扩张是一种潮流。现阶段，日本、美国将与"雇用劳工之事业主、事业经营之负责人或代表事业主处理有关劳动事务之人"类似的公司高管人员视为雇主，让其在某些情况下连带承担与劳动者订立协议之用人单位的责任，以促进劳动法的顺利实施。

（二）雇主组织的发展

由雇主结合而成的团体即为雇主组织。雇主组织大都以雇主协会的形式存在。大多数雇主协会最初是在地方一级建立，或者是在地区一级建立。但随着信息交流的加快、交通的逐步发达和工会组织的不断壮大，地方一级的雇主协会已经不能适应经济和社会发展的需要。因此，许多地方性或地区性的雇主协会合并成立了全国性的雇主协会，或直接在全国一级成立了雇主协会。英国在19世纪中叶便有了全国性的行业雇主协会，多数欧洲国家全国性雇主组织是在19世纪末和20世纪初建立的。

雇主协会成立之初，由于雇主组织的组织和运作还不规范，使雇主组织受到来自内部和外部各方面的压力。会员企业对于劳工政策、发展目标的不统一以及考虑各自的经济利益，都不愿使自己的观点让位于同一协会中竞争对手们的观点。但随着雇主组织作用的发挥，共同利益超越了自身的利益，使雇主组织逐步被大多数会员企业认同。到第一次世界大战时，许多西方国家都建立了稳定的全国性和行业性雇主协会。战争也使这些协会获得了法律地位，因为战时政府让雇主协会参与了经济活动，特别是紧缺物资的分配及生产、流通计划的制定和实施，使雇主组织为战争的顺利发展做出了积极的贡献，其作用被社会广泛认可。

第一次世界大战结束后，尤其是在20世纪30年代，西方国家普遍面临经济困难。这时，雇主组织在发展经济方面也起到了积极的作用。雇主协会在与工会的斗争中也取得了很多的经验，使雇主组织内部和外部环境发生了有利的变化，特别是雇主组织在与工会的协商、合作工作中取得了很大的成效。在此期间，劳资双方之间的集体谈判走上了正轨，许多基本的劳资关系法规和社会立法也是在此阶段内完成的。

在第二次世界大战中及战后的一段时间里，许多西方国家的雇主协会得到了稳定的发展，英国、荷兰、瑞典、澳大利亚的雇主协会都得到了很大的加强。尤其是20世纪六七十年代，各国普遍加强了政府在劳资关系和经济生活中的作用。在这种情况下，政府更希望与具有权威性的中央一级的雇主组织打交道，这极大地加强了全国性雇主协会作为雇主发言人的地位，同时也要求各级雇主协会为其成员提供更多的、范围更广的服务，了解、掌握企业的需求，以便更有效地处理与政府和工会的关系。

在亚洲国家，雇主组织的建立和发展与西方国家也很相似，主要是为了与工人组织相对应而产生和发展的。例如，斯里兰卡雇主联合会成立于1929年1月，是从锡兰商会的成员中组建而成，建立雇主联合会的动机是因为在那段时期，工人已经组建了全国工会中心——锡兰全国总工会，因此雇主认为他们自己也有必要联合起来。通过建立自己的组织和机构，与日益强大的工会合作，确保劳资关系和谐稳定。当劳资关系出现问题时，雇主联合会与全国总工会交涉、协商，寻求解决办法。并通过督促和指导雇主与工人代表签订集体协议，确保劳资关系规范和稳定。马来西亚雇主联合会成立于1959年，当时称为马来西亚工商雇主咨询协会联合会，1977年12月更名为雇主联合会，它是为了促进雇主们在劳动问题上的共同利益而建立的。新加坡全国雇主联合会是由两个分别代表外国投资者和本地投资者利益的雇主组织在1972年结合而成的，是为了雇主们能有一个共同的声音，在涉及劳资关系的重大问题上形成合力，共同维护雇主的利益。

自20世纪后期始，各国雇主组织又有了新的发展，即雇主组织不仅开展协调劳动关系等社会性事务和活动，而且也逐步开始关注和参与经济事务，并在国家的政治、经济和社会生活中逐渐发挥重要的作用。因此，很多国家的雇主组织与商会等组织有逐渐合并的趋势。如挪威工商总会就是由挪威手工业联盟、工业联盟和雇主组织于1989年10月合并成立的，原来这3个组织都有100多年的历史。新组建的挪威工商总会目前是挪威最大、最有影响的雇主组织，它包括制造业、交通业、旅游业、建筑业、信息业、手工业、农业、渔业、服务业等行业的企业，成员企业有16 000多家，在国家的政治、经济和社会事务中有着十分重要的影响和作用。

（三）雇主组织的地位和作用

在工业化市场经济国家，雇主组织由于在促进雇主之间的相互协商与合作，推进行业标准规范化，加强劳资关系和人事管理方面的服务，参与社会和劳动立法，共同管理雇主有关事务等方面发挥了重要作用，获得了稳定发展。到第一次世界大战时，许多西方国家都建立了稳定的全国性和行业性雇主协会，由于雇主组织在战争中起到了积极的作用，因此战争使雇主组织获得了法律地位和稳定的发展。在20世纪初期，西方国家普遍面临经济困难，雇主协会由于积极与工会组织开展劳动关系的协调工作，对于发展各国经济也起到了积极的作用。为了更好地发挥各国雇主组织的作用，在各国雇主组织之间建立和保持永久的联系，共同协商和讨论社会和经济发展问题，需要建立一个国际性的雇主组织来协调各国雇主组织共同参与国际事务。特别是随着国际劳工组织的成立，需要在国际劳工组织的机构和活动中，统一各国雇主组织的立场和观点，在国际上代表雇主组织来协调与工会的关系，因此，有必要建立一个国际性雇主组织来加强各国雇主组织的联系，推动雇主组织的发展，维护雇主利益，促进经济和社会发展。

雇主组织的任务主要是以下七项：（1）积极为雇主服务，提高雇主适应事业挑战的能力；（2）促进和谐、稳定的雇主—雇员关系，即劳动关系；（3）在国家和国际上代表和促进雇主利益；（4）提高雇员的工作效率和工作的自觉性；（5）创造就业机会及更好的就业条件；（6）预防劳资纠纷，并以公平迅速的方式解决产生的争议；（7）为其会员达到发展目标提供服务。

雇主组织主要从事四种活动：（1）参与集体谈判；（2）解决各种纠纷；（3）提供帮助和建议；（4）维护雇主利益。雇主组织是随着工会组织的不断发展壮大而建立和发展的。早期的雇主组织，就其职能而言，主要是为了平衡与工会之间的力量对比，对抗工会对资方的冲击。最初的雇主组织都是由资本家组成，代表资本家利益。随着工人运动的发展和劳资关系的法制化，雇主组织的职能随之发生了变化，雇主组织同工会进行对抗性的活动减少，而与工会在劳动关系方面的协商、谈判成为其主要职能。如在日本，将过去的“春斗”变成了和平协商谈判，通过协商处理劳使（劳动者与使用劳动者）关系，从而大大缓解了劳资矛盾。

此外，雇主组织成立的主要目的还有：（1）通过相互协商使行业标准和竞争规则规范化；（2）就行业中的某些事务，尤其是就进口商品寻求法律保护；（3）提供劳资关系和人事管理方面的服务；（4）参与社会和劳动立法。

从西方国家雇主组织的起源和发展历程以及对社会的价值观来看，雇主组织不像工会有相对统一的对未来社会的构想，而是普遍对现存的政治和社会制度感到满意。在政治领域内，雇主协会普遍支持第二次世界大战以后形成的政治和政权体制。在经济领域内，它们信奉经典自由主义的观点，即自由企业、私有制、竞争性市场和个人主观能动性。因此它们反对政府干预、国有化、被约束的市场和集体主义。但在实践中，它们也在坚持原则和维护物质利益之间寻求一种平衡。在社会政策领域内，它们在对待保护性的劳动立法和社会福利法规方面一直采取一种保守的，甚至是反对的态度，因为它们认为这些法规将对企业产品成本、利润和国际竞争力产生消极影响，而且这些保护性的立法会助长公民的依赖性、惰性和浪费的习气。在产业关系领域，它们赞同限制政府的作用，只让其扮演程序规则制定者和公正仲裁人的角色，但它们比较赞同自由的集体谈判、保护管理人员的管理权和限制工会权力的过分膨胀。随着工会组织的不断发展壮大，雇主也逐步建立和发展起雇主组织。

澳大利亚国家级雇主组织是澳大利亚工商产业联合会，由雇主联合会与商会合并而成，在首都堪培拉和重要工业城市墨尔本两地办公。堪培拉办事处保留原商会的职能，共有 5 个部门，分别负责经济与税收、产业政策、小企业、环境、贸易事务。墨尔本办事处（原雇主联合会）主要负责劳动关系及职业安全卫生，设有 6 个部门，包括劳动关系部、经济部、政策部、贸易部、就业培训部和行政部。联合会主要职能是代表雇主在劳动关系和就业领域开展工作，代表工商界与政府有关部门确定有关劳动关系政策，并代表澳大利亚雇主组织参与国际组织的活动。

新西兰国家级雇主组织是新西兰工商联合会，由雇主协会与制造商协会合并而成。机构内部没有划分部门，而是设业务负责人，由负责人处理各项业务。联合会设有理事会，共有 11 位理事，每年召开四次会议，主要是协商制定劳动及就业政策。联合会还设有两个委员会，一个负责劳动关系，一个负责制造业政策。两个委员会由地区雇主组织推选的人员组成，理事会成员可以自愿加入任何一家委员会。联合会的主要职能是通过三方机制参与政策法律的制定和修改，代表企业对政府有关部门施加影响。除劳动关系外，还参与很多其他旨在促进新西兰经济发展的活动。在国际上，代表新西兰雇主参加国际雇主组织、国际劳工组织活动。

新加坡全国雇主联合会是新加坡唯一的雇主组织。由于新加坡是单一城市型国家，因此没有地方联合会。主要机构是理事会、产业关系委员会。理事会是决策机构，负责协调、管理联合会各项事务；产业关系委员会主要负责处理劳资领域的各项事务，该委员会除联合会理事外，还有从14个主要行业选出的企业代表，为行业内的企业争取权利与利益，反映这些行业存在的劳资关系问题。除了参与劳动关系工作，它的重要职能是为会员企业服务，在国际上代表新加坡雇主参与国际劳工组织、国际雇主组织活动。

澳大利亚运用三方协调机制解决劳动关系问题已经有很长的历史，其雇主组织和工会的地位受到国家法律认可。三方机制主要依靠国家在劳动关系问题上成立的三个委员会。一是劳动关系咨询顾问委员会，由议会依法建立，政府劳动关系部部长出任主席，另有6位雇主代表、6位工会代表，每年召开两次会议，主要讨论国家的就业与劳动关系政策，提出各种建议。议会在需要解决某个问题时，会向联合会提出咨询，听取他们的意见。二是产业关系委员会。雇主组织和工会通过产业关系委员会参与最低工资标准及假期时间标准的制定，这些标准成为企业与雇员协商劳动用工的依据。三是职业安全卫生委员会，由联邦政府部长、各州的职业安全官员组成。澳大利亚工商产业联合会的直接会员是10个地方雇主组织和22个行业协会。这些地方或行业协会再发展企业会员。全国地方及行业协会的企业会员数量达35万个，雇员总数为400万人。澳大利亚工商产业联合会会费主要来源于地方雇主组织，行业协会也缴纳会费，但所占比重较小。

新西兰工商联合会也不直接吸收企业会员，有4家地方雇主协会会员及56家行业性附属会员，由地方、行业协会再吸收企业会员。联合会会费收入约占年总收入的一半以上，4个地方雇主组织缴费较多。

新加坡全国雇主联合会直接吸收企业会员入会，现有会员企业2 000

多家，占企业总数的2.2%，其雇用的员工占新加坡员工总数的25%。联合会收入的40%来自会费，其余的60%主要来自为会员提供的培训、咨询、出版等服务收入。

德国80%以上的雇主都加入了相应的雇主协会联合会（简称雇联）。德国的工会和雇主协会通过协商对话结成社会合作伙伴关系，进行最高层次的对话，然后依次是行业协会和企业协会之间的对话。德国雇联和工联之间达成的劳动和工资协议是各行业雇主协会和工会必须遵守的总原则。在德国，集体谈判主要在产业层面进行。法律没有具体规定协商程序，雇主可以自愿地通过雇主协会同工会在产业层面上谈判。

工业化国家雇主组织的活动和服务主要是围绕雇主利益展开，而不提供个性化的服务，服务内容多为政策性、指导性的信息。地区和行业雇主组织再把这些信息传达至会员企业。而真正为企业提供服务的是地区雇主组织及行业协会。

例如，澳大利亚、新西兰工商产业联合会直接的服务对象是区域雇主组织和行业协会，联合会定期召集会员开会，对有关劳动问题进行讨论，对于普遍存在的问题向政府进行游说。在日常工作中，联合会也会与会员通过各种方式进行交流，将公开的、政策性的文件发布在网上，但是一些特殊的资料需要密码登录方可浏览。联合会也为会员提供劳动领域相关政策方面的教育培训。新加坡全国雇主联合会的会员是企业，因此为会员提供服务是其重要工作。具体而言，服务内容包括：一是提供劳资关系方面的咨询并提供协助，包括签订集体合同谈判方面的咨询；二是劳资关系方面的研究和出版服务。

（四）雇主组织在集体谈判中的代表性

在工业化国家，雇主组织早已存在，因此全国性、行业性的雇主组织均有完善的机构和管理。在集体谈判中，雇主组织的代表根据集体谈判的需要而定，一般是最具代表性的雇主参与集体谈判。如果是全国性的集体谈判，则由全国性的雇主组织参加，如果是行业性的集体谈判，则由该行业的雇主组织参加。在某些国家，很难形成全国范围的权威雇主组织。例如，俄罗斯雇主组织力量分散。俄罗斯雇主由于在地方的利益差别比在全国一级更大，因此更难形成统一稳定的组织。为了保证三方机制的建立和发展，地方政府有时不得不通过行政手段迫使雇主参加三方机制，甚至直接指定一些大公司的业主担任雇主代表，工会也给予了积极的合作。但在多数情况下，雇主和雇主组织对工会、政府以及他们所推崇的三方机制态度冷淡，既不愿约束其会员的行动，也不愿轻易做出任何承诺。几家全国性雇主组织的主要成员均来自大型国有企业。在非公有制企业中，雇主组织更加分散，仅注册的全国性私营企业主协会就有十几个，地方性组织更高达几百个。20 世纪 90 年代初期，私有企业雇主代表在全国三方委员会仅占一个席位。随着政府实行大规模私有化，全国三方委员会开始向私营企业倾斜。但由于力量太过分散，私营企业难以选出自己的代表，因而在三方机制中的影响十分有限。

法国的雇主组织数量众多，规模和影响力首屈一指的是“雇主联盟运动”，旗下的会员企业达到 75 万之多，雇用人数达到 1 500 万人（70％以上为雇员人数低于 50 人的中小企业）。第二大雇主组织为“中小企业联盟”，代表 50 万法国本土企业（2/3 为 50 人以下的中小企业）。排在第三位的是“手工业雇主联盟”，它的三个分支分别代表了建筑业、食品零售业和手工服务业中 1/3 的雇主，共雇佣了 120 万雇员。另外三个具有全国影响力的雇主联盟是“自由职业者全国联盟”“农场主全国联盟”“农业信用互助合作全国联盟”。不过它们在覆盖面和影响力方面就稍逊一筹了。以最大的“雇主联盟运动”为例，该组织近 30 年来也经历了巨大的变革。它的前身是“法国雇主全国委员会”，20 世纪 60 年代末以前，“法国雇主全国委员会”的主要职能就是游说参众议员，说服他们制定有利于国家产业发展的政策，维护雇主的权益。

政府在社会政策改革中，要求雇主阶层“放开胸怀，（与政府合作）界定新的社会模式（适应战后法国社会发展的需要）”。这一新的模式围绕着工作合同和社会谈判而展开，它能够巧妙地将企业与其员工之间的关系融合得张弛有度。劳动合同和社会谈判的中心内容就是对社会公共权力和社会合作者职责重新划定，这有助于企业内社会规范的确立，特别是对那些没有签署企业内集体协议的企业来说，行业协议将成为它们遵守的准则。

（五）雇主组织在集体谈判中的职能

根据集体谈判级别的不同，雇主一方分别有雇主和雇主组织两种谈判主体。雇主在企业级别进行谈判，雇主组织在产业、地方一级或全国级别进行谈判。雇主方面首先面临的问题是谈判代表由谁担当。在企业级别上进行集体谈判，企业雇主参加集体谈判的，一般只需委派代表参加即可；如果在行业或地区级谈判，雇主协会按照协会章程派出代表。代表可以是雇主本身，也可以经过雇主组织授权给某个代表，因此这里存在谈判代表的授权问题。谈判是个相互妥协的过程，对代理人来讲，可以让步到什么程度，实际上很难真正代表雇主。

雇主或雇主组织在收到工会提出的正式书面谈判请求之后，雇主方面面临是否接受谈判的问题。在各国劳工立法中，集体谈判权一般都作为劳工和工会的一项基本权利加以规定。美国的《国家劳资关系法》规定，拒绝与工会集体谈判是不当劳动行为，由美国劳工关系局审理和处罚。在德国，法律保障的劳权重点在于团结权和争议权，一般情况下不存在雇主拒绝谈判的问题，因为雇主如果拒绝谈判，工会就可以罢工，所以雇主损失更大。

日本的法律则规定了雇主对集体谈判的承诺义务。承诺义务包含回应谈判义务和诚实谈判义务两个方面的内容。所谓回应谈判义务是指在工会提出集体谈判的请求时，雇主须对其请求予以回应，没有正当理由不得拒绝。所谓诚实谈判义务是指在谈判中雇主须以诚实态度与之协商，不得借故刁难、妨碍或中止谈判。否则，即为不当劳动行为。

（六）国际雇主组织

国际雇主组织是目前国际上在社会和劳动领域代表雇主利益的国际组织，成员由世界各国国家级的雇主联合会或其他形式雇主组织组成，现有成员 126 个。

国际雇主组织成立于 1920 年，并随着各国雇主组织的发展而发展。在西方国家，雇主组织由于在促进雇主之间的相互协商与合作，推进行业标准规范化，加强劳资关系和人事管理方面的服务，参与社会和劳动立法，共同管理雇主有关事务等方面发挥了重要作用，获得了稳定发展。到第一次世界大战时，许多西方国家都建立了稳定的全国性和行业性雇主协会，由于雇主组织在战争中起到了积极的作用，因此战争使雇主组织获得了法律地位和稳定的发展。在 21 世纪初期，西方国家普遍面临经济困难，雇主协会由于积极与工会组织开展劳动关系的协调工作，对于发展各国经济也起到了积极的作用。

为了更好地发挥各国雇主组织的作用，在各国雇主组织之间建立和保持永久的联系，共同协商和讨论社会和经济发展问题，需要建立一个国际性的雇主组织来协调各国雇主组织共同参与国际事务。特别是随着国际劳工组织的成立，需要在国际劳工组织的机构和活动中，统一各国雇主组织的立场和观点，在国际上代表雇主组织来协调与工会的关系，因此，有必要建立一个国际性雇主组织来加强各国雇主组织的联系，推动雇主组织的发展，维护雇主利益，促进经济和社会发展。

随着国际劳工组织的地位和影响的扩大，国际雇主组织在国际劳工组织中的作用也越来越大。目前在国际劳工组织中的雇主组织活动皆由国际雇主组织所控制，故非国际雇主组织的成员在国际劳工组织中的活动受到一定的限制。

因此，国际雇主组织的建立主要有以下动机和目的：（1）在国际上协调各国雇主组织的立场，共同维护各国雇主的共同利益；（2）与各国政府建立积极的良好关系，为各国雇主组织的建立和开展活动创造良好的条件；（3）与国际工会组织协调、合作，就共同关心的劳工等方面问题，开展协商，维护各自的利益主体；（4）加强各国雇主组织的交流与合作，特别是在有关的立法、政策和信息上加强交流与合作；（5）参与国际劳工组织活动，作为三方机制的一方，代表雇主组织及雇主立场，参与有关活动；（6）指导各国雇主组织开展维护雇主利益活动，使雇主组织成为雇主利益的代言人。

在各国经济加快发展和经济全球化影响日益加大的今天，非政府组织在经济社会发展中发挥着越来越重要的作用，并已经成为促进国家和地区各项事业发展以及加强国际交流与合作的不可或缺的重要力量。雇主组织作为重要的非政府组织，如何在激烈的竞争环境中生存发展并发挥积极的作用是各个雇主组织首先要解决的问题。

不同国家的雇主组织由于所处的经济、政治和社会环境不同，所面临的问题和挑战也不尽相同。各个雇主组织只有立足于本国或本地区的实际，制定适宜的组织发展战略和行动计划，提供企业和雇主所需要的服务，才能取得企业信任和支持，才能逐步拓宽工作领域，壮大经济实力和社会影响力，更好地发挥企业代表的作用。因此正确认识雇主组织的角色和职能是雇主组织健康发展的关键。经济发展水平的不同决定了企业需求的不同，雇主组织的角色和定位也就不同。一般来说，可以分成三种类型：

第一，发达国家的雇主组织。这些国家的雇主组织比较成熟，职能完善，但是，这些发达国家由于就业关系变化快，集体谈判方式多样化，雇主组织所提供的传统服务已不能适应经济发展和企业发展的要求。很多雇主组织之间的服务范围和内容重叠，而这些国家参加哪个雇主组织完全自愿，因此雇主组织之间为争夺会员存在激烈的竞争。如何降低成本、提高工作成效、吸引更多会员是这些国家雇主组织的工作重点。

第二，转型国家的雇主组织。这些国家的私有经济发展历史不长，雇主组织中的私营企业会员较少，所能提供的服务也相对较少，同时这些国家中的工会力量较弱，政府干预较多，因此如何适应市场经济发展，及时转变观念吸引更多的非公企业加入雇主组织以及如何提供持久、有效的服务是这些国家的雇主组织需要解决的问题。

第三，发展中国家的雇主组织。发展中国家的雇主组织大多建立时间不长，首要的工作是取得雇主信任、发展足够的企业会员从而增强雇主组织在国家或地区内的代表性。对于一个新建立或建立时间不长的雇主组织来说，只有有了足够的会员，才能有会费支持，再通过一些收费性服务和赞助，才能维持正常运转。另外，发展中国家的雇主组织急需建立起一个较有影响的反映雇主声音的渠道，能够使政府听到雇主的声音，认识到雇主声音的重要性。目前，雇主组织的发展空间和提供服务的领域还非常广阔。根据国际劳工组织的观点，各国雇主组织应在企业竞争、企业道德建设、环境保护、市场发展、产业政策的制定、劳动力市场改革以及劳动关系的立法方面发挥更大的作用。各国雇主组织正在努力发展会员，注重提高工作人员的素质和能力，加强与社会各界和国际组织的联系，因此，国际工会组织的作用也在加强。

三、我国集体协商主体存在的问题及其对策

（一）我国工会组织存在的问题及其对策

1. 我国工会存在的问题

我国工会存在的问题包括如下几个方面。首先，我国工会对工人的权益保护不力。表现在工会在集体谈判过程中没有很好地代表劳方的利益，

从某种意义上说，工会代表权存在缺位现象。在某些时候，工会甚至站在雇主的立场上处理劳资矛盾。工会代表权，又称工会的代表资格权，是指法律确认工会有权或有资格作为会员和职工利益的代表。本来，职工只要成立工会，工会就代表这些职工，是这些职工的代表者。工会是工人利益的代言人，但是由于“强资本，弱劳工”使单个劳动者在劳资双方的博弈中根本无法同雇主平等对话，无力维护自己的合法权益。当“单个劳动者发言机制”失灵，劳动者最后可以通过“集体发言机制”——工会与资方谈判。工会是劳动者合法权益的代表者，是任何组织和个人都无法取代的。工会代表权既是一种权利，又是一种义务，我国明确规定维权是工会的基本职责，以法律的形式强化了工会的代表权职能。权利是可以放弃的，义务不能放弃，工会放弃代表权，实际上是以不作为方式违反法定义务。然而，部分工会把代表权仅当成权利，导致其缺位或错位。

2. 工会存在问题探源

我国工会存在诸多问题，有以下几方面的原因。

一是传统的思维定势的影响。虽然我国实行社会主义市场经济多年，人们的工会意识还残留着计划经济时期的痕迹。在那个时代，工会承担了很多政府的工作，是共产党领导的人民民主专政的组成部分。工会不只是承担处理劳动关系的一方的职能，而是代表了整个工厂的利益。工会不仅代表劳动者利益，还代表国家整体利益并促进企业发展，角色定位偏差困扰着工会，市场经济改革使三种身份产生直接和尖锐的冲突。法律要求工会同时代表三方利益，当无法在平衡三者利益间找到契合点来同时满足所有的角色期望时，工会面临义利失衡，处于三难境地，引发代表权的缺位与错位。

二是工会体制上缺乏独立性。第一，工会经费上不独立，经费来源制度导致了工会对雇主的经济依赖。发达国家工会在经费上基本完全依赖自身的会费，因此具有工会独立的物质基础。我国工会的经费很大一部分来自用人单位的缴费或拨付，从而在经济上使工会和雇主纠缠不清、界限难分。这种状况造成了工会缺乏独立性。第二，工会干部制度的弊端，造成了工会干部缺乏独立性。工会干部往往是任命的，而不是直接选举的。在许多情况下，工会的领导就是企业领导，而且工会干部的工资来自雇主。因此，工会的干部和企业在利益上一致，很难独立。

3. 解决我国工会问题的对策

首先是工会应该具有独立性。经费来源于会员的会费，而不应该来自雇主的拨付；各级工会干部由工人直接选举产生，不再实行任命制。当然，工会的独立性必须以国家的法律为依据，不存在漫无边际的独立，而是应该在中国共产党的领导下独立开展工作；

其次，法律应明确强调工会代表劳动者合法权益的功能，去除工会一些不必要的附件功能，只有保障劳动者合法权益，才能促进和谐劳动关系与，构建和谐社会，市场经济的运行规律要求工会切实维护劳动者的合法权益，因为市场经济要严格让政府摆脱日常经济活动。在这种情况下，工会维护劳动者利益就是维护国家利益，劳动者合法利益与国家利益是一致的。

再次，防止侵犯工会的权益。应该进一步完善《工会法》等相关法律，具体规定各级工会组织的权益和侵犯工会权益的法律责任及详细处罚规定，而且要使处罚具备可操作性，可以及时执行。

最后，要转变观念和意识。首先要具有与时俱进的观念和改革的意识，工会一定要与现实的情况相适应，同时具有前瞻性，考虑到未来的发展，因此，工会的改革意识非常重要。只有这样，才能创造性地维护工人的权益。

（二）我国雇主组织存在的问题和对策

1. 我国雇主组织存在的问题

我国雇主组织发展的历史较短，而且很多是由政府机构转化而来的，也有由政府组织的雇主协会，当然，随着市场经济的发展，目前一些地方也有民间自发组建的雇主组织。这两种类型的雇主组织正在成为我国经济社会发展中的重要力量，在经济与社会公共事务中发挥越来越重要的作用。但是这两种类型的组织均处于萌芽与发育阶段，由于市场培育条件的不成熟与自身建设的缺陷，影响了自身的发展和作用的发挥。

雇主组织存在的主要问题是缺乏代表性、权威性、独立性、中介性。缺乏代表性表现为不能被广大企业所认同，由政府出面组建的如此，自发组织的也如此，此外，一些地方雇主组织分散化，各个雇主组织各自管理一部分企业，而没有一个统一的协调机构。雇主组织的发展状况良莠不齐是由于我国实行市场经济时间不长，很多方面的问题需要借助政府之力解决，也是由于缺乏市场竞争淘汰机制，雇主组织的良性发展需要一个优胜劣汰的过程；代表性来源于雇主组织的某些本质特征，如组织成员的广泛性以及组织能够充分反映雇主的利益，缺乏代表性自然就缺乏权威性，由于“官本位”意识，有政府背景的尚残存着一定的“权威性”，但是，这种所谓官本位的“权威性”有时不一定符合雇主的利益。自发组建的雇主组织需要通过自身的努力建立权威；缺乏独立性表现为有政府背景的由于思维与作风没有及时改变，依赖性强，独立工作的能力较弱。由于不能独立工作，在对外经贸中常被指责为有政府的影子；由于缺乏代表性，权威性，独立性，必然减弱中介性，而中介性则是雇主组织的主要功能。有政府背景的，与政府联系较紧密。自发组织的，除个别与企业联系较紧密（如有些行业协会、商会），大多数与企业、市场的联系程度都不够。解决这些问题，一是依靠市场经济的不断发展，通过优胜劣汰的竞争机制，筛选、提纯雇主组织。二是改革不合时宜的社团组建的条件。如我国社团往往必须通过一个政府业务主管部门审批而先获得“行政合法性”，再到登记管理机关进行审批后才能获得“法律合法性”。这种带有政府行为的延伸而不是由市场行为决定的做法，已不利于培育社团组织发展。三是雇主组织应加强自身建设，按市场化要求不断完善体制，通过与政府、市场、行业、企业的沟通与服务，提升自己的社会价值，使自己成为经济发展与社会事务工作的需求对象，这种供求关系，才是雇主组织生存和发展的内在机制。

2. 解决我国雇主组织问题的对策

为了更好地促进我国雇主组织的健康发展，需要我们创造良好的生存、发展的环境，其中包括法规、政策的宽容以及对于雇主组织独立性的肯定。特别需要指出的是，我国关于社会组织和 NGO 方面的法律亟待完善，从而使我国社会组织和 NGO 沿着法制的轨道健康发展。在我国经济逐步融入世界经济的大环境中，雇主组织面临着巨大的挑战，不仅要摆脱计划经济的影响，还要迎接国际市场的新形势。因此，我国雇主组织今后的发展既要符合国内市场经济发展的要求，又要符合国际惯例，主动处理国际市场面临的新问题，应对新的挑战。首先要具有真正的代表性，增强组织的独立性和自主性。其次，雇主组织坚持为企业和雇主服务的宗旨，努力充当服务的桥梁纽带，对内应该加强培训，提高工作人员的素质，维护企业与行业公平有序的竞争秩序。再次，对外加强国际市场的对接，向国外的雇主协会学习，实现多功能、多专业服务，捍卫我国企业的合法权益。当前，我国雇主组织尤其缺乏与国际规则的接轨，对许多国际规则知识的了解尚有缺欠或基本不具备，在国际经济交往中不能很好地发挥雇主组织的作用，也影响雇主组织各项功能的发挥。因此，按照国际惯例、国际规则建设雇主组织也是今后我国雇主组织建设的重要发展方向。再次，雇主组织应该具有权威性，在中央一级必须建立能够覆盖全体雇主的机构，同时要加强与会员和其他企业的沟通。最后，雇主组织应该具有独立性，实现自我管理、自我协调、自我完善，并用行之有效的方式引导企业的行为。

第四章　国外集体谈判的主要内容研究

一、集体谈判内容概述

集体谈判是雇主和工会之间为在工作条件问题上达成协议所进行的自愿谈判过程[①]。集体谈判制度自建立以来已历经长期的发展历程，其谈判的内容也随着社会经济的发展阶段而逐渐延展。早期的集体谈判主要是就劳动条件、劳动报酬和劳资关系等问题的处理进行谈判和交涉。而现如今，许多与企业发展和企业管理有关的内容也通过劳资磋商的方式解决，如企业内的人事改革、录用标准、人员流动、劳动合同的签订与解除等。然而，虽然集体谈判可以商谈的内容范围很广，但并非是无条件扩展的，而是需要与工作和就业条件紧密相关的问题。

总的来看，目前集体谈判的主要内容大概可分为以下四大类：一是与工资相关的内容，包括基本工资的确定、生活成本的调整、工资级差、加班费、工资调整等事项；二是附加的经济福利，包括养老金、有偿休假、医疗保险、解雇、补充失业津贴等；三是与制度相关的内容，包括雇主、雇员和工会的权利和义务；四是与管理相关的内容，包括雇员的职业安全和卫生、技术变革、工作准则、就业保障、培训、休假等。

（一）国际劳工组织有关集体谈判的定义和内容

有关集体谈判的国际公约主要包括两大体系，一是国际劳工组织的保护体系；二是联合国的人权保护体系。国际劳工组织对集体谈判的保护主要体现在第 87 号公约、第 98 号公约、第 151 号公约、第 154 号公约以及

---

① http://en.wikipedia.org/wiki/Collective_bargaining#cite_note-uslabor-0.

第 91 号建议书中[①]；而联合国的保护则主要是在《世界人权宣言》《公民权利和政治权利国际公约》和《经济、社会和文化权利国际公约》中。

根据国际劳工组织有关集体谈判的公约和建议书中的条款，集体谈判是最终以达成集体协议为结果所进行的一系列谈判活动或者过程。国际劳工组织 1981 年通过的第 154 号公约中对集体谈判作出如下定义：即雇主或雇主组织与一个或多个工人组织之间开展的所有协商活动。其目的是：（a）决定就业条款和工作条件；（b）调整雇主与工人的关系；（c）调整雇主或雇主组织与一个或多个工人组织的关系（第 2 条）。

从国际劳工组织的第 98 号、第 151 号、第 154 号公约和第 91 号建议书来看，其对集体谈判内容的描述均集中于劳动和就业的条件和对雇主与工人之间关系以及雇主组织和工人组织之间关系的规范三大领域。但需要注意的是，国际劳工组织监管机构所使用的工作条件的概念不仅局限于传统意义上的工作条件，如工时、加班费、休假、工资等，同时也包括那些通常包括在就业条件中的问题，如晋升、调任、无提前通知的解雇等。而这一趋势也与现实中许多工业化国家对集体谈判所涉及问题的认识相一致，如裁员、调整工时及其他一些严格意义上超出了就业条件范畴的问题。然而，虽然谈判的主题以及内容可以很广泛，但关于就业条件的问题应该是主要的或根本性问题，而且对一些不应该在集体谈判中进行商谈的议题进行了规范。如结社自由委员会就指出，某些问题理应是在集体谈判范畴之外的，如那些明确主要或者根本是与政府事务的管理和运作相关联的问题。

除了在国际公约相关条款中所涉及的内容之外，集体谈判还有一些关键性的特征是在简单的定义或者对过程的描述中所不能准确体现的：一是集体谈判不等同于集体协议，因为集体谈判是一个过程或者说是一个工具，而集体协议则是集体谈判的一个可能结果；二是集体谈判是工会用来

① ILO 通过了诸多文件用来直接或间接地处理集体谈判及相关问题，包括：1952 年通过的《集体协议建议书》（第 91 号），1948 年通过的《结社自由与保护组织权利公约》（第 87 号），1949 年通过的《组织权利与集体谈判权利公约》（第 98 号），1971 年通过的《工人代表公约》（第 135 号），1951 年通过的《自愿调解和仲裁建议书》（第 92 号），1975 年通过的《农业工人组织建议书》（第 149 号），1978 年通过的《（公共部门）劳动关系公约》（第 151 号），1978 年通过的《（公共部门）劳动关系建议书》（第 159 号），1981 年通过的《促进集体谈判公约》（第 154 号），1981 年通过的《促进集体谈判建议书》（第 163 号）。

改善其会员工作条件的一种方式；三是集体谈判试图重建雇主与雇员之间不公平的谈判地位；四是集体谈判所达成的协议，只能是修改而非替换个人劳动合同，因为集体协议并不产生劳资双方的劳动关系；五是谈判过程是双方的。但在一些发展中国家，当谈判双方出现争议或集体谈判与政府政策产生冲突时，政府发挥着调解人的作用。

（二）世界主要发达国家有关集体谈判的内容

上述国际公约对集体谈判的定义及内容的界定还较为笼统，可以说只规定了边界，具体到各个国家的具体情况，则是千差万别的。无论是集体谈判所涉及的内容，还是对集体谈判内容的规定，各国都不尽相同，有的有法律规定，有的则无法律规定。如美国《国家劳动关系法》规定，资方与工会务必就分配比例、工资、劳动时间和就业条件进行协商，而日本法律则没有规定。下面就部分发达国家有关集体谈判的内容做简要概述[①]。

英国集体谈判的内容在战后有了明显扩充，除工资外，另有十个方面的问题被纳入到集体谈判的范畴，包括工作环境、企业内的人员调配、工人水平、冗员问题、生产方式的主要变化、招工问题、假日娱乐问题、工作周长短、资本投资和养老金问题。当然，工资问题无疑是英国集体谈判中永恒的主题。

法国的法律规定，集体谈判的内容为劳动条件和社会保障。这只是笼统的规定。具体说来，法国各级集体谈判的内容与大多数西方市场经济国家一样，均包括工资、工时、劳动条件、工作安排、职业安全与卫生、职业培训、就业保障等。而谈判的具体内容则须劳资双方自行选定，但不能违背最低合法条件。

德国的《集体协议法》规定了集体谈判的5项内容。第一，在劳资关系中的雇主和雇员的权利和义务，特别是单位工作时间的工资报酬、每周工作小时、每年休假天数等；第二，劳动关系的缔结，诸如劳动介绍费的报销，劳动合同的形式等；第三，劳动关系的终止办法，给退职职工作出鉴定、提供另找工作的时间，解雇或辞职的形式和期限；第四，企业内部事项，可以在一个企业内的集体合同规定企业内部福利事务或企业规章；

① 本部分如无例外说明，资料主要源自：佘云霞．西方市场经济国家的集体谈判制度．北京：中国经济出版社，1999

第五，企业职工代表机构——企业职工委员会的组成和权利等。与法国类似的是，德国《集体协议法》对集体谈判内容的规定也只是原则性的，集体合同对其有效范围内的企业来说，是必须遵守的最低标准，但却不能照顾到各个企业千差万别的具体情况。因而，各企业还需缔结企业协议加以补充，在集体谈判中劳资双方只需注意起码的法律规定，劳资双方在集体谈判具体内容的确定上是自由的，谈判的内容应比《集体协议法》更有利于雇员。但企业协议是雇主与企业职工委员会之间的契约，工会不直接参与。

瑞典集体谈判的内容从类型上讲分为三类。第一，利益谈判。这类谈判主要涉及利益冲突，具体说来就是工资问题。第二，争端谈判。这类谈判涉及合法争端的问题，其目的是要解决有关法律条文和协议的解释及实行的标准中的分歧。第三，共决谈判。这类谈判涉及的问题实际上是企业管理权的问题。虽然雇主对企业管理有最终决定权，但雇员组织通过谈判已得到了影响雇主决定的机会，因而这类谈判对工会有利。在瑞典的集体谈判中，由于其他各类有关工人的问题均有立法保护，所以工资问题无疑是谈判的最主要内容。工资谈判也是瑞典工会的主要职能，在这方面，瑞典工会也取得了较大的成果。瑞典工会中央级的集体谈判对于消除劳动力市场不同部门的工资差别起到了很大作用。20 世纪 70 年代以来，瑞典集体谈判内容方面的最新表现就是谈判范围的扩大。

与大多数发达国家类似，日本集体谈判的主要内容也包括工资、劳动时间、安全卫生、工伤补助、雇员的雇佣、再培训、调动、人员裁减、解雇等问题。具体谈判的内容则根据企业规模大小及谈判级别的不同而有所不同。如大企业的工会一般负责增薪、提薪、奖金等财务问题和退休制度等；各企业工会的支部和分会一般负责谈判确定职务、提拔、倒班工作等与工作内容密切相关的问题；产业级谈判主要关心的是增薪和提薪问题。在日本的集体谈判中，增加工资的谈判无疑是各级谈判的主题。但随着经济形势的变化及结构的调整，雇员的工作保障、再就业培训等问题也成为集体谈判中越来越重要的议题。

与其他西方市场经济国家不同的是，美国集体谈判的内容是由法律所规定的。谈判内容划分为强制性内容、非强制性内容和不合法内容三种。强制性内容是国家劳工关系局确定的双方有义务进行谈判的内容，包括劳动报酬、工时、工休、社会保障、劳动保护等；非强制性内容是由国家劳工关系局规定的某些管理问题，如工作地点、工作种类、工作范围、劳保用品等，对此双方可以有选择地进行谈判，如果一方不愿讨论该问题，另一方就得从谈判内容中取消它；不合法内容是国家法律和劳工关系局均认定不合法的内容，对此即使劳资双方进行了讨论，达成的协议也不能合法化。美国有关工资谈判的内容一般包括工资类别、工资标准、各类工资的计算方法、岗位分类工资、奖励工资、停工期工资和生活津贴标准等。其中工资类别有计时工资率、计件工资率、计时计件工资率和基本工资率等。除了工资水平外，工资以外的其他收入也是集体谈判的重要内容，如加班加点费、休息日和节假日的劳动额外收入、利润分红、奖金等；非工作时间的工资补贴、保险福利费用。此外，还规定劳资双方在决定工资时，必须考虑现时的生活费用，因为急剧上升的通货膨胀常常是对工人实际工资的威胁。经过多年的奋斗，美国工会在工资谈判方面取得的成果是巨大的，一是工人的收入大大增加，表现在实际工资和工资外收入的提高；二是由于保险福利费用也被列入美国工资以外的其他收入的集体谈判中，美国的社会保险水平不断提高，范围不断扩大。

从上述部分发达国家集体谈判的内容来看，虽然各国都有着各自的特点，但却体现出三个共同点：其一，各国集体谈判的范畴都有所扩展和细化，逐渐超出了传统的工资、工作条件等问题的范畴；其二，各国集体谈判的内容纵然迥然有异，但有一些问题却是在大多数发达国家集体谈判中常见的，包括工资、工时、休假、招聘、调任、解雇、职业培训、劳动安全与卫生、社会保险、福利等内容。其中工资问题无疑是各国集体谈判永恒的主题；其三，大多数国家对集体谈判内容的规定都相对较为宽泛，只规定出最低的标准和边界，具体的内容大都由劳资双方自行协商。

二、工资集体谈判

虽然不同的社会经济发展阶段不断发展和充实了集体谈判的内容，但工资问题自集体谈判产生以来就始终是谈判桌上争议的首要问题和核心内容。所有的集体谈判都将工资问题置于首要位置。西方市场经济国家的劳资双方每次举行集体谈判几乎都会涉及工资问题。

在集体谈判中，工资包括基本工资、奖金、津贴、加班费，以及用于交通、房屋维修和物价指数上涨的补助等。工资集体谈判，也称工资集体协商，是由雇主代表组织一方同工资劳动者代表组织一方，就劳动者的年度工资增长水平及其他工资福利问题进行平等协商、谈判，最后达成一致意见，并将一致意见签订为专门的工资契约或作为专门条款列入集体合同，作为约定期限内签约双方处理工资分配的行为准则。工资集体谈判的内容可以包括工资总额、工资水平、工资标准、工资分配形式、工资调整幅度、劳动定额、计件单价及其他有关工资分配的事项。如德国劳资双方关于工资契约的谈判内容主要包括报酬问题和其他经济方面的津贴问题，具体包括工资增长幅度及其起始时间、工资等级和标准、雇员的工作条件、责任权利以及企业在裁员过程中出现的与工资有关的问题。

（一）工资集体谈判的参照因素

在集体谈判中，针对工资问题，劳资双方所提出的方案及所能接受和妥协的方案，都是具有一定的参照标准的，而非凭空想象得出的。而最终所达成的协议中有关工资问题的条款，也均是双方经过妥协让步后达成的共识，之所以能够达成一致也在于其最终的结果是建立在诸多参照标准基础之上的符合劳动力市场规律的合理结果。

1. 理论探讨

影响工资集体谈判以及最终协议达成的因素有很多，萨缪尔森在其《经济学》一书中就列举了八个集体交涉的论点和考虑因素[①]。第一，生活费用。如果生活费用上升，那么，工会将强调劳动者的生活标准。声称工资应当跟上生活费用指数的提高，如可能时，应当比生活费用指数提高得快些。第二，企业支付工资的能力。如果有关的公司或行业的经济状况良好，那么，工会会强调其支付工资的能力。然而，如果行业的利润低微，资方将强调此点。第三，劳动生产率。工资应随劳动生产率的变化而变动，如果劳动生产率近来有所上升，工会会提出应确保工会会员在提高每人工时生产产品的能力时，能直接分享到好处；如果下降，资方也将强调这一点。第四，支付比较的工资率。如果同一地区或产业的其他厂商支付的现有工资高于该厂商所支付的工资，工会提出应支付比较的工资率；反之，若低于，则资方将强调这一点。第五，从整体宏观经济的角度看，高

① 康士勇. 工资理论与管理实务. 北京：中国经济出版社，2001

工资是促进经济繁荣的手段。劳方将极力赞扬高工资作为促进购买力和经济繁荣的手段这一哲学原则，而资方则将强调工资是成本增长的方面。第六，全国性的“关键性的集体协议”的影响。如果煤、钢、汽车等几大行业经过全国性的“第 n 回合”谈判，每小时工资增长率已经被“关键性的集体协议”所规定，那么，这在劳资双方的考虑中将占有很大的分量。第七，习惯于货币工资的增长，以改善生活。劳方和资方都习惯于货币工资的稳定增长，因而劳资协议必然带来工资的增长。如美国通用汽车公司和其他厂商在他们与工会签订的工资协议中往往都有稳步增加的规定，及所谓“改善生活条款”。第八，政府的干涉。政府可以规定工资和价格指标，工资指标（即工资指导线指标）是否被重视，取决于协议双方的利益。政府除了规定指标外，有时还采用直接控制工资和价格的办法。

从萨缪尔森有关集体谈判的理论来看，影响谈判及最终协议达成的因素大致可以分为两大类。第一类可以视为是劳资双方在谈判中所提出的工资方案的可以量化的参照因素，即劳方提出要求增加工资或者资方声称无法实现增加工资时用以说服对方、强调自身诉求合理性的因素，主要是物价、劳动生产率、企业盈利状况、同行业或上下游行业中其他企业的工资水平。这些因素是可以量化的，是有数据可以作为支撑的。同时，这些参照因素的实际表现情况可以作为劳资双方谈判的砝码，并非任何时候都是对其中一方有利，可以为双方利用。在不同的宏观经济环境下，在企业不同的发展阶段，其对双方的作用可能完全相反。如在外部宏观经济良好时，劳方会从要求企业分享发展成果的角度要求资方增加工资；而当遇到经济危机或者企业处于起步或者衰退阶段时，资方也会从企业盈利状况较差的角度回应劳方所提出的增加工资的要求。第二类因素可以大致概括为非企业经济性、非量化因素，包括劳资双方对工资增长在宏观经济中的作用、全国高层级达成的集体谈判协议、货币工资与实际工资、政府对工资问题的干涉。这些因素是由外部宏观环境所影响和确定的，或者是一些社会经济长期发展所形成的约定俗成的习惯，而非是一些可以量化的因素，劳资双方只能在谈判中加强对其有利的因素对自身谈判能力的增持。

2. 实践探析

从上述理论的研讨中已经得出了影响工资集体谈判的量化和非量化两大类因素，而在实际中，从发达国家的工资谈判来看，影响因素也很多，其中较为重要的因素包括物价、劳动生产率、市场竞争、税收以及社会缴费政策等。

(1) 物价

物价是工资谈判中最为重要的决定性因素。几乎所有国家都以 CPI 为参照指数。工资根据物价上涨进行相应的调整，这对劳动力市场以及宏观经济有着至关重要的作用，该因素在许多宏观经济模型中，也都是一个关键性的参数。

工资调整与物价挂钩的方式，在各国有所不同。有些国家建立了工资随物价进行指数化调整的机制，虽然具体关联方式有所不同，当指数化调整完全自动的情况下，其影响范围相当广，受影响的劳动力达全部劳动力的 66%，如比利时、塞浦路斯、爱沙尼亚、芬兰、法国、匈牙利、意大利、斯洛文尼亚、卢森堡、波兰、西班牙和美国等。但这些国家的指数化调整方法也是有所区别的，大多数国家通过移动平均法将工资增长与过去的物价增长挂钩，如比利时、塞浦路斯、法国、卢森堡、西班牙和美国。但也有一些国家将工资增长与预期的通货膨胀挂钩（爱沙尼亚、斯洛文尼亚）或与过去未遇见到的通货膨胀和预见未来的通货膨胀调整后的指数进行挂钩（芬兰、意大利和爱尔兰）。此外，也有国家的工资是事后调整的，如西班牙。

国外建立的工资随物价进行指数化调整的方式，大约可分为四种情况，即没有正式指数化调整机制的，完全自动化指数调整的，只根据最低工资进行指数化调整的，以及通过集体工资协议进行指数化调整的。第一，对于完全自动化指数调整的国家，该调整机制适用于所有劳动者，如比利时；但如果是通过集体协议发挥作用，则影响面会有所减少，因为最终的覆盖面情况受集体协议覆盖范围的影响，如芬兰和西班牙。第二，如果指数化调整是通过最低工资实现的，则覆盖范围会小很多。第三，对于那些没有任何固定形式的根据物价对工资进行指数化调整的国家而言，还是有小部分的劳动者会通过某些数量有限的工资协议受到物价的影响，如奥地利、匈牙利、意大利、波兰和美国等。

(2) 劳动生产率

工资集体谈判中第二个最常参照的因素是劳动生产率，这在任何层级的谈判中都是如此。工资增长与劳动生产率之间有着必然的联系，关键在于不同国家和部门对劳动生产率的考虑有所区别。从各国的情况来看，大致可分为两类：一类是将劳动生产率放在整体宏观经济中进行考虑，如法国、德国；另一类是考虑部门的发展情况，如比利时、德国、荷兰等。在日本和挪威，企业和部门的劳动生产率都会对工资谈判产生影响。在大多数情况下，劳动生产率的变化是与其所对应的谈判层级相关联的。

（3）竞争力及其他

对工资集体谈判有影响力的第三个因素是竞争力。在一些相对较小的国家中，近邻国家平均工资的增长也会被考虑在内，如比利时、芬兰、希腊、挪威、爱尔兰等。类似的，在英国，企业盈利情况也在工资谈判中发挥着关键性的作用。

此外，税收以及社会缴费等政策的变化也会对工资谈判产生影响。公平性、同一部门中工资分配的公平也在决定工资协议中发挥着重要作用，如法国、德国、日本等。

（二）谈判成功的要素

在劳资双方交涉中，谈判必然要受到经济现实的限制，工会要考虑到经济状况和工资增长对就业可能产生的影响，雇主也要考虑工资增长对公司发展是否有利。在通常情况下，在任何工资协议的交涉中，工人所要求的工资总是高于资方所愿意支付的工资水平。只有在工会认为要求较高工资对工人不利或者雇主认为增加工资从长远来看会给公司带来更多利润的情况下，才可能会出现例外。

如上所述，工资集体谈判及协议的达成会受到诸多因素的影响，既有量化的因素也有非量化的因素，既有对劳资双方交互产生不同效果影响的因素也有只对谈判双方的某一方有利的因素，既有企业内部微观层面的因素也有劳动力市场等宏观环境的因素。因而，既然谈判甚至协议结果的达成会受到如此众多因素的影响，那么，对于劳资双方而言，如果希望通过集体谈判达到令人满意的结果，那么就要首先确定目标，了解这些因素，抓住对己方有利的因素，从而加强自身的谈判力量，以期最大可能地实现己方所预期的目标。

对于雇主方而言，集体谈判不仅要处理如何合理分配企业利润增长的问题，同样也要解决如何增加劳动生产率从而提高企业产能的问题，因为集体谈判是唯一一个既可以使工资保持定期增长，同时又不会威胁到企业利润和竞争力的方法。为此，资方在谈判前首先要确定三个方面的目标：一是确保企业的市场竞争力；二是保持工资增长低于劳动生产率的增长或者/并且在通货膨胀率之内；三是确保协议执行期间的劳资关系和谐。确定目标之后，在谈判过程中还需要形成一个为实现这些目标的初步计划方案，该计划应该包括雇主对工会的要求。如果已有集体协议，那么这将是一个有用的起点。雇主可以首先对集体协议的运作情况进行分析评估，从己方的角度识别出其不尽如人意的地方，如此就可确定所需做出的改变了。

工会提出增加工资的要求，同时要陈述理由。为了使资方尽可能地接受工会的要求，工会方的谈判者除了良好的表达方式外，应对工资问题及相关问题有较深入的了解，否则很难成功。为了增加谈判成功的可能性，工会方应该对其所提出的要求仔细进行推敲。第一，要评估对资方所提出的要求的经济影响；第二，进行比较研究，如在提出工资需求之前，应该探知该行业或相关联产业的比较工资率、最低工资标准，如果可能的话，尽可能地了解其他企业集体协议的工资率；第三，将那些资方由于原则性问题或者由于经济上无力支付的原因不可能完全答应或应允的要求分开；第四，了解资方对其他一些需求的态度和打算，如一些企业准备应允或者妥协的条件；第五，明确对于工会或雇员而言至关重要的需求。这对于谈判成功至关重要，因为如果没有对这样的需求进行适当的评估，则可能无法谈判成功，或者即使成功，也会因为没有解决主要问题而导致谈判结果缺乏持久性。

而为了使谈判结果尽可能地满足己方所代表工人的需求，工会或工人代表在向雇主提出工资要求之前必须要考虑如下问题：第一，如果不同劳动技能和不同岗位责任的工人工资档次和工资增长水平客观上已拉开了距离，那么在谈判中，工会方面应当优先帮助工资收入最低的人；第二，工资可分为货币工资和实际工资，因而，工会在谈判中要力争保持或增加雇员的实际工资，在谈判中设法寻求能够确保工人的工资增长同物价上涨挂钩；第三，工会代表应当了解企业的财务收支状况；第四，对工人职业进行比较，因为具有同样劳动技能的人，但工资水平有差异，也会引起不满。比较不同雇员的劳动技能的因素通常包括受教育程度、培训情况、学徒期限、现有的实际工作经验等。但实际情况更复杂，需要一个十分客观而公正的职业技能的比较标准[①]。

但无论事先准备得如何充分，任何谈判的进程和结果也都不可能与双方所预想的如出一辙，因而，谈判双方都应该就所提出的要求给出可供备选的方案。此外，由于相较于其他协商和磋商的方式而言，集体谈判更具有冲突性。为此，为了减少冲突发生的可能性，雇主和雇员双方应建立良好的内部沟通机制，在做大企业蛋糕问题上达成共识，是一种更为有效的方式。因而在谈判过程中，劳资双方也应保证其管理者和会员各自可以很好地了解到谈判的实际情况，使得双方可以在具有某些共识下进行谈判，这样才会更容易达成协议。相反如果劳资双方之间或者各自内部缺乏适当的信息沟通将容易导致双方对谈判形势、谈判目标等情况产生误解，严重者甚至会引起罢工。这方面日本的联合商议计划可以作为一个较好的案例（见专栏 4—1）。

专栏 4—1　日本联合商议计划

日本的联合商议计划（joint consultation schemes）是劳资双方信息共享和劳资合作的基石。长期以来，在经历了 20 世纪四五十年代长期罢工所带来的痛苦和损失之后，日本的工会和雇主都意识到信息共享在劳资关系中的重要性，劳资双方共同致力于重建稳定和谐的劳资关系。这些努力产生了当代日本劳资关系体系中的一些关键性因素，包括作为劳资信息共享基石的联合商议计划。

日本的劳资商议制度由日本生产中心（Japan Productivity Centre）始建于 20 世纪 50 年代。至 1990 年，大约 84%有工会的企业和 44%的非工会企业建立了联合商议计划。作为双方沟通的一种机制，该制度集中于磋商诸多问题，最常见的包括工作条件、工时、休假、职业安全与卫生、福利和文娱活动、奖金、养老金和退休、工作日程安排、教育和培训、招聘、调任、解雇、工作分配等。此外，还有一些关于管理方面的问题也在联合商议的范围内，但这些问题只是由管理方提供信息，并给予适当的解释，包括商业计划和政策、新工艺的介绍、

① 石美遐．集体合同　集体谈判．北京：法律出版社，1996

公司结构变化以及生产和销售计划等。

日本联合商议的频率是不同的。但平均来看，有工会的企业大约一年15次，而非工会企业大约8次。研究表明，通过联合商议机制所实现的信息共享对企业盈利率、劳动生产率以及减少劳动成本，尤其是制造业方面产生了积极效应。

日本联合商议制度的一个显著特征是集体谈判与联合商议各自有不同的目标，因而相互之间并不冲突。

联合商议通过为劳资双方就影响雇员生活的管理问题创造互相沟通的机制，从而对企业层级的劳资关系具有很大的贡献，继而对集体谈判也产生了影响，对集体谈判的整体氛围产生了影响，由于雇员得知了资方有关管理目标等方面的信息，因而误解和冲突就大大减少了。所以，实际上，集体谈判的开始是建立在劳资双方已经就某些目标达成共识的基础上的。由于有关工资标准的信息也是共享的，因而大多数国家中极容易产生争议的工资问题在日本反而很容易达成双方均可接受的折中方案，而不产生争议。

资料来源：Sriyan de Silva（1996）. *Collective Bargaining Negotiations*. ILO. ACT/EMP Publications.

三、工资谈判对工资效力的影响因素

在对国家宏观经济产生影响的劳动力市场结构中，影响工资产出的工资谈判制度发挥着非常重要的作用。从近期经合组织国家所进行的一些研究显示，如果劳动力市场中的工资通过工资集体谈判确定，则整个市场的工资结构更加平等，收入分配模式也更加合理。从世界上大多数发达国家的实际情况来看，那些工会组织率或者集体协议覆盖率较高的国家，工资谈判的作用更大，对整体的工资公平度将产生积极影响。为此，许多国家政府都在通过扩展集体协议的覆盖范围从而推动这种形式的劳动力市场管控。在没有法律规定的情况下，很多企业也会自愿将协议内容延伸至非工会会员，未建立工会的企业也会模仿建立工会企业的工资水平。这种集体协议的延伸减少了工会会员与非工会会员之间、建立工会企业和未建立工会企业之间工资的差距。如此，集体协议的延展将减缓整体的工资不公平度。

因而，集体谈判制度与劳动力市场中收入分配之间关系的关键在于，工资集体谈判在劳动力市场中的覆盖面和影响程度如何，以及对这一效力产生影响的制度安排状况如何。事实上，一方面，在劳动力市场的集体谈判制度规范程度与总体的工资公平性之间是有着正相关关系的。那些集体谈判制度作用比较强的国家的收入分配措施往往也较好，包括强有力的工会组织和雇主组织、集体谈判覆盖率高、集中度高。比如说，在经合组织国家中，美国是其中市场化程度最高的国家，其工资差距也最大，基尼系数也最高；相反，拥有着强势的集体工资谈判传统的挪威，其工资差距和基尼系数都很低（见表 4—1）。另一方面，集体谈判制度的分散化和不规范往往导致工资差距的加大。如瑞典的工资公平度在 20 世纪 60 年代之后得到了很大改善，原因在于这段时间有着高度集中的集体谈判特征，瑞典工会采取了“联合工资”（solidarity wage）的政策。但在 1983 年，雇主退出了高度集中的集体谈判。随后，同行业以及不同行业之间工资的不公平度很快就出现明显增加。类似的经历在意大利也存在。因而，研究分析各国所采取的各种不同的实现这一目标的方式很重要，包括工会组织率、集体谈判覆盖率、集体谈判的层级、集体协议的延展、政府的参与，以及各种形式的谈判合作等。而这些也正是本部分所要重点研究的内容。

表 4—1　　经合组织国家的工资差距和基尼系数

国家	工资差距*	基尼系数
澳大利亚	3.07	0.35
奥地利	3.56	0.29
比利时	2.28	0.33
加拿大	3.71	0.32
捷克	2.86	0.25
丹麦	2.41	0.24
芬兰	3.07	0.26
法国	2.87	0.32
德国	2.87	0.28
匈牙利	4.92	0.26

续表

国家	工资差距*	基尼系数
爱尔兰	3.97	0.34
意大利	2.4	0.36
日本	2.99	0.24
韩国	3.77	0.31
荷兰	2.85	0.30
新西兰	3.28	0.36
挪威	2.03	0.25
波兰	3.5	0.34
葡萄牙	3.76	0.38
瑞典	2.3	0.25
瑞士	2.69	0.33
英国	3.4	0.36
美国	4.64	0.40

资料来源：OECD 国家的收入差距来自于：OECD（2004）.OECD Employment Outlook. Chapter 3：Wage Setting Institutions and Outcomes. p141；基尼系数来自于联合国的人类发展报告（2007—2008）。

注：* 1990—2010 percentile ratios for the gross earnings of full-time employees.

（一）工会组织率和集体谈判覆盖率

有许多学者都对工资确定的集体化程度对平均工资水平的影响，以及不同劳动力市场条件对工资的影响进行了研究。集体化通常是指一个企业中工会成员所占的比重，即工会组织率，以及由集体工资协议所涵盖人员的比重，即集体谈判覆盖面。工会组织率的高低从一个方面可以反映工会谈判的潜在影响力，而集体谈判覆盖率则可以反映出工薪阶层受工会谈判条款和工作条件约束的实际程度。

已有的许多研究均证明，工会能够减轻工资分配的不公平性，缩小工资差距，且这一效果在那些工会覆盖面和集体谈判覆盖面较高，以及谈判层次较高的国家中表现最为显著。集体谈判的覆盖率是工资的一个很重要的决定性因素，相关的调查研究显示出集体谈判与工资弹性之间存在着正相关的关系，那些集体谈判覆盖率较高的国家中，工资弹性较高，GDP每增加一个百分比所伴随的平均工资增长幅度为0.87，远高于集体谈判覆盖率较低国家的0.65。此外，相关研究还发现，集体谈判覆盖面对于工资的公平分配也有着非常重要的作用。研究结果显示，那些覆盖率较高的国家中工资分配公平度较高，不仅是整体情况如此，即使是在低收入分配群体中也如此。虽然影响工资公平分配的因素很多，但从欧洲国家的实际情况可以看出，集体谈判覆盖面与工资分配之间存在一定关联。丹麦、芬兰、法国、荷兰和瑞典这些拥有着集体谈判较高覆盖率的国家，其工资不公平度很低；相反，匈牙利、波兰和英国这些集体谈判覆盖率较低的国家，工资分配不公平度较高①。

工会组织率和集体谈判覆盖率在各国均有所差异。从发达国家来看，各国工会组织率存在较大的差别，丹麦、芬兰和瑞典等国家的工会组织率相对较高，大约在70%～80%；反之，东欧国家、法国、西班牙和美国的工会组织率较低，大约在10%～15%或者更低的水平。还有一些国家介于二者之间，大约在50%～60%，如比利时、挪威等。工业化国家的工会组织率在1995—2006年间出现了下降，在东欧国家中下降尤为明显。不同部门的工会组织率也有较为明显的差异。大多数国家中非市场服务行业的工会组织率最高，该行业中工会组织率大都高于25%，且大多数国家过去十年中该行业的工会组织率一直较为稳定，英国和美国甚至略有增加。工业行业的工会组织率虽然相对较低，但很重要。大多数国家该行业的工会组织率大都介于25%～50%之间。市场服务和农业行业的工会组织率最低。在发达国家中，市场服务行业工会组织率最低的国家是法国和美国，为5%左右，该行业的工会组织率过去也出现了下降②。

从世界范围看，除欧洲国家之外的其他国家，总体上看集体谈判的覆盖率偏低（见表4—2）。亚洲国家大都低于15%，实际上更多的还不足5%。相比较而言，欧洲国家集体谈判的覆盖率较高，大约在70%甚至更

① ILO (2008). Global Wage Report 2008/09. Minimum Wages and Collective Bargaining: Towards Policy Coherence. Geneva, International Labour Office. p41.

② Philip Du Caju, Erwan Gautier, Daphne Momferatou and Melanie Ward-Warmedinger (2008). Institutional features of wage bargaining in 23 european countries, the US and japan. European Central Bank. Working Paper Series. NO. 974. p11.

高。但也有一些国家较低，如匈牙利、波兰、英国只有不足一半的雇员被覆盖，而拉脱维亚和立陶宛低于15%[①]。从行业分布看，不同行业的集体谈判覆盖率也有所不同，但对于那些国家集体谈判覆盖率整体偏高的国家而言，各行业的覆盖率也相应偏高。而那些集体谈判覆盖率较低或非常低的国家中，市场服务行业的覆盖率也非常低，其次是工业行业，但仍较低，相对较高的是非市场服务行业。

从经合组织国家的情况来看，只有6个左右国家的工会组织率和集体谈判覆盖面水平是大致相当的，这些国家的集体谈判大多数是发生在企业层面的，其余大多数国家，集体谈判覆盖面的水平往往大于工会组织率（二者比例为3∶1），有些国家甚至是9∶1，如法国的工会组织率仅为10%，而集体谈判的覆盖率甚至超过了90%。

表4—2　2007年或者最近世界范围内集体谈判覆盖率情况

	低于15%	15%～50%	51%～70%	高于70%
欧盟	拉脱维亚、立陶宛	匈牙利、波兰、斯洛伐克、英国	捷克、德国、卢森堡	奥地利、比利时、德国、芬兰、法国、希腊、意大利、荷兰、葡萄牙、罗马尼亚、斯洛文尼亚、西班牙、瑞典
非欧盟	塞尔维亚、土耳其	瑞士		挪威
独联体国家				白俄罗斯、俄罗斯、乌克兰
北美	美国	加拿大		
其他发达国家	新西兰	澳大利亚、日本		
东亚	韩国		中国	
南亚	尼泊尔	印度		

① ILO (2008). Global Wage Report 2008/09. Minimum Wages and Collective Bargaining: Towards Policy Coherence. Geneva, International Labour Office.

续表

	低于15%	15%～50%	51%～70%	高于70%
东南亚	印度尼西亚、菲律宾、新加坡、泰国			
中美洲	墨西哥			
南美洲	巴西、智利、哥伦比亚、秘鲁	委内瑞拉		阿根廷、玻利维亚、乌拉圭
撒哈拉沙漠以南非洲地区		南非、坦桑尼亚、肯尼亚	几内亚	埃塞俄比亚、尼日尔

资料来源：ILO（2008）. Global Wage Report 2008/09. Minimum Wages and Collective Bargaining：Towards Policy Coherence. Geneva，International Labour Office. p38.

从近30年世界主要国家工会组织率和集体谈判覆盖率的变化情况来看。对于工会组织率而言，只有4个国家在1970年后出现了上升，即比利时、丹麦、芬兰和瑞典，近些年工会组织率有上升的国家是西班牙，但是西班牙的绝对水平仍相对较低。如今，芬兰、冰岛和瑞典中，3/4以上的工薪劳动者都是工会会员，而法国、韩国和美国的这一数据还不足1/8。大多数国家的工会组织率在1980年之后都下降了1/4以上。有些国家出现了急剧下滑，如葡萄牙和新西兰下降了一半以上，奥地利、法国、爱尔兰、荷兰、瑞士、英国和美国下降了1/3以上。对于集体谈判覆盖率而言，首先，与工会组织率相比，集体谈判组织率的稳定程度较高。自1980年以来，有6个国家保持稳定，6个国家有所上升，8个国家出现了下降；其次，集体谈判覆盖率的平均水平（60%）几乎是工会组织率平均水平（34%）的2倍；再次，大多数欧洲大陆国家的集体谈判覆盖率都趋向于稳定或增长，一般情况下，至少2/3的工人参加集体谈判工资确定机制。只有瑞士和中东欧OECD国家例外；最后，那些在1980年之后集体谈判覆盖率出现较明显趋势的国家，大都发生在企业级谈判占主导地位的国家中。

需要进行分析说明的是，在那些集体谈判覆盖率下降的西欧国家（德国、英国）和中东欧国家（捷克、斯洛维亚）中，导致这种趋势出现的原因很多，其中工会组织率的下降和社会对话机制的分权机制是很重要的两大原因。相对较为集权的制度往往会导致相对较高集体谈判的覆盖率，如集体协议的级别为国家或行业级。这可以部分解释欧洲国家和那些集体谈判往往发生在企业层级的非洲和亚洲国家覆盖率的区别。另外一个导致集体谈判覆盖率低的原因是在小企业就业人数的增多和非正规就业人数的增多，如灵活就业、兼职就业等，在实践中集体谈判制度往往将这些劳动者排除在外，尤其是在发展中国家这一现象更为显著。许多发展中国家正规部门的集体谈判覆盖率很高，非正规部门却根本不存在集体谈判。但是在正规部门就业的劳动者占总就业人口的比重却是相当小的；反之，大部分劳动者都在非正规部门就业。在这种情况下，即使正规部门的工会组织率很高，并试图将影响范围扩展至非正规部门，但依然面临巨大挑战。而那些在非正规部门就业的劳动者，他们有关雇佣的诸多条件则大都由雇主与雇员双方非正式谈判或者完全由雇主单方决定的。

尽管有些国家的集体谈判覆盖率有所下降，但是应该强调的是从世界范围来看并没有清晰地呈现出工资集体谈判弱化的趋势。首先，欧洲国家集体谈判覆盖面仍然较高（见表 4—2），甚至有些国家还出现了上升，如丹麦、芬兰、葡萄牙、西班牙和瑞典。其次，非洲和拉丁美洲的一些发展中国家集体谈判覆盖面也有所上升，如南非被谈判委员会协议覆盖的正规部门劳动者数量在种族隔离结束后的十年中翻了一番，其原因主要在于公共部门谈判委员会制度的巩固和发展，但私人部门也发生了同样的情况，如纺织业。此外，以前和当今的许多转型国家都在努力试图恢复或者建立集体谈判制度，这些国家大都已经牢固树立了工资集体谈判的观念。在东欧国家中，如拉脱维亚和立陶宛，虽然集体谈判覆盖率较低，但确有加大政策力度将工资纳入集体谈判范畴的举措。

（二）延展制度

从上述关于工会组织率和集体谈判覆盖率的数据已经可以很明显地看出，集体谈判覆盖率相对更为稳定，且二者之间有时存在较大的差距，尤其是在欧洲。欧洲大陆国家的一个重要特征是低工会组织率与高集体谈判覆盖率，形成这种现象有两方面因素。第一，与美国不同，大多数欧洲国家的雇主自愿为非工会会员提供协议条款。首先，一个很重要的因素是属于签署集体协议的特殊雇主协会的那些雇主将会受到谈判结果的束缚。其次，对于大多数雇主而言，其所有雇员都要适用集体协议中的条款，无论是否是工会会员。因而，非工会会员也可以受到工资集体协议的覆盖，这就减少了工会会员。第二，工资集体协议（行业水平）延展制度的存在和广泛使用。在此机制下，集体协议可以延伸至某一行业或部门的其他雇主和雇员，该机制可以极大地提高覆盖水平。事实上，不同国家对延展机制所使用的程度，是对不同国家间集体谈判覆盖水平之间的差异的最有力的唯一一个决定因素。这些程序往往是行政性的或合法的，可以使集体协议将其通常适用领域中的所有雇主和雇员捆绑起来，即使一些雇主或工会没有直接签署协议。这意味着在那些工会谈判以部门层级为主导的国家，延展程序会将集体谈判结果的覆盖面扩展到其他部门、企业以及那些不是谈判工会会员的个人。因而，在以行业谈判为主的制度中，雇主行为再加上对集体协议的行政管理是集体谈判覆盖率高于工会组织率的决定性因素。

在制定有该制度的国家中，大多数是受协议覆盖的雇主自愿将集体协议延展到其非工会会员的雇员，但也有一些国家是由法律或者行政命令要求的，如比利时、荷兰、波兰和西班牙，而后者也成为许多国家集体谈判覆盖率高的另外一个重要因素。在可获得相关信息的经合组织的25个成员国中，有10个国家不存在行政要求的延展机制，或者其作用相对较弱。奥地利和意大利建立了功能与行政延展相同的制度。在奥地利，强制企业成为经济会议（Economic Chamber）会员的制度使得集体谈判能够确保实现较高的覆盖率，如此，则虽然法律上允许，但实际上其他延展制度存在的空间就几乎没有了。意大利宪法中有一个条款可以确保集体协议的这种捆绑特征，在该条款的作用下，如果企业的工资率不受集体协议的约束，则该企业从法律上讲将会受到质疑。除了这两个国家之外，经合组织国家中有13个成员国建立了通过法律规定的或行政要求的延展机制。这些国家均为欧洲大陆国家，而且有趣的是，新加入欧盟的中东欧国家也都采纳了与其西欧国家类似的立法制度，即使这些国家大都以企业层级谈判为主，延展制度所产生的影响相对较小，尤其是捷克、匈牙利和波兰。在这些国家中，大多数国家的延展制度都是建立在谈判双方或其中一方的申请获得批准的基础上，但也有少数几个国家是由政府部分掌握主动权的（法国、葡萄牙、德国最近也是如此）。在申请获得批准的情况下，申请者通常需要提供证据证明他们所签署协议的代表性。然而在芬兰及其他一些国家中，最近对所谓“代表性”的合适定义问题产生了一些争论，德国、希腊和瑞士要求协议需要覆盖在特殊部门工作50%以上的雇员即认可其代表性。

至于延展制度影响的量化数据，即通过延展制度所额外覆盖的雇员比重，通常较难获得。欧洲国家中，只有芬兰、德国、荷兰和瑞士提供了可信的数据。根据这些数据，瑞士在延展制度刚刚开始实行的头十年，通过行政延展制度所额外覆盖的雇员比重大约为23%，芬兰是19%，荷兰是7%，德国是1%①。

从近些年欧洲国家延展制度的发展情况来看，该制度的稳定程度较高，且未来的延续性较为显著。只有美国和新西兰分别在1980年和1990年废止了延展制度；其他国家虽然有所变革，但大都只是微调或是程序上的调整，如对代表性的定义问题。然而，在部分国家雇主对延展制度的敌对情绪逐渐高涨（尤其是芬兰和德国）以及经济学家认为行政延展制度会极大地制约劳动和产品市场竞争的背景下，该制度能够保持稳定的态势却是有些令人感到惊讶的。

（三）谈判层次

除了工会组织率和集体谈判覆盖率之外，谈判层次的集中度以及整合度对于工资集体谈判与工资以及劳动力市场关系而言也是非常重要的因素。

工资集体谈判的层次和工资的差异化之间也是有着某种关联的。如果不同技能或不同部门之间的工资没有实现充分差异化的情况下，可能会增加劳动力供给与需求之间的不均衡，进而增加某些技能或在某些行业就业群体的失业率。如果最低工资标准过高，将会把年轻人和低技能劳动者挤出劳动力市场。与分散的工资谈判相比较，高度集中的工资谈判更容易缩减工资的差异化。

通常来看，集体谈判主要存在三个层级。第一，企业和工人在企业内部就工作和就业条件等事项进行谈判，美国、加拿大、日本、韩国历史以来就以此层级谈判为主导，英国、新西兰以及一些中东欧国家近些年也加

---

① OECD (2004). OECD Employment Outlook. Chaper 3: Wage Setting Institutions and Outcomes. p149.

入了该行列。以企业层级谈判占主导地位的国家，往往呈现出工资集体谈判高度分散化的态势。第二，与企业层级谈判相比处于另外一个极端的是，全国工会和雇主组织均参与所进行的国家层级的谈判，谈判的主题包括整体的经济形势等，该种层级的谈判以北欧国家最为典型。以国家层次谈判占主导地位的国家，由工会和雇主组织达成的国家层次的谈判往往会在较低层次以及非主导地位层级谈判之前开展，其谈判结果会对其他层次的谈判提供指导意见。第三，介于上述两种谈判层级之间的工资集体谈判，主要发生在部门或行业层级，大多数欧洲大陆国家都以此为主。以行业层次谈判占主导地位的国家，企业级别的谈判往往是第二（或第三）阶段，但也并不排除由国家谈判给予指导。

以谈判层级为标准对国家进行分类很复杂，因为许多国家的谈判层级大都是混合型的。有些国家即使是对每一年或每一段时期内占主导地位的谈判层级进行判定都极其困难，如比利时。理想状态下，某一国家中占主导地位谈判层级的确定需要考虑两方面的因素，其一为哪个层级工资集体谈判所发生影响效力的雇员所占比重最多，其二，更重要的是，在哪一层级的谈判中，可以确定工资率的变化。据此，经合组织将其成员国的谈判层级分为五大类，分别是：企业和工厂级别的谈判占主导；行业和企业谈判混合，企业谈判所影响到的雇员比重较大；行业谈判占主导；行业谈判占主导，但中央层级的协议也经常发生；国家层级的协议占绝对主导地位。

从近二十多年世界主要发达国家集体谈判层次的变化趋势来看，没有一个国家朝着集中化的方向发展，反而有许多国家呈现出分散化的趋势，谈判层次降低一到两个，甚至更多。如新西兰、瑞士、澳大利亚和丹麦均称为相对较为分散化的国家，而比利时、西班牙和瑞典的谈判重心也从相对高度集中向中等方向发展，爱尔兰、葡萄牙、挪威和芬兰则仍然保持着相对较为集中的谈判层次。

从近些年一些国家出现的分散化态势来看，其中行业谈判有一个特殊的特征，即对“自动退出”（opt-out）条款的利用，该条款允许企业在某些特定情况下，可以与其雇员进行商谈，从而确定一个比行业标准所确定的最低工资标准低的企业工资水平。类似这样的自动退出条款近些年在许多国家中越来越常见，如德国、荷兰、西班牙等（见专栏 4—2）。

专栏 4—2 德国：是调整的分散化还是模式的变革？

虽然行业谈判仍然在德国占主导地位，但集体谈判整体却呈现出更加灵活的趋势。国内对于谈判重心向较低层次的转移政治压力越来越大，许多观察者已经开始发问，是否已经出现了对德国模式的侵蚀。

德国公共就业服务机构所进行的一系列相关研究显示，2002 年德国西部地区和东部地区集体谈判的覆盖率分别为 71％和 56％，总体平均为 68％，该水平与 20 世纪 80 年代联邦德国相比出现了明显下降，大约 15 个百分点以上。与此同时，低层级谈判所达成的企业协议数量大量涌现，以至于该层级所覆盖的雇员数量达到 8％。

当前主要争论的问题是行业协议中的条款是否足够适应单个企业的需求。针对该问题的答案有两个，其一是那些偏好于向企业协议转移的企业；其二是通过推出或不参与雇主协会而退出现行行业协议的企业，尤其是在德国东部。然而，行业谈判的一方近些年针对这一趋势以及不断变化的经济环境，通过允许更广泛的利用所谓的“开放”（opening）或“自动退出”（opt-out）条款来做出回应。这样的自动退出条款允许企业规避那些行业协议中在某些特定情况下对雇员不利的内容，这一做法符合德国的立法，即通常情况下，这样的规避只有在对雇员有利的情况下方可获许（有利原则“favourability principle”）。

根据最近对员工人数超过 20 人并且拥有工厂委员会的企业所进行的调查发现，大约有 1/5～1/3 的企业都使用了自动退出条款。该条款主要适用于工时管理，如平均工作时间、特殊雇员每周最长工时的延长等，但近些年工资报酬问题也逐渐上升，大约占调查的 16％，如双重工资体制以及休假和新员工待遇的削减。开放条款的一种变形的方式是所谓的“企业就业协议”（company employment pacts），该协议以削减工资支付为交换条件，确保就业。

一些情况下，使用开放条款需要行业层级谈判双方的同意，但也有许多广为人知的双方未就此达成一致的案例。为此，一些评论员呼吁应该用法定的自愿退出条款（完全舍弃有利原则）替代开放条款。如此一来，将会对德国的集体谈判制度带来革命性的变化。

这样的谈判层级分散化将会导致企业竞争更为激烈，工资的确定更有弹性，但也会逐渐削弱历史以来始终保障德国社会和谐的传统谈判模式。此外，在德国仍然拥有相对力量较强的工会组织这样的背景下，企业工资谈判是否会控制工资尚待讨论，因为迄今为止所进行的针对企业工资协议和行业协议的实证研究均未得出结论。最后，德国有一些雇主认为与其获得在企业层面就工资问题进行谈判的资格，但同时又突然面临着谈判对方以罢工为最终手段的情况，还不如当前这种行业谈判所承担的保障和谐的义务更妥当。

资料来源：OECD（2003）. OECD Economic Surveys：Germany，Vol. 2002，Supplement NO. 4，Paris.

（四）政府参与

虽然工资集体谈判更多的是要由劳资双方就相关事项进行谈判，从一定意义上说应界定为市场行为，但又由于劳资双方谈判地位天生的不平等，以及工资作为初次分配的一种重要表现形式，不仅关乎劳动力市场和经济的发展，更是与社会的和谐发展有着重要的关联。因而，从实际情况来看，政府在其中往往也通过不同方式发挥着重要的作用。政府一方面通过介入工资的制定，从而影响劳动力市场中初次分配可能产生的不公平因素；另一方面，政府对集体谈判制度的态度和推动，将直接决定集体谈判制度的建立和作用的发挥。

政府对工资制定的影响主要通过两大手段，一是工资指数化调整制度，一是最低工资制度。尤其是当集体谈判制度面临诸多困难，难以发挥其作用时，为了保护劳动力市场中的弱势群体，政府就需要使用最低工资政策替代集体谈判制度。这有时会导致出现混合的最低工资制度，同时存在行业、部门和职业的最低工资。

首先，政府强制建立的工资指数化调整制度。有些国家设立了正式的自动的名义工资根据官方价格指数进行指数化调整的机制，这种调整无需经过谈判。如在卢森堡，只要据上次工资指数化调整后的 6 个月内，国内 CPI 平均涨幅均超过上次调整水平的 2.5%，则工资会自动向上调整。比利时也建立了诸多工资调整制度，或者是固定的时间间隔，或者是固定

2%的调整幅度，但所参照的指数则往往是“健康指数”（Health Index），国内 CPI 去掉机动车燃油、酒和烟草。

其次，政府强制建立的最低工资制度。选择复杂的最低工资制度而非集体谈判制度的原因至少有方面：一是集体谈判的作用通常大大超过了保护弱势劳动者的范畴，它实际上比最低工资所能保证获得工人的范围要广得多；二是最低工资制度为各种不同行业、不同类型的工人确定了工资率的事实往往会对集体谈判制度形成一种挤出效应。最低工资的确定有三种方式，一种是通过国家立法，一种是集体协议，一种是二者兼有。其中，通过国家立法确定的情况最为常见。但无论是由那种方式确定的，都具有法律效力。政府强制执行的最低工资是适用于所有劳动者的，该标准将成为所有工人的最低工资标准。与之不同的是，在由通过谈判确定最低工资的情况下，雇佣那些不在最低工资协议覆盖范围内的劳动者则可支付给其更低水平的工资。对于大多数制定了法定最低工资标准的国家而言，以最低工资为实际所得工资的劳动者所占比例不超过 25%。从各国的情况看，大概分为三组，第一组是以最低工资为实际所得工资的劳动者比例低于5%的国家，如爱尔兰、日本、荷兰、波兰、西班牙、美国等；第二组是介于 5%～10%之间，如葡萄牙、匈牙利等；第三组是介于 10%～20%之间，如法国、卢森堡等。各国最低工资的水平及其对工资分配的作用都有所不同。如西班牙最低工资不足其平均工资的 30%，而芬兰、法国和荷兰的最低工资则相当于平均工资的一半以上。但从过去十多年的趋势来看，那些最低工资水平相对较低的国家，最低工资水平占平均工资水平的比重都存在上升的趋势。此外，在有些国家中，不同地区、不同群体、不同部门的最低工资标准是不同的。如丹麦的蓝领工人和白领工人之间，奥地利的手工工人和非手工工人之间，西班牙和瑞典的不同职业之间的最低工资标准都是有差异的①。

除了上述两种政府对工资制定的直接介入之外，政府对工资集体谈判制度的推动也很重要。但需要强调的是，政府在推动集体谈判制度时要注意不同层级制度作用的强弱，企业、产业、部门和国家，以确保这些不同

① Philip Du Caju，Erwan Gautier，Daphne Momferatou and Melanie Ward-Warmedinger (2008). Institutional features of wage bargaining in 23 european countries，the US and japan. European Central Bank. Working Paper Series. NO. 974. p20.

层级的谈判可以彼此相连。因为事实上，不同层级集体谈判制度的融合可以实现更高的效率和公平。不同层级的工会和雇主在商谈集体谈判事宜时会考虑范围更广的经济需求。如在中东欧国家，国家三方机制和企业层级的工资确定之间缺乏中等层次的部门谈判，从而导致在国家层面确定的工资增长与在企业层面观察到的实际工资增长之间存在断层。而从近十多年拉丁美洲国家的经验来看，国家的干预对于促进集体谈判制度的建立和发展有着很有效的作用。20 世纪 90 年代，社会对话机制的缺失和对区域中企业层级谈判的推动可以说是导致其当时工资不公平的很重要的原因。随后该区域内的许多国家开始尝试重新实行工资集体谈判制度。在阿根廷，推动集体谈判制度已经被证明为是一种通过经济增长从而导致工资增长趋势的重要方式。再如，2005 年，乌拉圭政府将推动社会对话和集体谈判制度作为优先考虑的事情，并为了实现该目标确定了三条综合战略：其一，通过一系列法律用以促进集体谈判和工会组织的发展；其二，推动国家三方机制的发展；其三，激励行业层级的集体谈判和工资委员会的发展，以激励工资谈判。

（五）谈判的频率

欧洲国家集体协议的有效期平均为 1～3 年，日本是 1 年。欧洲国家中协议有效期最长的国家是瑞典、丹麦和爱尔兰，为 3 年。相反，有些国家的平均有效期为一年到一年半，如奥地利、捷克、爱沙尼亚、法国、匈牙利、荷兰、葡萄牙、波兰和英国。而比利时、芬兰、德国、希腊、意大利、挪威、西班牙的协议有效期大都为两年或两年半，如图 4—1 所示。虽然过去十年中，欧洲国家总体上的平均协议期限变化很小，但在丹麦、芬兰和德国，集体协议的有效期有所增加。在不同经济部门间的协议期限区别方面，一些国家服务部门的集体协议有效期较长，如爱沙尼亚、匈牙利和西班牙。此外，大多数国家的工资谈判都存在季节性。如在比利时、芬兰、法国、希腊、匈牙利、葡萄牙和英国，工资谈判往往始于年终的最后一个月或第二年的第一个月，而协议大都在第一季度达成。

从工资谈判对工资效力的影响方面来看，可将发达国家的工资协商制度大约分为三种类型。

第一，工资谈判制度化程度较高的国家，以西欧国家最为典型。其特征为，存在延展制度，集体协议的覆盖率高，行业谈判占主导地位（其次

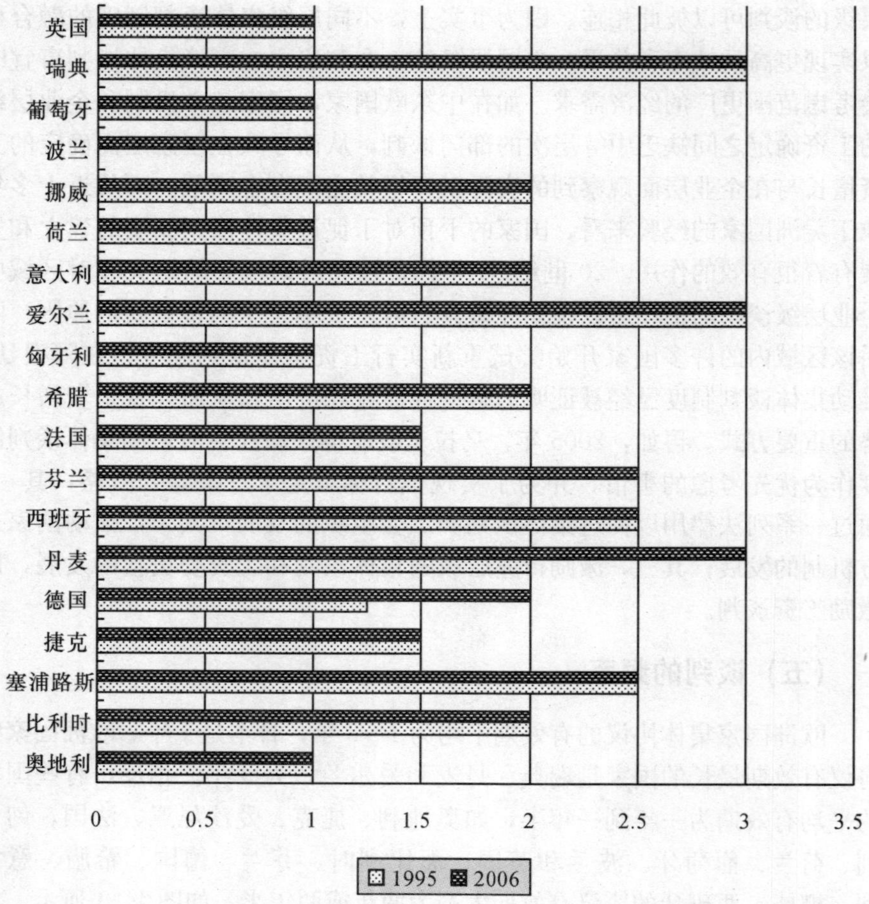

图 4—1　1995 年和 2006 年部分国家集体协议平均有效期

资料来源：Philip Du Caju，Erwan Gautier，Daphne Momferatou and Melanie Ward-Warmedinger（2008）. Institutional features of wage bargaining in 23 european countries，the US and japan. European Central Bank. Working Paper Series. NO. 974. p25.

为企业谈判），除最低工资外没有其他的融合方式。这一类国家中又可以分为四小类：一是行业层级的工资谈判占核心主导地位，建立了法定最低工资制度，以及延展制度的国家，包括奥地利、法国、希腊、荷兰和葡萄牙。二是德国和意大利，这两个国家与其他国家存在明显差异，因为它们没有法定最低工资，不同层次间的融合机制也相对较弱，除此之外与第一小类非常接近。三是爱尔兰，与本组中的其他国家不同，爱尔兰的工资谈判以国家级别的谈判为主，工会组织率相对较高，工资协议的有效期相对较长。四是丹麦、挪威和瑞典，其工会组织率高，平均协议有效期长，融合机制相对较为重要，而政府的作用较弱。

第二，这一组国家的工资谈判制度的规范程度更高，除了拥有与上一组国家相同的工资谈判特征之外，这些国家的工资指数化调整机制和政府对工资制定的干预都发挥着重要作用。其中，比利时、卢森堡的工资指数化调整制度覆盖了大多数劳动者；西班牙、芬兰的工资指数化调整则通过最低工资或者集体协议得以实现。

第三，还有一些国家的工资谈判制度规范化程度最低，以美国为典型代表。这一组国家的工会组织率和集体协议覆盖率都较低，一般都不存在不同层级谈判制度的融合机制，工资谈判层级较为分散，协议的有效期相对较短，大约为一年。包括英国、美国、日本、捷克、匈牙利、波兰等。

四、对我国的借鉴和政策建议

（一）集体谈判内容可进行原则性的规定

根据发达国家近几十年中关于集体谈判内容的规定方式及规定中所涉及的内容范畴可以看出，虽然有逐渐增多、延展的趋势，但仍相对较为原则性。因而，建议我国在制定相关规定时，首先，不必要一定以法律的形式进行规范；其次，所规定的范围可适当涉及较多方面的内容，但具体的规定不宜过细，应由具体的谈判双方自行协商。尤其是涉及一些量化的内容，则以规定出最低限制为宜。

（二）工资集体谈判是重中之重

从国外集体谈判的内容来看，无论覆盖范围扩展到何种程度，工资问题始终是其首要关注的，也是集体谈判中最为关键、最容易引起争议的问题。因而工资集体谈判是重中之重。工资集体谈判的内容可以尽可能的详细，其中涉及诸多需要量化的因素。因而，在谈判之前，劳资双方都应对影响最终谈判结果的量化因素进行尽可能详尽的调查，如物价、劳动生产率等，提高己方的谈判地位。

在我国当前强资本、弱劳工的大环境中，劳动者相对于资方而言，天然就处于一种弱势的地位。因而，要想使工资集体谈判有效地发挥作用，就需要为劳动者提供各种便利条件，以提高其谈判能力，避免出现“不敢谈、不会谈”的现象。主要表现在：其一，为劳动者获取相关谈判所需要的数据提供便利，包括宏观经济数据、同行业的工资水平及变动趋势、周边企业的平均工资率、企业的财务收支状况等；其二，为劳动者提供培训机会，帮助其掌握谈判技巧，学习对诸多有利于劳方数据的计算和利用，使其提出的工资方案具有科学性，有理有据；其三，任何谈判都不可能完全与预先设想的一致，因而，要设定一个可接受的浮动区间，在谈判中双方遇到僵局时，能够采取适当的缓和措施；其四，促进劳资双方就共赢问题达成一致，创建和谐劳动关系。

（三）大力推进工资集体谈判制度

发达国家的研究结果显示，工资集体谈判制度能够有效地缩小收入差距，调高工资分配的公平度。但这一功能的发挥却受到很多因素的影响，包括工会组织率、集体谈判覆盖率、谈判层次、集体协议的延展、政府的参与等因素。借鉴国外的经验，建议大力推进工资集体谈判制度的覆盖面，提高工会的组建率，研究制定行业工资指导线，探索行业或区域性集体谈判的可行性，建立多层次的谈判结构，加大政府对相关制度的参与度，加大对劳动者基本权益的保障，制定常态的工资指数化调整机制，充分发挥三方机制的作用。

第五章　国外集体谈判的程序、规则与层级研究

一、国外集体谈判的程序

国外集体谈判的程序大致可以分为以下几个步骤，即谈判主体的确认，谈判的准备，开始谈判和集体协议的批准。

（一）谈判主体的确认

谈判主体的相互确认是开展集体谈判的先决条件。工会对于雇主谈判资格的确认一般不会遇到障碍。问题往往是出在雇主对工会谈判资格的确认上。工会要获得雇主承认的基本条件是，工会组织必须是劳工利益的真正代表者。在正常情况下，如在加拿大和美国，谈判主体之间的确认一般是通过法律和行政手段解决承认方面的争议；而在欧洲一些国家，立法机构不强迫雇主承担承认工会的法律责任，比如法国的法律中没有规定对工会承认的程序，但法国和比利时的法律中确实包括了“最具代表性的工会”的概念，并且这些工会有资格在集体谈判过程中被授予权利。由于法律没有规定，雇主们对工会谈判权利的承认在大多数国家就有赖于雇主们对于集体协商和工会的自愿接受程度。总的来看，欧洲国家倾向于当事团体采用自觉的行动自己解决承认问题，而不是像美国那样使用必要的法律和行政手段。

（二）谈判的准备

在许多国家，劳资双方在为达成有关工资和劳动条件的集体协议所进行的谈判之前要进行广泛深入的研究。为了准备谈判，工会和雇主协会（或单个企业）依靠他们内部的研究人员，在技术问题很复杂的时候也可能需要从外部聘请专家，向双方提供有利于制定谈判战略和达到目的的各

种信息和论据。如在德国，雇主协会和工会组织都分别设有自己的研究所，为谈判献计献策。有些国家的政府部门还聘请一些专家，向谈判双方提供有助于制定谈判方案和达成协议的各种信息和数据。在此基础上，工会和雇主组织还需要确定自己的谈判立场，主要方法是通过广泛了解各自内部成员的不同意见和利益要求，同时参考政府的政策，经过综合分析最后形成倾向性的主张来表明自己的谈判立场。

劳资双方在开始谈判前的准备工作涉及政策和技术两个方面。首先在政策方面，集体谈判双方都面临一个在谈判基本立场方面达成内部一致意见的问题，否则很难进行谈判。达成一致意见有几个相关因素，其中有两个因素非常突出。一是下属成员的复杂成分和各自的利益，劳资双方的领导人必须加以考虑，合理地提出统一的观点拿到谈判桌上；另一个因素是构成谈判主旨的各项问题的范围和复杂性。下属成员的构成和利益关系越复杂，问题的复杂性和范围越大，就越难以达成统一的意见。

从雇主方面看，在一个多家工厂组成的公司里，各个单位所面临的问题可能不一样，如生产组织方面的问题，劳动力市场问题，劳动力的技能结构及其他因素，这些问题在谈判的准备过程中都要加以考虑。经理和负责劳资关系的职员们要进行讨论，以便确定公司的谈判立场。由于雇主组织内部各个成员企业之间在规模、市场竞争地位、管理效率和所处地区及其他因素的不同，就谈判目标和策略达成一致并不容易。为了解决这些问题，雇主协会经常会征求成员中的多数微利企业对谈判条件的意见。这样做是为了保护那些可能因为提高雇员待遇而被迫垮台的企业，同时也是为了保留那些企业中的工作岗位。因此，雇主协会只好给那些利润水平比较高的企业在提高雇员待遇方面比较大的自由。由于在协会企业成员内部达成统一意见的难度增加了，拿出来谈判的问题越来越复杂，雇主协会倾向于将谈判的问题限制在某一个程度。当协会面临引起罢工或签订谈判协议之间做出选择时，一致的谈判立场问题变得很敏感。这时如果签订协议，效益好的企业可以负担得起，但却超出效益不好的企业的支付能力。

在工会方面，由于一些工会组织因为成员构成的种类不同，不容易确定统一的谈判立场。把来自基层的一整套最初要求整理到一起，并且根据各类成员的愿望，将全部有关待遇的要求进行分类是工会领导人的职责。比如划分出技术工人和非技术工人、资历低的和资历高的、计时和计件工人、年轻的和年纪大的、男性和女性、从事体力劳动的工人和白领雇员，通过工会组织和领导人的充分巧妙的策划活动，尽量满足各种雇员的要求。如果谈判单位像北美国家那样是一个企业和单独的地区工会的话，通过谈判满足雇员要求的工作就相对容易一些。如果工会所代表的雇员各方面相对差别不大，基本上属于同一类型，完成这项任务也比较容易。在工会组织最后列出各项要求递交雇主之前，许多工会成员会通过召开常规的和特别的会议和组织调查，或者通过工会领导和企业工会代表之间的接触了解，将各自的要求纳入其中。

总之，工会领导会努力了解工会成员的愿望和最大要求，并将它们纳入一揽子的谈判总体要求中。比如在德国，五金工会的建议首先会在工会成员会议和工会领导成员会议中提出来，在正式提出谈判之前还要经过内部委员会的协商进行筛选，而雇主组织的建议一般是在签订协议之前大约四周提出来。在比利时的五金行业中，工会代表首先在地区层次召开会议，然后将提出的要求呈交给全国范围工会的执行委员会以决定是否将这些要求进行协调之后纳入谈判议程。在美国，工会谈判的准备工作在大企业内进行，比如大型的汽车制造厂商，工会也许召开一次确定一系列谈判基本要求的特别会议，也许在全国性组织的例会中完成这个工作。

（三）开始谈判

谈判大都是由工会方面向雇主正式提出订立某项新协议或修改某项旧协议的建议开始的。相应地雇主方面也会要求给出一定的时间对工会方面的建议进行考虑和研究。谈判开始时，双方一般首先会商定谈判的具体规则和议程、主持谈判的主席人选、谈判的地点等问题，而后便进入到实质性阶段。

谈判中，双方会各指定一名资深成员作为发言人，系统地阐述各自的主张，然后其他成员自由地加以讨论。谈判一般是分阶段进行，但具体分为几个阶段，以及每个阶段需要多长时间，则取决于谈判议题的复杂程度、谈判代表的权限和经验以及外界影响（如政府干预）等因素。在谈判过程中，谈判双方代表的权限对于谈判的进程及协议的签订有直接影响。在单个企业里，直接参加谈判的雇主能够全权签订协议。而在大的公司或行业一级的谈判中，公司高级主管或雇主协会往往会指派某个成员出面谈判，在授权有限的情况下，谈判代表并不能对一些关键问题做出最后决定。因此，工会方面总是愿意同那些有权做出决定的雇主代表直接谈判。

同样，工会谈判代表的权限与雇主有相似的情形，所不同的是，由于工会更强调决策的民主化，因此在谈判遇到关键问题时，往往会通过代表会议或专门机构在听取和征得会员或上级工会的意见后再做决定。在日本，除工会成员外，律师、上级工会的干部等，只要接受了工会的谈判委托，就有资格与资方进行谈判。所不同的是工会会员有权就集体谈判所涉及的全部事项与资方谈判，而受委托的代表只有权就被委托的事项与资方谈判，并且不得将此权利再委托给他人。委托本企业工会会员以外的人员代表工会参加谈判，一般要由工会大会决定，并向本人颁发委任书或正式通知资方。

（四）集体协议的批准

在谈判双方经过努力终于达成某项协议之后，劳资双方往往还需要履行协议的批准手续，这实际上是劳资双方组织系统内部的确认过程。资方对协议的批准大致有两种类型，一种是由雇主组织出面订立的行业一级集体协议往往需要得到下属雇主成员组织代表会议或具有最后决定权的机构的批准；另一种是由企业雇主代表或雇主本人出面订立的企业一级集体协议，通常要得到企业雇主或企业上级公司资方最高领导人的批准。而工会内部对协议的批准大体有三种类型，一种是在实行集中工会体制的国家，如奥地利、比利时和瑞典等国家，对协议文本的批准决定必须由全国一级或行业一级工会联合会做出；另一种类型是在实行分散的工会体制的国家，如美国、日本和加拿大，对协议文本的批准有时要经过企业工会全体会员或雇员的投票批准；还有一种类型是介于二者之间的国家，如英国、法国和德国等，这两种批准方式同时存在。

在协议批准过程中否决协议文本的现象时有发生，这种情况往往出现在工会内部。出现这种情况的原因是多方面的，例如会员认为工会的谈判代表没有竭尽全力地争取雇员的权利，也有可能是工会会员对谈判的复杂性和工会代表的苦衷缺乏了解。在多数情况下，当协议的批准遇到障碍时，劳资谈判一般会重新进行，双方经过进一步交涉对原有文本进行修改，使之能够得到批准。

协议被批准后也就确定了法定期限内有效的就业条件。协议的有效期限在各国情况不一。一般来说，全国或行业一级的协议期限长于企业一级的协议期限，各种协议的有效期一般在1～3年之间。在经济发展不稳定时期，针对不同的问题，工会对协议期限的态度有所不同，例如关于工资问题，工会往往坚持订立短期协议，而在保证就业稳定的问题上，工会则主张订立长期协议。

集体协议在实施过程中的效力及对劳资关系的影响力同它的覆盖范围有直接关系。有的国家集体协议的覆盖范围不仅包括全体工会会员，还包括其他非工会成员的雇员，特别是在开展行业一级集体谈判的国家，协议覆盖的雇员人数远远超过工会会员人数，但在有些国家协议覆盖人数和工会会员人数并无太大差别。

二、国外集体谈判的规则

（一）雇主响应工会谈判要求的责任

在雇主正式承认了某个工会组织代表雇员进行谈判之后，劳资双方代表的谈判关系随之成立，随后才可能达成集体协议并共同执行。比利时、德国和多数欧洲国家的法律都没有规定谈判的责任，但法国和瑞典在过去几十年里以法律明确规定了雇主对于谈判必须承担的责任。法国法律 1982 年第一次规定了雇主每年进行谈判协商的义务。它不仅适用于行业一级，也适用于单个企业，甚至包括那些建立了工会组织的有 10 名以上雇员的企业。法律规定，在行业一级，劳资协议涉及的所有企业必须每年至少进行一次有关工资问题的协商，至少每 5 年进行一次劳动标准等级分类的协商。在企业一级，雇主有义务进行关于实际工资、工作时间和工作组织方面的年度协商。

美国《劳资关系法》第 9 章第 1 条规定，资方和工会必须诚恳地就"分配比例、工资、劳动时间和就业条件"进行协商。国家劳动关系委员会制定了两个标准，一个是程序方面的，另一个是实际谈判方面的。前者要求雇主或他们的代表在双方同意的时间和地点与雇员方面的谈判代表进行协商。雇主必须就达成协议做出真正的努力，不能逃避他应承担的责任，例如只是敷衍或拒绝，也不能越过工会代表直接与雇员们进行私下交易。

与程序上的责任不同，进行谈判需要实际承担的责任与纳入谈判的议题有关。国家劳动关系委员会和法院将其划分为三种类型：强制谈判的议题、允许谈判的议题和不合法律规定的议题。强制谈判的议题包括直接涉及“工资、劳动时间和其他劳动条件”方面的法律规定的内容。允许谈判的议题是指双方一旦表示愿意就可以提交谈判的议题，但如有一方拒绝谈这类问题，也不属违反谈判法律责任的行为，相反，某一方坚持要谈判这类问题倒是违反法律的行为。如果是工会方，它也不能以合法罢工的方式迫使对方来满足自己的要求。

日本的《工会法》规定，工会代表或受工会委托者有权为工会或其会员就签订劳动协议及其他有关事项与资方进行谈判。同时《工会法》还规定，资方不得无正当理由拒绝与劳方代表进行集体谈判，否则工会有权向劳动关系委员会或法院提起上诉。劳动关系委员会或法院接到上诉后会先进行斡旋、调解，如果无效果，可以下达谈判的命令。根据《工会法》，工会与雇主间签订的劳动协议应受到法律的保护。民营企业职工有争议权，并由劳动关系委员会处理不正当劳动行为，调解和解决劳资争议。

（二）雇主提供有关信息的责任

虽然相当一部分集体谈判所需要的信息在公共领域中，并可为劳资双方所用，但仍有一部分信息是资方所独有的。这一重要事实在企业层次的谈判中，同时也在行业层次的谈判中明显表现出来。工会经常指责雇主不愿意公开分享那些关键性资料，而雇主则认为，满足工会的要求是一种沉重的额外负担，需要花费大量的时间和精力，而且工会希望得到的这些资料往往是需要保守的商业秘密，公开后会被企业的竞争对手所利用而对自己产生不利影响。

美国的法律规定，工会有权获得在准备谈判和执行协议时有助于了解到实际情况的任何资料。比如涉及企业财务状况的资料，工会有权获得生产和销售额、原材料成本和营业费用指数方面的资料，以便在雇主声称财务支付能力不足以满足提高工资的要求时进行反驳。法院也支持国家劳动关系委员会所持的这样的观点：如果雇主不及时向工会提供有关资料就等于拒绝谈判，就是说雇主必须在集体谈判的过程中承担向工会提供资料的责任。英国的法律规定，工会代表有权要求雇主提供开展集体谈判所需要的信息，如企业经营和财务状况等信息，如雇主无正当理由拒绝提供，工会可向中央仲裁委员会提出指控。

三、国外集体谈判的级别

发达国家的集体谈判一般分为三个级别，即全国一级、行业一级和企业一级的谈判。但一般情况下，多数国家的集体谈判是在多个层次上进行的。在欧洲许多国家，对工资、工时的谈判需要在两个以上层级展开，即企业级和行业级（金属业、纺织业、建筑业、银行业等，以及在某些特殊情况下的整个制造业或私营部门）。谈判的层次有时在不同年份、不同的层级间轮换，特别是当国家级或行业级协议的有效期限是若干年，企业将在随后的分级别谈判中敲定细节问题。在多数北欧国家和意大利采取此类方式。

（一）全国一级的谈判

由于各种原因各国在谈判级别上有所区别。一些北欧国家如瑞典、挪威和芬兰等由于其工会和雇主组织的组织程度很高，所以多采用全国一级的谈判。比如瑞典主要有三大工会，即由蓝领工人构成的瑞典工会联合会，由白领工人组成的瑞典职员中央组织，还有一个由知识分子构成的瑞典专业人员中央组织。这三大工会的中央组织权力很大，组织结构也很严密。瑞典私营企业的雇主也大都参加同一个雇主组织，即雇主联合会，雇主联合会由 35 个雇主协会组成，大约有 4.2 万个公司，20 世纪 80 年代前集体谈判一般都在全国一级展开。

（二）行业一级的谈判

在欧洲一些国家谈判多以行业一级为主。从雇主方面看，在法国有 80 多万家私营企业加入到全法雇主委员会所属的行业和地区雇主协会中，占全国私营企业总数的 90%。在德国，雇主中央组织是德国雇主协会联盟，代表 47 个行业雇主协会和 365 个地区性雇主组织，覆盖全国 80%的企业。在比利时由 48 个行业和部门的雇主协会组成全国企业联盟，将全国 75%的企业和公司纳入到该组织中。

从工会方面看，欧洲的工会运动组织程度历来比较高，比如德国等国家行业工会的力量比较强，尽管近年来工会的组织率有所下降，但其传统的影响力仍然发挥着很大作用。这些作用主要表现在，将各企业工会的谈判活动纳入到工会联合会的总体谈判框架中，以避免不同企业的工会在谈判过程中出现互相竞争和在确定劳动报酬方面因出现较大差异而导致雇员间的不团结；通过与雇主组织订立行业协议为企业工会开展谈判提供依据和规范标准；通过行业工会联合会及全国性的工会组织影响政府的劳工政策和国家的劳动立法；在企业工会不健全或工会谈判力量薄弱的情况下，行业工会联合会可直接出面同这些企业的雇主进行谈判并达成协议；在谈判形势明显不利于劳工一方时，企业工会可以通过行业工会的联合力量采取一致行动。

（三）企业一级的谈判

美国和日本的集体谈判以企业一级为主。在企业一级的集体谈判中，雇主作为资方代表成为谈判主体的一方，有时雇主也会指定某些高级管理人员作为代表出面。雇主面对的谈判对手主要是企业工会或工人代表，有时是企业工会所属的行业工会联合会。企业一级的谈判对雇主是有利的，一方面由于雇主对本企业或公司的经营状况非常熟悉，因而在法律责任上对集体协议的签订、实施和兑现有充分的把握；另一方面，由于雇主直接介入或亲自主持谈判，同所熟悉的工会或工人代表直接交涉，有利于劳资双方尽快沟通，达成共识，从而提高了谈判效率，不仅使协议的签订具体化，而且便于实施。对工会方面来说，企业一级谈判的好处是工人代表容易召集，工会可以就地参加活动，因而所需经费比较少。

企业一级谈判的问题是劳资双方利益的着眼点仅局限于企业范围，因而社会经济发展的总体利益往往在企业一级的谈判中被忽视，甚至造成企业间在工资水平和其他劳动标准等方面出现较大差异。例如在日本和韩国，依赖国外市场的出口企业一般是工资增长的发源地，进而导致其他企业效仿，由此带动工资整体水平提高，最终引发物价上涨。显然，此问题在企业一级的谈判中，尤其是在工会力量较强且不受约束的情况下是难以避免的。

以上三个谈判级别只是一种大致的划分，并不绝对。比如日本虽然以企业一级的谈判为主，但一些大的行业如钢铁、化工等行业一级的集体谈判确定的工资增长水平对企业一级的谈判有很大影响，实际上成为他们的“参照物”，甚至对国家公务员的工资水平都具有参考作用。欧洲一些国家行业一级的集体谈判比较普遍，但企业一级的谈判仍然存在，比如法国的雷诺汽车公司、德国的大众汽车公司和荷兰的菲利浦公司等。

（四）集体谈判的分散化趋势

近年来，由于多种因素的影响，国外的工资集体谈判出现了一种向企业一级下降的趋势。比如在德国，20 世纪 90 年代以来，伴随着产业结构的调整，有些企业的业务已经不再局限于单一行业了，如邮政行业，邮件快递、电信通信等业务已经不再是唯一的经营支柱，邮电行业的许多企业逐渐涉足金融服务和保险理财领域。经营业务的多样化使原先行业范围内的劳动标准很难再约束一个企业了，而且在新兴产业中很难寻找到一个代表整个行业的工会，工会在行业间的影响界限也趋于模糊。而新兴的职业、职位又很难定位其行业属性，因此行业一级的集体合同的覆盖面便有所下降。同时，在经济全球化条件下一向保持高出口率的德国，还面临着国际市场的竞争。不同企业在国际市场上面对的竞争对手实力不同，行业级别的集体谈判在一体化的国际市场上使部分企业的劳动标准过于僵化，很难适应纷繁复杂的世界市场的生产。因此，需要在集体谈判的过程中增加灵活的因素。由此导致雇主认同分散的谈判结构，将谈判的自由权交回企业自身，但是对于集体谈判分散化的具体方法，工会和雇主存在着分歧。目前集体谈判结构的分散化方式主要有以下三种：

（1）工会与雇主协会在行业级别谈判中仅确立有关劳动标准的框架协议，给企业留下协商具体细节的空间。集体协议分为基本协议（框架协议）和企业一级的集体协议（工作协议）。

（2）使用“艰难时期条款”（hardship clause）和“紧急情况条款”（emergency clause），即在特殊时期（如企业经济效益陷入低谷）允许企业在制定劳动标准时稍微低于行业集体合同规定的标准底线。例如，处于经济困难期的纺织业企业可以不随其他企业涨工资；化工业的工时可在 35～40 小时内浮动；允许暂时性的工时差异；企业大小不同，工资涨幅不同；新职工的工资较低；原民主德国的建筑业工资下调 10%以保护就业，提升竞争力等。这种方式最先在民主德国的钢铁企业中实行，即在企业经营有困难时适当地降低工人的工资以保障工人的就业，同时提升企业的竞争力。

（3）在集体协议中引入开放性条款。所谓“开放性条款”是指企业的工厂委员会或劳动者代表与雇主签订企业协定时，降低行业集体合同约定的劳动条件，比如在工作时间安排、加班、工资、年度特殊津贴等方面约定可以低于行业集体劳资协议中的标准。对于开放性条款，一直存在较大的争议，有人认为这违背了德国宪法的“协议自治原则”，同时损害了劳动者的利益。但德国宪法法院曾在1999年的一个判决中认可了开放性条款，法院认为虽然开放性条款对协议自治原则造成了一定侵害，但是由于这样的协议是为了在经济不景气情形下尽量解决雇佣问题，增进公共福利，所以开放性条款具有正当性。现实中，劳动者方面同意使用开放性条款，是为了避免企业在面临经济不景气时大量减少雇佣岗位而对劳动者造成损害。但实际上，为了防止开放性条款对劳动者造成过大的不利影响，一般在开放性条款中均明确约定开放性条款只在一定时期内适用，待经济状况好转时可以进行调整。目前在企业一级集体合同中，通过开放性条款降低工资及调整劳动时间居多。运输、通信、建筑企业频繁使用开放性条款，零售业、修理业以及金融保险业利用开放性条款的较少。

2004年，德国共签订了6.1万个集体劳动合同，其中行业级集体合同3.4万个，企业级集体合同2.7万个。集体合同覆盖面为68%，其中原联邦德国地区为70%，原民主德国地区为54.5%。未被集体合同覆盖的劳动者在签订劳动合同时一般参照集体合同确立的标准，这个比例在原民主德国为15.5%，原民主德国为23.7%。进入21世纪以来，工会在集体谈判中的取胜越来越困难。在德国过去有大约90%以上的雇主参加联合会。近年来脱离雇主联合会的雇主越来越多，没有了谈判对象，工会自身再强大也无法完成谈判。由于经济不景气，在劳资谈判中，雇主方一般不轻易做出让步，倒是工会方频频让步。如2002年的银行业薪资谈判中，经过几个回合的艰苦谈判，雇主方始终坚持认为，如果工资增长过快，有可能增大通货膨胀的压力，在经济不景气的情况下，容易形成滞胀局面，最终工会的加薪目的未能实现。

在英国，20世纪80年代以后企业一级的集体谈判逐渐增多。造成这一变化的原因，一是有些雇员对工会越来越不感兴趣，他们或者认为企业已经提供了较为优厚的、超过平均水平的待遇，或者认为自己的需求可以通过企业内部的其他途径得以解决，即便与雇主发生劳动争议，在劳动争议法律体系的支持下，也可以通过个人的律师在劳动法庭寻求公正的解决而不需要通过加入工会这样的组织来获得支持。对于雇主而言，他们在处理劳资关系时更加注重个人激励和团队激励，而不是与工会组织协调集体劳动关系。比如有些企业的人力资源管理系统对年度工资总额预算进行调整，定期开展对员工工资水平的内外部的比较和评估，对不同类型的岗位设定幅度不等的增长率。企业内部设有“雇员论坛”，员工可以通过这个平台反映意愿、提出意见，而管理方也会重视雇员的各种需求。通过这种非正式的、公开的途径，保持劳资之间的沟通与协调。最后，集体谈判被批评破坏性太大，频繁的产业行动削弱了经济竞争力。而且工会组织的产业行动还面临一系列道德挑战，如罢工给社会造成巨大损失，一些工会可能因顾虑工作调整或损失工作岗位而抵制先进的工作方法的引进从而不利于劳动生产率的提高等等，这些问题使工会组织的行动面临着社会各界的质疑。再加上保守党政府对工会的打压，从20世纪八九十年代起，英国工会组织率开始持续下降。2008年工会的组织率下降到27.4%。集体谈判覆盖的雇员比例从1984年的70%逐渐下降到1998年的41%，到2006年集体谈判覆盖的雇员比例为33.5%。这些都对行业一级的集体谈判造成了不同程度的影响。

北欧国家的集体谈判重心也在向产业和企业转移。20世纪80年代后全国性集体谈判签订的协议倾向于只对一些重要的、普遍性的问题做出规定，具体内容则由行业或（和）企业的集体合同体现。如芬兰的“总协议”对劳动报酬问题只规定了政府的“收入政策”和工会的原则立场，具体的细节由行业和企业一级的集体合同规定。

四、对我国的借鉴

通过对国外集体谈判制度的研究，主要有三个方面值得借鉴。

（一）提高集体协商的级别

目前很多中小企业还没有建立工会组织，即使在建立了工会组织的中小企业里，相当一部分工会在维护职工权益方面作用也十分有限。一些企业的工会领导或者是人力资源管理部门的负责人，或者是企业管理人员的亲属，有些工会领导人即使是企业员工，因受经济利益的影响，为了保全自己，在需要出面维护职工利益时也难以有所作为。与工会组织状况相似，雇主方面也存在组织不健全的问题。雇主组织在全国一级比较完善，但随着组织层次的下移其健全程度越来越弱。有些地方的企联、工商联等雇主组织代表性差，组织结构比较松散，因此有时进行区域性、行业性集体协商甚至找不到雇主方代表。

针对上述情况，建议建立全国和省一级工资集体协商制度。这是由于在全国一级工会和雇主组织相对健全，进行工资集体协商比较容易实现。全国一级的协商可以在综合考虑国家经济发展、物价和劳动力市场状况等因素的基础上提出工资增长的大致水平和范围，也可以像北欧国家那样，在协商达成的"总协议"中对劳动报酬问题只规定政府的"收入政策"和工会的原则立场，具体的细节由省级协商和企业一级的集体合同规定。

由于我国地域辽阔，各地经济发展水平差别很大，各省可以在全国一级协商结果的基础上，根据自己的情况协商确定本省的工资增长水平。提出省一级协商的设想是由于目前最低工资水平是由省一级政府决定的，政府在决定最低工资水平时考虑的因素、掌握的基本统计数据及征求各方意见的结果可以成为工资集体协商的基础。此外省一级的工会组织也比较健全，虽然雇主组织相对来说可能组织程度比较低，但组建雇主组织的难度要远远小于组建工会，因此总的来说操作成本低，实用性强。企业可以以省级协商确定的工资增长水平作为"参照物"，结合自身经营状况确定本企业的工资增长水平。在职工工资明显低于本地区、本行业平均工资水平的企业，或因劳动报酬引发的劳资矛盾突出、劳动争议多发、职工诉求强烈的企业，如果工会力量比较弱，或者没有建立工会组织，上级工会组织可以代表员工与企业进行协商，签订集体合同。由此形成以中央一级为主导，省一级为主体，企业具体落实的工资集体协商制度。

如果这样的机制能够建立起来，它的积极作用可能会在以下几方面体现出来：一是全国一级的协商可以对全国范围内的工资决定发挥一种主导作用。虽然中央政府不直接参与工资集体协商，但可以发挥影响和渗透力，对开展集体协商的时机、频率及工资增长水平等施加影响，使全国的工资集体协商自上而下地处于一种有序的可控状态。二是在中央和省一级开展了集体协商并设定了工资增长水平的大致范围，企业工会也提出了集体协商要求的情况下，雇主如果没有充分理由就无法拒绝工会的协商要求。同时规定，上级工会有权在没有建立工会组织或工会谈判力量较弱的企业代表职工同企业进行工资集体协商。所有这些措施可能会在一定程度上解决目前存在的企业建立了工会组织但工会"不敢谈"，或由于企业工会组织不健全"没人谈"的问题。三是全国一级协商确定的工资增长水平可以作为国有企业和公务员工资增长的"参照物"，使他们的收入与国民的收入水平保持一种合理的差距而不致偏离太远，并且规定他们的工资增长必须是在企业工资水平做出调整后再实施，进而在全社会形成一种新的收入分配机制和比较合理的收入分配格局。

（二）加强对雇主集体协商责任的约束

一般来说，雇主对工资集体协商的态度是不积极的，有时甚至是抵触的。但现行法律对雇主无正当理由拒绝接受工会开展工资集体协商要求的做法没有相应的约束，雇主可以无视劳动者的合理诉求而无需承担任何法律责任。这是影响推进工资集体协商制度的又一个现实障碍。

为了解决这一问题，建议建立全国劳动关系委员会，全国劳动关系委员会可以在现有的协调劳动关系三方委员会的基础上再增加有威望的社会人士后组成。全国劳动关系委员会的主要职能：一是接受工会或劳动者对企业无正当理由拒绝接受开展工资集体协商要求的投诉和处理，同时接受和处理工会代表对雇主拒绝提供集体谈判所需信息的指控；二是负责由工资集体协商和集体合同执行过程中发生的集体争议的处理。劳动关系委员会接到工会的指控，并确认情况属实后，有权要求雇主响应工会提出的集体协商要求并向工会提供集体协商所需信息。市一级也建立劳动关系委员会负责处理本地区的集体劳动争议。全国劳动关系委员会对地方的工作进行指导，并参与规模和影响较大的集体劳动争议的处理。如果雇主拒绝协商，或拒绝向工会提供集体协商所需要的信息，地方劳动关系委员员在接到双方或一方的调解要求时，或者在认为有必要进行调解时可介入集体劳动争议的调解。法律还可授权地方人力资源和社会保障局局长在调解失败后发布“局长令”或宣布“冷却期”，并随即组成由人力资源和社会保障部局长牵头的特别调解委员会进行紧急调解。对于较大规模的争议或在有可能发生群体事件的情况下，人力资源和社会保障部部长可发布“部长令”，并组成由人社部长任命的人选牵头的特别调解委员会进行紧急调解。

（三）加强对行业性、区域性工资集体协商的分类指导

适应区域经济发展的特点，针对中小企业工资集体协商难的实际，根据同行业、同区域职工相同或者相似利益诉求，大力推进开展行业性、区域性工资集体协商。通过明确行业性工资集体协商的主体，把握协商范围，选好协商代表，突出协商重点，规范协商程序，进一步扩大覆盖面，

提高行业性、区域性集体协商的实效性。同时进一步加强工资集体协商队伍建设，下大力气努力建设一支懂法律、能代表职工、会维护职工合法权益、善于协商协调的工会协商代表队伍。把提高工资集体协商能力作为培训工会干部特别是企业工会干部的重要内容，通过举办工资集体协商专题研讨班、培训班和座谈会等，切实提高沟通协调和协商谈判能力，最终取得集体协商的最佳效果。

第六章 国外集体劳动争议处理机制研究

一、集体劳动争议的界定

广义上讲，劳动争议是指“以劳动关系为中心而发生的一切争议”①。按此定义，雇主与劳工间因劳动契约关系所发生的争议，雇主或劳工与国家间因劳动基准法规定所发生的争议，雇主团体内部或者劳工团体内部发生的争议等等都属于劳动争议。但实际劳动法律上所谈到的劳动争议，一般仅指“雇主或雇主团体与被雇者或被雇者团体之间所发生的一切争议”②。根据劳动争议性质的不同，劳动争议可以区分为两大类，即个别劳动争议和集体劳动争议。个别劳动争议是单个雇主与单个劳动者之间所发生的劳动争议，属于劳动契约上的争议，一般也被称为权利争议。集体劳动争议是雇主或雇主团体与被雇者或被雇者团体之间发生的劳资争议，属于集体协议上的争议。这类争议围绕的核心内容不是具体的某一个人，而是团体的利益，所以也被称为利益争议。

国际劳工组织对集体争议有明确的界定：“如果争议是涉及一个工人的，或者是作为个人的一些工人的，或者是牵涉到他们的个人劳动合同的，就属于个人劳动争议。如果是涉及作为一个集体的一些工人的就是集体劳动争议；个人争议和集体争议都有可能属于权利争议，而集体争议必定是利益争议……”国际劳工组织的这一定义基本反映了国际上对集体争议概念的普遍观点。在日本，集体争议行为，是指劳动者的团结体为实现他们的主张而进行的妨碍企业正常业务运行的行为，包括罢工、怠工、设立纠察线、占据职场以及张贴标语等。日本国宪法第 28 条保障了劳动者的

---

① 史尚宽．劳动法原论．台北：正中书局，1976

② 陈国钧．劳工问题．台北：三民书局，1982

集体争议权，具有“正当性”的集体争议行为（包含产业行动）受到法律的各个层面的保护。

二、集体劳动争议处理制度

（一）国外集体劳动争议处理机制概况

从19世纪末到20世纪上半叶，一些国家对劳动争议案件先后采取了立法手段来规范集体劳动争议的处理。如英国、德国、美国、挪威、法国等工业化市场经济国家，以及印度、泰国、巴西等发展中国家，都纷纷颁布处理集体劳动争议的法律。比如法国的《劳动法典》在第5卷用两编（第一编为个别劳动争议，第二编为集体劳动争议），规定了劳动争议处理制度。美国的《塔夫脱-哈特莱法》对集体劳动争议提供法律依据，规定联邦调解调停署负责调解集体劳动争议。德国的《劳动法院法》也规定了劳动法院除处理个别劳动争议以外，承担着调解仲裁集体劳动争议的义务。多数发达国家都制定了处理集体劳动争议的法律，并设有处理集体劳动争议的机构。

（二）企业内部的调解处理制度

当企业和工会之间由于信息不对称、利益不统一，导致劳资双方关系紧张的时候，国际劳工组织倡导加强企业内部沟通调解，互通信息，并在企业内部提供有效的申诉渠道。根据国际劳工组织第129号建议书《企业内管理部门与工人之间沟通建议书》和第130号建议书《企业内冤苦审查裁定问题建议书》的规定：任何有理由晋升申诉而单独行动或其他工人联合行动的工人应有权提出申诉而不受任何损害，其申诉应按照适当的程序被审议。由此可以看出，国际上鼓励企业内部通过设立一个不满申诉途径，加强劳资双方的沟通，化解矛盾。如果有集体协议的，建议书还鼓励通过集体协议详细地规定审议申诉的程序等，从而在集体协议有效期内，双方承诺促使申诉问题按照规定的程序加以解决，避免发生过激行为。

1. 企业内部调解机构组成

市场经济国家的劳动争议调解机构主要分为企业内外两种形式。企业内的劳动争议调解机构由雇主和工人代表（一般是工会）组成，也请企业外的中立人士参加。劳资双方代表在调解机构内享有同等的席位和权限。一般要请公证人士担任调解委员会的主席。调解委员会建立后，应在规定的时间内开始审议劳动争议问题并提出调解建议。

2. 协商处理的具体程序

根据国际劳工组织建议书的精神，申诉程序应尽可能地简化和快速解决问题。此外，考虑到法律、集体协议或其他适当办法可能会有一些规定及惯例，包括对滥用权力的规定，应允许当事人或其他代表有充分的时间参与审议申诉和程序，而不应该由于参加此项活动缺席而减少收入。

对于通过企业内部申诉仍未解决的问题，当事人可以到主管公共部门调解或裁决，也可向司法部门申诉。

（三）集体劳动争议的调解

调解程序对于解决集体劳动争议具有重要作用。调解是指在劳动争议发生后，由有关机构或中立人士出面对争议双方进行沟通、说服和劝导，以达成解决争议的办法或协议。劳动争议的调解包括提出争议问题、建立调解委员会和借助中立人士调解等过程。在发达市场经济国家，发生集体劳动争议、产业行动或者罢工以前一般都有集体劳动争议调解这一程序，是否为必经程序各国规定不一。提出劳动争议问题需要执行一定的规定。在职工集体提出劳动争议问题时，须经职工全体或代表会议表决。在符合法定人数（一般不得少于企业职工或代表的2/3）的情况下，经多数表决通过后方可确定劳动争议的问题和提出要求，也可根据工会章程和有关决议的规定由工会组织提出争议问题和要求。

1. 调解的机构

总体而言，集体劳动争议调解机构主要分为四类：政府劳动行政部门调解机构，独立机构调解模式，独立于政府的民间调解机构，临时调解机构。

第一种，政府劳动行政部门调解机构是政府行政机构，它的调解行为属于政府行政行为，具有行政效力。这种类型的调解机构如日本地方和中央两级的劳动委员会，具体调解执行机构是其下属的调停委员会。又如瑞典国家调解办公室，都是调解劳资双方的集体劳动争议。还有新西兰的劳动争议调解机构则是劳工部属下的雇佣关系服务局。

第二种，独立的政府调解机构是指不隶属于政府任何部门，这体现了政府对集体劳动争议调解的重视，专门成立一个机构。如美国的联邦调解调停局（FMCS）。这类独立机构在本国有自己的机构体系、工作原则，相比之下，调解工作更专业。

第三种，民间调解机构，由于独立于政府，因此其调解效力更多的是依靠机构自身的威望，让劳资双方信服。这类调解机构程序比较简单，调解更灵活。如英国的劳动咨询调解仲裁委员会（简称 ACAS）就是由公共部门投资专门处理劳动争议案件的一个独立社会机构。

第四种，临时调解机构。临时调解机构一般专门针对集体劳动争议的调解，由于有些集体劳动争议具有突发性，因而在一些国家除了常设机构以外，会针对一些争议特殊、影响较大的集体劳动争议临时设立调解机构处理争议，争议处理结束，调解机构自动解散。德国的劳动争议调解机构主要是劳动法院，但仅仅调解个别劳动争议，因此德国有职工委员会和临时调解机构，前者是个别劳动争议和集体劳动争议都可调解；后者专门调节集体劳动争议。

2. 调解的类型及原则

调解集体劳动争议的方式主要有两大类型，即自愿调解型和强制调解型。大体上，调解普遍实行自愿调解。自愿调解又细分为两小类，一类是劳资双方在签订集体合同时，在集体合同中规定发生争议自愿通过调解处理，有的国家甚至在合同中指定了调解机构，如日本《劳动关系调整法》规定的“劳资纠纷当事人经双方同意或根据劳动合同规定，按其他调停方法解决事件”；还有一类是事前没有协商确定，发生集体劳动争议后，双方达成共识，同意调解。另一大类是强制调解。强制调解是指发生争议后，负责调解的机构强制进入其中进行调解，或者在仲裁或审理之前，必须经过调解。

自愿调节型的争议处理机制中机构强行调解的情况比较少，一般也是在特殊情况下才采取强制调解措施，比如当局认为集体劳动争议危害到社会公共利益。这样做的国家有丹麦、芬兰、瑞典、挪威等。如瑞典《共同规制法》规定，调解一般需要双方申请，但有时也不必经过双方同意。这种强制调解增强了调解机构的主动权。又如挪威，对于集体劳动争议可能导致停工之前，如果挪威国家调解官认为停工会对社会产生危害，他就要在 2 天之内作出下达临时停工禁令。禁令一旦下达，调解官就承担了调解的责任，劳资双方也有参加调解的义务，此时进入“强制调解期”。停工禁令是发起调解的法律基础。当调解结果建议提出以后，劳资双方要当场就此作出决定，不管双方是否接受这个建议，调解都宣告结束。

强制调节型的争议处理机制最典型的是德国，把调解作为初审法院审理案件的必经程序。德国《劳动法院法》规定，在整个诉讼过程中应力求以调解方式结案。因此在基层法院和州法院的案件审理过程中，每个案件都必须经过庭内调解，否则不能收取诉讼费用。

此外，国外调解主要有两大原则：

（1）积极沟通原则

积极沟通原则也是各国劳动争议调解普遍实行的原则，即积极地在冲突双方间进行沟通，为劳动者和管理层提供更多的机会形成一种合作伙伴关系而非派性斗争关系。通过积极沟通，使双方都了解合作的益处和对抗的害处，进而达成谅解、实现妥协。沟通包括调解员任命时的沟通和调解工作中的沟通两个方面。如美国联邦调解调停局通过关系发展培训计划与劳动者和管理层进行合作。设计该关系发展培训计划的目的在于促进沟通这一可以使冲突易于管理的因素。在法国，调解人名单的提名需要同全国最具代表性的雇主和工人组织进行协商，并经双方提出考核意见。爱尔兰劳动法庭的工人和雇主成员，日本劳动关系委员会的双方代表，都对调解员的任命拥有发言权。

（2）调解专业化原则

专业化原则也是各国调解普遍实行的原则。各国法律都要求调解员具备对劳动争议处理提供援助所必备的知识和经验等。如在比利时，法律非常强调调解员所应具备的基本个人素质，要求他们具有完成指定任务的独立性以及处理人际关系的特殊才能和对劳动关系与劳动法的透彻理解。许多国家通常是从有关劳动或劳动关系的政府机构招募新调解员，如在美国，联邦调停调解局通行的做法是要求被任命的新调解员需要有工会活动或人事管理的背景。为了提高职业调解人员的能力，越来越多的国家开设了调解员培训项目。对新任命的调解员的训练包括观察或协助有经验的调解员完成调解的进程等。

此外，许多国家如澳大利亚、新西兰等劳资争议调解的原则是：有利于提高企业的生产力，有利于维护雇员的合法权益，有利于缓解企业的劳资冲突，有利于相关法律的执行，有利于双方参与集体谈判和遵守集体协议的积极性和自觉性，有利于企业实现劳资合作和劳动关系的稳定。

3. 集体调停

集体调停是对集体争议进行的一种调停说服工作，它没有强制性，调停结果双方自愿接受，不具有法定效力。它只是对争议的一个前期处理，可能不能完全解决争议，但可以使双方达成某些协议以便于后面的争议处理。调停是一个快速有效的争议处理手段，没有太多的程序，也没有法律效力，劳资双方根据自身情况选择采纳与否。如英国劳动咨询调解仲裁委员会就有专门的小组进行调停工作。2008 年英国劳动咨询调解仲裁委员会接到了 960 项集体调停要求，其中 92%的案例，英国劳动咨询调解仲裁委员会通过调停工作帮助双方达成一项争议方面的协议，或者取得了足够进展，有助于争议双方在以后的直接对话中达成协议。案例的多数涉及工资问题或其他劳动合同期限和劳动条件（45%）。工会问题占案例的 16%，裁员方面占 9%。

4. 调解的程序

（1）提出劳动争议的问题

在职工集体提出劳动争议问题时须经职工全体或代表会议表决。在符合法定人数（一般不得少于企业职工或代表的 2/3）的情况下，经多数表决通过后方可确定劳动争议的问题和提出要求，也可根据工会章程和有关决议的规定由工会组织提出争议问题和要求。

（2）具体调解

调解机构一般会首先听取争议双方的意见，并对争议问题进行调查分析。然后调解人员在法定的期限内对争议问题提出调解建议或双方的妥协方案，调解人员作为一个中立方主持当事人即工会和雇主进行沟通、协商、谈判，以帮助他们达成一个自愿地解决争议的协议。此后经调解委员同意或经多数委员表决通过，并以书面形式提出。争议双方应自觉接受和执行调解协议。如果双方或任何一方有不同意见，调解委员会可建议他们申请仲裁。如日本的三方调停委员会了解和听取劳资双方的意见，提出一个调停方案。

（3）调解期限

一般情况下，在调解机构受到调解诉求以后，会对调解诉求进行审理，并对双方进行协调。从接收到诉求后，许多国家对调解机构都有一个时间限制，已避免调解被无限期搁置，这就是调解期限。如俄罗斯《联邦劳动法典》第 402 条就规定调解委员会必须在接到劳动争议诉求后的 5 个工作日内审理集体劳动争议。

(4) 隐形调解

除了一些正式的调解程序以外，还有些虽然不叫调解，其实起着调解、斡旋作用的活动。如美国近几年经常采用的实情调查机构，名义上是调查劳资争议事实，实则是进行前期调解。

5. 调解的效力

对调解结果的效力，各国规定有所不同。总体上，都认为调解书具有法律约束力，一方当事人拒绝履行和解协议时，另一方可以请求强制执行。但有些国家对调解协议的执行是自愿的，没有强制执行力。而有些国家虽然调解没有法律效力，但通过其他方面的压力使劳资双方尽量遵从调解。如日本的调停委员会，其调解结果不具法律效力，劳资双方可以拒绝调解方案，但委员会把调解方案公之于众，使企业承受舆论压力，从而接受调停。

(四) 集体劳动争议仲裁

在许多发达国家集体劳动争议经过调解不能解决时，就会启动仲裁程序，当然又有些国家直接启动仲裁程序处理集体劳动争议。与个人劳动争议的处理相比，集体劳动争议的仲裁有很大的区别，比如由于集体劳动争议可能导致最终的罢工等产业行动，危及公共利益，这时候相关仲裁机构可能采取强制仲裁的方式直接干涉集体劳动争议，而个人劳动争议的仲裁纯属自愿。又如集体劳动争议的仲裁一般以集体合同为基础，围绕利益争议，仲裁裁决的把握难于个人劳动争议的仲裁。

1. 集体劳动争议仲裁的原则

集体争议与一般劳动争议相比，除具有争议当事人地位的平等性、当事人关系的连续性以外，争议性质上的集体性、复杂性、流动性等特点更为明显。劳动争议的这些特点，决定了对劳动争议的处理机构、处理人员等均应有特殊的要求。因此在对集体劳动争议的仲裁上，各国仲裁制度具有三方面共同原则：

(1) 专业性原则

专业性原则就是指仲裁机构处理集体劳动争议时，要具备法学、经济学、社会学，甚至心理学等方面的专业知识。因为在集体劳动争议仲裁中，往往涉及复杂的劳动标准与劳动关系制度，甚至还涉及各种各样的行业潜规则。仲裁中劳资双方所提出的诉求需要仲裁机构对各个职场、企业，甚至行业、产业的实际情况进行判断。这都需要理解这些制度及规则的专业机构与专业人士进行迅速妥当的处理。

（2）广泛性原则

广泛性原则其实是专业性原则的一个延伸，主要是指在集体劳动争议仲裁中，仲裁人员来自各个领域，具有广泛性。集体争议处理机构与处理人员绝非仅限于熟悉法律技术的法院与法官，也包括熟悉劳动政策的劳动行政机关与劳动行政人员。此外，在许多国家的仲裁制度中较为中立公平的专家、学者、律师也是集体争议处理的主要力量，如日本的劳动委员会制度，从学识渊博、经验丰富的学者中任命公益委员。

（3）权威性原则

权威性原则包括两层含义：一是集体劳动争议仲裁的裁决具有法律效力，在许多判例法国家中裁决具有对其他类似的劳资关系的指导意义；二是集体劳动争议仲裁有时具有政府强制干预的内涵。由于集体劳动争议处理不好，极易造成大规模的产业行动，从而影响社会稳定，因此即使大部分国家强调劳资自治，也保留政府对集体劳动争议的强制干预，如美国、日本等国都有政府首脑直接下达停止集体劳动争议的紧急命令的制度。

2. 集体劳动争议仲裁处理程序

（1）受理机构

国外集体劳动争议仲裁机构的设置，根据不同的仲裁模式，设置的机构也有所不同。主要有：一种是政府设置的专业集体劳动争议仲裁机构，如美国的联邦调解调停局（简称 FMCS）就是美国政府处理劳资集体合同争议的主要机构，从机构性质上是一个政府机构，其雇佣的人员属于公务员性质，经费来源于政府财政拨款。另一种是独立于政府的公共仲裁机构。如英国的中央仲裁委员会（简称 CAC），也是英国专业处理集体劳动争议仲裁的机构。又如澳大利亚的联邦和州产业关系委员会，其委员会成员都是劳动关系领域、法律界和经济界的知名人士或高级专家。还有一种没有常设机构，根据情况，临事设立劳动争议仲裁委员会，如俄罗斯等。

（2）处理程序

仲裁的程序各国规定不尽相同。有的国家采取“一调两裁终审”制，如澳大利亚等；有的国家采取“一调一裁二审”制度，如英国等；有的国家采取“一调一裁终局”，如美国等；还有些国家采取“或裁或审”的制度，如法国等。总体上，各国仲裁机构在受理集体劳动争议仲裁申请，经调解不成功进入仲裁程序后，实际的操作程序基本一致。

首先，选定或指定一名或多名仲裁员构成仲裁庭，其中如美国、英国等国家由双方当事人各自选定仲裁机构名单上的仲裁员构成仲裁庭；而澳大利亚、新西兰等国家，则是由仲裁机构内部分配仲裁员处理争议。

其次，根据争议双方即工人代表组织和企业或企业代表组织的询问和辩护，了解争议焦点。各方常派代理（一般为律师）出席听证，听证的具体顺序是由何方承担举证责任来决定的，除非双方对事实已达成一致，各方都将在听证会上有机会公开出示证据，提供文件、交叉质证，作最后陈述，并很可能在听证会后进一步呈送备忘录。在仲裁的过程中，各方都可以对证据的可承认性和是否符合恰当的程序提出反对意见，并询问证人。然后，通过具体调查对争议焦点进行判断，形成仲裁裁决议案。最后通过仲裁庭表决确定仲裁裁决。

此外，一些国家的仲裁在正式程序启动前，还有一个前期听证会，即当双方选定了仲裁员后，很多仲裁员会举行一个前期听证会来解决一些事务性议题，如日期、场所、速记纪录等。这样的前期听证会有助于决定和缩小被仲裁的范围，提供并交换各种信息或证据。有些情况下，前期听证会还要判断集体劳动争议是否可通过恰当的程序呈送至仲裁员，并且实质性的争议本身是否可以经由仲裁来决定。前期听证会制度最典型的是美国联邦调解调停局。

(3) 仲裁的申诉

如上所述，由于各国采取的仲裁制度不同，仲裁的申诉规定也就不同。比如采取两裁终审的澳大利亚，一裁时，产业关系委员会一名委员独任仲裁员，对争议进行开庭审理，并最后做出裁决。如若当事人一方或双方对裁决不服，则可向同级产业关系委员会提起上诉。产业关系委员会此时须由三名委员（其中至少两名为法官）和一名副主任组成合议庭，对该案进行二次审理并做出最后裁决。合议庭的此次裁决是最终裁决，双方必须执行。

而在美国一裁终审的制度下，90％以上的集体合同都约定集体劳动争议通过仲裁方式解决，而且如果争议双方选择仲裁方式，仲裁结果就是终局的，对双方都具有约束力。当事人一方可以就仲裁结果向法院提出申诉，但除非仲裁员在裁决中有舞弊、越权等违反法律的行为，否则法院通常会维持仲裁员的仲裁决定。

（4）裁决的效力

通常情况下，仲裁员的裁决是一篇含有充分论证与分析过程的文件。在论证中，仲裁员通常会参考其他不具法律约束性的仲裁裁决或合同释义原则。双方通常会允许裁决公开发表，除非有一方希望将其作为商业机密。这些裁决通常会在专门报送仲裁案件的刊物上公开发表，并常被雇主、工会和律师们用以作为评价仲裁员优劣和预测相似案件的有利参考。

裁决具有强制的法律效力，如果一方不按照裁决执行，另一方则可向司法机构申请强制执行。此外，在仲裁裁决的申诉过程中，申诉的法院仅对极少数的裁决因为法律上的错误被法院废止。上诉法院对裁决的干预很谨慎，一般情况下不会对仲裁机构就事实问题做出重申决定，也不会对仲裁员根据劳资关系领域的知识和经验所做出的裁决的优劣做出臆测，而只复核仲裁过程中是否有任何不规范之处。

（5）强制仲裁制度

一些国家对某些集体劳动争议可能危及本国社会稳定或者基本经济问题时，规定仲裁机构可以对集体劳动争议进行强行仲裁，劳资双方必须依照裁决解决争议的制度就是强制仲裁制度。美国的集体劳动争议，特别是对国家利益和公共生活产生较大影响的集体争议主要是由国家劳动关系委员会和联邦调解调停局来处理，有时也会启动强制仲裁机制。澳大利亚最初也广泛地使用强制仲裁，但近几年，澳大利亚政府试图将传统的以强制仲裁为主的解决劳资纠纷的方针改为尽可能以调解为主。澳大利亚政府认为，应尽量减少政府强制仲裁对劳资双方市场行为的干预，鼓励企业劳资双方自主协调劳动关系，鼓励企业与雇员签订个人协议。因此，从世界范围看，各国对强制仲裁都采取谨慎和尽量避免采取的态度。

（五）司法审理程序

在欧洲、亚洲和非洲，很多国家和地区都设有劳动法院、劳动法庭、就业法庭或其他类似的专门司法机构审理劳动争议案件。其中最典型的当属德国、法国。德国的劳动争议处理机构主要是劳动法院，劳动法院不仅处理个人劳动争议案件，而且处理集体争议案件。其中开庭审理分为“裁判程序”和“决议程序”两种，前者适用于个人劳动争议案件，后者适用于集体争议案件。当事人不服基层劳动法院判决的，可以向所在地的州劳动法院上诉。当事人不服州劳动法院判决的，还可以向联邦劳动法院上诉，但上诉必须先向原审州法院申请上诉许可。联邦劳动法院审理上诉案件，由三名职业法官和两名名誉法官主持，并且只就法律适用问题进行法律审理。

在英国，如果争议双方或任何一方对仲裁委员会的裁决不服，也可提出法律诉讼，即由法院行使审判权对劳动争议进行司法审理。其主要程序是：由诉讼方以书面形式提出诉讼请求。法院只对法定的有关权利争议的诉讼进行立案审理，包括集体权利争议或工会权利争议等。对于应由仲裁机构处理的利益争议问题，法院不予立案受理。在立案后，法院要及时调查取证，并先行进行调解，如调解不成再开庭审理。经过双方在法庭上申述和辩论后，法庭将按照法官多数通过的原则依法对争议问题作出判决。为了体现劳资双方的利益，他们的代表通常也与法官同样享有投票权。但法官的投票结果起决定作用，以体现法庭的权威。如当事方在规定的时间内不向上级法院提出起诉，法院的判决即行生效，双方必须执行。如双方或任何一方不服，可向上级法院起诉，并由上级法院作出最终判决。

三、对我国的借鉴

（一）强化调解程序在劳动争议处理中的作用

研究中发现，大部分经济发达的国家在处理集体劳动争议时都越来越重视调解，并鼓励企业劳资双方自主调解劳动争议的做法。澳大利亚还通过修改法律的手段鼓励企业与雇员签订个人协议，以作为其以后自愿调解劳资争议的法律依据。国外这种鼓励调解的做法，既有利于缓解企业的劳资冲突，又大大地减少了仲裁机构的工作量，并最终实现了劳动关系的稳定。这一做法值得借鉴，尤其针对集体劳动争议，提倡通过双方协商或第三方调解的方式来化解劳动争议。这样做有利于化解矛盾，创建和谐的劳动关系；同时，还能够省时、省事、省经费，也缓解了我国当前劳动争议仲裁机构资金和人力不足的矛盾。

（二）构建我国集体劳动争议仲裁模式

2008 年《劳动争议调解仲裁法》出台以来，我国的劳动争议仲裁制度得到很大的完善。但现行的仲裁制度，主要的仲裁范围是个别劳动争议案件，对集体劳动争议仲裁的规定非常原则，仅在2004年出台的《集体合同规定》第55条中规定协商不成的集体协商争议可以“依法向劳动争议仲裁委员会申请仲裁”，但具体仲裁程序，目前的法律中没有详细的规定，可以说我国集体劳动争议的仲裁制度的可操作性不强。借鉴国际经验，建议采取以下对策：

（1）对劳动争议调解仲裁进行细分，设立专门处理集体劳动争议的机构或办公室。并出台《集体协商争议调解仲裁办案细则》，为集体劳动争议仲裁提供法律依据。

（2）落实和完善集体劳动争议仲裁程序，比如如何申请集体劳动争议仲裁，利益争议如何判断，如何科学认定仲裁委员，举证责任归属等，通过程序上的合理设计，尽量弥补目前当事人在诉权上存在的缺憾。

（3）健全工会和雇主组织，落实三方机制实体化。

（4）赋予仲裁机构在仲裁中采取相应强制措施和对违反程序法者予以相应处罚的权利，以加强劳动争议仲裁的权威性，但裁决的强制执行权仍由法院行使。

（5）赋予仲裁机构强制仲裁的权利。针对一些对社会稳定和国民经济发展有重大影响的集体劳动争议，政府可以采取强制仲裁的方式，避免集体劳动争议的扩大。但对强制仲裁制度的启动，要规定严格的启动条件，遵从谨慎使用的原则。

（6）建立有效的仲裁监督机制。

（7）建立仲裁员资格管理和业务考核制度，提高仲裁员素质，实行仲裁员质量责任制。

第七章 国外罢工和闭厂研究

当劳资双方就集体谈判内容争执不下时，集体谈判将陷入僵局。此时，或者进入协调、调解和仲裁程序，试图解决劳资矛盾；或者劳资冲突升级直接导致集体停工事件。集体停工（stopage）是指因劳资矛盾而采取集体行动，从而中止或暂停工作。集体停工既包括工人采取的罢工（strike）行动，也包括雇主采取的闭厂（lockout）行动。一般情况下，在集体停工之前先会进行协调、调解或仲裁，当无法通过前述机制解决矛盾时才采取停工行动。而且在停工过程中双方将继续就各自的利益诉求进行谈判。

一、罢工

罢工是劳资争议发展到一定阶段的产物，是工人及其组织为维护自身利益而采取的行为。英文“罢工”一词最早出现于1768年。罢工是工人表示不满、抗议或抵制的集体行动。产生罢工的原因多种多样。有的是因反对政府的某项政策，有的是因不满雇主的不正当行为，有的是因集体谈判产生争议。本部分主要研究集体谈判争议引起的罢工行为。

（一）罢工的法律规范

1. 罢工权的确立

（1）国际法对罢工权的确立

对罢工权第一次作出明确规定的国际文书是1961年10月18日欧洲理事会通过的《欧洲社会宪章》。该宪章第6条第4款规定：“为保证集体谈判权的有效行使，在产生利益冲突的情况下，工人和雇主有采取集体行动的权利，包括罢工的权利。”从这一规定看，罢工权与集体谈判权是密切联系的。1966年，联合国大会通过《经济、社会文化权利国际公约》，在第8条“工会权”的第1款明确规定，缔约国保证维护罢工权，但其行使应不违背各缔约国本国之法律。联合国对罢工权的这一规定相对宽泛。

此后，欧盟通过的几个宪章又相继对罢工权作出了更为详细、明确的界定。1989 年《欧盟劳工基本社会权宪章》第 12 条规定，劳工与雇主有协商并缔结契约的权利，劳工有行使集体行动的权利，包括罢工的权利。2000 年 12 月发布的《欧洲联盟基本人权宪章》，在 28 条“集体谈判和集体行动”中对罢工权作出了定义式的规定：“工人和雇主，或其代表性组织，依照欧共体法律及其国内法律和惯例，有权进行协商并达成适当层次的集体协议，在发生利益冲突的情况下，也有权采取集体行动，包括罢工行动来维护其自身利益。”从欧盟对罢工权的界定来看，突出了两点：一是罢工是在集体谈判过程中采取的集体行动；二是罢工行为针对的是利益之争，而非权利之争。

国际劳工组织虽然没有在国际公约中明确提出罢工权，但是在国际劳工事务中，多次以判例方式提出罢工权并认可一些罢工形式。

（2）各国法律对罢工权的确立

罢工作为一种权利并不是从来就有的，它是工人运动权利抗争的结果。20 世纪以前，许多国家的法律都明令禁止罢工。例如，英国 1799 年《结社禁止法》、法国 1791 年《夏勃利尔法》、美国 1890 年《谢尔曼法》都明确规定罢工是违法的。但是随着工人运动的兴起，人权法治建设的进展，罢工权逐渐作为雇员的一项基本权利而被法律认可。英国议会 1824 年废除《结社禁止法》，承认工会的合法地位，并以判例的方式承认罢工及产业行动的合法地位。法国 1864 年通过《奥利维耶法》，取消对结社的限制；1884 年通过《瓦勒德克—卢梭法》，承认工会的合法地位；1901 年通过《结社契约法》，使结社行动有具体的规则可循；1946 年，法国宪法明确承认工人有罢工的权利。

第二次世界大战后，罢工权逐渐得到一些国家的承认。时至今日，绝大多数国家都在法律中明确了工人罢工的权利。目前，各国法律对罢工权的确立主要有以下几种形式：

一是在宪法中明确罢工权，这是多数国家的做法。欧盟 27 国中有 17 个国家在宪法中明确规定了罢工权，此外，日本、韩国、冰岛、挪威、克罗地亚、巴西等国家也将罢工权写入宪法。例如，《法兰西共和国宪法》（1952 年）在序言中规定承续 1946 年宪法序言所确认和补充的人权和国家主权的原则，而 1946 年宪法在序言中规定了“罢工之权利在法律规定范围内行使之”。波兰《宪法》(1997 年) 第 59 条规定:“在法律规定范围内,工会有权组织工人罢工或其他形式的抗议活动。”韩国《宪法》(1987 年) 第 33 条“劳动者的团结权”规定:“(1) 为提高劳动条件,劳动者有自主团结权、有集体交涉和集体行动权。(2) 法律所规定的国家机关劳动者有团结权、集体交涉及集体行动权。(3) 对法律规定的主要国防企业劳动者,可依法限制或不赋予其集体行动权。”日本《宪法》(1947 年) 第 28 条规定:“保障劳动者的团结、集体交涉以及其他集体行动的权利。”由于宪法只是原则性规定,许多国家还通过具体的部门法或专门法对罢工进行了更为详细的规定。

二是宪法没有明确罢工权,但明确了结社自由权利,通过国家最高司法机关对宪法相关原则和条文的解释,确认罢工权是宪法赋予的一项基本权利。这类国家的典型代表是德国和芬兰。德国《宪法》在第 9 条 (3) 规定:“所有行业的任何人都有成立组织及维护与改善其工作与生活条件的权利,任何试图限制或损害此种权利的协议都是无效的。”德国宪法法院 1991 年的一项判决对《宪法》第 9 条 (3) 做出明确解释,即:该条所指的成立组织是以维护和改善工作与经济条件为目的,这一目的包含集体协议的缔结,而工会为了达成集体协议可以运用罢工手段,从而在这种情况下的罢工权利是受到宪法保护的。德国司法机关的相关解释确定了罢工权的宪法权利地位。①

三是通过单行法和判例事实承认罢工权。这在英美法系国家比较常见,英国、美国、加拿大、澳大利亚等都没有将罢工权写入宪法,但是通过一些劳资关系法、工会法等法律对罢工的规定以及法院的判例,事实上承认了工人的罢工权。例如,美国 1935 年《国家劳动关系法》和 1947 年《劳资管理关系法》,英国 1992 年《工会和劳资关系法》等都对罢工作出了一些具体规定。在比利时,不论是宪法还是其他法律都没有规定罢工权,但是 1981 年 12 月 21 日比利时最高法院判定,如果发生罢工,雇员有权不执行合同所规定之工作。通过这一判例,比利时将罢工确立为工人的一项基本权利。②

---

① 参见:The Right to Strike:A Comparative Perspective. A study of national law in six EU states,edited by Arabella Stewart & Mark Bell.

② Court of Cassation 21 December 1981,*R. W.* 1981—82,2525.

四是通过集体协议明确罢工权。集体协议在多数国家仅作为罢工法律的补充，不具有法律效力。但是在瑞典、丹麦、爱尔兰，集体协议具有规范罢工行为的法律效力。

综上，不论是国际法还是各国法律，都是对罢工权的确定，而不是对罢工自由的确定。任何罢工行为都要遵循一定的法律要求，而不能随心所欲。

2. 法律对罢工的约束和限制

宪法是对罢工基本权利的确立，一般作原则性规定。具体的罢工约束通常由专门的《罢工法》《产业关系法》《工会法》等法律进行规定，或由最高法院进行司法解释。由于各国的法律体系、社会传统、劳资关系管理模式等不尽相同，对罢工问题的考虑也有所侧重，因此，不同国家对合法罢工行为的法律界定和相关规定也不完全一样。

国外罢工法律对罢工的规定主要有以下几方面内容：

(1) 对罢工目的的规定

罢工的目的一般可分为三类：一是针对集体协议的罢工，即在集体谈判过程中，向雇主施压以使雇主就有关劳动报酬、工作条件、社会福利等事项作出让步，从而争取利益；二是针对雇主不当行为的罢工，即对雇主的不当行为进行抗议，迫使雇主纠正不当行为并予以补偿；三是政治性罢工，抗议政府的社会、经济政策或政治主张。前两种罢工是因为雇主和雇员之间的劳资矛盾引起的，一般称为经济性罢工。①

2000 年《欧洲联盟基本宪章》第 28 条规定，工人有权在集体谈判发生利益冲突的情况下采取罢工行动来维护自身利益。从这一规定看，罢工是与集体谈判紧密相连的。《欧洲联盟基本宪章》赋予工人的罢工权利，是在集体谈判过程中的权利。德国、芬兰、丹麦、捷克、冰岛、希腊、新西兰、南非等一些国家也将合法罢工原因仅限于针对集体协议的罢工。例如，德国规定，罢工是指一个行业或企业中较多数量雇员为解决集体劳动争议而共同策划并实施的停工行为，而且罢工行为必须与集体协议相关，必须由工会发起组织。捷克规定，罢工是为达成集体协议而采取的最后行动，罢工并不是通过施加压力以履行现有集体协议的一种合法途径。南非

① 在美国，将第一种因集体协议产生的罢工称为经济性罢工。但是大多数国家都将单纯因雇主和雇员之间的矛盾引发的罢工称为经济性罢工，以区别于政治性罢工。

规定[①]，工人有权为集体谈判目的举行罢工。

更多的国家并没有将罢工原因限于集体合同和集体谈判，只要是因劳资矛盾引发的经济性罢工都在合法范围内。例如美国规定[②]，雇员有权从事以集体谈判为目的，或以其他相互支持和保护为目的的协调一致的行动。英国规定[③]，工会争议是指那些在工人和雇主之间发生的，完全或主要围绕工作场所特定问题的争议，工人可以就这些争议开展产业行动，包括罢工。爱尔兰规定：罢工是指任何数量的工人按照共同理解，全面、持续地拒绝工作或拒绝继续为他们的雇主工作，以此为手段迫使雇主接受条件。挪威规定：罢工是工人经协商一致后采取的集体停工行动，目的是强迫雇主或雇主组织接受关于工资和工作条件的协议。

纯粹的政治性罢工在多数国家都是被法律所禁止的。但是丹麦、芬兰、爱尔兰、意大利等国家也在一定程度上允许政治性罢工行为。例如，意大利规定，罢工是赋予工人的旨在消除不公平障碍，保证他们有效参与国家经济、社会和政治生活的权利。意大利宪法法庭承认政治性罢工的原则，但是如果罢工的目标旨在推翻宪法、颠覆意大利民主政权，则是不允许的。

（2）对罢工组织者的规定

从实际情况看，罢工组织者共分三类：一是工会；二是工会之外的其他工人代表组织；三是个人。

一些国家仅将罢工的组织者限定为工会，例如德国、希腊、冰岛、爱尔兰等。德国规定，罢工必须由工会发起。希腊规定，只有工会有权组织罢工，其他个人或团体组织的罢工均为非法。爱尔兰规定[④]，只有持有“集体协议执照”的工会才有组织罢工的权利。

一些国家在承认工会为罢工合法组织者的时候也允许工会之外的工人代表组织发起罢工，如美国、荷兰、葡萄牙、西班牙、澳大利亚等。

个别国家，如比利时、法国、意大利，将罢工权界定为个人权利，允许个人组织罢工。在这些国家，就不存在“野猫罢工”的概念。

① 南非 1995 年《劳动关系法》第一章第 1 条。
② 美国 1935 年《国家劳工关系法》第 7 节：国家劳工关系法基本指南，1997 年。
③ 英国 1992 年《工会与产业关系（团结）法》。
④ 爱尔兰 1941 年《工会法》。

（3）对罢工主体的规定

罢工对社会、经济具有一定的破坏性，并在一定程度上可能给人们的生活带来不便。因此，从保护国家利益、人民基本生活和社会秩序的角度出发，多数国家都对罢工的主体进行了限制。纵观各国法律，对罢工主体的限制主要包括两个方面：一是限制公务员和公共部门雇员罢工；二是限制基础服务部门雇员罢工。但是在具体划定不允许罢工部门的范围时，各国的规定也不尽相同。

禁止公务员罢工和公共部门雇员罢工是非常普遍的做法。美国、德国、丹麦、匈牙利、日本、韩国等都规定公务员无罢工权。法国规定，“秘密性质岗位”的公务员无罢工权，包括各级长官、法官、军人、监狱看守、警察等。

基础服务部门，不论是公共部门还是私营部门，由于其运行关系国计民生，因此也在多数国家限制罢工的范围之内。但是具体哪些基础服务部门不允许采取罢工行动，各国的范围不尽相同。俄罗斯规定，罢工可能影响国防和人民生活安全的基础服务部门，包括能源、热力、供水、天然气、航空、铁路和水路运输。[①] 葡萄牙禁止罢工的基础服务部门包括邮政和电信、医院、公共卫生（包括丧葬设施）、水电燃料供应、消防、基本生活必需品运输部门。

（4）对罢工形式的规定

在现实中，罢工有各种各样的具体表现形式。按照对抗程度罢工可分为直接罢工和间接罢工两大类。直接罢工的对抗程度较强，包括封锁工场、占领工场、设置纠察线、蓄意破坏等；间接罢工的对抗程度相对较弱，包括怠工、按章怠工、拒绝加班、偷工减料、集体托病怠工等。按照不同的标准，罢工又可分为不同的类别。例如，按照罢工人数，可分为部分罢工和全员罢工；按照罢工层次，可分为企业罢工、同业罢工和总罢工；按照罢工指向，可分为初始罢工和同情罢工。

尽管实践中罢工形式多样，但并不是每一种形式的罢工都受法律的保护。多数国家都对某些形式的罢工作出了禁止规定。例如，丹麦、法国规定怠工行为非法，法国不允许设置纠察线，英国不允许同情罢工。

---

① 俄罗斯 2004 年《劳动法典》。

（5）对罢工前置程序的规定

许多国家规定，在正式罢工前必须满足一定的程序要求，否则罢工行为不受法律保护。对罢工前置程序的规定，总体看来主要有三种：一是罢工前必须经过调解、仲裁程序；二是罢工表决程序；三是将罢工决定告知雇主及相关部门。

第一种情况即所谓的强制调解、仲裁制度。挪威、瑞典等北欧国家及埃及、阿尔及利亚、秘鲁等一些拉美、非洲国家均有强制调解、仲裁的规定。挪威《劳动争议法》规定，不论是劳方还是资方，采取停工行动必须通知国家调解官，当停工“会对大众利益产生危害后果”时，国家调解官可以行使临时停工禁令权。此时，劳资双方都有义务参加国家调解官召集的调解，不得采取任何冲突行为。埃及规定，只要劳资双方有一方提出，即可对罢工实行强制仲裁。

对于罢工只能由工会发起的国家，对罢工表决程序做出要求，目的是确保罢工决定是工人支持开展并完全自愿参加的。在罢工表决程序方面，各国规定的主要内容是由谁参加表决及多大比例赞成罢工才能通过罢工决定。具体的内容各国规定不一。荷兰要求，必须经一半以上工会会员表决同意；俄罗斯规定①，罢工提议必须经职工或工会会员表决通过，必须保证至少2/3的职工或工会会员到会，半数以上支持方为有效；新西兰规定，企业要罢工必须有50％＋1的员工投票通过。

在表决结果为赞成罢工的情况下，罢工组织者有义务在规定时间内通知雇主及有关部门。例如，瑞典规定，罢工通知必须在7天前送达雇主并提交劳动争议调解机构；希腊要求，罢工通知应在24小时之内发出；捷克要求，罢工必须列明开始时间、预期目的、参加人数及停工的具体场所；新西兰要求，罢工必须提前5天通知雇主，涉及消防、公共卫生、奶制品行业的罢工，必须提前14天通知。

（6）对罢工期间劳资双方权利的保障

罢工不可避免地对生产造成破坏，因此几乎在所有国家，法律都允许雇主不向罢工工人支付罢工期间的工资报酬。这是对雇主的一种司法救济。在不少国家，工会将利用自有资金给罢工工人以补偿，因此，力量强

① Annual survey of violations of trade union rights，2007. International Trade Union Confederation.

大、自有资金比较充足的工会更容易发起罢工行动。

尽管罢工工人没有工资收入，但是在许多国家，工人在罢工期间仍然可以享受社会保障福利。保加利亚、匈牙利、波兰等都有相关的规定。

此外，为保障罢工人员的劳动权利，多数国家都禁止对罢工人员的顶替。如果允许雇主在罢工期间雇佣内部或外部人员顶替罢工者的岗位，将对罢工人员构成很大的威胁。法国、加拿大、意大利、西班牙等国家都不允许雇主招聘人员顶替罢工人员。例如，法国规定，不得通过短期或临时合同雇佣工人代替罢工者，否则要受到刑事处罚。法律明确允许顶替罢工工人的国家是少数，且多为发展中国家，如非洲的布基纳法索、中非共和国、马达加斯加、尼日尔等。[①] 美国是个例外，不仅允许临时顶替罢工工人，而且允许永久顶替。

(二) 罢工现状及原因分析

1. 罢工现状

(1) 2005—2009 年罢工总体情况

全球罢工在 20 世纪 60 年代达到峰值后阶段性逐步下降，自 90 年代以来一直处于比较稳定的水平。近 5 年世界各国的罢工也基本处于一个平稳而略有波动的状态，但不同国家之间差别较大。

表 7—1 列举了世界主要国家的罢工率[②]情况。以每千名雇员因罢工损失的工作天数，即罢工率来衡量，2005—2009 年 5 年间，表中所列 27 个主要国家的平均罢工率维持在为 13～42 日之间，5 年平均数为 27.1 日，与 20 世纪 90 年代以来的数据基本一致。

2008 年金融危机时期，主要国家的罢工率有了明显的下降，28 国的平均罢工率从 2007 年的 42.0 日骤降为 2008 年的 13.4 日，下降超过 2/3。这比较有力地证明了经济发展情况与罢工发生情况之间的负相关关系。当经济开始萧条，失业率上升，工人罢工的倾向会大大削弱，他们担心如果罢工失败，不易再找到合适的工作。因而经济萧条会大大打击工人罢工的

① ILO, Your voice at work, Global report under the follow-up to the ILO Declaration on Fundamental and Rights at Work, International Labour Conference, 88th session, 2000.

② 美国、韩国由于在 2005—2009 年间没有关于这一指标的公布统计数据，故而未能列入表中。

表 7—1　　2005—2009 年间世界主要国家的罢工率情况

（损失工作日/千名雇员）

国家	2005	2006	2007	2008	2009	平均
澳大利亚*	26	15	5	21	—	16.8
比利时	187.0	24.6	34.2	69.3	—	78.8
加拿大*	303.7	56.7	124.2	60.4	—	136.3
塞浦路斯	57.9	96.5	34.5	3.4	4.0	39.3
丹麦	20.4	33.5	35.0	701.9	6.0	159.4
爱沙尼亚	0	0	0.1	0.1	0.3	0.1
芬兰	280.3	29.9	30.5	5.7	18.2	72.9
法国	151	117	128	—	—	132
德国	0.5	12.4	8.1	3.7	—	6.2
匈牙利	0.4	5.5	11.6	9.1	2.4	5.8
爱尔兰	13.7	3.6	2.9	2.0	170.1	38.5
意大利	48.2	28.8	47.6	36.4	13.2	34.8
拉脱维亚	0	0	0	3.3	—	0.8
立陶宛	0.7	0	7.7	23.9	—	8.1
卢森堡	0.3	2.0	10.0	—	—	4.1
马耳他	9.0	19.0	37.0	11.0	47.0	24.6
荷兰	5.9	2.2	3.6	16.3	0.6	5.7
挪威	5.2	67.9	1.8	26.9	0.1	20.4
波兰	0	2.9	14.4	14.6	0.7	6.5
葡萄牙	10.0	16.1	7.7	—	—	11.3
罗马尼亚	2.7	5.2	12.6	3.4	—	6
斯洛伐克	0	9.5	0.3	0	0	2
斯洛文尼亚*	45.6	5.2	0	—	—	16.9
西班牙	40.2	47.1	58.1	73.9	82.7	60.4
南非*	221	334	753	36	—	336
瑞典	0.1	0.5	3.2	26.8	0.4	6.2
英国	6.0	28.0	38.0	28.0	19.0	23.8
平均	30.0	26.3	42.0	13.4	23.6	27.1

资料来源：欧洲产业关系观察（EIRO），其中*代表数据来自国际劳工组织统计数据库。

注：平均数为有效年份数据的简单平均数。

积极性。但是也有一些国家存在例外情况，如比利时、丹麦、拉脱维亚、立陶宛、荷兰、挪威和瑞典 7 个国家在 2008 年的罢工率就有明显的上升。

尽管从总体看，世界主要国家的罢工率情况基本处于较低稳定水平，但是具体国家之间的差别还是有较大区别，有些国家的罢工率仍然维持在较高水平。

如果用罢工率为 20 日以下属于较低水平，20～70 日属于中等水平，70 日以上属于较高水平这一标准①来衡量，可以清楚地看出（如图 7—1 所示）：

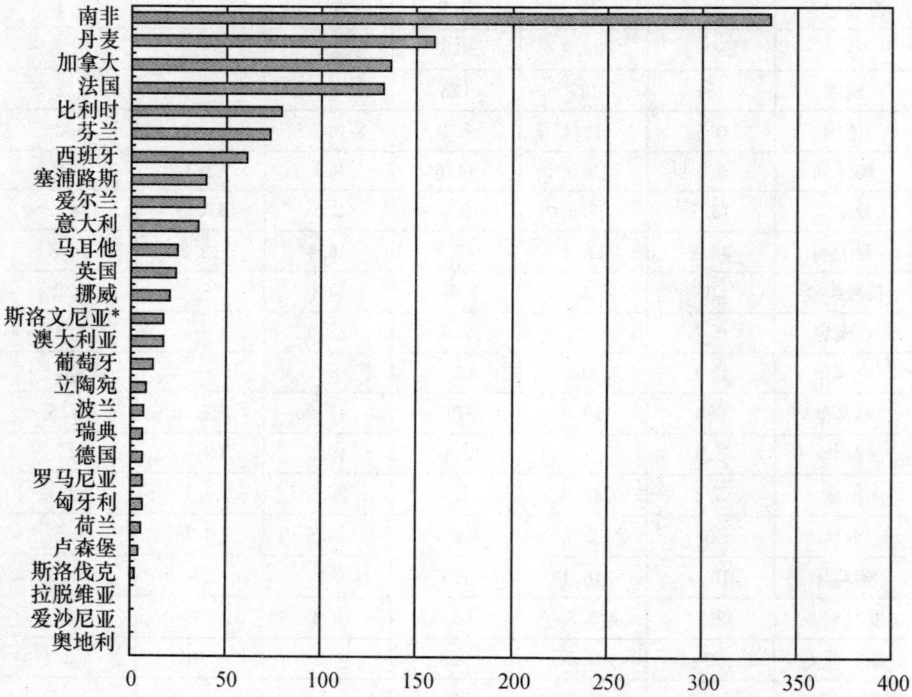

图 7—1　2005—2009 年间世界主要国家的年平均罢工率

资料来源：欧洲产业关系观察（EIRO），其中 * 代表数据来自国际劳工组织统计数据库。

属于高水平的国家有 6 个，占 21.43%，分别为南非、丹麦、加拿大、法国、比利时和芬兰。比利时和芬兰 2005—2009 年的罢工率有了一些提

① 参照“欧洲产业关系观察”（EIRO）的划分标准。

高，从上一个5年的中等水平跃升到近5年的高水平。

属于中等水平的国家有7个，占25%，分别为西班牙、塞浦路斯、爱尔兰、意大利、马耳他、英国和挪威。西班牙和挪威有了明显的下降，前者从上一个5年的高水平跌到近5年的中等水平，平均罢工率减少一半。挪威虽然一直处于中等水平，但是具体罢工率数值从接近60降到接近20，减少2/3。

属于低水平的国家有15个，占53.57%，分别是斯洛文尼亚、澳大利亚、葡萄牙、立陶宛、波兰、瑞典、德国、罗马尼亚、匈牙利、荷兰、卢森堡、斯洛伐克、拉脱维亚、爱沙尼亚、奥地利。

（2）罢工的主要行业分布

通过对世界主要国家排在前三位的罢工行业分布情况可以看出，不同国家的罢工行业分布是不一样的，但是某一国家在一定时期，罢工的行业分布具有相对集中的特点。比如，2005—2009年间，丹麦的罢工主要集中在公共部门、金属加工和冶铁及交通行业；法国集中在交通业、工业和服务业；英国则集中在公共管理、教育和交通通信业。

尽管各个国家的行业统计分类不尽相同，比较存在一定困难，但是综合分析可以推知，2005—2009年间各国罢工的最主要行业分布在制造业，包括金属加工和冶金业；其次分布在交通、仓储、通信业；排在第三位的是公共服务行业，包括公共管理、教育、卫生保健、社会服务等（见表7—2）。

表7—2　世界主要国家2005—2009年间罢工的主要行业分布

国家	2005年	2006年	2007年	2008年	2009年
比利时	制造业；交通、仓储、通信业；卫生和社会工作	制造业；房地产、租赁和商业活动；交通、仓储、通信业	制造业；交通业；卫生和社会工作	制造业；交通业；零售业	—
丹麦	公共部门；金属加工和冶铁；食品饮料	公共部门；交通；金属加工和冶铁	金属加工和冶铁；交通；公共部门	公共部门；金属加工和冶铁；交通	—

续表

国家	2005年	2006年	2007年	2008年	2009年
芬兰	工业（纸业）；交通、仓储和通信；公共管理	工业；交通、仓储和通信；建筑	工业；私人服务	工业	工业；私人服务；交通
法国	交通业；工业；服务业	交通业；工业；服务业	交通业；工业；服务业	交通业；工业；服务业	交通业；工业；服务业
德国	印刷出版业；零售业；公共服务业	公共服务业；金属加工业	电信业；零售业；金属加工业	金属加工业；零售业；公共服务业	
希腊	总罢工	总罢工；交通和仓储；化学品	总罢工；公共管理	总罢工；交通和仓储；金融服务	交通和仓储；总罢工
意大利	金属加工；公共管理；交通、通信	金属加工；交通、通信；建筑	金属加工；交通、通信；商业和旅店	金属加工；商业和旅店；交通、通信	—
荷兰	工业；交通和仓储；零售和其他服务业	交通和仓储；工业	公共管理；交通和仓储；工业	交通和仓储；工业；教育业	
波兰	制造业；交通业；卫生保健	卫生保健；制造业；采掘业	教育业；卫生保健	教育业；卫生保健	卫生保健；采掘业；热核能源
西班牙	卫生和社会工作；制造业；教育业	制造业；建筑业；卫生和社会工作	建筑业；公共管理；其他商业活动	陆地运输和管道运输业；其他商业活动；公共管理	农林渔业；制造业；教育业
瑞典	公共交通；电气安装；石油提炼	交通和仓储；公共、市政管理	交通和仓储；建筑业；采掘业和采石业	卫生和社会工作；交通和仓储	交通和仓储；水、污水和废弃物理；零售业

续表

国家	2005年	2006年	2007年	2008年	2009年
英国	教育业；交通通信业；公共管理	公共管理；交通通信业；教育业	交通通信业；公共管理；教育业	公共管理；教育业；交通通信业	—

资料来源：EIRO。

2. 罢工原因

根据“欧洲产业关系观察”所收集的资料，在主要欧洲国家，排在前三位的罢工原因在不同国家是有所区别的。但是，工资问题一般都是各国罢工的前三大原因之一。其中在英国、法国、葡萄牙、立陶宛和罗马尼亚，工资一直排在罢工原因的首要位置。在爱沙尼亚、匈牙利和波兰，大多数年份，工资是最主要的罢工原因。

集体办议争议引起的罢工较2005年前有了增加的趋势。捷克、芬兰、意大利、荷兰、西班牙和瑞典，2005—2009年间，因集体谈判引发的罢工占到了多数比例。

除工资和集体谈判争议外，引起罢工的主要原因还有工作条件（捷克、法国、波兰、葡萄牙、英国等）、下岗或裁员（法国、瑞典、英国等）。希腊罢工更多的是反对政府政策而进行的，所以罢工的形式主要是全国总罢工（见表7—3）。

表7—3　世界主要国家2005—2009年间罢工的主要原因

国家	2005年	2006年	2007年	2008年	2009年
捷克	集体谈判争议；工资；下岗	集体谈判争议；工资	集体谈判争议；工资；工作时间	集体谈判争议；工资；集体合同履行	集体谈判争议；工资；工作组织
芬兰	集体谈判争议	工资；劳动安排或管理程序；下岗	工资；下岗；集体谈判争议	下岗；劳动安排或管理程序；工资	下岗；劳动安排或管理程序；集体谈判争议
法国	工资；下岗；工作条件	工资；工作条件；下岗	工资；下岗；工作条件	工资；下岗；工作条件	—

续表

国家	2005年	2006年	2007年	2008年	2009年
希腊	政府经济和公共部门就业政策	工资；政府经济政策	社会保障改革；公共部门工资和福利	政府经济政策；铁路重建；银行业谈判机制	政府经济政策；港口私有化
匈牙利	工资	工资；私有化	重组解雇；工资	工资；其他管理措施	其他管理措施；工资
意大利	行业集体协议更新；经济事项；解雇或暂停工作	行业集体协议更新；经济事项；解雇或暂停工作	行业集体协议更新；经济事项；解雇或暂停工作	行业集体协议更新；经济事项；解雇或暂停工作	解雇或暂停工作；经济事项；行业集体协议更新
荷兰	集体合同原因；与集体合同无关的原因；未被集体合同覆盖的就业条件	与集体合同无关的原因；集体合同原因；工作时间	集体合同原因；与集体合同无关的原因	集体合同原因；与集体合同无关的原因	—
挪威	工资；社会倾销	工资；职业年金	工资	工资	工资
波兰	工资；工作条件；工会权利	工资；重组和私有化；工作条件	工资；重组和私有化；工会权利	重组和私有化；工资；工作条件	—
葡萄牙	工资；工作条件；就业和培训	工资；工作条件；就业和培训	工资；工作条件；就业和培训	—	—
西班牙	与集体谈判无关的争议；与集体谈判相关的争议	与集体谈判无关的争议；与集体谈判相关的争议	与集体谈判相关的争议；与集体谈判无关的争议	与集体谈判无关的争议；与集体谈判相关的争议	与集体谈判相关的争议；与集体谈判无关的争议

续表

国家	2005 年	2006 年	2007 年	2008 年	2009 年
瑞典	工资；就业问题；政治问题	政治问题	集体谈判（国家）；工资	集体谈判（国家）	集体谈判（地方）；工资；下岗
英国	工资；工作分配；裁员	工资；裁员；工作条件和管理	工资；工时；裁员	工资；工时；裁员	—

资料来源：EIRO。

（三）集体谈判中罢工权的使用

1. 罢工权对集体谈判的保障

罢工威胁是工人在集体谈判过程中的一个有力武器。在拥有罢工权的情况下，工人可以通过集体谈判向雇主施压，迫使雇主提高工资并改善自身的待遇。为了说明这个问题，这里引进著名经济学家希克斯的产业纠纷模型。该模型是希克斯在其 1932 年发表的《工资理论》一书中首次提出的，详细阐述了存在罢工行为的情况下，在集体谈判过程中，工会所要求的工资增长幅度与资方所愿意付出的工资增长幅度是如何随着罢工的预期持续时间而产生变化的。

如图 7—2 所示，从工会方面来说，假设工会最初期望的工资水平为 W_1，如果雇主没有同意这一工资水平，那么罢工的威胁就会变成现实。当罢工开始之后，由于工人处于气愤当中，并采取了强硬的态度，因此，工会实际要求的工资水平可能会高于谈判桌上所要求的工资水平。然而，随着时间的推移，工人们所遭受的收入损失会对他们的态度造成影响，而且工会所承受的压力也会越来越大，在这些因素的影响之下，工会逐渐降低他们的工资水平要求。图中的 *UR* 曲线即表示工会的这种不断降低的抵制态度。

从雇主方面来说，假设雇主在谈判桌上所能支付的最高工资水平为 W_2，如果工会拒绝这一工资水平，那么罢工发生。这时，雇主面临两个选择，一是任由工人罢工，一是支付较高工资。在罢工刚刚开始的一个相对较短的时期里，雇主可以通过积累的库存和非罢工工人及临时顶替工人进

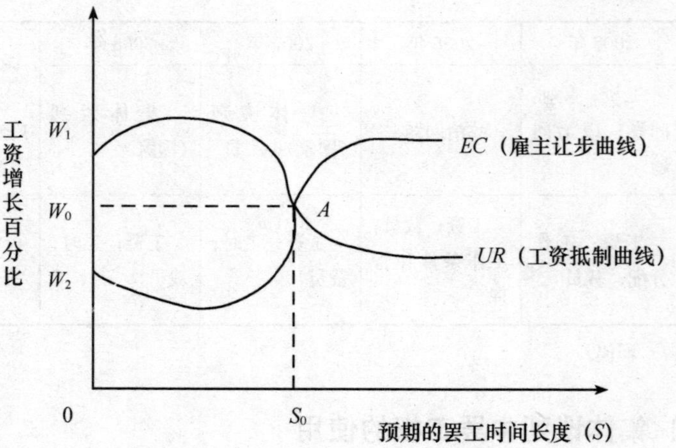

图 7—2　希克斯关于工资增长率与预期罢工时间关系的模型

行生产来满足顾客的需要。但是随着罢工的继续，雇主的损失将增加，愿意支付的心理工资价位慢慢提高。随着罢工时间的继续延长，企业损失进一步扩大，雇主的压力越来越大，愿意提高的工资水平也会越来越高。

最终在点 A（S_0，W_0）处，工会和雇主达成了妥协，罢工结束。

由此看见，在存在罢工权的情况下，工人尽管不能达到其最初的工资增幅要求，但是能够迫使雇主从最初愿意支付的 W_2 水平提高到 W_0 水平。

希克斯模型阐述了罢工发生后，劳资双方的工资增幅预期如何随罢工持续时间的推移而变化。如果罢工还没有发生，在集体谈判过程中，存在罢工权和没有罢工权将对双方的谈判产生什么样的影响。通过对希克斯模型进行改进①，我们也可以比较清晰地得出结论。

如图 7—3 所示，如果没有罢工权，工会的工资抵制曲线是 UR 曲线，雇主让步曲线是 EC 曲线，二者相交于 A 点，谈判持续时间为 S_0 的时候，双方就工资水平达成一致，为 W_0。

如果工会拥有罢工权，在罢工的威慑作用下，工会在集体谈判过程中

① 张胜辉曾对希克斯模型进行了改进来说明罢工权在集体谈判过程中的威慑作用。但是他只考虑了罢工权对工会抵制曲线弹性的影响，没有考虑到罢工权对雇主让步曲线的弹性也有影响。本文在其模型基础上进行了改进。张胜辉．希克斯工资谈判模型对我国工资集体协商的启示．职大学报，2009（4）：111－113.

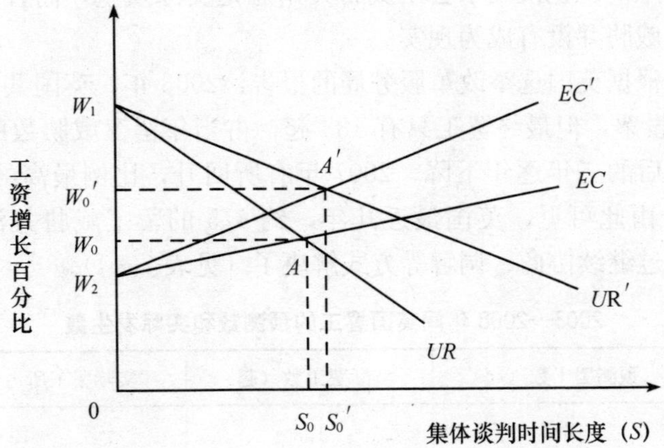

图 7—3　改进的希克斯模型

工资增长预期对谈判时间的弹性降低，工资抵制曲线的斜率变小，相对平坦，为 UR' 曲线，而雇主由于担心工会举行罢工，让步曲线弹性增加，为 EC' 曲线。两线交于 A' 点，当谈判持续时间为 S_0' 时，双方就工资水平达成一致，为 W_0'。W_0' 表示的工资水平高于 W_0，说明了罢工权有助于工人在集体谈判中争取到更大的利益。

2. 集体谈判中的罢工威胁

罢工是有成本的，有时罢工还会付出较大的代价。因此，虽然存在罢工的威胁，但并不是所有的罢工威胁最终都能发展成为罢工行为。罢工是解决争端的最后武器，罢工最终是否发生，取决于劳资双方对罢工成本的考虑。雷德和纽曼[①]将罢工成本与集体谈判条件下达成协议的成本一并考虑在内，构建了新的模型。雷德和纽曼认为，举行罢工和签署协议对双方而言都是有成本的。在出现罢工的情况下，企业得不到利润，工人领不到工资，这是罢工的成本。在签署协议的情况下，双方遵守协议，自身要求受到约束，各自期望收益也会降低，这是签署协议的成本。他们认为，通过一系列谈判，当罢工预期成本的降低额大于签署协议预期收益的降低额时，双方的目的是相同的，都是为了最大限度地降低彼此因罢工而支付的成本，在此基础上，双方将签署协议；反之，可能发生罢工。

① Reder and Nermann，1980.

各国实际情况也说明了罢工威胁并不总是实际发生，而且在大多数情况下，罢工威胁并没有成为现实。

比如，根据英国选举改革服务局的报告，2003 年，英国共成功进行了 684 个罢工投票，但最终罢工只有 133 起，占当年罢工威胁数的 19%。这一比例在之后的三年逐年下降，2007 年有所回升，比例最高的 2008 年也只有 22%。由此可见，英国最近几年，约 4/5 的罢工威胁并没有实际发生，都是通过继续协商、调解等方式解决了（见表 7—4）。

表 7—4　　2003—2008 年间英国罢工的预测数和实际发生数

年份	预测罢工数（起）	实际罢工数（起）	实际罢工所占比例（%）
2003	684	133	19
2004	762	130	17
2005	663	116	17
2006	1094	158	14
2007	697	142	20
2008	658	144	22

资料来源：EIRO。

在意大利，根据独立担保局统计的信息，2005 年 1 月至 2006 年 6 月，国家和地方层次的工会共发出 2 621 个罢工通知，其中 1 031 起被取消，占 39%。2008 年，国家和地方层次的工会共发出了 2 195 个罢工通知或罢工威胁，其中 856 次被取消，最终并未实施罢工行动，占到罢工威胁总数的 39%。

在瑞典，2007 年处于主要的行业集体谈判周期中，国家调解局共调解 30 起争议案件，其中工会发出了进行产业行动通知的有 25 起，但是最终真正发生罢工行动的只有 5 起。另外，瑞典工会联盟发出了 43 个罢工改制，大多数最终都取消了。2009 年，瑞典两个国家层次的罢工威胁最终都被取消了。在挪威，集体谈判过程中也经常发生罢工威胁，但是由于挪威存在强制调解制度，一般都能调解成功，达成新的集体协议，罢工威胁也最终很少能够实施。

集体谈判争议导致的罢工威胁最终未实施的事例见表 7—5。

表 7—5　　集体谈判争议导致的罢工威胁最终未实施的事例

国家	有关组织部门	日期	事由	取消罢工原因
奥地利	奥地利航空公司	2007 年 5 月	在新的集体合同谈判过程中，反对管理层引入与绩效相关的工资计划	同意进一步协商
	奥地利邮政公司	2007 年 12 月	在新的集体合同谈判过程中陷入僵局	达成协议
比利时	瓦龙公共交通公司	2009 年 2 月	修改工资的协商陷入僵局	一致同意继续协商
保加利亚	铁路公司	2007 年 5 月	要求增加工资	就工资实质性增长达成协议
	索菲亚公汽公司	2007 年 5 月	要求增加工资	政府同意增加工资
捷克	ETA Hlinsko（金属加工）	2007 年	要求增加工资	就工资增长达成协议
爱沙尼亚	公汽公司	2007 年 12 月	要求增加工资	达成工资增长协议，同时政府给公汽公司增加补贴
	塔林卫生保健部门	2007 年 1 月	要求增加工资	三方协商，政府同意增加医院资金，满足工资增长需求
法国	铁路交通	2009 年 12 月	要求增加工资	就工资增长达成一致
马耳他	马耳他航空	2007 年 12 月	飞行员新的集体合同谈判拖延	广泛考虑罢工的影响后，达成一致
	教会学校	2009 年 4 月	就工作条件存在争议	达成一致，签订新的集体合同
瑞典	建筑	2009 年 4 月	工会拒绝接受关于两个新的集体合同的调解建议，谈判陷入僵局	进一步调解，达成一致

资料来源：EIRO。

（四）罢工的处理和解决

1. 罢工处理和解决的原则

国外在罢工的处理和解决上基本遵循以下两个原则：

（1）依法处理的原则

如前所述，各国法律对于罢工都有明确的规定。罢工事件发生后，最基本的处理和解决原则就是依法处理。在此过程中，司法机构起到了主要作用，行政部门及调解仲裁机构等的作用退居次要地位。

罢工是劳资矛盾不断激化的结果，是对抗性质的。在此之前，协商、调解、调停、仲裁等可能的和平解决手段已经“用尽”，只有司法手段可以公正有效地解决问题。当然，罢工开始后并不排除依然存在通过协商谈判解决问题的可能性。

司法机构处理罢工的权限涉及罢工所有阶段，包括裁定罢工是否合法、是否允许罢工举行、对罢工过程中的违法行为进行裁决、对不合法（或非法）罢工及其后果的处分、发出禁止罢工命令等。雇主如果认为罢工目的或方式不合法、未遵守组织罢工的法定程序，或在罢工过程中发生违法行为等，都可以直接向法院提出并要求判决。各国的罢工管辖权有的属于作为最高司法机关的最高法院、宪法法院，有的属于各级普通法院或劳动法院，例如法国、德国、比利时等。

（2）维护社会公共利益的原则

罢工处理的另一个基本原则是维护社会共同利益。由司法机构依照法律处理罢工事件是常规的做法。但是对于威胁国家安全、严重威胁社会经济、影响社会秩序和公共利益的罢工事件，为避免事态的扩大，尽可能减少损失，很多国家也赋予政府及有关部门对罢工进行干预的权利。例如：

美国 1947 年《劳资关系法》[①] 规定，如果美国总统认为罢工已威胁到国家安全，可以直接采取干预行动，包括指定一个调查委员会对争议问题进行调查，并要求在规定时间内向他提出书面报告。总统随后可通过司法部向罢工发生当地的联邦法院申请，由联邦法院发出停止罢工的命令。法院根据申请发出命令后，不管劳资双方意见如何，都应当暂停罢工 80 天。

① 参见美国 1947 年《劳资关系法》第五章：对影响到商业的工业部门的劳动争议的调解，全国紧急状态部分中的相关规定。

在此期间双方继续寻求解决办法，如仍达不成协议，工人可以在80天后继续罢工。

澳大利亚规定，劳工部部长如果认为罢工对雇主和雇员造成消极影响，威胁一部分公众的生活、人身安全、健康和社会福利，以及对国家经济的某一部分造成重大伤害时，有权通过发布部长命令制止罢工。越南规定，在罢工严重威胁国民经济或国家安全时，政府总理有权发布暂停或终止罢工的命令。[①] 西班牙规定，在有可能损害国家经济的情况下，政府有权命令通过强制仲裁依法中止罢工。芬兰规定，如认为基本服务部门的罢工对社会生活威胁较大以及需要时间再次进行调解，劳工部可以命令罢工延期14天。挪威规定，如果有可能严重危及社会利益，议会或内阁（在议会休会期间）可决定罢工中止。

2. 对非法罢工的处理

无论法律多么完备，非法罢工总是无法完全消除的。当出于不能满足时间、程序等要求的原因，从而无法有效组织合法罢工时，为了维护自身利益，迫使对方让步，工会仍然会发动非法罢工行为。

当罢工行动被法院裁定为非法，或被政府宣布为违法时，罢工行为的组织者，甚至参与人必然会被制止行动并遭受处罚。

各国法律都对非法罢工的法律后果进行了规定。有的规定非常详细，如土耳其，有的规定比较简单；有的将非法罢工纳入《刑法》定罪，如法国，有的在《劳动法》或《劳动关系法》中进行规定。

对非法罢工行动进行罚款是最为常见的处罚方式。比如在美国，如果法院根据《公共雇员公平雇用法》判决罢工为非法的话，工会在罢工期间将受到罚款处罚。标准为第一天100万美元，第二天加倍，第三天再加倍。对个人的罚款为本人日工资的2倍，第一天共25 000美元，第二天50 000美元，依此类推。

加拿大《劳动法典》规定[②]，对违法罢工的工会处以每日最高1 000加元的罚款，对相关工会领导人和责任人处以总计不超过1万加元的罚款。

---

① 越南，2002年《劳动法典》第174条、第175条。

② 加拿大《劳动法典》，第V－1部分：罢工和关厂相关义务，第100－1条：违法行为与处罚，1998年。

加拿大马尼托巴湖省的《劳动关系法》规定①，任何工会宣布或批准违反本法的罢工行动是非法的，将被处以每日不超过 1 000 美元的罚款；工会代表将被处以不超过 500 美元的罚款；雇员违反本法进行罢工或参与非法罢工，将被处以不超过 500 美元的罚款。

一些国家对非法罢工不但规定罚款处方，而且还规定了监禁的处罚。例如，法国《刑法典》第 414 条规定，对于“以一致并带有威胁的方式，阻碍言论自由、劳动自由、结社、集会、示威自由的行为”处以监禁和 10 万法郎的罚金。下列罢工行为构成刑事犯罪：非法监禁，破坏生产工具、原材料和商品，故意伤害，侵犯他人劳动自由。②

土耳其 1983 年《集体劳工协议、罢工和关厂法》（*Collective Labour Agreement*，*Strike and Lock-Out Act*-Law No. 2822）第五章（罚则）对罢工过程中的违法行为以及相应处罚办法作出了详细的规定。对非法罢工的发起和组织者将作出罚款和监禁处罚。最低的对性质轻微的违法罢工（在通知雇主等程序规定上有问题）处以 1 万里拉罚款和 10 天监禁。最高的对实施非法罢工（包括针对国家的罢工）处以 1 年以上监禁和最高 30 万里拉罚款。对重复发生违法行为的将加重处罚，标准为正常处罚基础上增加 1/3～1/2。

二、闭厂

用“闭厂”一词来描述雇主向工人进行经济施压的武器，最早可以回溯到 1860 年，比“罢工”的出现晚近百年。最初，闭厂是雇主或雇主群体抵制工人成为工会会员的一种手段。当时，工人如果不签署保证书保证不加入工会，雇主就拒绝雇佣他。后来，闭厂逐渐发展成雇主组织抵制工人罢工的一种武器，即雇主关闭其所拥有的一个或几个工厂，直到工人答应复工。

① The Labour Relation Act，Part V，Manitoba.

② 郑爱青．试述法国对罢工的法律调整及关于我国罢工立法的思考．工会与集体合同制度研究，2005（12）。

（一）闭厂的有关规定

1. 闭厂的定义

闭厂是相对于罢工而言的，根据维基百科的解释，闭厂是雇主不让雇员工作的一种集体停工方式。这可以说是对闭厂最为简洁的定义。多数国家和地区法律也对闭厂作出了定义，虽然措辞上有所不同，但基本含义差别不大。

例如，美国的定义是：闭厂，在劳资关系中是雇主的一种战术行动，雇主或者通过雇佣替代性工人来强迫加入工会的雇员和（或）正在组织工会的雇员离开工作场所，或者干脆完全停业，来拒绝这些雇员工作。

南非①的定义是：闭厂是雇主将雇员排除在其工资场所之外，目的是逼迫雇员接受有关雇主和雇员共同利益的任何事宜方面的要求，不论雇主在排除过程中或为了实现排除目的是否违反这些雇员的就业合同。

印度②的定义是：闭厂是雇主临时结束就业关系或暂停提供工作，或拒绝继续雇佣其原已雇佣的雇员。

加拿大马尼托巴省③的定义是：闭厂是为了逼迫雇员就就业条件和环境达成某项协议，或者声援另一个逼迫雇员就就业条件和环境达成某项协议的雇主，而采取的以下行动：（1）关闭工作场所；（2）暂停工作；（3）拒绝继续雇佣一些雇员；（4）在正常运行过程中对某个工作场所的雇员进行实质性的替代。

2. 各国法律对闭厂的规定

（1）对闭厂权的规定

闭厂是与罢工相对应的，二者一般合称集体停工或者产业争议。闭厂权和罢工权一样，在19世纪初期之前是被各国法律所禁止的。随着罢工权的逐渐确立，一些国家也开始在法律上允许闭厂。目前，关于闭厂权的规定主要有以下三类：

一是法律禁止闭厂权。在20世纪20年代至70年代，所有的产业争议在南欧国家都是非法的。后来这些国家确立了罢工权，但是闭厂权还是被

---

① Section 213 of the Labour Relation Act，South Africa.

② Section 2（1）of the Industrial Disputes Act，1947，India.

③ Definition，The Labour Relations Act，2011，Manitoba，Canada.

禁止的。有的国家，如葡萄牙，是在宪法中禁止闭厂权；有的国家，如希腊，通过成文法禁止闭厂权。

在法国，闭厂权原则上也是被禁止的。司法判例认为，不论是在罢工发生前具有预防性的闭厂、罢工发生的同时具有防卫性的闭厂，还是在罢工之后具有报复性的闭厂，只要不能证明为不可抗力，都构成雇主的一项合同过错，雇主应当向有关雇员支付工资。只有在以下两种情况下，闭厂才是合法的：一是雇主能够证明罢工对于企业已经具有不可抗拒性、构成不可抗力，雇主在其权力范围内已经无法再努力履行其对雇员的劳动合同义务，如缺乏能源或原材料无法继续维持生产；二是由于罢工造成企业混乱，致使公共秩序和安全处于危险状态时，雇主可以闭厂。①

在波兰，对于闭厂权的法律地位是非常不明确的，因为波兰没有任何法律规定闭厂问题。一些学者认为，闭厂在波兰是被禁止的。② 但是又有学者认为，只要法律不禁止就是允许的。③ 尽管存在争论，大多数法律观点还是认为，虽然在波兰没有禁止闭厂，但是闭厂行为违反了就业合同的有关规定。

二是法律允许闭厂权，但是只能在谈判过程中雇主遭受不平衡的对待时才能行使。大多数的经合组织国家都是属于这种情况。但是就闭厂与罢工的关系问题，各国的法律规定也是不同的。有的对闭厂规定得非常严格，如德国，有的则相对自由，如美国。

在德国，闭厂必须遵循“均衡性”原则：雇主对罢工行动的反应不能过度，力量要相对均衡。确立这一原则的标志性裁决是联邦劳动法庭 1980 年的一个裁决。④ 该裁决对闭厂所能影响的雇员人数进行了限定：如果工会号召罢工人数占雇主雇员总数的比例不高于 25%时，雇主只能对另外 25%的雇员采取闭厂行动；如果罢工人数比例高于 25%但低于 50%时，雇主最多只能对最多 50%的雇员采取闭厂行动；如果超过 50%的雇员都参加

① 郑爱青. 试述法国对罢工的法律调整及关于我国罢工立法的思考. 工会与集体合同制度研究，2005（12）。

② Masewicz W.，“Lokaut jako pojecie i instytucja prawna”，*Praca i Zabezpieczenie Spoleczne*，No 12，1992.

③ Swiatkowski A.，“Lokaut（Studium stosunków przemyslowych）”，*Studia z zakresu prawa pracy*，Kraków，1996.

④ Arbeitsrechtliche Praxis Nr. 64.

了罢工，雇主没有权利进行闭厂，因为雇主的闭厂行动只能针对“不公正”的罢工——工会采取部分罢工或少于一半雇员参加的罢工来扰乱雇主的整个企业运营。这个裁决尽管受到广泛批评，但是没有被驳回。

美国对闭厂的规定则比德国自由得多，雇主只要“预期”到工会将举行罢工就可以采取预防性罢工行动。美国的闭厂权最初是由1947年《劳资关系法》予以确定的，美国最高法庭的三次判例[①]进一步加强了雇主的闭厂权利。

在其他一些经合组织国家，法律一般只允许“防御性”闭厂，即只有在工会采取产业行动之后雇主才能采取闭厂行动。闭厂是雇主最后诉诸的手段，不能威胁到雇员的结社自由权利和集体谈判能力。南非对闭厂权的规定也属于这一类。

三是法律允许闭厂，且将闭厂视为是与罢工平行的权利。菲律宾、印度和澳大利亚属于这类国家。

菲律宾在《劳动法典》第263条第2款中明确规定，合法的劳工组织进行罢工和围厂抗议的权利、雇主进行闭厂的权利，形成了国家的利益，应继续得到承认和尊重。

印度1947年《产业争议法》也没有限制闭厂权必须在工人罢工后才能行使，而且1950年后宪法保证公民获取、拥有、处置财产的权利，以及从事任何职业、交易或经营企业的权利。从宪法的规定可以推断，只要闭厂不严重损害公众利益，即可自由行使。但是1986年高级法庭的一个判例[②]表明，闭厂权在印度是一项法定权利，但是闭厂必须按照相关法律规定行使。无论如何，闭厂在印度是相对自由的。

在澳大利亚，闭厂权尽管在1993年的《产业关系改革法》中才予以确认，但是在经合组织国家中，澳大利亚是闭厂最为自由的国家。1993年《产业关系改革法》将闭厂规定为与罢工相平行的一种权利。1996年《工作场所关系法》允许雇主进行AWA（Australia Workplace Agreement）闭厂，闭厂由此更为自由。如前所述，其他国家只允许被动的防御性的闭

① NLRB v. Truck Drivers Local 449（1957）；NLRB v. Brown（1965）；American Ship Building Co. v. NLRB（1965）.

② 1986年Andhara Pradesh高级法庭对A. P. 电子装备公司对其员工工会的争议案件所做的判决。

厂，而在澳大利亚，雇主可以在罢工发生之前进行主动的“进攻性”闭厂，逼迫工会答应其谈判条件；雇主甚至可以向雇员个人或非工会雇员实施闭厂，以施加压力迫使其签署AWA。

新西兰原来和澳大利亚一样，对闭厂的规定也是非常自由的。根据1991年《就业合同法》，新西兰雇主可以对非工会雇员实施闭厂。2000年《就业关系法》重新界定了集体谈判情况下闭厂的使用范围，禁止雇主在闭厂期间进行临时替代。新西兰闭厂太过自由的情况有了明显好转。与其他经合组织国家一样，在新西兰，闭厂不再被视为是与罢工同等的平行权利，闭厂只是最后诉诸的“防御性武器”。

（2）对闭厂的具体要求

法律允许闭厂的国家，闭厂也不是随意进行的。和罢工一样，各国法律对闭厂作出了一些限制性条件。诸如公用事业部门不允许闭厂、对于非工会会员不实行闭厂、闭厂决定需要投票表决、闭厂需要提前通知、闭厂之前需要进行调解程序、闭厂期间不支付工资等，各国法律都有或多或少的规定。

例如澳大利亚规定，在合法的集体谈判期间，资方有工厂闭厂权，但是在协议有效期间采取的闭厂行动是非法的；欲采取闭厂行动，雇主必须提前72小时书面通知产业关系委员会并通知工会方；闭厂不影响雇员的就业关系连续，也不影响就业合同的到期终止；当雇主无诚意与工会谈判时，当闭厂行为给个人生命、健康、安全及居民生活带来危害及给国家经济带来重大损害时，产业关系委员会有权冻结或阻止劳资双方的谈判，在此期间，不得强行闭厂。①

印度规定，公共服务行业禁止闭厂；提前6周通知雇员；作出闭厂通知后14天内禁止闭厂；闭厂通知需经规定人数投票通过，并按规定发出；在调解未决的情况下，或调解结束后7天内禁止闭厂。②

菲律宾规定，对工会内部或者工会之间的争议不能作为工会罢工和雇主宣布闭厂的理由；当集体谈判陷入僵局时，雇主可以向劳动部登记闭厂通知，但须在闭厂之日前30天进行登记；在冷却期内，部长有义务尽最大的努力进行调停和调解，以期达到和解。冷却期过后，雇主才可以宣布闭

① 澳大利亚《1996年工作场所法》。

② 印度《1947年产业争议法》。

厂；宣布闭厂的决定应当由企业的董事会或合伙企业的合伙人，在为此目的专门召开的会议上以秘密投票方式获得多数同意才能通过。投票的结果至少须在 7 日前提交劳动部部长。①

加拿大马尼托巴省不允许雇主对不属于谈判所在工会的雇员采取闭厂措施。②

对于非法闭厂，一些国家法律也作出了惩罚性规定。例如印度规定，雇主非法闭厂将被处以最长一个月的监禁以及（或者）1 000 卢比的罚款。③ 加拿大马尼托巴省规定，任何雇主，如果宣布或引起违反本法规定的闭厂行动，将受到罚款处罚，闭厂期间每日罚款不超过 1 000 加元。代表宣布或引起违反本法规定的闭厂行动的雇主利益的个人，每人罚款不超过 500 加元。④

（二）闭厂的现状和影响

由于多数国家都是将罢工和闭厂合并统计，即统计整个集体停工的情况，一些国家只统计罢工情况，并不统计闭厂情况，所以直接针对闭厂的官方统计数据非常难以获取，也就无法对世界多数国家的闭厂现状作出整体分析，更无法进行国际比较。

印度和日本是少见的几个将罢工和闭厂分别进行统计的国家，有学者对澳大利亚 2003 年前的闭厂情况做过研究。通过对这三个国家有限的数据和信息进行分析，也许能反映出国际上关于闭厂的一些基本现状。

1. 印度的闭厂现状和影响

印度是从 1961 年开始对闭厂进行统计的。从印度最近几年罢工和闭厂统计数据看，印度发生闭厂的情况还是比较多的，闭厂数与同年的罢工数相差无几，许多年份还多于罢工数。据表 7—6 显示，2002—2007 年 6 年间，有 3 年闭厂数多于罢工数，其中 2003 年印度发生闭厂 297 起，比当年发生的罢工数多 42 起。但是 2006 和 2007 两年，闭厂发生数要少于罢工数。

① 《菲律宾劳动法典》第 263 条“罢工、围厂抗议和闭厂”，第 2、3、5、6 款。

② Article 91，The Labour Relations Act，2011，Manitoba，Canada.

③ Article 26，Chapter VI，Industrial Disputes Act，1947，India.

④ Article 88，The Labour Relations Act，2011，Manitoba，Canada.

表 7—6　　2002—2007 年间印度罢工和闭厂基本情况

项目	2002 年	2003 年	2004 年	2005 年	2006 年	2007 年
A. 罢工数	295	255	236	227	243	210
参与工人人数	900 386	1 010 976	1 903 054	2 722 784	1 712 304	606 168
损失工作日日数	9 664 537	3 205 950	4 828 737	10 800 686	5 318 250	15 055 713
B. 闭厂数	284	297	241	229	187	179
参与工人人数	179 048	804 969	169 167	190 817	98 044	118 406
损失工作日日数	16 921 382	27 049 961	19 037 630	18 864 313	15 006 128	12 111 039

资料来源：Statistics on industrial disputes，closures，retrenchments and lay-offs in India during the year 2005，2006，2007，Labour Bureau Government of India.

虽然发生的闭厂数和罢工数相差不多，但是从参与工人人数来看，闭厂所涉及的工人人数要明显少于参与罢工的工人人数。在 2002 年、2004 年和 2005 年闭厂和罢工发生数几乎一样的三年中，闭厂所涉及的工人人数分别只占罢工参与工人人数的 20%、9%和 7%。由此看见，闭厂的规模要显著小于罢工的规模。

但是，从损失工作日日数指标衡量，因闭厂而损失的工作日比因罢工而损失的工作日要多得多，前者是后者的数倍。从中我们可以推断，长期闭厂的发生率要明显多于长期罢工的发生率，换句话说，即在持续时间比较长的集体停工事件中，闭厂占到多数比例。历史数据也表明，自 1987 年起，闭厂损失的工作日超过罢工损失的工作日，并有差距逐渐扩大的趋势（见图 7—4）。

闭厂对印度的影响是比较大的。2005 年，因闭厂印度损失工作日 1 886.4 万天，工人损失工资 1.64 亿卢比，工厂生产损失 6.16 亿卢比。2006 年和 2007 年闭厂发生数下降后，各项损失有所减少（见表 7—7）。

表 7—7　　2005—2007 年印度罢工和闭厂引起的损失

	年份	损失工作日数	工资损失（卢比）	生产损失（卢比）
罢工	2005	10 800 686	861 368 054	2 834 338 997
	2006	5 318 250	1 565 802 831	3 046 631 110
	2007	15 055 713	361 143 270	2 371 224 718
闭厂	2005	18 864 313	299 802 270	616 404 623
	2006	15 006 128	164 263 828	767 189 271
	2007	12 111 039	82 791 528	302 854 209

资料来源：Statistics on industrial disputes，closures，retrenchments and lay-offs in India during the year 2005，2006，2007，Labour Bureau Government of India.

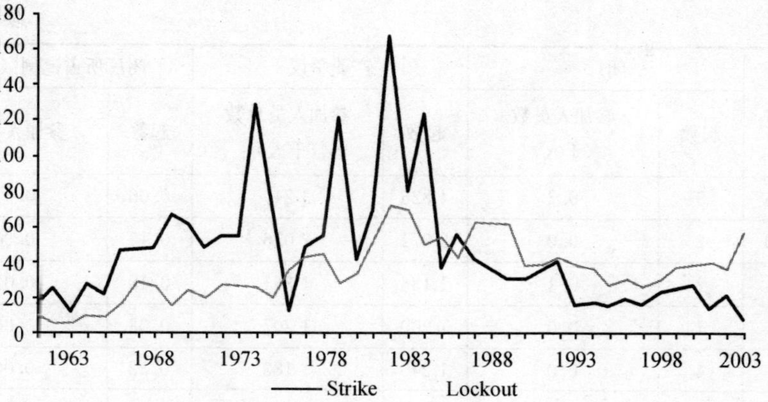

图 7—4　印度罢工和闭厂损失的工作日（损失工作日/千名雇员）

资料来源：L. J. Perry，Lockout and Strike：Some Comments on the Experience of Australia，Australian Bulletin of Labour，2006；32，1；p74—102.

2. 日本的闭厂现状

日本是对闭厂进行单独统计的为数不多的几个国家之一。但是日本的统计比起印度来要简单得多，只是统计了闭厂的起数和参加人员数，这可能与闭厂在日本发生概率比较少有一定关系。

统计数据显示，闭厂在日本罕有发生。最多的年份发生在 1970 年，当年发生闭厂 32 起，此后逐年下降，到 1985 年仅发生 3 起。1985—2001 年，日本闭厂发生数保持在 1～4 起范围内，之后除了 2004 年又发生一起外，几乎就没有发生。与整个产业争议发生件数相比，日本闭厂所占比例极低，最多的年份也不过 0.7%。如果以参与人数来衡量，比例更低，最高只占全部产业争议参与人数的 0.05%。相关情况见表 7—8。

表 7—8　　　　日本闭厂发生情况

年份	闭厂		产业争议		闭厂所占比例（%）	
	起数	参加人员数（千人）	起数	参加人员总数（千人）	起数	参加人员数
1970	32	4.4	4 551	9 137	0.70	0.05
1975	25	2.9	8 435	10 261	0.30	0.03
1980	10	0.2	4 376	5 456	0.23	0.00

续表

年份	闭厂		产业争议		闭厂所占比例（%）	
	起数	参加人员数（千人）	起数	参加人员总数（千人）	起数	参加人员数
1985	3	0.2	4 826	3 249	0.06	0.01
1990	2	0.0	2 071	2 026	0.10	0.00
1994	2	0.1	1 136	1 321	0.18	0.01
1995	1	0.0	1 200	1 207	0.08	0.00
1996	4	0.0	1 240	1 183	0.32	0.00
1997	2	0.1	1 334	1 296	0.15	0.01
1998	4	0.1	1 164	1 186	0.34	0.01
1999	3	0.0	1 102	1 134	0.27	0.00
2000	1	0.0	958	1 117	0.10	0.00
2001	2	0.0	884	1 072	0.23	0.00
2002	—	—	1 002	1 005	—	—
2003	—	—	872	1 153	—	—
2004	1	0.0	737	710	0.14	0.00
2005	—	—	708	646	—	—
2006	—	—	662	627	—	—
2007	—	—	636	613	—	—

资料来源：劳动争议统计调查年报，2007，厚生劳动省大臣官方统计情报部劳动福祉统计课。

3. 澳大利亚的闭厂现状和影响

澳大利亚官方统计部门统计的是集体停工情况，没有对闭厂做专门的统计。但是从澳大利亚悉尼大学教授 Chirs Briggs 根据悉尼大学商学院数据库中关于闭厂的数据信息对 1994—2003 年间澳大利亚闭厂情况进行的分析，澳大利亚的闭厂情况可见一斑。①

从统计数据看，虽然 1993 年法律确定了闭厂权，但是 1994 年没有发生闭厂事件，1995 年也仅发生一起。2000 年后闭厂数突然发生井喷，当

① Chris Briggs，Lockout Law in Australia：Into the Mainstream? Acirrt working paper 95，University of Sydney，2004.

年发生 22 起，之后几年也保持在一定数量（如图 7—5 所示）。

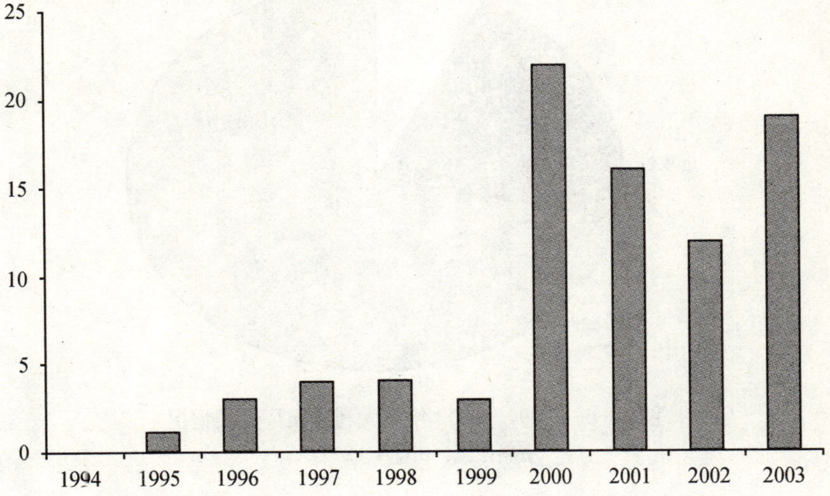

图 7—5　1994—2003 年澳大利亚闭厂数

资料来源：Briggs（2004）.

与全部产业争议数相比，闭厂在澳大利亚的发生概率还是比较少的。1994—1998 年，闭厂占全部争议数的 0.3%，1999—2003 年占 2.0%，但是在持续时间超过 20 天的长期争议中，1999—2003 年，闭厂占 57.5%。长期争议悬而未决对生活、经济和劳动者本人的影响非常大，有的损失甚至是无法挽回的。由此，闭厂发生率虽然很低，但是闭厂对澳大利亚社会经济的影响是明显的。

澳大利亚是闭厂非常自由的国家。数据显示，1994—2003 年间，雇主主动出击的“进攻性”闭厂占到闭厂总数的 1/5 强。具体情况如图 7—6 所示。

三、典型案例：芬兰造纸业工人大罢工及纸浆厂闭厂事件

2005 年 2 月 15 日，芬兰造纸工人工会与芬兰森林工业联盟的劳工劳资协议期满，双方就新的三年期集体协议进行谈判。在谈判中，雇主希望在圣诞节和仲夏假日能够继续维持生产，同时希望雇佣一些临时员工来完成一些任务，此外雇主还要求限制带薪病假和其他福利。但是工会方不同

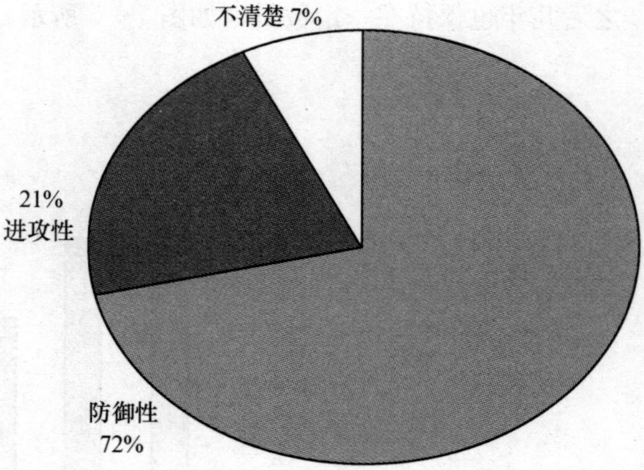

图 7—6　1994—2003 年澳大利亚闭厂分类情况

资料来源：Briggs（2004）.

意雇主的意见。双方进行为期三个月的谈判后，还是未能达成共识。

为抗议与雇主就新的全国性劳工劳资协议达成一致的连续失败，工会宣布加班禁止令以促进谈判。4 月 27 日，芬兰纸浆厂和造纸厂发生了 24 小时和 48 小时的罢工。芬欧汇川（UPM Kymmene）工人抗议公司雇佣临时工来掩盖加班工作的决定，于 4 月 27—28 日示威；斯道拉·恩索（Stora-Enso）和 M-Real 工厂的工人埋怨其公司越来越严重的裁员行为，随后也进行了类似的示威。在这些罢工行动和加班禁令的影响下，一些公司（Stora-Enso Kaukop 和 UPM Kymmene 在 Kajaani 的一个工厂）拒绝支付工人工资。这引起了芬兰造纸厂于 4 月 29 日 6 点几乎全部停止生产。

自 4 月 27 日至 5 月 2 日，工会一共组织了 45 次非法罢工，一场全国性的罢工潮随之而来，引起 120 多台造纸机器停产。

5 月 2 日，双方在政府协调人的支持下，就全国性的劳资协议再次谈判，谈判持续到该周末还是没有结果。政府协调人提议，在接下来的三年中，工人工资平均增长 6%，增长额度超过 2 500 欧元；支持纸浆厂和造纸厂在圣诞节和仲夏假日期间继续生产的要求，但是作为补偿，为工人增加 1 600 欧元并提供额外 11 个小时的假期。雇主同意了政府协调人的提议，但是工会不同意。工会发出为期 2 天的罢工通知。5 月 15 日晚上纸浆厂开始罢工，5 月 16 日造纸厂和卡纸厂开始罢工。至少 2 400 名工会工人参加了罢工。罢工于 5 月 18 日早上 6 点告一段落，并随即展开重新协商。

为声援芬兰纸业工人罢工，瑞典纸业工会于 5 月 18 日禁止瑞典 Stora Enso10 家工厂于近日加班。同时提出威胁，若芬兰协商没有结果，还将于 5 月 25 日至 6 月 1 日再次提出禁止加班的声援行动，预计届时受牵连的工厂将达到 15 家，包含 Stora Enso 的 10 个厂，Metsa Tissue 的 3 个厂、M-Real 的 2 个厂和 Ahlstrom 的 1 个厂。

连续不断的罢工使得芬兰纸浆厂被迫停工，不仅浪费了大量的能源和原材料，也增加了环境损害和机器被破坏的危险，同时使运输企业步履维艰。因此波罢工事件，芬兰造纸业每日产值损失约 4 000 万欧元。为进行反制，纸浆厂联合全国同行共 54 家制浆、造纸和纸板厂一起宣布于 5 月 18 日开始闭厂，为期两周。世界最大的几家造纸厂，如 UPM Kymmene、Stora-Enso Oyj 等都包括在内。

谈判继续，芬兰森林工业联盟主席 Timo Poranen 认为，芬兰造纸工人工会没有正式确定的谈判目标，以至于它们的很多条款要求相矛盾，使谈判进程艰难。

进一步的谈判继续进行，但政府协调人还没能提出解决纷争的方案。芬兰森林工业联盟提出，在欧洲缩短工作时间 11 小时，但芬兰造纸工会还没有表示接受。6 月 13 日，政府协调人所提的 2 个协调方案都被拒绝。6 月14 日，雇主预备找到一些问题的解决办法，但芬兰造纸工会则不愿意妥协它的目标，因此政府协调人决定推延其谈判。芬兰森林工业联盟表示如再不能达成协议，停工闭厂将延续到 7 月 6 号。

6 月 16 日，芬兰森林工业联盟和有薪雇员协会就芬兰有关造纸和纸浆的有薪工人方面达成一致协议。白领工人的薪水增长超过 6%，圣诞节和仲夏节期间开工要付平常 3 倍的工资，一年的工作时间缩减 11 个小时。合同为期 3 年（2005—2008），有关工资增长的条款将从 2005 年 6 月初生效。

6 月 21 日，雇主接受协调人朱汉尼再一次提出的方案，但造纸工人工会仍然拒绝。芬兰森林工业联盟将闭厂时间从 7 月 6 日延续到 7 月 15 日。

芬兰总理于 6 月 22 日召集劳资双方就双方矛盾寻求尽快的解决办法。

6 月 27 日，造纸工人工会拒绝协调方案，谈话再次失败。

6 月 29 日，双方达成最后的妥协。

7 月 1 日，芬兰森林工业雇主联盟和造纸工人工会最终达成一份三年期劳工劳资协议，工人开始工作。协议允许工厂在圣诞节和仲夏节进行生产，这将使芬欧汇川集团的现有生产能力提高 1%以上。此外，各地可以就使用外包工从事维修和服务达成协议，或者可以由双方推举出的中立的主席进行磋商从而达成协议。除此之外，合同允许各地批准新的轮班和工作时间安排。

此次罢工和闭厂事件，芬兰造纸工业蒙受巨大损失。芬兰浆纸业每日产值损失约 4 000 万欧元。斯道拉·恩索估计，在 2005 年 7 月 1 日新的劳资协议签订之前，该公司每天的损失达到了 300 万欧元，公司在 2005 年第二季度损失了 1.5 亿欧元。芬欧汇川也表示，劳资纠纷期间，由于不得不采取的外部采购和节假日停工，使得该公司每天的损失达到了 400 万欧元。

芬兰造纸业罢工使全国的纸浆和造纸业全面瘫痪，直接导致全国急缺厕纸到了山穷水尽的地步，全国的商店都成堆地卖厕纸，老百姓成捆地储备。全国的手纸脱销，经常是纸刚上货架就被一抢而光。而去外地度假的芬兰人，当结束假期返家时，他们手提箱里塞的是满满的手纸。

此外，由于芬兰是世界前五大浆纸生产国，芬兰纸张产量占全球的 15%。此次工潮持续 2 个半月时间，芬兰纸张供应量大减，全球纸张价格受到不同程度的影响。芬兰在罢工的两个月总共损失了约 170 万吨纸产能（印刷和书写纸的几乎全部产能），致使进口到北美的数量减少，造成北美印刷/书写纸市场的紧张，同时推进涂布纸和其他品种纸张的再次涨价。

四、对我国的借鉴

（一）罢工是工人在集体谈判过程中的一个有力武器

在拥有罢工权的情况下，工人可以通过集体谈判向雇主施压，迫使雇主提高工资并改善自身的待遇。如果没有罢工权利，工人的集体谈判力量是无法与强势的雇主相抗衡的。

（二）没有罢工权，集体谈判的权利也无法真正落实

要赋予工人罢工的权利。赋予工人罢工权利的方式可以有多种，既可以通过宪法明文规定，也可以通过其他的成文法或判例来确定。从各国对罢工权的法律确定来看，尽管通过宪法来确定工人罢工权是一种比较普遍的做法，但是也有许多发达国家，如英国、美国、加拿大、澳大利亚等都没有采取通过宪法确定罢工权的方式。从我国目前情况看，通过宪法确定

罢工权在相当长一段时间内是难以实现的，因此，可以借鉴国外的做法，通过其他的法律、政策来确定工人的罢工权。

（三）应该厘清的一个观点是，赋予工人罢工权并不是赋予罢工的自由

任何罢工行为都需在法律规定的框架下合法进行，否则就不受法律的保护，甚至会受到法律的惩罚。鉴于我国目前由于缺乏法律规定，罢工处于自发、无序状态的现状，对生活经济造成巨大损失，甚至引发生活秩序的混乱和不稳定，所以通过法律政策对罢工进行规范是非常必要和迫切的，应该被提上议事日程。

第八章 国外公共服务部门的集体谈判研究

公共服务部门的正常运行对国计民生具有不可或缺的重要作用。为了保证公共服务部门集体谈判的正常进行和集体争议的妥善解决，避免对经济社会造成重大影响，国际劳工组织和多数国家政府对公共服务部门的产业行动特别是罢工做出了特殊的限制，以便保障国民享受基本公共服务的权利。

一、对公共服务部门的界定

（一）国际劳工组织对公共服务部门的界定

国际劳工组织承认罢工是劳动者和劳动者团体保护自身利益的基本手段，但限制公务员、公共服务等部门的罢工权。国际劳工组织通过提出“必要服务”和“最低限度服务”两个标准来界定公共服务部门的范畴。

国际劳工组织规定，“严格意义上的必要服务”（essential service in the strict sense of the term）是指，“服务的中止会威胁生命、个人安全、全体或部分国民健康的服务”，其范围包括医疗、电力供给、水道供给、电话服务、航空管制等。同时，国际劳工组织列举了有可能成为必要服务的行业，如石油、银行、广播、造币、邮政、首都圈交通等。

国际劳工组织还规定，如果罢工会威胁到国民的正常生活和享受必要的公共服务，有关公共服务部门应在罢工期间提供“最低限度服务”（minimum service）。“最低限度服务”是指，即使罢工也需要提供的最基本的服务。具体包括三种情况：一是“严格意义上的必要服务”；二是不完全符合严格意义上的必要服务，但罢工结果会危害国民正常生活、引发国家紧急情况；三是基本重要性得到认可的公共服务。如城市运输服务、重要港口的装卸服务、地铁服务、客运及货运服务、铁路服务、邮政服务等。

国际劳工组织还提出："必要服务"是个动态概念。如某一企业或行业的罢工持续一段时间，或是超出一定罢工范畴，从而对国民的生命和安全，以及健康造成威胁，同样有可能成为不能中断的"必要服务"和"最低限度服务"。最低限度服务可根据各国国情，考虑该服务的总量标准、从业人数、享受群体、可替代性、产业或社会基础构建等诸多因素具体决定。

（二）各国对公共服务的界定

意大利、西班牙、德国、法国、日本、韩国等国通过立法、判例以及集体协议等，分别对公共服务的范畴做出了规定。由于国情不同，各国对公共服务的界定不仅在称呼上有所差异，在范畴上也有所区别。

1. 必要服务

意大利、西班牙、德国等国通过立法明确了"必要服务"的范畴。意大利法律规定[①]，"为了保障有关生命、健康、来往自由、通信自由、安全、社会保障、教育等宪法赋予的个人权利的服务"为"必要服务"，并列出必要服务涉及的范围具体包括：（1）身体和生命的维持；（2）灾害预防；（3）城市垃圾和有害垃圾的收集和处理；（4）动物和易腐蚀商品相关海关工作；（5）第一次能源和原材料供给；（6）审判（司法）；（7）环境保护；（8）大众交通（公交、地铁、电车、火车、飞机、作为重要联系手段的海上交通）；（9）社会保障和公共补助；（10）生活必需的财政供给和相关金融；（11）从幼儿园到大学的公立教育（包括托儿所）；（12）邮政和远程通信；（13）公营广播/电视台的新闻。并且，地方政府可以在以上部门要求执行最低限度服务。

西班牙通过1992年法律规定了"必要服务"的概念："不论服务提供主体是公营或私营，为了保障生命、人身健康、自由和安全、移动自由、信息传达自由、通信、教育，以及司法等权利和自由，需要继续维持的工作均为必要服务。"该法同时列举了不可或缺的17个工作领域。

① 意大利1990年法律第1条规定。

德国争议行为法规定，无论是否有争议行为，仍需要不中断的工作统称为“紧急服务”（Notdienst），并把紧急服务分为“应急工作”（Notstandsarbeiten）和“保护工作”① 两种。其中，“应急工作”是指，保护优先于罢工效果的第三者利益所需的工作。这里所指的第三者优先利益，具体包括生命权和其他生活权（电气、交通运输、医疗、社会保障、教育、下水/污水/垃圾处理、消防/警察/军队）、知情权（广播），以及信息自由（言论、通信）。这类需要执行紧急服务的重要工作是保障国民最低限度生存要求的服务不得中断，即便是罢工期间，也要提供相关服务。德国的“应急工作”是基于侵害他人基本权利的可能性产生的概念，因此类似于国际劳工组织的必要服务概念。

2. 最低限度服务（minimum services）

韩国《工会及劳动关系调解法》专门对“公益事业”作出规定：公益事业是“与国民日常生活关系密切、严重影响国民经济的事业”，包括：（1）规定路线的客运事业及航空运输事业；（2）水道、电气、天然气、石油炼油事业，以及石油供给事业；（3）公共卫生事业、医疗事业，以及血液供给事业；（4）银行和造币事业；（5）广播和通信事业。

《工会及劳动关系调解法》还规定：在以上公益事业当中，其“工作中止或废止会威胁国民日常生活、严重阻碍国民经济发展、且不容易被替代的工作”被称为“必须公益事业”。具体行业包括：（1）铁路、城市铁路，以及航空运输事业；（2）水道、电气、天然气、石油炼油事业，以及石油供给事业；（3）医院和血液供给事业；（4）韩国银行事业；（5）通信事业。

韩国《工会及劳动关系调解法》② 于2006年12月又增加对“必须维持工作”的概念和其争议行为限制的规定。“必须维持工作”是指，在以上的“必须公益事业”中，工作的中止或废止会严重影响国民生命、健康、人身安全，以及日常生活，由总统令规定的工作，同时规定不得停废

① 德国的“保护工作”（Erhaltungsarbeiten）：指劳动争议期间，需要维持设施和工作手段，以便争议结束后恢复生产的工作。如企业的设备和原料保管等，这种保护工作会减少争议后再次开工时不必要的费用，有利于企业尽快恢复正常生产。西班牙和韩国也有类似的法律规定。

② 韩国的《工会及劳动关系调解法》于2006年12月30日增设42—2条。

或妨碍必须维持的工作。①

法国宪法承认罢工权。但立法要求国家和地方公务员、国营企业劳动者（劳动者包括公务员和劳动合同职工），以及承担公共服务的民间企业劳动者需要在罢工期间维持最低限度服务。实际上，最近几年在法国公共服务部门的罢工中，最低限度服务多数集中在罢工较为频繁的电气、铁路、航空运输等行业。同样利用最低限度服务进行公共服务罢工限制的国家还有比利时、芬兰、荷兰、葡萄牙等国。

3. 公益事业和部分行业特别规制

日本通过《劳动关系调解法》规定了日常生活中不可或缺的“公益事业”的范畴，具体包括：（1）运输；（2）邮政、电气通信；（3）水、电、天然气供给；（4）医疗和公共卫生等。其中，“运输”工作是指“根据一般民众需求，规定一定路线，定期运送旅客或货物的工作”。因此，线路公交、铁路、航空等均属于公益事业，但不包括出租车等行业。该法还规定，对于严重影响国民经济，给国民的日常生活带来严重危害的事业，首相可以在经国会同意以后，限期指定其为公益事业，以保证该事业的继续运营，时限为一年。不过，由于日本至今没有指定准公益事业的先例，实际上日本的公益事业范畴仅限于前面的几个行业，可以说仅从字面上理解的法定公益事业的范畴较小。

考虑到电气或煤炭矿业部门的特殊性和重要性，日本通过 1953 年制定的《电气事业及煤矿业劳动争议规制法》对其罢工进行规制。具体是禁止以下劳动争议：在电气行业，禁止停止电气正常供给的行为，直接妨碍电气正常供给的行为；在煤矿业，《矿山保安法》规定的保安工作正常运营停废行为，危害矿山人身安全的行为、减少或失去矿物资源或使其受到重大损坏，导致矿山的重要设施遭到破坏、导致矿灾发生等行为。在 2001 年的参议院经济产业委员会上，厚生劳动省副大臣明确表示，由于电气部门对国民经济、国民生活产生巨大影响，对于一般需要的电气供给事业，有必要继续适用罢工规制法。实际上，得益于日本劳资双方通过对话达成一致的传统，日本公益事业部门的劳动争议数量极少。

---

① 2008 年 1 月 1 日正式开始实施。

二、国外对公共服务部门罢工的限制规定

国际劳工组织认为，罢工权是劳动者和工会为了保护自身利益的基本和不可或缺的手段，劳动者和工会应有罢工权。但是，对于提供“必要服务”（essential service）的公共部门的罢工权，应有必要的限制。有关必要服务的具体内容应由政府和劳资双方当事人共同决定。

对于公共部门或提供“必要服务”的行业的罢工行为，经合组织多数国家制定了限制措施。一些国家通过公共服务部门劳动争议的罢工预告、罢工规定，以及政府干预等方面的措施，限制罢工行为，减少罢工对国计民生的影响。

（一）罢工预告

通常，公共服务部门的罢工需进行罢工预告，预告时间一般规定为10天。

日本《劳动关系调解法》规定，公益事业部门进行罢工，应在罢工前10天，向地方劳动委员会、劳动部部长或所属道知事提交书面通知。未遵守规定的劳动争议行为将受到处罚。法国公共服务部门的罢工，首先应由工会代表进行罢工事先预告，预告内容包括罢工时间、地点、已定或未定的罢工持续时间等，罢工预告期为5天，在此期间劳资双方具有协商义务。意大利1990年法律规定，必要服务部门罢工至少应在罢工前10天进行罢工预告，2000年法律在此基础上追加了明示罢工方式和罢工理由的规定。

通常，西班牙的罢工预告期为5天，而必要服务部门需要进行10天的罢工预告，并向劳工部部长递交书面材料。在10天的罢工预告期间，用人单位和工会应继续协商，决定提供最低限度服务的各项条件。如劳资双方不能达成一致，政府可以通过行政命令规定有可操作性的最低限度服务的维持条件。

（二）最低限度服务的内容

西班牙、意大利、韩国等国通过集体协议明确公共服务部门罢工相关的具体细节。

西班牙的1992年法案要求劳资双方当事人在该法生效后12个月以内

签订集体协议，并要求集体协议必须包括以下事项：（1）必要服务的性质和最低限度服务的水平；（2）承担最低限度服务的劳动者的指定程序；（3）适用协议发生争议时的解决程序。这些协议只有得到相关工作监督部门的批准方有效，并需要在公报登载相关内容。

意大利1990年法案没有具体规定必要服务具体的最低限度服务维持方式，规定由劳资双方与服务利用者团体进行协商，通过集体协商，规定协调罢工权和其他基本权利的最低限度服务。此时的集体协议可以规定：（1）为了维持最低限度服务严格规定不得参加罢工的劳动者人数；（2）规定定期提供的服务的形式。如劳资双方未能达成一致，由最低限度服务保障委员会进行调解。

韩国的《工会和劳动关系调解法》规定，为了保证劳动争议行为期间提供最低限度服务，劳动关系当人事应提交经签字盖章的必须维持工作协议。协议内容应包括必须维持工作的最基本维持、运营程度，对象职务以及所需人员等。

西班牙的最低限度服务规定

最低限度服务的规定需要考虑每次罢工的罢工时间和规模等，由劳资双方具体协商决定。最低限度服务维持方式应具体注明每个用人单位、每个劳动者以及各时间段。决定最低限度服务的原则是，确保罢工权和必要服务利用权之间的均衡。

各行业最低限度服务规定的具体案例如下：

——地铁或城市公交方面，必须保证上下班高峰期50%～60%，其他时间段15%～20%的运行。

——铁路方面，1980年国营铁路公司预告罢工时，国王令规定，国营铁路公司代表可以要求政府规定最低限度服务条件，政府规定的条件应是工会或争议团体交涉的对象。总体来看，铁路的最低限度服务需要保证每个目的地一天有一辆货车。

——航空运输方面，最低限度服务由1983年11月16日和1985年3月25日两个行政命令规定。另外，地方政府有权根据运输性质规定最低限度服务的规则。

——能源方面，立法规定劳动者只能在保证电、天然气、石油的维持程度上行使罢工权。

——邮政方面，集体协议规定应成立由五名工会代表和五名公司代表组成的“解释、监督、和解、适用委员会”（CIVCA）。如发生争议，由劳工部部长规定最低限度服务相关规定。

意大利的最低限度服务规定

最低限度服务的适用依据是根据各部门特点制定的特殊协议规定。

在运输部门，服务提供者根据集体协议，应向利用者提供一般运行时间表和罢工期间也能保障的运行服务内容及时间表。根据适用1990年法律和2000年法律的集体协议，以及保障大众交通最低限度服务的最低限度服务保障委员会的审议，大众交通罢工权的禁止期间如下：

所有交通工具：12月17日—1月7日，复活节前后5天，6月27日—7月4日

铁路：6月27日—9月3日

航空：7月28日—8月3日，8月10日—9月5日

其他：7月28日—8月3日，8月10—20日，8月28日—9月3日

所有全国范围运输工具：选举日前后3天

所有地区范围运输工具：选举日前后1天

最初和最后一天都包括在罢工期间内。

另外，还规定：

——罢工期间，地区运输工具在最繁忙的高峰期（通常为上午6点至9点，下午6点至9点）分成两个时间段，共提供6个小时的正常服务。

——铁路运输保障大部分长途联系和郊外居住人员的移动。

——航空运输，禁止上午7点至10点、下午6点至9点的罢工，保障岛屿之间的联系，保障大部分国际航线，总体上保障约一半左右

的航班。

——海上运输方面，在较大岛屿禁止各种运输工具的同时罢工，较小岛屿之间的联系则由分时间段系统进行保障。

另外，在教育部门，最低限度服务规定，保障父母至少能对10岁以下子女的幼儿园、小学、中学的教育负责。对于各种考试的顺利实施，也有最低限度服务保障。

（三）政府有关职能

对于在公共服务部门提供最低限度服务，多数国家的政府都表现出较少介入或保持中立的态度。然而，当罢工影响巨大，严重危害国家和国民利益时，各国政府也会积极介入其中进行干预。

1. 保障最低限度服务规定的执行

为了更好地执行最低限度服务规定，意大利专门设置了“最低限度服务保障委员会”。如劳资双方未能对最低限度业务达成一致，就由“最低限度业务保障委员会”规定最低限度服务。该委员会由劳动关系专家或法律专家、上院和下院议长共同推荐，总统指名的9名委员组成。委员任期为3年，可以连任一届。最低限度服务保障委员会的主要权限是[①]：（1）委员会的工作目的包括两点，一是判断最初集体协议规定的最低限度服务合适与否；二是必要时对此提出补充性意见。如劳资协议未能对此达成一致时，委员会可以制定临时规定，保障一定期间特定服务的维持。除了特殊情况，临时规定不得规定超过正常工作量50%的量，维持工作必要的人员也应严格规定必要的水平，人员不得超过该部门或该企业1/3以上的劳动者人数。（2）如当事人有要求，委员会可以就最低限度服务相关协议的解释进行仲裁。另外，如对最低限度服务相关协议，工会之间未能达成一致，委员会可以要求劳动者投票。（3）如未能按照协议规定的最低限度服务或临时规定进行，委员会可以进行制裁程序。制裁方法是罚款，具体是2 580～25 800欧元。另外，委员会也可以要求企业对违反协议或临时规定的劳动者适用惩戒规定。（4）委员会承担预防争议的使

① 最低限度服务保障委员会的主要权限2000年法律第10条。

命。就此，委员会可以召集当事人提议调解或延期罢工、重新开始集体协商。

在韩国，如劳动关系双方未能达成一致，没能签订必须维持工作协议，当事人双方或一方应向劳动委员会提出申请，决定必须维持工作最低限度的维持和运营水平、对象职务以及所需人员等。劳动委员会在收到申请以后，应考虑事业特点和各用人单位的必须维持工作特点、内容等，决定必须维持工作所需要的最低限度的维持和运营程度、对象职务，以及所需人员等。这项工作具体由劳动委员会特别调解委员会承担。

西班牙规定①：如情况特别重大，政府可以采取任何维持最低限度服务的正当措施。法院认为，最低限度服务的维持应由政府决定，并提出几个要求防止政府的行政职权乱用。其中包括：（1）政府具体指有执行权的机构；（2）政府权限不属于自由裁量权，应根据不同情况，很好地协调罢工参加人员的要求和受影响社会大众的不便；（3）政府的措施应符合程序条件，具体是指，对适用程序的当事人的通知和在官方报纸上公示有关措施的决定，如不遵守这些程序，政府的决定可以被无效化；（4）政府应充分考虑罢工劳动者和工会提出的维持最低限度工作所提供的协助。应在罢工预告以后，罢工开始前8天，由组织罢工的工会提出最低限度服务的具体维持方案。如3天之内不能达成劳资一致，当事人应根据最低限度服务相关协议或替代性规定所规定的内容，履行争议解决程序。另外，法律还规定，政府可以采取维持最低限度服务必要的所有措施，包括用非公司职员的劳动者替代罢工劳动者。

2. 开展紧急调解

国际劳工组织认为，罢工有可能被限制或禁止（即严格意义上的必要服务和以国家名义执行公权力的公务员的劳动争议），或国家发生紧急情况时，劳资双方可以申请强制仲裁。

在西班牙，为了结束“严重损害国民经济”的罢工，政府可以命令强制仲裁。西班牙宪法法院判决这类政府介入合理，因为“对于这类重要职能，国民的权利优先于罢工权，这并不侵害罢工权的本质”。

在意大利，政府有权下达重返工作岗位的命令。中央政府或地方负责

① 西班牙1977年国王令第10条。

人如认为该管辖领域的罢工威胁公共秩序时，应召集当事人建议调解。如调解失败，中央政府或地方政府可以命令全部或部分罢工劳动者重返工作岗位，或推迟罢工。

英国的《紧急权限法》（*Emergency Powers Act*）规定，在食品、水、燃料、电力供给或分配上出现争议，政府有权宣布紧急情况，并采取措施，保障国民的必要需求。如紧急情况期间超过7天，需得到国会的批准。截至目前，英国一共宣布了12次紧急情况，最近一次是在1973年和1974年罢工期间。1964年的紧急权限法给予政府在不宣布紧急情况时，为了执行“国家性重要紧急任务”，可以调遣军队的权限，同时这种权限不受议会的限制。

韩国的《工会和劳动关系调解法》规定，对于公益事业争议行为，或由于争议行为的规模大、性质特别，严重影响国民经济或威胁国民日常生活时，雇佣劳动部长官有权决定劳动争议紧急调解。在决定紧急调解以前，应听取中央劳动委员会委员长的意见，决定紧急调解时应及时公布并附上理由，同时向中央劳动委员会和相关当事人通告。根据规定，公布紧急调解决定以后，相关当事人应立即中止争议行为，在公布日30天以内不得进行争议行为。中央劳动委员会接到紧急调解通告以后，应立即开始进行调解；中央劳动委员会委员长认为可能调解不成功时，应听取公益委员意见，决定是否将案件移交给仲裁。该决定应在收到紧急调解通告起15天以内完成；中央劳动委员会收到相关当事人双方或一方的仲裁申请或决定将此案件移交仲裁时，应立即进行仲裁。

在日本，对于有可能由于争议行为引发的服务停止，严重阻碍国民经济的运行，或严重威胁国民日常生活时，首相有权宣布紧急调整。自紧急调整决定公布之日起50天以内（冷却期），禁止一切争议行为。具体由中央劳动委员会进行斡旋、调停以及仲裁。

美国劳动法对于必要服务设置了冷却期（cooling-off period）相关规定。根据铁路劳动法，争议导致公众得不到必须运输服务或威胁各州之间的交易“严重中断”（interrupt substantially）时，总统可以设置冷却期，决定紧急调解程序的开始。对于总统认为威胁国民健康和安全的重大争议，同样可以设置冷却期。

各国能源部门法定最低限度服务制度比较见表8—1。

表 8—1　　各国能源部门法定最低限度服务制度比较

国家	行业	方式	具体说明
西班牙	电气、天然气、石油	特别法	在保障电气、天然气、石油供给的条件下可以行使罢工权
意大利	一次能源和原材料的供给	劳资协商，后经最低限度服务保障委员会	实际上电气、天然气等供给部门没发生过罢工
芬兰	能源	2003 年 8 月 27 日	生产和供给能源的企业应向 12 小时未能得到能源供给的利用者支付补偿金
法国	电气	罢工时应遵守的最低限度服务指南	—有关罢工时的服务维持，根据雇主形成的材料维持最低限度服务。实际上，减少送电量是不可能的 —20 世纪 80 年代曾发生的减少送电量、输电量的罢工受到舆论的强烈谴责，此后再无发生
希腊	电气和天然气的生产和供给，石油的生产和提炼	劳资协商，经劳动委员会	适用能源部门相关特别规定

三、对我国的借鉴

当前是我国经济社会快速发展时期，也是经济社会矛盾的多发期。近年来，集体劳动争议案件呈上升趋势，集体停工事件时有发生，有关罢工的探讨再次受到关注。然而，即便是在承认劳动者罢工权的发达国家，由于公共服务部门的特殊性，对公共服务部门的罢工仍有着严格限制。国外一些成功的经验值得借鉴。

（一）通过立法规范公共服务部门的集体停工事件

为保障国民享受必要的公共服务、国家安全和社会稳定，应明确规定限制公共服务部门的集体停工行为。借鉴国际劳工组织和一些国家的做法，有必要通过立法界定公共服务部门和“必要服务”的内涵和范畴，并具体列举出必要服务的行业范围。同时规定，在这些领域即使发生集体劳动争议也必须提供必要的公共服务，以便避免严重影响国家经济发展和国民正常的生活秩序。

（二）明确界定“最低限度服务”的范围

建议明确确定“最低限度服务”。由于多数公共服务部门所提供的产品和服务关系到国计民生和经济社会的稳定，因此，在任何情况下，这些部门都应提供基本的公共服务。借鉴国际经验，应明确规定，电力、通信、铁路、民航、交通运输、公共医疗等公共服务部门，即便发生重大集体劳动争议，也必须提供“最低限度服务”。建议劳资政三方共同确定各个公共服务部门的最低服务范围和服务水平，以便保证国民经济的运行、社会的稳定和国民的基本生活。

（三）成立公共服务部门集体协商专门管理机构

可以借鉴意大利的经验，成立类似于最低限度服务保障委员会的公共服务部门集体协商管理机构，促进劳资双方的交流，加深双方理解，调节集体劳动争议缓解双方矛盾，尽可能使劳资形成信赖关系，从而保证公共服务部门劳动关系的和谐稳定。

第九章　国外集体谈判中政府的作用研究

市场经济国家对集体谈判和集体协议的态度经历了反对、承认和保护三个阶段。19 世纪初，欧美各国崇尚自由竞争，认为集体谈判和集体合同有悖于契约自由的私法原则，因而持反对态度。到 19 世纪中叶，随着工会力量的壮大和工人运动的发展，以及雇主对集体合同的接受，政府也不再反对。19 世纪后期，各国政府对集体谈判和集体协议开始在立法上采取保护政策。1871 年和 1875 年英国公布了世界上第一个《工会法》和《企业主和工人法》，承认工人与企业主地位平等，允许工人以团体名义与企业主签订契约。这以后，其他国家陆续制定了承认和实施集体谈判和集体协议制度的法律。第二次世界大战后，随着集体谈判和集体协议制度的进一步发展，许多发展中国家先后确立了本国的集体谈判和集体协议制度；美、英、法、德等发达国家也相继完善了自己在这方面的法律。国际劳工组织在此基础上，制定并通过了 1949 年《组织权利与集体谈判权利公约》（第 98 号公约）、1951 年《集体协议建议书》（第 91 号建议书）、1981 年《促进集体谈判公约》（第 154 号公约）和第 163 号同名建议书。至此，集体谈判和集体协议制度已成为世界各国普遍运用的调整劳资关系、维护社会稳定和促进经济发展的重要手段之一。各国政府在推进集体谈判和集体协议制度发展过程中，发挥了重要作用，主要表现在以下几个方面。

一、制定有关集体谈判和集体协议的法律法规

劳动立法和公共政策的制定是各工业化市场经济国家的政府用以规范和影响集体谈判行为机制的一种重要手段。许多国家都制定了相应的法律法规，如美国制定了《国家劳动关系法》《劳资关系法》和《劳资关系报告与信息披露法》等，加拿大制定了《工业关系和纠纷调查法》，英国制

定了《工会与劳动关系法》和《雇佣关系法》，德国制定了《企业基本法》《集体谈判法》《企业组织法》《煤港工业职工参与管理法》《企业委员会参与经营管理法》和《职工参与管理法》，澳大利亚制定了《联邦调解仲裁法》《产业关系法》《工作场所关系法》《长期服务假条件法》《职业安全与卫生法》和《反歧视法》，俄罗斯制定了《集体劳动争议处理法》《集体劳动争议调解法》《工会及其权利和活动保障法》《俄罗斯联邦调节社会劳动关系三方委员会条例》《集体劳动争议调解委员会工作组织建议》《集体劳动争议调解人工作组织建议》《集体劳动争议仲裁工作组织建议》《关于社会伙伴关系和解决劳资纠纷的总统令》《劳动仲裁法院关于解决集体劳动争议的调解程序（劳动仲裁和调解人）的意见》和《集体劳动争议调解委员会工作组织建议》等，日本制定了《劳动组合法》《劳动关系调整法》和《劳动基准法》《公共企业劳动关系法》和《地方公营企业劳动关系法》，韩国制定了《劳资协商会法》和《劳动标准法》，新加坡制定了《工业关系法令》和《雇佣法令》等。

这些法律确立了资方和劳方在劳动关系调整机制中的主体对等地位、资格认定与谈判的程序及内容，确立了集体谈判过程中及之后引起的劳动争议处理的原则、程序和方法，以及确立了政府主管部门和机构管理及监督集体协议执行的职责等，形成了一整套有关集体谈判开展、集体协议缔结和执行、集体劳动争议处理，以及实施罢工或闭厂干预的程序、规则和方法。

（一）对集体谈判双方主体资格、权利与义务的规定

确立并赋予有代表性的工会代表工人参与集体谈判的资格、权利与义务，是健康开展集体谈判的前置条件。因此，各国法律都对此高度关注，并作出了明确规定。

美国1933年颁布的《国家产业复兴法案》第7款对工会参与集体谈判的权利问题作了明确规定：“工会会员有权在不受雇主干涉、强迫和限制下，通过自己选择的代表进行集体谈判交涉的权利。”1935年美国对该法案进行了修订，并以《国家劳动关系法》取代了《国家产业复兴法》。修订后的《国家劳动关系法》第7条规定：“雇员有权利自我组织，加入或帮助劳工组织。通过他们自己选择的代表，去向雇主提出他们的要求和条件。有权利参与任何以寻求正当利益和保护的集体活动，也有权利不参与

某些活动……”这些条款都明确地赋予了工人享有结社自由、自行参加工会和选择工会代表，以及参加集体谈判的权利。

德国《集体合同法》第2条规定：“（1）集体合同的双方主体为工会、单个雇主或雇主协会；（2）工会和雇主协会的联合会（最高组织机构）如果享有相应全权，则可以以其分属的组织名义订立集体合同；（3）如联合会的章程规定其也有订立集体合同的任务，则联合会本身也可成为集体合同的一方；（4）第（2）、（3）款所述联合会以及分属组织应保证履行其作为集体合同当事人的义务。”德国《集体合同法》对双方主体资格、权利和义务的规定是以“共决权”制度为基础的。所谓共决权制度，是指德国法律规定的在所有企业中雇员享有与雇主共同参与和决定企业事务的权利的制度。因此，德国的工会在企业里具有举足轻重的影响力，无论在企业经营管理，还是在员工工资待遇、社会保障与福利等方面，工会都享有与资方依据法律进行协商或谈判，共同决定的权利。

在涉及谈判双方代表的义务时，美国《国家劳动关系法》规定：“谈判的任何一方不可擅自提前终止或修改合同，除非谈判的任何一方都同意提前终止或修改合同。若谈判的任何一方都同意提前终止或修改合同，则（1）如合同本身具有有效期，提前终止或修改合同的书面通知，必须在合同失效期前60天提交，如果合同本身不具有有效期，提前终止或修改合同的书面通知必须在终止或修改合同前60天提交；（2）与对方商谈签订新的合同或修改合同的内容；（3）如果双方发生分歧，不能达成协议，发生分歧的通知应在30天内提交给联邦调解调停局，与此同时，发生分歧的通知也要提交给发生分歧所在地的州或领地的调解调停局；（4）在提交终止或修改合同的60天内，合同应继续生效，直到合同到期为止。在此期间，不得进行罢工或闭厂。”

澳大利亚、瑞典、俄罗斯、日本等其他国家的法律对工会代表工人参与集体谈判的资格、权利与义务也有相应的类似规定。

（二）对集体谈判的范围、内容和方式的规定

集体谈判范围和内容的合理界定是完善集体谈判制度的核心。美国《国家劳动关系法》第8条规定：“谈判是雇主与雇员的代表根据各自的愿望，在一定的时间就工资、工时、工作条件或其他事项履行双方义务进行的谈判；或对协议和与其相关问题进行的谈判；或对书面合同的执行程序

进行的谈判。这些义务并不强迫任何一方接受或作出妥协。”

西班牙、加拿大等市场经济国家的法律也就集体谈判的工资、劳动时间和就业条件和劳动关系处理等内容，作出了相应的规定。

（三）对集体劳动争议处理的规定

美国《劳资关系法》规定：“集体谈判是雇主和雇员代表间的相互契约行为，双方可在适当的时间内商讨工资、工时和其他就业条件，或者谈判并达成协议，或者讨论由此产生的问题和集体合同执行过程中产生的任何争议问题。”另外，该法还规定：“促进雇主和职工通过集体谈判解决争议的方法，可以是由政府提供充分的调解、调停、自愿仲裁的条件，帮助和鼓励雇主同职工代表就工资、工时、工作条件达成和保持协议的方法，也可以是尽一切可能的努力，按他们通过开会和集体谈判达成的相互协议解决分歧意见，或者根据任何现行协定中规定的解决争议的办法。”

（四）对罢工或闭厂的规定

美国《国家劳动关系法》规定：“一旦美国总统认为实际发生的罢工、闭厂，或罢工、闭厂的威胁牵涉几个州或同外国有关的整个或大部分贸易、商业、运输、无线电和电视，或电信产业部门或生产商品的部门，如果听任其发生或继续下去，将危及全国卫生或安全时，他可以指定一个调查委员会对争议的问题进行调查，并且在他规定的时间内向他提出书面报告。总统必须将报告的一份副本正式提交给联邦调停调解局，并且将内容公之于众。”该法还规定，铁路部门劳资发生纠纷时，在解决纠纷调查委员会成立至其提交调查报告后30天内，即“平静期”，劳资双方不得采取罢工或闭厂行为。

日本《公共企业劳动关系法》规定，公共事业和与公共福利有关的企业的罢工或闭厂，必须提前向政府提出申请，首相有权决定动用紧急预案，在50天内禁止罢工或闭厂。

有些国家还在工会立法中对罢工作出了明确规定，有的严格控制或禁止工人罢工；有的则具体规定了举行罢工的条件、程序、规则和法律责任等。

（五）对集体协议或集体合同的规定

很多国家都规定了集体合同的签订程序，集体合同的形式、内容、有效期限、适用范围和法律效力，以及破坏和违反集体合同的法律责任等。但各国对集体合同适用范围和方式的规定，各有不同。瑞典及其他北欧国家实行的是覆盖各产业的全国性集体合同；英国实行的是覆盖某一行业或职业或区域性的集体合同，而美国、日本等国家实行的主要是企业集体合同。美国对集体谈判和集体协议的立法着重强调集体谈判代表的选举程序、代表的权利和义务，而其他国家则更重视集体合同内容的合法性。如美国《国家劳动关系法》规定：(1) 集体合同须规定合同双方的权利和义务，并应具有有关劳动关系的内容、缔结和终止以及有关企业和企业组织问题的法律规范。(2) 集体合同应以书面形式拟定。

双方代表经过谈判达成协议之后，工会代表须将协议草案文本提交全体工会会员或雇员进行无记名投票表决。协议获得多数会员通过后，才能报劳动或产业关系委员会审批。劳动或产业关系委员会在收到协议文本后，须举行由各方代表参加的听证会，并在一定时间内做出决定。还有一些国家法律规定，集体合同须报国家劳动行政部门实行备案制度。如菲律宾有关法律规定，集体协议经工人代表讨论，双方协商同意后向全体员工宣布，并经政府劳工部确认后，方具有法律效力。印度尼西亚也同样对集体合同实行备案制度。另有一些国家则对集体合同实行审查制度，规定政府有关职能部门必须对集体合同实行严格审查。在新加坡，法律规定，由产业仲裁庭负责审查企业与工会签订的集体合同。审查范围一般包括签订协议的程序、内容和签约代表的资格等。只有经过产业仲裁庭审查注册的集体合同，才具有法律效力。关于集体协议和个人劳动合同的关系，一般情况下，多数国家规定个人劳动合同确定的各项劳动标准和就业条件只能高于集体协议。

从各国有关集体谈判的立法和执行情况来看，当劳资双方自行谈判机制较为成熟时，政府有关谈判的立法与公共政策只需做出一些原则性规定；而当劳资双方自行谈判机制尚不成熟或谈判仅限于企业范围时，政府有关谈判的立法和公共政策相应就具体一些。以美国为例，国家劳工关系局和法院将企业一级的谈判内容限制在三个范围，即授权谈判的内容、准许谈判的内容和禁止谈判的内容。授权谈判的内容，就是法律规定在谈判中不得加以回避的议题，诸如工资、工时和其他劳动条件问题；所谓准许谈判的内容，就是一些议题虽然法律未作明确规定，但如果劳资双方同意，仍可作为谈判的议题；所谓禁止谈判的内容，就是法律规定不得纳入谈判的议题，例如工会要求雇主应优先雇佣原工会的会员，就在法律严格禁止之列。

二、制定作为集体谈判依据的基本劳动标准

制定国家基本劳动标准，如最低工资、工时、休息休假，女工、未成年工保护，职业安全与卫生，社会保障等标准，以便确保集体谈判按照国家确立的基本劳动标准进行。

（一）最低工资标准和工资支付法规

工资是集体谈判双方最关注的主要谈判内容。国外有关工资的法律规定，主要是规定了工资和最低工资的支付形式及方法。对于工资的具体数额或增幅标准，多数国家通常并不作具体规定，而是由劳资双方通过集体谈判去协商确定。对于最低工资的确定方法和适用范围，大多数国家都作了明确的规定，比如英国为制定最低工资标准专门设立了工资委员会，并规定最低工资制度只适用于集体合同没有覆盖的行业或工资特别低的职业。美国《公平劳动标准法》则规定：雇主应按最低工资标准按工作周支付给经商或从事商品生产，或受雇于一个经商或从事商品生产的企业的每个雇员。

加拿大的最低工资标准是由加拿大《就业标准法案》确定的。安大略省 2000 年最低工资标准是每小时 6.85 加元。安大略省劳工厅建议对《就业标准法案》进行修改，要求把家庭工人的最低工资提高到每小时 7.54 加元，如果家庭工人每周工作时间超过 40 小时，则应获得超时报酬。理由是家庭工人由于工作会产生额外支出，如照明、自购设备等。

关于工资的支付形式和方法，美国《公平劳动标准法》规定：“雇主不应在企业内因性别差异而歧视受本条规定管辖的雇员，应实行男女同工同酬，并应实行以下几种工资制：（1）年资制；（2）功劳制；（3）通过数量、质量或产量来衡量的收入制；（4）性别差异以外其他因素带来的差异工资制。如果雇主支付了不同的工资标准从而违反本款规定，则不得以降

低任何雇员的工资标准来遵守本款规定。”其他一些国家则规定，工人工资必须使用法定的货币或支票支付，必须按期按时支付，如果企业破产，必须优先偿付等条款。在涉及工资增长问题时，则规定需要考虑企业利润增长率、劳动生产率增长率、家庭赡养负担、社会通货膨胀率等各种因素。

（二）工作时间与休假标准

关于工作时间与休假标准，是劳动立法的传统内容。许多国家的劳动立法已将每周工作 48 小时、每日工作 8 小时的标准修改为每周工作 40 小时，每日工作 8 小时的标准。有的国家则由集体合同商定工时标准。由集体合同规定工时的国家，每周的工时标准往往低于每周 40 小时。法律对工作时间的具体规定还包括：准许雇主在特殊情况下作出加班的决定和实行轮班制所必需的调整办法；对不可抗力的特别规定；对加班加点的限制，以及对加班费标准和支付办法的规定等。关于带薪年休假的条件与标准。许多国家的立法也都作出了规定，如享受这种休假所需要的工作期限、带薪年假工资标准的计算方法等。

美国《公平劳动标准法》第 7 条规定：“雇主不得使经商或从事商品生产或受雇于经商或从事商品生产的企业的雇员在一个工作周内工作时间超过 40 小时，除非该雇员在超过上述规定的时间受雇得到的报酬不低于基本工资的一倍半。”德国《联邦休假法》规定，非全日制就业劳动者同全日制就业劳动者一样，有权申请带薪休假。荷兰法律规定，非全日制雇员休假日数，按工作时间总量等比例计算，对于某些特殊假日享受与全日制雇员同等的待遇。此外，周工作 20 小时以上、连续工作一年的非全日制劳动者还可享受不带薪的育婴休假。

（三）职业安全与卫生标准

职业安全与卫生标准方面的立法，近几十年来有了很大的发展。战后科学技术革命导致工业生产的现代化，使劳动条件和工作环境发生了重大的变化，给职业安全和卫生立法提出了新的要求。除了原先行业和部门的职业安全技术和劳动卫生规程以外，还增加了许多新的防护措施，如对辐射性和放射性物质的防护、机械人和机械手的使用等规则。这方面的立法不再限于危害特别严重的少数职业或工种，而是扩展到了所有的职业和行业。

美国1970年颁布的《职业安全与卫生法案》对工作场所的最低职业安全与卫生标准，如工作场所的职业安全卫生行为、有害有毒物质的最大暴露程度，以及对工作场所职业安全与卫生的劳动监察等问题作出了明确规定。英国、德国、法国、意大利、奥地利、西班牙、比利时、卢森堡、荷兰、丹麦、希腊、葡萄牙、芬兰、挪威、瑞典等国法律均作出了相应规定。

（四）社会保障标准

社会保险的立法早在19世纪末已在少数国家出现，20世纪前半期有了更快的发展。1943年，英国《贝弗里奇报告》用社会保障的概念替代了社会保险，把其进一步发展成为向一切需要的人提供基本收入和医疗服务的社会保障制度。之后，社会保障的保护概念和范围继续扩大，除了养老、失业、疾病、生育、工伤、残疾、遗属等保险项目外，还包括社会福利和社会救助等项目，如家庭困难补贴和老人家庭护理和医疗补助等。各国立法也相应地扩大到了这些领域。

美国1935年颁布的《社会保障法》确立了美国的基本社会保障制度。该法将65岁定为法定退休年龄。但随着第二次世界大战后婴儿潮时期出生的人集中大批进入退休年龄，美国的养老基金已不堪重负，现已将1960年及以后出生的人的退休年龄提高到67岁。英国的国民保险制度，是一种包括老龄、死亡、伤残、生育、失业、工伤等保险的综合型社会保险制度。它覆盖了在英国居住的所有人，包括移民工人、非全日制及其他灵活就业方式的劳动者。

荷兰的社会保障法规规定，非全日制劳动者，可依据其工作时间的总量获得一定比例的健康保险、失业救济、病休补偿、残疾津贴和养老金。其中健康保险包括日常医疗、牙病医治、住院、护理及其他服务。法国法律规定，非全日制劳动者可加入社会保险，缴纳社会保险费，并按规定标准获取社会保险待遇。德国则规定，工伤保险制度适用于所有的劳动者。

（五）未成年工、女工保护标准

这方面的立法是劳动立法中最古老的内容，至今仍在各国的劳动立法中占有一定的地位。这方面的立法最早只涉及儿童受雇的最低年龄和工作时间的最高限度，对妇女从事繁重、有毒、有害工作的限制，以及对妇女加班和夜间工作的限制等事项。现在，除了上述规定之外，许多国家还在限制童工的来源，限制对未成年工人的使用和剥削，以及给予他们特殊照顾方面，作了进一步的规定。对于妇女就业的保护，也由以前的保护性立法转向了促进男女就业机会均等、同工同酬、男女共同负担家务等方面的性别平等立法。

在未成年人就业的问题上，美国法律作了非常详尽的规定。美国《公平劳动标准法》第12条规定："（a）如果位于美国的机构在发运货物前30天内雇佣未成年工，则生产商、制造商或经销商不得装载或发运其生产的作为商品发运的任何货物。（b）劳工部部长或其授权的代表应根据上款对有关雇佣未成年工的情况进行一切调查和检查。在司法部部长的领导和控制下，采取一切措施禁止任何雇佣未成年工并使其受磨难的非法作为。执行本法中所有关于未成年工的条文。（c）在经商或生产商品中或在经商或生产商品的企业中，雇主不得雇佣受磨难的未成年工。"在工作限制方面，美国法律规定16～18周岁的未成年人只能从事无危害的工作，但工作时间不限；而14～15周岁的未成年人只能在学校就读时间外从事不属于加工制造、采矿及有危害性的工作。在工作时间方面，美国法律规定，未成年人在有课日每天最多工作3小时，每周累计不得超过18小时；在非有课日每天最多工作8小时，每周累计不得超过40小时。除此之外，未成年人每天工作的时间仅限于早7时至晚7时之间。一般情况下，14周岁是可以工作的最低年龄。

法国的劳动法规定，不允许未成年人在结束义务教育前参加工作，包括受雇于或出现在公开演出的事业单位或电影摄影、广播、电视或音像录音等单位。任何人吸引不满10周岁的儿童完成危险的强力技艺或柔体技艺、雇佣不满16周岁未成年人为马戏团等团体进行表演，都是违法的。任何父母、监护人或雇主都不能将未成年人委托给从事上述职业的人。否则，他们也将受到惩罚。日本《劳动标准法》规定，不得雇佣身体尚未成熟，并处于义务教育时期未满15岁的儿童。但是，如果对儿童的健康以及福利无害、其劳动轻易，本人又不坚持继续学习方可就业，但要经学校校长证明、家长的同意以及劳动署署长的批准。电影、戏剧等事业，可让12岁以下的儿童在学习时间外就业。

在女工就业保护问题上，各国的法律都在妇女的工作时间、薪酬、工作环境等方面作了具体规定。譬如，英国的法律规定，如果女雇员在某企业连续工作 2 年以上，则产假（最长为 40 周）期满后，有权回原企业工作；对于符合条件的雇员有权获得法定的产假工资，其最高比率为雇员正常周工资额的 90%。德国规定，禁止德国女性雇员从事采矿、井下、炼焦、冶铁、建筑、油漆等可能暴露于危险物品或场所的工作。女性可作各种机动车和火车的司机，但是必须符合妇女就业法的规定。禁止解雇适用于妇女保护期内的通常解雇和由于重大原因造成的特殊解雇。在保护期内，不允许发出在保护期结束后生效的解雇通知。法国劳动法规定，在工厂、矿场或采石场、工地、车间及其附属场所、公共事务办事处、自由职业机构、私营公司、行业工会及各种性质的协会里，不论其性质如何、世俗还是宗教，均不得雇佣妇女从事夜班工作。俄罗斯规定，禁止安排妇女从事繁重、有害劳动条件及某些井下工作；禁止安排怀孕或有 3 岁以下子女的妇女夜间工作、加班、假日工作和出差。对抚养残疾子女的家长一方，每月应给予 1 天补充休息日，并从社会保险经费中拨款支付当日工资。对在农村工作的妇女，根据其意愿，每月应给予 1 天补充休息日，但不保留工资。

日本劳动法规定，禁止女工从事危险、有害以及井下工作。为照顾妇女的健康和有充分时间料理家务，抚育子女，禁止妇女加班、加点和假日劳动。对满 18 周岁以上的妇女，加班、加点的时间，一天不得超过 2 小时，一周不得超过 6 小时，一年不得超过 150 小时。禁止妇女在假日劳动。韩国《雇佣平等法》规定，在招聘、雇佣、培训、工作分配和晋升时，实行男女机会均等和同工同酬。该法还规定，禁止用人单位以女性为由，特别是以女工结婚、怀孕、生育为由辞退女工，或在女工退休时实行差别待遇。

（六）限制企业裁员标准

许多国家对企业大批裁减富余人员作了限制性规定。这些法律法规有的是以独立法律的形式出现，有的是以增补条款的形式出现在相关法律中。英国有关雇用保护法规规定，企业要解雇具有两年以上连续工龄的员工，必须有正当的理由，且办理合法的解雇手续，否则作为“不正当解雇”，员工可到就业仲裁所上诉。这条法律规定同样适用于在同一企业连续工作两年以上的非全日制就业劳动者。1999 年 1 月政府向议会提交的

《雇佣关系法草案》中特别对多种灵活就业方式做出了如下规定：即将前法规定的“对不合理解雇的申述权资格”中要求有连续两年工龄改为一年，并将“享受40周延长产假资格”中要求的连续两年工龄改为一年；而且不得任意解雇一年以上的短期就业劳动者。

美国在1988年制定的《工人调整再培训预告法案》《公民权法案》和《年龄歧视禁止法案》中对企业解雇员工均作了相应规定。德国的《解雇保护法》对企业解雇员工或裁员的原因、程序、诉讼等，都作了详细规定。其他一些欧洲国家也规定，企业裁员时，必须考虑员工的年龄、技术、文化、工作资历、就业合同的性质等各种因素。

国际劳工组织《雇主主动终止雇佣公约》（第158号）和《雇主主动终止雇佣建议书》（第166号）规定，企业在大批裁减或解雇工人时，应采取以下措施：（1）采取协商机制。当雇主打算在生产、计划、组织、结构或技术方面采取重大改革会导致解雇工人时，雇主应尽早与有关工人代表，特别就这类改革及它们的影响进行磋商。（2）采取预防措施。在考虑防止或减少因经济、技术、结构或类似性质原因而解雇工人的措施时，应特别包括限制雇佣、在某一时间内逐步减少工人，使之自然减员、内部调配、培训和再培训、适当收入保护条件下的自愿提前退休，限制加班和缩减正常工时。（3）制定解雇标准。雇主因经济、技术、结构或类似性质的原因选择将被解雇的工人时，应尽可能根据事先确定的标准，此类标准应权衡企业、公司或服务机构和工人的利益。（4）实行再雇优先权。因经济、技术、结构或类似性质的原因被解雇的工人，如在他们离职的一定期限内曾经表示愿意被再雇佣，应在雇主再雇佣相同资格的工人时，有一定的被再雇佣优先权。（5）减轻裁员影响。因经济、技术、结构或类似性质的原因终止雇佣时，主管当局应在可能的情况下与雇主和有关工人代表合作，采取适合国情的措施，如果需要，为他们安排适当的培训或再培训，尽快为受影响的工人安排其他适当的工作。

与欧洲、澳洲国家相比，美国、加拿大政府对劳动力市场的直接干预程度较低。美国只有少数州，如缅因州和威斯康星州等对企业裁减富余人员进行了立法。在联邦一级，政府行为只限于根据1974年的贸易法对由于进口产品引起裁员的企业提供帮助。在这两个国家，关于裁减企业富余人员的标准、运作程序、实施办法主要由劳资双方签订的集体协议进行规范。

近年来，随着私有化步伐的加快和失业率的迅速上升，中东欧一些转轨经济国家也出台了旨在规范经济性裁员的立法。如1991年匈牙利政府制定了《促进就业和失业救济法》，有关章节专门论述了裁员规则，这套规则在制定过程中大量借鉴了西方国家的有关就业立法。俄罗斯联邦就业总局也于1995年出台了有关经济性裁员的法规。

（七）提前退休的规定

1988年，德国制定了《高龄劳动者非全日制就业法》，并于1998年进行了修订，实施非全日制就业补助制度。其主要做法是：企业若配合政府让55岁以上的高龄劳动者在可领取养老金之前转为非全日制就业，并将其匀出的工作安排给其他求职者，联邦雇佣厅将支付企业当事劳动者原工资的20%作为补助。这一举措得到了行业和企业的响应。1998年7月德国建筑业的集体合同中就有这样的条款：55岁以上的员工在工作的最后10年里每周工作时间缩短一半（为19.5小时），或者头5年不变，后5年提前退休，那么在这一时间段，工资为从前的70%，社会保险费减为从前的90%。

三、提供集体谈判所需要的条件、环境和服务

国外的实践经验表明，政府为集体谈判提供良好的经济、社会和法制环境与条件，提供良好的服务和必要的协调或干预措施，是保障集体谈判顺利开展并达成双方满意的集体协议的基础。

（一）提供集体谈判所需要的良好环境与条件

一个国家的大环境对集体谈判过程与结果的影响是显而易见的。这里所说的环境，主要包括五个方面，即经济环境、公共政策、人口结构、社会环境以及技术环境。主要工业化市场经济国家在这五个方面大都为集体谈判提供了较为优越的支撑条件和环境。

在经济环境方面，欧美国家主要在宏观经济、微观经济和劳动力市场运行状况方面为劳资双方谈判主体提供相关的数据、资料和分析预测信息，比如有关经济增长率，通货膨胀率、国际收支平衡状况、产业结构政策调整与变化状况、劳动力参与率、失业率、职业变化、工资上涨等宏观

经济方面的指标、数据或资料，以及微观层面企业罢工作用力的相关统计等对集体谈判可能会产生不同程度影响的信息资料。

在公共政策或社会政策方面，许多国家为规范集体谈判和集体协议的健康开展，制定和实施了大量的劳动法律和基本劳工标准法规。这些法律法规详细规定了集体谈判的程序、内容、谈判主体的代表资格、权利和义务，为集体谈判的开展提供了法律标准和依据，也为政府监督这些法律法规的执行提供了法律保障。美国1935年颁布实施的《国家劳动关系法》及1947年的《劳资关系法》等修正案是这些规范劳动关系调整和集体谈判活动的最重要和最著名的劳动法律之一。另外，美国还制定了大量的直接影响雇佣条件和基本标准的法规，如工时、工资、养老金和平等就业机会方面的法律法规。

在人口结构方面，各国政府主要是为双方主体提供可能会影响集体谈判走势的一些数据和分析资料，比如国家经济活动人口的流动情况；男女劳动力的劳动参与率，尤其是第二次世界大战后女性劳动参与率的增加情况；青年人口的劳动参与率和受教育率；分部门和行业的劳动者从业率等方面的资料信息。

在社会环境方面，主要是营造有利于开展集体谈判的社会氛围，提高社会各界公众，尤其是工会和雇主组织对依法开展集体谈判的认知度和积极性。另外，通过社会民调机构对工会组织维护工人权益，包括代表工人进行集体谈判的表现，开展民意调查，并随时掌控工会活动的政治倾向和公众对工会支持态度的变化。

在技术层面，技术革新和引进对就业水平和集体谈判所产生的影响越来越大。因此，政府在这方面的作用就是积极引导集体谈判双方处理好使用新技术和保持员工就业岗位的关系。最近有很多证据表明，在美国表现得最出色的工厂往往是那些把人力资源开发、管理和利用与技术革新和引进成功地结合起来的工厂。

（二）提供集体谈判所需要的咨询与服务

为劳资双方提供有关背景资料、信息、培训和咨询等方面的服务，是各国政府的一项重要职责。提供这些服务，目的在于使劳资双方，一方面能够如实开展集体谈判所需要了解和掌握的必要信息与技巧，另一方面能够掌握及时处理和化解谈判中或谈判后发生的集体劳动争议的信息和技巧。此外，政府还可利用各种媒体或通过三方机制，广泛宣传政府的对策主张，以影响劳资双方致力于建立协调稳定的劳资关系。

这些咨询服务的方式，可以是开展各种政策法律咨询，举办培训班，为集体谈判双方代表提供专门的谈判技巧培训，并向谈判双方提供集体谈判所需的有关信息。主要包括工资、工时、保险福利方面的变化情况，物价水平和劳动生产率的变化情况，劳动力市场供求的变化情况等。

（三）为集体谈判提供必要的调解和干预

对集体谈判，各国政府一般都保持中立态度，并不直接介入谈判活动。但在谈判过程中，当双方发生争议，使谈判无法继续进行，或者可能发生对抗性行为时，政府有关部门会主动介入或应邀进行斡旋调解，敦促双方互谅互让，相互妥协，以避免发生罢工或关厂等激烈的对抗性产业行为。另外，在国家经济不景气或是失业严重时期，政府也往往从全局利益出发，采取强制性手段对集体谈判进行直接的行政干预，如冻结工资、限制提高福利待遇以及一些预防突发性事件的断然措施等。

四、保障集体谈判机制的运行和法律的实施

（一）政府管理集体谈判的机构及职能

市场经济国家负责集体谈判和劳资争议事务的机构大都为劳资关系委员会或产业关系委员会。

美国根据1935年颁布的《国家劳动关系法》，设立了国家劳资关系委员会。该委员会现有5名成员，由总统任命，参议院批准，任职期限为5年。委员会的总部设在华盛顿，并在全国各大城市设有地区办事处。委员会主要职责是监督参与企业集体谈判的工会代表的选举产生过程，并通过调查、指控和判决，处理对不公正劳动行为的指控。在对工会代表权选举的监督中，委员会成员对诸如选举单位或称之为“适当的谈判单位”的规模以及选举的有效性拥有权威的发言权。但是在日常事务中，对不公正的劳动行为案件进行调查和起诉，以及对选举程序进行的调查和监督，则分别由大律师和委员会授权的各地区办事处负责。国家劳资关系委员会地区办事处由办事处主任领导，其成员包括一名地区律师、几名出庭律师、实

地监察员和办事员。

根据1947年颁布的《劳资关系法》，美国又成立了联邦调停调解局。该局由一名局长领导，局长由总统在听取参议院的意见并取得参议院同意后予以任命。为了履行职责，局长有权任命秘书和其他人员，局总部办事处设在哥伦比亚特区，并在可能发生劳资争议的地方设立地区办事处。局长可以以命令方式将法律授予他的权力和责任委托给任何地区办事处主任或调停局的其他官员或职员，而且此类命令可随时收回。局长可以确定适当的程序，以便同各州和各地方的调解机构合作。局长须在每个会计年度末向国会提出书面报告。局长和调停局不受劳工部部长或劳工部的任何官员或任何部门的管辖或领导。局长不得从事任何其他事业、行业或职业。

该局的主要职责包括以下几个方面：(a) 为防止或减少因劳资争议而使商业自由流通中断，帮助发生劳资争议的各方通过调停和调解解决争议。(b) 在影响到商业的任何工业部门发生任何劳资争议时，可以主动，或经争议中的一方或多方的请求，进行干预。对于州与州之间的商业只有轻度影响的争议，如果州或其他调解机构可以处理，局长应避免试图调停。一旦局长出面干预，必须立即同有关各方联系，并尽最大努力通过调停和调解达成协议。(c) 如果在一定时期内，局长不能通过调解使有关各方达成协议，他必须促使他们自愿寻找别的办法来解决争议而不采取罢工、闭厂或其他施加压力的办法，包括将雇主最新的解决条件交付该谈判单位的职工以秘密投票方式予以接受或拒绝。(d) 在执行或解释现有的集体谈判协定中产生的申诉争议时，以取得各方同意为最佳方法。只有作为最后的努力无效和在特殊情况下，再进行调解和调停。(e) 一旦双方在集体谈判协定的条款或执行问题上产生争议，而争议的一方请求开会，或打算参加协定的一方请求开会时，调停局应立即安排这次会议并努力使会议迅速解决此项争议；如果此项争议开会不能解决，调停局应立即根据本法召集各方会晤，协助找出解决争议的办法。

另外，《劳资关系法》还规定，除联邦调停调解局外，还设立国家劳资关系小组，组员为12人，由总统任命，其中6人从企业行政管理方面有名望的人物中挑选，其余6人从劳工方面有名望的人物中挑选。组员任期3年，但是当1名组员在到期前留下空缺时，填补空缺的新组员的任期只是前任组员剩下未完的时间，而被总统任命的第一批组员中，4名的任期为1年，另4名的任期为2年，剩下4名的任期为3年。经调停和调解局局长请求。小组有责任就避免产业争议和调停争议及自愿解决争议的方式、特别是对影响到国家公共福利的争议的解决办法，提出意见。

澳大利亚负责集体谈判和劳动争议事务的机构是澳大利亚联邦产业关系委员会。联邦产业关系委员会由28名成员组成，其中委员会主席和副主席各1名，委员会副主任14名，其余为委员会委员。该委员会的前身是成立于1904年的联邦政府调解和仲裁庭。委员会依据澳大利亚1996年《劳动场所关系法》的规定运作。产业关系委员会的成员由政府提名，由总督任命；委员会的成员实行终身制，直到65岁退休；委员会成员都是劳动关系领域、法律界和经济界的知名人士或高级专家。产业关系委员会的主要职责是：（1）协调劳资关系；（2）处理劳资纠纷（调解与仲裁）；（3）对企业与工会发生的纠纷所涉及的内容可以作出相应的判定；（4）核准集体协议；（5）审批成立工会组织的申请，并进行登记注册；（6）审核批准工会罢工的请求。

新西兰负责集体谈判和劳动争议的机构则是劳工部雇佣关系局。由于新西兰的劳动争议处理机制所采用的是劳工法庭终局制，仲裁只是一个中间的环节，所以，凡仲裁不决的案件，须转入劳工法庭进行最终判决。

（二）主要国际组织和各国政府在三方机制中的作用

1. 国际劳工组织在三方性机制中的作用

国际劳工组织在推动实现其四大战略目标（即保护劳动者基本权利、促进就业、完善社会保障制度和开展社会对话）方面，充分发挥了三方性协商机制的作用。特别是在进入新世纪以来，在国际劳工组织将实现体面劳动作为劳动世界全球目标加以大力推动的情况下，三方性原则和三方机制在国家、地区和国际层面都发挥着日益重要的作用。劳工组织通过制定劳工标准、研究开发指导性文件、执行技术合作与援助项目等，促进各国政府对三方机制的了解，加强工会和雇主组织参与三方活动的能力，使三方性原则在劳工和社会领域得到广泛应用。在推动开展三方性机制和活动方面，劳工组织主张各国政府应做到以下三点：一是以市场经济制度和民主政治体制为协商的基础。只有在市场经济条件下，才能形成真正代表劳动者和资方各自利益的工会和雇主组织，而只有在民主的政治体制条件下，才能保证工会和雇主组织充分表达其对劳工和社会问题的真实观点和感受，并实现真正意义上的三方协商与合作。二是确保工会和雇主组织具有充分的代表性。在三方协商机制中，政府主管部门需要同最具有代表性的工会和雇主组织建立经常性的沟通与协商机制。因此，政府必须确保，通过适当的程序和措施，选择规模最大、成员最多、最具有代表性和影响力的组织作为对话和协商的工会和雇主组织。三是确保协商在公平、真诚、有效的原则下进行。政府应当以良好的政治意愿，建立完善的协商机制，在充分征求各方意见的情况下确定协商内容、制定协商日程、提供必要的行政支持，以便使工会和雇主组织的意见得到充分表达，使协商活动在公平、真诚、尊重的气氛中顺利开展，达到预期效果。

2. 欧盟在三方协商机制中发挥的作用

作为以发达国家为主体组成的地区性组织，欧盟近年来高度重视发挥三方协商机制在劳工和社会事务领域的作用。欧洲委员会每年举行一次以经济增长和就业为主题的“欧盟社会问题三方领导人会议”。会议由欧盟理事会和欧洲委员会轮值主席联合主持，欧洲工会联合会（ETUC）与欧洲产业和雇主联合会同盟（UNICE）各派 10 名会员组织的代表参会。在宏观经济领域，三方协商的问题主要涉及经济、财政、预算和货币政策。在就业领域，协商的内容包括就业增长、失业、劳动力市场政策等问题。在社会保障领域，协商主要围绕各成员国的“社会融合国家行动计划”进行。在教育与培训领域，协商主要围绕终身学习、发展竞争力和加强研究等方面的问题。通过三方协商，就以上领域形成的共识或决议，对各成员国制定政策具有指导作用。

为保证协商效果，欧洲委员会还建立了常设的“跨产业顾问委员会”，由欧洲委员会、各成员国以及不同产业的工会和雇主组织代表组成。主要任务是就协商事项做出安排、提出建议。委员会下设六个工作组，分别负责劳动者的就业机会平等和福利待遇、职业安全与卫生、职业培训、自由流动、欧洲社会保障基金和移民工人的社会保障问题。

（三）主要国家的政府在三方协商机制中发挥的作用

在劳工和社会领域开展三方协商方面，欧洲发达国家都很重视充分发挥工会和雇主组织的作用。早在 20 世纪 70 年代以前，德国、芬兰、瑞典、挪威等国就建立了常设的国家三方委员会，英国、法国、葡萄牙、西班牙等国家设立专门的三方顾问委员会，主持开展国家一级的劳工与社会问题三方协商与合作活动，并指导开展部门和产业一级的活动。德国还通过立法确立了工人和雇主“共决”机制，授权工会或职工代表同雇主或企业管理方代表就双方共同关心的问题开展协商并共同作出最后决定。荷兰国家三方协商机构是社会与经济理事会，其职能是就政治与经济事务和劳动与社会事务，向政府提出建议或意见。

东中欧转型国家在三方协商制度立法和机制建设方面，正在加快步伐，目前已建立了国家级的三方协商机构，如罗马尼亚的国家经济和社会委员会，保加利亚的国家三方伙伴关系委员会，匈牙利的国家利益和谐委员会，拉脱维亚的国家三方委员会，波兰的社会和经济事务三方委员会，斯洛伐克的国家经济和社会合作三方委员会等。在这些国家三方协商机构之下，大都设有由三方成员组成的技术委员会、专门委员会或其他机构，并开展了相应的协商活动。在面临着政治多元化，包括独立工会运动的情况下，转型国家政府在赋予工会罢工权利但又不使其影响经济恢复和宏观经济目标方面，充分发挥了三方协商机制的作用。

近年来，俄联邦政府在劳动关系领域实行了三方协调机制，其运作主要体现在三个层面，即联邦一级、州（地方）一级和产业（行业）一级。其主要活动是围绕不同层面劳动关系重大事宜签署三方框架协议，如在集体谈判涉及的工资问题上，首先，由联邦一级的三方协议确定工资水平的基准；其次，州（地方）及产业（行业）一级的三方协议根据各自情况加以细化；最后，企业一级集体谈判在上述三方协议的框架内，通过自主协商签订集体协议。2004 年，已登记的联邦行业和跨行业集体协议共 57 个，其中 15 个是当年签署的。

在亚洲、非洲和拉美地区，三方协商日益成为国家政治和社会生活中的一项重要议题。尤其是韩国，近年来在推动开展三方性活动方面取得了明显成果。韩国于 1999 年 5 月通过了关于建立国家三方委员会及开展三方协商活动的专门法律，同年 8 月颁布了关于实施该项法律的总统命令，国家三方委员会宣告正式成立。委员会成员共 20 名，分别由政府、工会和雇主组织的代表组成，由总统任命。政府代表为经济与财政部部长和劳工部部长。国家委员会下设日常工作委员会、若干分委员会、临时特别委员会、地方各级协商机构，以及若干咨询专家。三方委员会在总统的直接领导之下，就以下事项开展了正式协商：（1）关于劳动者就业保障和工作条件的劳工政策；（2）关于对劳工政策有重要影响的产业、经济与社会政策；（3）关于公共部门结构改革的原则和指导方针；（4）关于发展产业关系的思路与措施及制度改革；（5）关于如何贯彻三方委员会达成的协议；（6）关于如何加强三方伙伴的合作关系；（7）关于总统交办的其他事项。委员会须每季度向总统提交工作报告。

（四）政府在集体劳动争议调解或仲裁中发挥的作用

一些市场经济国家的经验表明，政府在集体劳动争议处理中发挥着十分关键的作用，主要体现在以下几个方面：

一是制定有关集体劳动争议的法律。特别是制定有关协调劳资关系的具体准则、步骤和最低劳动标准方面的法律，为集体劳动争议的调解、仲裁和裁决提供法律依据。如美国制定了《国家劳动关系法》《公平劳动标准法》，日本制定了《劳动组合法》《劳动关系调整法》《劳动基准法》，澳大利亚制定了《工作场所劳动关系法》，新加坡制定了《工业关系法令》《雇佣法令》等。通过立法，明确劳资争议双方的权利、义务和责任，并为劳动争议处理设置一整套规划有序的运作程序。在政策方面，各国政府通过灵活的政策规定，对劳动争议进行调控和引导，使之有利于劳资关系的稳定和社会经济秩序。

二是设置集体劳动争议处理的专门机构。如美国设有国家劳动关系委员会和联邦调解调停局，澳大利亚设有联邦和州产业关系委员会、联邦法院产业关系法庭和州产业关系法院，新加坡设有劳动争议仲裁庭，欧洲一些国家设有劳动法院或劳动法庭。此外，还有一些国家规定，由政府劳工部门下设的产业关系司负责处理集体劳动争议的事务，如马来西亚的人力资源部劳动关系司和新西兰劳工部产业关系司等。

三是建立一套完善的劳动争议调解制度。国外劳动争议调解制度大体表现为三种运行方式：一种是由劳资双方自行进行调解；另一种是争议双方根据自己的意愿选择所信赖的第三方人士充当调解员进行调解；再有一种是由政府安排或设置的争议调解方式，即指派一位调解员进行单独调解或设立专门的调解机构进行调解。这三种方式是工业化市场经济国家普遍采用的一种常规性做法，优点是可使绝大多数争议案件得到平和、公正、快速的调解。

四是建立一套完善的劳动争议仲裁制度。集体劳动争议仲裁是在调解无效之后进入的下一个程序，主要表现为两种形式：一是自愿性仲裁，即争议当事人自愿向仲裁机构提交仲裁申请；二是强制性仲裁，即由仲裁机构根据法律规定对争议作出的处理决定。通常情况下，强制性仲裁主要针对一些重大的劳动争议案件，如波及整个产业或社会的劳资冲突，以及直接危及社会安全和公共利益的案件。在多数国家，仲裁裁决一经作出，即对当事人形成法律约束力，不能再上诉。在另一些国家，如果当事人对仲裁裁决不服，可保留或行使向法院提起上诉的权利，由法院做出最终裁决。

五是建立一套完善的劳动争议诉讼制度。劳动争议诉讼是指司法机关及争议当事人按照一定规则为解决争议所进行的活动，包括对争议案件的受理、调查、审理、判决、执行和上诉等若干步骤。劳动争议诉讼一般由劳动法庭受理。在工业化市场经济国家，劳动法庭的设置主要有两种：(1) 独立设置的专门劳动法庭，由一名或多名职业法官或数名兼职或名誉法官共同组成，其中兼职法官均来自双方选派的工会和雇主组织的人数对等的代表。在审级问题上，各国一般根据两级或三级的设置层次，实行两审终审制（如澳大利亚）或三审终审制（如德国）。(2) 在普通法院中设置专门劳动法庭。以法国为例，普通法院的机构设置分一审法院、上诉法院和最高法院三个级别，劳动法庭大都设在一审法院内。而在日本，除若干特大城市（如东京、横滨和大阪）的普通法院内设有劳动法庭外，一般城市的普通法院内并未设置专门的劳动法庭。日本的劳动争议诉讼案均以民事诉讼案对待和处理。

（五）对大规模罢工（闭厂）等事件进行行政干预

罢工或闭厂是工会或雇主在劳动争议陷入僵局后逼迫对方妥协的一种极端手段。国际劳工组织和大多数成员国都认为，罢工是工人的一种基本权利，应予以尊重，而且许多国家都在相应的法律中对申请和举行罢工的目的、性质、程序、方式等作了详细规定。但是，罢工尤其是大规模的长时间罢工，毕竟会对社会正常秩序和社会公共利益造成重大影响或损害。因此，为避免损失进一步扩大，政府会按照法律规定的程序及时作出反应。从国外的实践看，政府对罢工的行政干预主要表现在以下几个方面：一是在罢工准备阶段，命令罢工推迟进行；二是在罢工开始后，命令暂停或终止罢工；三是宣布实施国家紧急状态，按照法定程序，强令罢工结束。这类行政命令一般由政府机构或主管部门领导人发布，也有个别国家由政府最高首脑颁布。一些国家法律规定实施的行政干预罢工的措施如下：

美国1947年《劳资关系法》规定，如果美国总统认为罢工已威胁到国家安全的话，可以直接采取干预行动，包括指定一个调查委员会对争议问题进行调查，并要求在规定时间内向他提出书面报告。总统随后可通过司法部向罢工发生当地的联邦法院申请，由联邦法院发出停止罢工的命令。法院根据申请发出命令后，不管劳资双方意见如何，都应当暂停罢工80天。在此期间双方继续寻求解决办法，以期最终达成协议。2002年9月，美国西海岸一万多名码头工人发起的大罢工，就是以这样的程序解决的。当时布什总统下令司法部向旧金山联邦法院申请下达复工命令，法院据此立即下令停止罢工。劳资双方在法定的“冷却期”内经过谈判，各自做出让步，最终达成了为期6年的协议，结束了罢工。

澳大利亚有关法律规定，劳工部部长如果认为罢工对雇主和雇员造成消极影响，威胁一部分公众的生活、人身安全、健康和社会福利，以及对国家经济的某一部分造成重大伤害时，有权通过发布部长命令制止罢工。澳大利亚产业关系委员会也有权决定罢工是否应停止或不得举行。联邦法院也可据此发布禁止令，并可对任何不受保护的或非法的罢工采取行动。

西班牙有关法律规定，就业部在适宜情况下可命令罢工人员中止罢工，恢复工作，期限最长为两个月。在有可能损害国家经济的情况下，政府有权命令通过强制仲裁依法中止罢工。挪威有关法律规定，调解委员会可以命令推迟罢工，并启动至少16天的调解程序，以便利用一切可能的调解手段使问题得到解决。如果有可能严重危及社会利益，议会或内阁（在议会休会期间）可决定中止罢工。瑞典有关法律规定，罢工通知应同时提交劳动争议调解局。如果确信有助于争议的解决，调解局可以做出决定，将罢工推迟14天。芬兰有关法律规定，罢工通知需同时提交国家劳动争议调解机构；如认为基本服务部门的罢工对社会生活威胁较大以及需要时间再次进行调解，劳工部可以命令罢工延期14天。

俄罗斯有关法律规定，罢工在对国家或部分地区造成特别严重影响的情况下，联邦政府有权做出终止罢工的决定。在紧急情况下或在特殊部门发生罢工时，联邦政府应当在10天内提出对集体劳动争议的解决办法。爱沙尼亚有关法律规定，经调解机构提出建议，政府可视情况命令罢工推迟两周或1个月。在发生自然灾害和国家紧急状态时，政府可命令中止罢工。

韩国规定，罢工不得有暴力和破坏行为，不得占领与重要生产活动有关的生产设备和设施，不得停止、关闭或中断工作场所安全设备的正常运行。如发生以上情况，劳工部部长可根据全国劳工关系委员会做出的决定，命令罢工停止，如果来不及等待劳工关系委员会的决定，可立即命令停止罢工，但事后要得到委员会的追加批准。

五、对我国的启示与借鉴

（一）进一步完善集体协商和集体合的法律体系

市场经济是法制经济。在市场经济条件下建立完善的集体谈判和集体合同制度，最根本的是要建立和完善一套切实可行的法律法规，以法律手段去规范集体谈判和集体合同制度。这是发达国家在建立完善集体谈判和集体合同制度中的一条基本经验，同样也是我国在建立和完善集体谈判和集体合同制度中得出的宝贵经验之一。1992 年，我国七届人大五次会议通过的《工会法》对集体合同作了原则性规定。1994 年，全国人大常委会审议通过的《劳动法》规定，集体合同是我国调整劳动关系的一项基本法律制度。这两部法律在原则上确立了我国实行集体合同的基本制度。同年 12 月，劳动部又发布了《集体合同规定》，使《工会法》和《劳动法》关于集体合同制的规定，成为可以具体操作实施的行为规范。同时，各级政府劳动行政部门，也为贯彻实施集体合同制度，制定了大量可操作的行政配套法规。但是，从我国实施集体协商和集体合同制度近 20 年来的实践看，我国关于集体协商和集体合同制度的立法还过于原则，不够系统，操作性有待加强。借鉴国际经验，应对现有的有关集体协商的法律法规进行修改、补充和完善。一是在实践基础上制定全国性、地区性、行业性的规章，规范集体协商行为，鼓励各类企业，特别是非国有企业开展集体协商；二是研究起草并尽快推出《集体谈判法》或《集体合同法》；三是抓紧制定和完善就业保障、社会保险、劳动保护和其他就业条件方面的劳动标准法规，以便集体协商双方主体在集体协商中有遵循的依据。

（二）进一步完善集体协商和集体合同的制度

市场经济国家集体谈判和集体协议制度在解决其劳动争议和稳定劳动关系方面发挥着十分重要的作用。这种制度既保护了劳资双方的合法权益，也使劳资双方的争议大都化解在了基层，有着很强的预防和调解争议的功能。我国在实行集体协商和集体合同制度方面虽然取得了一些进展，但总体来看，效果有待改进。原因是多方面的，但最核心的原因是，一个科学、完善的集体协商和集体合同制度还没有真正建立起来，相关法律制度不完善、协商主体地位与作用不明确，尤其是工会的作用发挥不到位，政府应该发挥的调控、保障功能和应该提供的服务措施也没有跟上。因此，应在学习和借鉴国外经验和总结我国实践的基础上，加快建立和完善配套的集体协商和集体合同制度。

（三）进一步加强工会组织建设，充分发挥工会组织在集体协商中的作用

我国《工会法》规定，企业的所有者、管理者和普通职工，均可成为同一企业基层工会的会员。因此，在许多企业中，企业的所有者和管理者，同时又是企业工会的领导人。这样就使得在企业集体协商中，雇主和工人双方代表的身份不明确，地位不确定，势必导致协商过程中的“一言堂”“一边倒”倾向，使集体合同流于形式。因此应该修改《工会法》的有关规定，禁止企业的所有者和管理者或其亲属担任工会的领导职务，改变现行工会和企业事实上的隶属关系，使企业工会只隶属于上级工会，企业工会的领导应由工会会员选举产生，工会领导和专职工作人员的工资或兼职人员的补贴，均由工会会费统一支付。另外，还应积极培育企业工会参与集体谈判的技能和水平。

（四）进一步加强政府对集体协商的服务

政府应转变职能，为开展集体协商的双方提供良好的环境和服务，如开展各种咨询服务，举办培训班，为双方主体提供劳动法律咨询服务，为谈判人员提供专门的培训，并向谈判双方提供有关信息，如工资、工时、保险福利方面的变化情况；物价水平和劳动生产率的变化情况；劳动力市场供求关系情况等。同时，政府还应敦促雇主向工会代表提供集体谈判所需要的企业盈利、生产成本、劳动力成本等真实情况和相关信息，以满足雇员对企业经营的知情权，解决集体谈判双方所获信息不对称问题。

(五) 进一步健全集体劳动争议处理机制和措施

借鉴国外预防和处理集体劳动争议的机制，应高度重视建立并不断完善集体劳动争议的预防机制和措施，努力创建和谐的劳动关系。应尊重集体劳动争议双方的意愿，积极鼓励他们启动自愿调解程序，力争把企业劳动争议最大限度地化解在基层和萌芽状态。在此基础上建立自愿调解、中介调解、仲裁调解、仲裁、法院裁决的集体劳动争议处理机制。这一处理机制的基本原则是，以调解为主，仲裁为辅，判决为补。核心是通过各个阶段和层次的调解手段，把 90％以上的集体劳动争议案件化解掉，其余的主要是通过仲裁方式予以解决，法院只受理极其个别的重大争议案件。这一处理机制应具备反应灵敏、程序简便，办案公平、公正、透明，结案迅速、高效的特点。

第十章 借鉴国际经验，完善我国集体协商机制

劳动力供求双方就劳动条件为主要内容而开展的集体谈判，是市场经济条件下调整劳动关系的基本途径。借鉴国际经验，进一步建立和完善我国集体协商机制，充分发挥其调整劳动关系的作用，对于有效化解劳动争议特别是集体劳动争议，保护劳动力供求双方的合法权益，进而构建和谐稳定的劳动关系具有重要作用。

一、完善集体协商制度是构建和谐劳动关系的必然要求

（一）集体协商制度伴随市场经济而产生和发展

集体协商源于集体谈判，是市场经济发展到一定历史阶段的产物。以18世纪中叶英国工业革命为起点，西方各国适应工业化发展的市场经济体制逐步建立。在这一过程中，劳资双方经济利益的突出矛盾，是孕育集体谈判并推动其发展的动因。这种矛盾有其必然性，不依集体谈判的存在而改变。在市场经济条件下，劳动力市场机制作用的发挥，有赖于市场主体双方力量的相互制衡，也就是说有赖于集体谈判机制的有效运行。工业化国家的市场经济从自由放任到走向法制化的过程，同时也是劳资关系由尖锐对抗到走向相对缓和的过程。鉴此，集体谈判作为调整劳资关系的有效机制，是现代市场经济体制的重要组成部分。

改革开放以来，我国的集体协商制度是伴随着劳动力市场机制的建立和完善而产生和发展的。随着经济体制改革的深入，劳动力市场主体双方地位逐步明确，市场机制在配置劳动力资源过程中开始发挥基础性作用。1994年颁布的《劳动法》规定："企业职工一方与企业可以就劳动报酬、工作时间、休息休假、劳动安全卫生、保险福利等事项，签订集体合同。

集体合同草案应当提交职工代表大会或者全体职工讨论通过。”这为集体协商制度的建立奠定了法律基础。《工会法》明确规定：“工会代表职工与企业以及实行企业化管理的事业单位进行平等协商，签订集体合同。”这进一步确立了集体合同制度的法律地位。近十几年来，集体协商和集体合同制度开始在各类企业逐步推行。2006 年，劳动和社会保障部、中华全国总工会、中国企业联合会联合颁布了《关于开展区域性行业性集体协商工作的意见》，对区域性行业性集体协商的重要意义、范围、协商代表产生方式、协商内容、程序等作出了规定。① 目前，全国形成了以企业集体合同为主体、以区域性行业性集体合同为补充的集体合同制度框架，集体合同制度覆盖面不断扩大，实效性逐步增强，初步建立了以工会和职工代表与企业或企业组织平等协商为特征的集体劳动关系调整机制。截至 2010 年年末，全国经各地人力资源和社会保障部门审核备案的集体合同达到 92.1 万份，覆盖职工 1.14 亿人；工资集体协议 31 万份，覆盖职工 4 398 万人。共建立各级协调劳动关系三方机制 1.4 万个。

(二) 劳动关系领域的突出问题要求加快完善集体协商机制

当前是我国经济社会快速发展时期，也是劳动关系领域的矛盾多发期。随着工业化、信息化、城镇化、市场化、国际化的深入发展，企业组织形式、用工方式、分配方式日益多样化，劳动关系领域面临许多新情况、新挑战，影响劳动关系和谐稳定的问题突出。一是劳动关系双方主体结构发生了巨大变化。从企业构成方面看，非公企业已经成为用工的主体，并且是劳动争议的多发领域。从劳动者构成方面看，新生代劳动者已经成为产业工人的重要力量。他们文化素质高，平等意识强，更加注重通过法律渠道维护自身权益。特别是当他们遇到劳动争议时，很少像父辈那样“用脚投票”、回到农村，而是要就地解决劳动争议问题。二是经济发展方式转变促使劳动关系处于多变状态。“十二五”期间，经济发展方式加快转变，节能减排，淘汰落后产能的举措很多，这使得许多劳动者需要分流安置。同时，在工业化、信息化、城镇化、市场化、国际化过程中，也会使原已形成的劳动关系受到冲击，易于产生劳动争议。三是劳动关系

---

① 《关于开展区域性行业性集体协商工作的意见》(劳社部发［2006］32 号)。

方面的法规制度还不够健全完善，侵害劳动者权益的行为还很突出。如有些企业用工不规范，不依法签订劳动合同；有些企业劳动条件差，劳动安全卫生保护不到位；有些企业一线职工收入偏低、增长缓慢；有些地区劳动争议居高不下，集体停工和群体性事件时有发生，等等。劳动关系领域出现的新情况、新挑战，需要探索和完善有效解决劳动争议问题的调处机制。中外实践表明，集体谈判、集体协商机制是调节劳动关系的有效途径。

（三）集体协商机制能够在调解劳资矛盾中发挥重要作用

市场经济国家集体谈判的历史实践表明，由于集体谈判通过法定程序将劳资双方的权益纳入到一条规范化的轨道，从而有效地缓解了社会领域中的劳资冲突，使劳资关系从无序走向有序。集体谈判这一独特的作用是战后市场经济国家劳资关系趋于缓和的重要原因。长期实践表明，避开谈判而采取任何过激的行为最终只能使劳资双方两败俱伤，其中最大的受害者是劳动者。虽然在生产资料私有制条件下，集体谈判不能从根本上改变和消除劳资双方的对立，但是集体谈判却能够使对立的劳资双方为实现不同的经济利益要求找到一个彼此兼顾的结合点，这就为劳资矛盾的缓和奠定了基础。

在我国，劳动关系中的矛盾是在劳动者根本利益一致基础上具体利益差别的矛盾。在各类企业中工作的工人、经营者、管理者的根本利益是一致的。但由于劳动者分布在不同性质、不同规模和不同发展水平的企业中工作，处在不同的具体的劳动关系中，因而不可避免地会存在和产生具体利益差别的矛盾。这种矛盾完全能够在合作、协商、协调、依法调处的基础上得到解决。

集体协商制度促进和谐劳动关系的作用主要体现在以下方面：一是通过协商，使劳资双方彼此沟通，了解相互需要解决的主要问题及所持的基本立场。进而通过集体协商寻求解决问题的有效方法和所要达到的目标。这就缓和了双方因缺乏相互沟通而易于产生的各种猜疑和敌视情绪。二是集体协商为劳资双方提供了一个达成一致性协议的程序。由于集体合同及其程序具有法律的规范性，从而使劳资双方的不同利益要求，能够通过法定的契约方式得到保护，这就减少了劳资双方不同利益要求在实现过程中的随意性。三是卓有成效的集体协商，其结果往往能够使劳资双方从中受益。尽管劳资双方利益要求和看问题的角度有所不同，但如果双方持信任与合作的态度，加之适当的谈判技巧及审时度势的长远眼光，最终能够在一定程度上实现自己的利益要求。

二、加快制定有关集体协商和集体协议的法律法规

集体谈判是现代调节劳动关系的基本手段和重要机制，市场经济国家通过立法手段保证和推进集体谈判的法制化和规范化。

（一）国外集体谈判和集体协议的法律规定值得借鉴

各国对集体谈判和集体协议的法律规定主要体现在宪法、劳动法典和专门法律三个层次上。在各国关于集体谈判和集体协议立法中，普遍规定了“劳工三权”，即团结权、集体谈判权及集体争议权[①]，以及企业的组织权利；并具体规定了集体谈判和集体协议的有关重要事项，如集体谈判和集体协议的定义、确认工会代表性的标准、工会谈判主体的选择、谈判过程中争议的解决、集体协议的内容、协议的扩展适用、协议的解释和实施等。多数国家还就如何开始集体谈判、谈判的层级、提供信息、诚信谈判、集体协议的登记和生效等程序性问题作出具体规定。其目的是确保集体谈判的自主性，并有效协商达成集体协议，在维护劳工权益与化解产业关系冲突的同时，不至于对其他社会成员的利益产生负面影响。总的看，有关集体谈判和集体协议法律的制定是各工业化市场经济国家政府用以规范和影响集体谈判行为机制的一种主要手段。虽然各国有关集体谈判和集体协议的劳动立法及相关的社会公共政策的制定有所不同，但各国政府均程度不同地借助立法和政策的影响力，将集体谈判乃至整个劳资关系置于政府的监控之下，使其符合国家政治与经济总体利益发展的需要。

（二）我国有关集体协商与集体协议的法律法规亟待完善

在我国，加快制定有关集体协商和集体合同的法律法规依然是一项紧迫任务，有关法律的缺失主要表现在三个方面。一是关于集体协商的法律

① 张锋．国外集体谈判立法及其借鉴—研究报告。

规范少，只有《劳动法》《工会法》等少数法律中的若干条款对集体合同作了原则性规定。这对于推行集体协商和集体合同制度面临的问题来说，显然是不够的。二是有关规定的立法层次低。目前规范集体合同主要法规依据是劳动和社会保障部发布的《集体合同规定》，随着集体合同制度的推行，越来越显示出它的局限性。由于《集体合同规定》是部颁行政法规，它只规定与集体合同的行政管理有关的问题，法律效力有限。三是《劳动合同法》《社会保险法》等法律的配套规章和政策还不完善，影响了推行集体协商和集体合同制度的可操作性。因此，进一步完善我国关于集体协商和集体合同的立法是一个必然趋势。

（三）完善我国集体协商法律法规的建议

1. 制定集体协商和集体合同的专门法律

对集体协商主体双方的权利义务、协商的内容、协商的程序、集体合同的实施、集体争议的处理等作出全面的规定，用以规范集体协商和集体合同的行为。

2. 加快完善《劳动合同法》等的配套规章和政策，增强有关法律的可操作性

随着《劳动合同法》的贯彻实施，出现的许多新情况、新问题迫切需要出台相关政策规定。如尽快制定劳务派遣规定，规范劳务派遣用工行为，明确劳务派遣适用岗位范围与标准；制定经济性裁员规定，明确裁员程序、补偿标准等。

3. 加快制定有关劳动标准的法律法规，使开展集体协商、签订集体合同具有更为坚实的法律基础

如加快制定关于工资、工时等方面的法律，如工资条例，工时条例等；加快制定养老保险、医疗保险条例等可操作性法律法规。

三、促进集体谈判主体双方建立均衡对等的协商关系

（一）形成主体双方均衡对等的协商关系是形成和谐稳定劳动关系的基础

单个劳动者在劳动力市场中一般处于相对弱势地位，难以与雇主形成

对等的平衡关系并有效地维护自己的利益。集体谈判机制可以使劳动者的个人意愿通过工会组织表达出来，由工会代表劳动者个人同雇主协商，这样，能够增强劳动者一方的力量，实现劳资主体双方对等均衡。集体谈判是劳资双方相互沟通的重要渠道。通过集体谈判能够促使劳资双方相互理解，互谅互让，达成妥协，签订协议。运行良好的集体谈判机制有利于减少和消除劳资双方的误解，减少消极怠工、不辞而别，以及大规模、突发性的集体停工罢工事件的发生。

在工业化市场经济国家，通过法律确立并赋予有代表性的工会代表工人参与集体谈判的资格与权利，并规定雇主应以诚信的态度与工会进行谈判。如美国《国家劳动关系法》就“谈判义务”作出规定：谈判是雇主与雇员的代表带有各自的愿望，以诚信的态度在一定的时间就工资、工时、工作条件或其他事项履行双方义务的行为；或对协议和与其相关的问题进行谈判；或对书面合同执行的协商过程。韩国《工会和劳动关系调整法》就“集体谈判原则”的规定是：(1) 工会和雇主或雇主组织应以诚信和真诚的态度进行谈判和签订集体协议，并不得滥用权力。(2) 工会和雇主或雇主组织无正当理由不得拒绝或拖延谈判或达成集体协议。在英国、法国、瑞典等国都有相应的法律规定。

当前，我国在推行集体协商过程中，依然存在着劳动者“不敢谈”、企业“不愿谈”的问题。同时，在为数众多的小型微型企业中存在着工会组织不够健全，或是工会力量薄弱，无法开展有效的集体协商的问题。这一问题是长期阻碍我国推行集体协商制度的一个关键。

(二) 建立主体双方均衡对等关系的建议

重点应进一步明确集体协商双方的权利与义务，并使劳资双方形成均衡的对等关系展开协商。特别是要大力提升非公小型微型企业劳方参与集体协商的能力。

1. 尽快通过立法明确规定，劳资双方有进行集体协商的权利和义务

工会和雇主或雇主组织无正当理由不得拒绝或拖延开展集体协商或签订集体协议。通过法律明确规定解决劳方“不敢谈”，企业“不愿谈”的问题。

2. 大力推行多层次的地区性行业性集体协商制度

通过地区性行业性工会组织与企业组织开展协商有利于明确劳资双方

的主体地位，提高双方的协商能力，特别是有利于明确劳方的主体地位和协商能力。同时，建议将地区性行业性协商的层级进一步提高至市级，以便使双方协商的范围、能力得到进一步提升。

3. 由工会委托第三方与雇主开展协商

建议明确规定，工会组织经过民主程序，可以委托由各方代表组成的第三方代表工会与企业开展集体协商。这样既有利于避免和消除劳方由于参加协商使自身权益受到侵害的担心，也有利于提升劳方的协商能力。

4. 扩展有代表性的集体协议，使更多的劳动者和企业分享集体协商的成果

建议明确规定，同一地区、同一行业的企业工会和企业组织经民主程序，可批准有代表性企业经集体协商形成的集体协议在本企业实行。

四、积极调解和处理集体劳动争议

在集体谈判过程中，劳资双方围绕在签订和实施协议时常会发生的“利益争议”或“权利争议”，因而直接影响到劳资关系的稳定性以及企业生产乃至社会生活的正常秩序，政府的一项重要职责，就是通过采取有效措施对劳资争议进行积极的疏导和有效的调解，以保证协议的履行。

（一）加强对集体劳动争议的调解

在大多数工业化国家中，争议处理的最初责任属于谈判双方，但是当他们不能通过自己设计的程序自行解决协议在签订、履行或解释中出现的分歧时，便通过政府加以协调和解决。由于各工业化市场经济国家的社会政治、经济、文化、法制的背景以及劳资关系现状不同，各国政府有关争议处理的具体制度和介入方式也就不尽相同。然而，当集体争议发生时（无论是权利争议还是利益争议），政府的基本态度和作用通常是：（1）提倡或鼓励争议双方自行协商解决；（2）事先设计并制定出一套具有法律效力的争议处理的具体规则和程序；（3）政府直接出面对争议双方进行劝说和调停，如向劳资双方提供一个中立的调解方案，或者向争议双方提供某些重要的背景资料和数据。促使劳资双方重新回到谈判桌上；（4）通过专门的争议调解与仲裁机构，按照法定程序来处理和解决劳资争议。例如在澳大利亚，国家设有专司劳动争议的处理机构，即产业关系委员会及工业

法庭，该委员会从联邦到各州形成一个网络体系。在日本，政府设置了专门处理劳资纠纷的劳动委员会，该委员会从中央到地方至企业分三级设立，成员由劳、资、政三方代表组成，负责及时处理劳资争议，稳定劳资关系。

（二）对调解和处理集体劳动争议的建议

当前及今后一个时期，我国劳动关系领域正处于矛盾易发期和多发期，政府需要健全劳动关系矛盾调处机制，采取有效措施及时化解劳动争议。

1. 完善协调劳动关系的三方机制

吸纳工商联、专家学者等方面的代表参与三方机制，增加代表性。建立劳动关系三方的信息沟通与定期会商制度，研究解决劳动关系的重大问题。推进三方机制向街道、社区、工业园区延伸，形成各层次的协调劳动关系体系。

2. 完善劳动关系工作组织体系

加强劳动关系基层工作机构，发挥基层社区平台的管理服务功能。

3. 强化劳动争议调解仲裁工作

增强企业自主调整劳动关系和解决纠纷的能力，帮助企业建立健全劳动争议调解委员会；同时，在小型微型企业集中的地区推动建立区域性劳动争议调解组织。提高案件审理效率，对简单、小额案件通过仲裁终局及时结案；对履行集体合同争议案件和疑难复杂案件组成合议庭审理，以便尽快使争议得到解决。

4. 对于重大劳动争议而引起的集体性停工事件，应及时妥善处理

政府需要制定预案，当发生重大经济性集体停工事件时，应及时介入，参与斡旋、调停，协助劳资双方解决集体争议。对于为了解决劳动争议而采取影响国计民生、社会稳定的劳资争议行为，也应明令禁止。

五、为劳资双方提供多方面的服务

（一）明确政府为协商双方提供服务的职责

大多数市场经济国家的政府在集体谈判过程中发挥的一项重要作用，

就是为谈判双方提供有用的研究资料、信息、咨询和培训等方面的服务。其目的是促使谈判代表能够从实际出发，全面了解谈判的背景，切实把握问题的实质，同时提高和改进谈判代表的谈判技巧，减少谈判和协议订立中的盲目性和片面性。上述各项服务的具体内容通常包括：（1）工资、福利津贴、工作时间和其他劳动条件变化的数据；（2）劳动力市场的资料，诸如职业分布、就业和失业等方面的情况；（3）物价水平和劳动生产率的变化；（4）提供和介绍劳动法庭、行政法规、政府的重要决议和政策；（5）为改善劳资关系和有效开展集体谈判、订立集体协议提供日常咨询；（6）帮助劳资双方制定集体谈判培训的实施计划，并提供专项的培训经费，例如英国政府建立专项基金支持英国职工大会培训中心实施的培训计划。

（二）强化对劳资双方提供各项服务

当前及今后一个时期，我国有关部门也需要加强与开展集体协商、签订集体合同相关的服务工作。一是及时提供人力资源市场供求信息，劳动力供求结构变化，以及就业、失业状况；二是提供各地区、行业、职业工资水平及变化情况，社会保障待遇情况；三是消费者物价指数、劳动生产率水平及其变化情况；四是有关人力资源社会保障的法规政策咨询和培训服务；五是提供劳动争议调解仲裁及相关法律服务，等等。政府通过相关工作，为劳资双方顺利开展集体协商，达成集体合同，创建和谐劳动关系服务。

附录　典型国家集体谈判制度研究

美国集体谈判制度研究

一、集体谈判制度的法律基础

美国是自由市场经济发展较早的国家，在18世纪90年代，美国就出现了集体谈判。不过，早期的集体谈判并没有得到法律承认，也没有得到大多数雇主的支持，因而当时的集体谈判没有形成规模，只是在个别地区和企业中不定期地进行。这主要是因为美国自建国以来相当长时期内，政府采用自由放任的经济政策，法院也长期奉行社会达尔文主义以维护并扩张自由市场经济的自由与效率。源于英国的雇主在雇佣方面拥有完全自主权的任意雇佣原则在当时的美国非常流行。在相当长的时期，法院或立法机关均不干涉劳资双方对雇佣条件协商确定的结果，认为应由双方当事人基于契约自由原则以自己的意思来处理相互关系。虽然在18世纪末美国就出现了第一个行业工会，但是工会的活动受到严格管制，要求提高工资和改善劳动条件的工会活动往往被法院判决侵害了雇主的财产权而需要承担民事责任。

随着资本主义经济的发展及工人阶级队伍的壮大和权利意识的提高，集体谈判发展的环境也变得更为有利。首先，经济的发展为工人组织要求提高工资和改善劳动条件提供了更好的物质基础；其次，工人阶级队伍的壮大和觉醒使得他们和资方关于提高工资、改善劳动条件的斗争变得更为激烈，对雇主造成的损失和对社会秩序产生的影响也更大。这使得美国政府和雇主们不得不重新审视集体谈判对解决劳资双方对立问题的价值，认为通过集体谈判的方式来解决劳资双方的严重冲突可能造成的损失更小。因而，在19世纪末，美国一些州相继承认了集体谈判的合法性。美国联邦对集体谈判的法律承认是在20世纪30年代。1933年通过的《国家工业复兴法案》标志着美国联邦政府正式承认了集体谈判制度。该法案宣布雇员“有权组织起来，通过自己选择的代表进行集体谈判”，而不受雇主的干涉、限制或强迫①。此后，美国国会又在1935年颁布了《国家劳动关系法》(也称《瓦格纳法》)、1938年颁布了《公平劳动法》、1947年颁布了《劳资关系法》(也称《塔夫脱—哈特莱法》)，这些法案对集体谈判的内容、程序等作出了详细规定。这些法案的颁布，从法律上奠定了集体谈判的合法性以及工会在集体谈判中的主体地位。

在涉及集体谈判的法案中，《国家劳动关系法》(NLRA) 是主要的一部法案。该法授予工人参加集体谈判和其他集体行动的权利，并创建了国家劳资关系委员会 (NLRB)，负责执行 NLRA 及集体谈判相关权利。NLRA 在1935年颁布以来又经过了多次修订，其中在1947年、1959年和1974年的修正最为明显。NLRA 只规范跨州商务活动中的劳动关系，所以它所指的集体谈判权并没有覆盖所有类型的工人。联邦政府工作人员、国有独资企业、州政府及其附属的行政性机构以及铁路、航空公司的工作人员以及农业工人、独立承包商和管理职位雇员都不在 NLRA 的覆盖范围之内。但其他的联邦或州一级的立法通常为那些不受 NLRA 保护的人员提供了法律保护。例如，1978年《公务员改革法》(Civil Service Reform Act) 规定了联邦政府雇员的集体谈判权利，该法大量参照了 NLRA 的规定，联邦劳动关系局负责该法律的实施。铁路和航空部门的劳资关系由铁路劳工法案规范管辖，一些类似 NLRA 的州一级立法规定了州政府及地方政府雇员的集体谈判权。

美国有关集体谈判的法律一般包含以下基本要点：

1. 只要雇员代表获得了谈判单位大多数雇员的支持，雇主就不得拒绝与其就特定的议题进行谈判。

2. 特定议题，也就是集体谈判的强制性议题，包括工资、工时和其他就业条款或条件。

3. 雇主与工会不必一定要达成协议，但必须在诚意的基础上进行谈判。

4. 在谈判尚未陷入僵局之前，雇主不得单方面更改上一次达成的尚在有效期的集体协议，但一旦谈判陷入僵局，雇主可以单方面实施对先前集体协议的更改，前提是这一更改先前已提交工会方面考虑。

---

① 罗伯特·A. 高尔曼著. 劳动法基本教程——劳工联合与集体谈判. 马静等译. 北京：中国政法大学出版社，2003

二、集体谈判的主体

（一）工会

美国工会有悠久的历史，但是与其他西方国家相比，美国的工会化程度并不高，1955年美国的工会覆盖率曾达到历史最高点40%，但是近几十年来，美国的工会覆盖率一直在下降，2010年美国劳工部公布的数字为11.9%。[①] 美国工会会员人数下降的原因主要在于：第一，随着美国企业内部民主化程度的提高，企业员工认为能够通过工会之外的力量维护自身的权益，因而建立和加入工会的意愿降低；第二，美国的产业结构产生了重大变化，制造业逐渐萎缩，第三产业迅速发展，而在制造业中，工会会员的比例较高，第三产业中工会会员的比例则很低；第三，国际竞争的日益加剧，使企业员工认识到和雇主团结一致增加企业竞争力的重要性，加入工会的意愿变得淡漠；第四，美国社会非全日制工人的数量是在近几十年增长很快，就业的灵活性降低了他们加入工会的意愿。尽管美国工会组织会员持续下降，工会组织在集体谈判中仍然是强有力的一方。

美国工会组织的结构比较复杂。从类型上来说，美国工会分为行业工会、产业工会和总体工会。从地域范围来说，美国工会又分为地方工会、全国性工会和劳联—产联三个层次。地方工会是工人实际加入并支付会费的地方，签署决定工资和工作条件的集体谈判协议通常是由地方工会进行的。全国性工会由各地方工会代表组成，它是工会运动的核心，是最高的工会实体，它为本工会会员的管理制定指导方针，对地方工会的活动地域做出规定，为集体谈判设立目标，在组织活动和罢工时提供专业性和财政上的支持。美国工会的第三个层次是全国性的工会联合会，也就是劳联—产联，它由55家全国性和国际工会联合而成[②]。通过这个总工会，美国的全国性工会可以互相合作来制定劳动政策，为工会共同利益游说立法机关，协调各成员工会组织活动，解决劳工组织内部争端。以上三个层次工会是美国劳工组织的主要系统，但劳联—产联并不参与集体谈判，参加集体谈判的工会一方主要由行业工会、产业工会、地方工会和全国性工会来代表。

---

① http://www.bls.gov/news.release/pdf/union2.pdf.

② http://www.aflcio.org/aboutus/.

一般来说，一家企业中可能存在多家工会组织，但并不意味着每家工会都有集体谈判权。要取得集体谈判权，这家工会就必须获得谈判单位中多数员工的认可①，并且要由国家劳资关系委员会予以认定。②

(二) 雇主和雇主组织

作为集体谈判另一方的雇主，通常是单独与工会进行谈判，雇主协会所起的作用微乎其微。这是因为美国的雇主组织力量相对薄弱，没有全国性的雇主组织联合会，但有在结构上与工会相似的各类雇主组织，如职业或技艺雇主协会，其会员仅限于某种职业或技艺的雇主；产业协会，其成员限于某一产业中的雇主；总体协会，其范围比较广泛，其会员可以是某个地区各个行业的雇主，但总体协会并不直接参加集体谈判。由于雇主协会的力量薄弱，美国雇主们为进行集体谈判组建了几种协会：一是谈判性协会，其职能是协助会员雇主进行谈判并签订有利于雇主的集体协议；二是实施性协会，这种协会主要分布在西海岸的一些城市，其会员一般是小型企业的雇主，其职能是在集体谈判中雇佣专家和职业谈判人员协助会员雇主谈判；三是磋商性协会，其职能仅仅是为会员雇主提供一个集会场所，让他们一起讨论在集体谈判中可能出现的问题。上述这些协会并不会直接参加集体谈判。

三、集体谈判的主要内容

美国集体谈判的内容由《国家劳动关系法》予以规定，分为强制性谈判内容、非强制性内容和不合法内容。强制性谈判内容包括工资、工时、社会保障和劳动保护等，如果谈判一方希望就某项强制性谈判内容进行谈判，另一方就不得拒绝，否则属于非法的劳工行为；非强制性谈判内容包括某些劳动管理问题，比如工作地点、工作种类、工作范围、劳保用品等问题，对非强制性问题，双方可以有选择地进行谈判，如果一方不愿意讨论该问题，则另一方就得从谈判内容中删除这个问题；不合法内容是国家

① 《国家劳动关系法》§ 159 [a]。

② 《国家劳动关系法》规定，国家劳资关系委员会的一个法定职责是：主持应集体谈判单位1/3以上工会会员的要求而举行无记名投票选举，选出代表谈判单位中各工会与资方进行集体谈判的工会，该工会再经国家劳资关系委员会的认可就可以成为代表谈判单位中全体工人进行集体谈判的唯一合法代表。

法律和国家劳资关系委员会均认为不合法的内容，如涉及只雇佣某个工会的会员或歧视非工会会员的内容都属于不合法内容，即使劳资双方就这些内容达成协议，那么这样的协议也不能合法化。

工资谈判是集体谈判中最重要的内容。自第二次世界大战以来，美国劳资双方就工资问题进行谈判的次数最多，它们在1948年首创了将工资与劳动生产率和物价指数变化联系在一起的公式，这种计算办法成为所有西方市场经济国家的劳资双方在提高工资问题上的主要依据。美国有关工资谈判的内容一般包括工资类别、工资标准、各类工资的计算方法、岗位分类工资、奖励工资、停工期工资和生活津贴标准等。其中工资类别有计时工资率、计件工资率、计时计件工资率和基本工资率等。除工资水平外，工资以外的其他收入也是集体谈判的重要内容，如加班费、利润分红、奖金、非工作时间的工资补贴等。

美国集体谈判中的工时谈判主要集中在缩短工时的问题上。从美国有组织的劳工运动开始之初，缩短工时就是斗争方向。在19世纪中叶，美国劳工已经实现了10小时工作制；1916年又实现了每周工作6天，每天8小时的工时制。在随后的几十年中，美国的劳工组织又陆续提出了每周44小时和每周40小时的谈判目标并成功实现了目标。在20世纪60年代，由于失业率上升，美国的一些工会组织提出了35小时工作周的要求。劳联—产联在1962年正式提出了将努力实现一周工作5天，一天工作7小时的工时制。到目前，美国普遍实行了35小时工作周，也有一些企业实行了每周4个工作日。

就业和职业保障也是劳资双方集体谈判中的一个重要议题。第二次世界大战后美国经历了多次经济危机，发生经济危机的时间间隔变得更短。每次经济危机，都造成失业人数增多，失业率上升。就在近几年的金融危机中，美国的失业率最高达到了10.2%的高位，截至2011年6月，美国失业率已经连续29个月在超过8%的高位徘徊，创20世纪30年代大萧条以来高失业率延续时间最长的纪录。① 面对经济形势变化对就业和职业带来的冲击，美国的工会组织将就业和职业保障问题作为集体谈判的一个重要目标，力图通过与资方的谈判来保障就业和职业的稳定性。

① http://www.bls.gov/news.release/pdf/empsit.pdf.

社会保障问题也是集体谈判中的重要问题。美国劳资双方在集体谈判中所涉及的社会保障问题包括：健康和医疗保险、补充养老保险、失业保险计划、子女教育津贴等。劳资双方在谈判这些问题时以及最后就这些问题达成协议的标准一般都高于联邦或州规定的标准。由于社会保险问题方面内容繁多且复杂，集体合同对这方面的规定除了在正文中有规定外，还在某些保险项目上签订了单项协议。

集体谈判的内容还包括职业安全与卫生、新技术对就业产生的影响以及种族歧视、劳资纠纷处理等问题。

四、集体谈判的形式

美国集体谈判以企业谈判为主，由企业的工会与雇主谈判，也有在产业、行业一级的谈判。由于美国没有全国性的雇主组织，所以美国集体谈判很少在工会联合会和雇主协会这样一个层级进行。在 20 世纪 60 年代，美国出现了一种被称为“合作谈判”的形式，即由若干个工会与雇主进行谈判。这种谈判的内容仅限于对各个合作工会都有关的条款，而涉及各工会自身利益的内容仍旧由各工会与雇主进行谈判。由于合作谈判的形式大大增强了劳方的谈判实力而受到雇主的反对，但这种形式在 1969 年获得了国家劳资关系委员会的批准。

为了增加自己的谈判实力，20 世纪 80 年代，在一些非制造业行业，如建筑、码头与海运、运输与仓储、批发和零售等行业，开始出现了若干雇主联合起来与一个代表所有公司雇员的工会进行谈判的现象，并且成为这些行业常见的谈判形式[①]。而在制造业领域，单一雇主谈判仍是主要形式。随着经济形势以及劳资双方力量的变化，美国一些制造业大公司也开始感到了联合谈判的必要。一些大型钢铁和汽车制造公司逐渐开始进行了联合谈判。

此外，越来越多的雇主开始依靠雇主协会同工会进行谈判。因为小企业，甚至是一些大企业在面对强大的工会时也往往处于劣势。只有一些财大气粗的大型企业才愿意在集体谈判中孤军奋战。

---

① 罗伯特·A. 高尔曼著. 劳动法基本教程——劳工联合与集体谈判. 马静等译. 北京：中国政法大学出版社，2003. 78。

五、集体谈判的程序

美国的集体谈判一般分为四个步骤：第一个步骤是谈判的提出和资格认定，第二个步骤是进行谈判的准备工作，第三个步骤是举行正式谈判，最后一个步骤是签订集体合同。

（一）谈判的提出和资格确认

集体谈判通常是由有权进行谈判的工会发起。在原有集体合同到期，或者劳资双方中的一方提出要求终止或修改现有集体合同时，提出要求的一方就可以书面通知对方。根据《国家劳动关系法》规定，要求终止或修订现行合同的签约方，必须在集体合同期满60天前提出书面建议，同时将建议书面通知合同的另一方并建议与对方见面，以谈判订立一项新合同。另一方在接到通知后应及时与对方联系，商量谈判具体事宜。

（二）谈判准备工作

在劳资双方商定了谈判的具体时间后，双方就可以进行集体谈判的准备工作。第一项准备工作是劳资双方各自建立谈判小组。地方工会多是由工会主席和会员选举的代表组成谈判委员会，如果是全国性工会，则其谈判代表有两个来源：一是工会的高层人员，他们中有法律专家、统计专家和经济学家；二是隶属于该全国性工会的地方工会代表。全国性工会的谈判代表一般都训练有素，见多识广，是完全职业化的谈判专家。资方的谈判人员一般由公司高级管理人员以及公司的决策者组成，比如主管、经理、产业关系主任等，还可能有一位或若干公司聘请的律师。如果是由雇主协会出面谈判，则可能由若干职业谈判专家代表协会进行谈判。

在组建谈判小组的同时，双方还要进行谈判题目的选择和准备，收集有关资料、数据和信息。此外，谈判双方还要对谈判中可能出现的问题准备对策。

（三）正式谈判

谈判双方准备工作就绪后，就可以进入正式谈判阶段了。谈判的具体日程和规则由谈判双方在谈判开幕式上商定。正式谈判开始后，通常是谈判发起人的工会一方首先提出提案，也可以由双方同时提出提案，然后经双方反复讨论。谈判的大多数时间主要花在双方各自召开的讨论会上，在会上他们要做出决定是否接受对方的提案或是要提出修改意见。双方经过多轮的磋商和讨论后，可能都作出一定的妥协以使谈判成功，事实上绝大多数的集体谈判都能获得成功并签署集体协议。

但是也存在谈判陷入僵局的时候，在这种情况下，劳资双方有以下几种选择：(1) 由第三方进行干预，比如申请调解或者仲裁；(2) 双方继续执行原有集体合同；(3) 工会不要集体合同而继续工作；(4) 工人采取罢工行动以迫使资方妥协；(5) 资方采取闭厂行动以迫使劳方妥协。不过，由集体谈判导致的罢工或闭厂的情况还是比较少的，并且劳资双方也不希望政府部门介入或干预他们之间的争端。

（四）签订集体协议

劳资双方经过集体谈判之后，预期的、正常的产物就是他们之间的书面谈判协议。一般来说，集体协议确定了雇主和雇员之间以及雇员内部的关系，它通常会包含调整工资、劳动时间、劳动纪律、升职和转职、医疗和卫生保险、养老金、假期和双休日、工作计划、资历以及类似问题的条款。集体协议不是雇佣合同，虽然雇员们是被单独、分别招聘的，但如果招聘单位有集体合同，那么在不同时期招聘的雇员的关系都受集体协议的调整[①]。

六、集体协议

（一）集体协议的特征

美国的集体谈判具有以下特点：(1) 美国的集体协议不仅包括书面协议，还包括那些工厂的惯例和工业的实践以及劳资双方在谈判桌上达成的没有落实到书面上的一些非正式的协议和让步。不仅如此，许多书面协议的条款还包含许多故意的模糊之处，目的是不希望双方在此问题上产生争议；或者如果在将来产生争议的话，双方当事人默认将以双方都满意的适当程序来解决，典型的就是诉诸一个独立的第三人的仲裁方式。(2) 因为集体协议是按照法定程序签署的，它一旦订立就具有法律效力。在集体合同生效之后，劳资双方在其有效期内必须执行合同，否则将受到法律追究。正是由于集体合同具有法律效力，集体合同中关于工资、工时、就业条件方面的规定就成为美国社会处理上述问题的正式规范。(3) 集体协议生效后，不仅适用于本工会会员，也适用于在本企业的非工会会员。

---

① 罗伯特·A. 高尔曼著. 劳动法基本教程——劳工联合与集体谈判. 马静等译. 北京：中国政法大学出版社，2003. 469。

（二）集体协议的管理

美国的劳资双方签订集体协议后，可以在自愿的基础上向美国劳工管理标准办公室提交协议副本以便有关各方及公众查阅，该机构收录了1947年以来的美国劳资双方签订的覆盖1 000人以上的集体协议。覆盖人数少于1 000人的集体协议以及铁路和航空部门的集体协议不在该机构的收集范围之内。铁路和航空部门的集体合同须在签署30天内送交国家仲裁委员会备案。涉及联邦雇员的须在达成后交有关机构的首长批准。①

由于集体谈判的内容规范且复杂，劳资双方无法在一个协议中将全部内容加以规范。另外，有的谈判内容可能很复杂，要经双方反复讨论，这样可能会拖延整个谈判的进程，因此，劳资双方在签订了集体协议之后，会成立一个联合委员会以解决集体协议的未尽事宜。该委员会如有进一步的协商成果，在得到双方的签署后，可作为集体协议的补充。这样一种机制有利于集体协议的完善，也可随时解决劳资之间的纠纷，使得劳资关系更加和谐。

一般来说，美国的集体协议中都明确规定，如果合同发生争议，将不诉诸民事法庭起诉，而是通过设立在工厂或公司内部的协调机制来解决。对违反协议的控告，典型的处理方式是首先由工会或者受到冤屈的个人在较低等级的管理人员面前提起，如果没有得到解决的话，再提交到更高级别的管理人员。如果争议在高层次，即工会官员（有时是世界水平的）和公司官员（经常是本工厂之外但是在公司范围之内的人员）之间仍没有得到解决的话，争议任何一方均可将争议提交联邦调解服务处或国家调解委员会。在接到调停通知后并获争议双方同意后，联邦调解处或国家调解委员会便可参与解决争议。这些程序都失败后，该争议就会被提交给集体协议当事人自愿选择的仲裁人来解决。② 通常，争议当事人会提请国家调解委员会或仲裁协会推荐5名仲裁员，当事人从中挑选1位或3位仲裁员来负责处理争议案件。仲裁后，劳资双方将仲裁裁决形成合同条款，经双方签署后必须按照合同条款执行。若雇主不执行，工会可要求法院向雇主发出通知，强迫其执行。因为仲裁员的裁决具有法律约束力，法院一般不会

① http://www.dol.gov/olms/regs/compliance/cba/index.htm.

② 罗伯特·A. 高尔曼著. 劳动法基本教程——劳工联合与集体谈判. 马静等译. 北京，中国政法大学出版社，2003. 470。

进行干预。如果劳资双方的争议涉及工会的合法活动和权益受到侵害等问题，案件将由国家劳资关系委员会受理并处理。总的来说，美国企业发生的劳资争议绝大多数是通过内部的申诉程序和协商方式解决，只有少数处理不了的问题才会诉诸仲裁。

七、美国集体谈判的特征

美国的集体谈判在处理劳资纠纷、协调劳资关系方面发挥了重要作用。它具有以下几个特点：

1. 美国的集体谈判虽然也是以劳资双方平等、自愿磋商为基础，但是美国的法律和政府的干预对集体谈判有序进行发挥着很大作用。

美国各项有关集体谈判和劳资关系的法律法规都对集体谈判的程序、结果等有较详细的规定。国家还设立了专门的机构（国家劳资关系委员会），在法律许可的范围内直接介入谈判单位的确定、谈判内容的规定以及防治并纠正劳资双方的不合理行为等。相对完善的法律框架和专门机构的设置为美国的集体谈判有序进行提供了有力的保障。

2. 劳资双方严格守法也是美国集体谈判中的一个特征。

劳资双方在谈判和签订集体协议过程中，都恪守联邦或州的各种劳工法规，并在协议中明确规定，如某一条款违反了联邦或州的各种劳工法律或劳工标准，该条款将自动失效。同其他市场经济国家一样，美国的集体协议所达成的有关劳工标准一般都会高于联邦或州标准。从这个意义上说，劳资双方也会遵守联邦或州的各种劳工法律法规。

3. 美国有关集体协议争议的内部协调解决机制也是美国集体谈判中的一个特色。

在集体协议实施过程中，各种劳资争议和纠纷在所难免。为解决这种集体争议，美国建立了一套先由劳资双方自行协商调解，如自行协调不成再通过外部参与调停或者仲裁的机制。实践证明，这种机制在解决劳资纠纷方面起了很大的作用。

八、对我国的借鉴

美国的集体谈判是实现劳资协调和劳资合作的重要方式，对于稳定劳资关系，保障社会生产有序进行及社会和谐稳定发挥了重要作用，是劳动领域法制、制度及机制建设的重要成果和社会文明进步的重要成果。

美国关于集体谈判方面的实践对我国完善集体协商制度具有重要借鉴意义。

（一）应完善有关集体协商的法律法规

美国集体谈判的有序、有效进行与其相对完善的法律制度密不可分。如《国家劳动关系法》对雇员的权利、雇主和劳工组织的不公平的劳工行为、雇主应约谈判的义务、谈判代表的选举、防止不公平劳工行为等各个方面都有明确规定，基本对集体谈判的各个环节作出了规范。我国《工会法》《劳动法》《公司法》和《劳动合同法》虽然对集体协商有原则的规定，但这些法律法规还不够完善，有关法律规定还有不一致之处，缺乏实际操作性。有关集体协商和集体合同较为具体的规定只有一个部颁规章，即《集体合同规定》，这使得集体协商的立法层次太低，缺乏法律的权威性，显然不能适应市场经济条件下劳动关系主要通过集体谈判进行调节的需要。因此，应尽快制定并颁布有关集体协商的转向立法，同时还要加快完善与之相配套的法规与措施，如促进劳动合同制度、工资制度、社会保障制度、劳动监察制度、劳动争议处理制度等法规的完善，建立起保障集体合同有效运行的法律体系和机制。

（二）应设置单独的集体协商主管机构

美国《国家劳动关系法》授权成立国家劳资委员会，直接介入谈判单位的确定、谈判内容的规定以及防止并纠正劳资双方的不合理行为等。专门机构的成立，有力保证了集体谈判机制的有序运行。参照美国的做法，我国也可以考虑成立专门机构，具体参与、指导集体协商机制的运行，并对此过程中的不合法行为进行惩处。

（三）强化工会的主体作用及提高其有关集体协商的业务能力

纵观包括美国在内的西方市场经济国家的集体谈判机制，独立自主和充分代表雇员利益的高素质工会是集体谈判制度发生作用的主体因素。从我国实际情况看，在企业集体协商过程中，职工一方明显处于弱势。代表企业利益的一方往往组织严密，具有很强的专业素质，而代表职工利益的一方往往是由选举、任命等方式临时产生，缺乏谈判的动力与技能，致使集体协商沦为一种形式化机制而难以产生实际效果。为此，我们需要强化工会的主体地位，增强工会的谈判能力，使之能够真正站在职工一方与企业进行集体协商。对于目前还没有建立起工会组织的非公有制企业，要抓紧建立；对于暂时无法组建工会组织的企业，政府可以制定法规，委托地区性或行业性工会组织代行与企业方集体协商的权利；对于设有工会组织的国有企业或国有控股企业，要充分发挥工会组织代表职工进行工资集体协商的职能。

德国集体谈判制度研究

德国集体谈判制度为“平等协商型”，工资、就业岗位等问题则由工会与雇主平等进行协商。该制度的基本特点是倾向于去政治化的产业关系和在工作场所之外解决冲突，即雇佣关系双方直接协商，自主签订集体协议和解决争议。主要机制是基于独立负责集体谈判的工会和雇主的“二元利益代表制度”，和作为主要的工作场所雇员代表组织的企业委员会。

德国产业关系以成文立法以及案例法为基础，司法制度较为严密，有较强的司法约束力。政府以第三方身份参与劳资矛盾的斡旋与协调，政府侧重于产业关系、劳动条件以及福利等方面的干预。

一、集体谈判概况

德国产业关系制度形成于第二次世界大战以后的联邦德国，1990 年后扩展至德国东部地区。德国集体谈判制度已相当成熟，法制完善，各方组织发展较为完备，对产业经济发挥着重要的影响力，但集体谈判的机制和内容也随着经济社会发展状况处于不断变化中。

(一) 现状

德国集体谈判的主要级别是在产业部门级别。产业谈判通常发生在地区层级，即在联邦州一级，并且有些地区在集体协议中起着示范作用。见表 1。

表 1　德国产业关系概况

项　目	数量
工会参与率[①]	19.9%（2007 年） 18.6%（2010 年）[③]
雇主组织参与率[②]	63%（2006 年）
集体谈判覆盖率	61%（2007 年）

续表

项　目	数量
每千名工人因产业行动损失的工作天数（2004—2007 年年均）	5.62 天
集体协议工资增长（2004—2007 年年均）	1.8%
实际工资增长（2004—2007 年年均）	1.8%
集体协议周工时（2007 年）	37.6 小时
实际周工时（2007 年）	41.1 小时

注：①工会参与率（trade union density），工会会员占所有在相关就业岗位上的雇员百分比。

②雇主组织参与率（employer organization density），雇主组织会员企业所雇雇员所占的百分比。

③http://stats.oecd.org/Index.aspx? DataSetCode=UN_DEN.

资料来源：Germany：Industrial relations profile（2008），the European Industrial Relations Observatory on-line，http://www.eurofound.europa.eu/eiro/country/germany.htm.

近些年来，集体协议的覆盖率在持续下降。集体谈判对雇员的覆盖率，从 1998 年到 2009 年，在德国西部地区下降 11%，从 76%降至 65%；在德国东部地区下降 12%，从 63%降至 51%。2007 年，行业集体协议覆盖约 56%的德国西部雇员和 38%的德国东部雇员。2008 年，所有生效的集体协议中的 46.8%是企业级别的协议，但这些协议只覆盖了 7%的德国西部雇员和 13%的德国东部雇员。集体协议对企业的覆盖率也在下降，并显示出较强的地区差异。2007 年，36%的德国西部企业和 20%的德国东部企业被行业协议所覆盖。

工会和雇主组织近些年来都经历着成员减少的局面。特别是德国东部地区，许多公司退出或拒绝加入雇主组织，而即使谈判也只愿意在企业层面进行。在集体协议覆盖率下降的同时，集体协议中日渐增加的开放性条款允许在企业层面降低实际待遇标准。在越来越多的私营服务业部门，签订集体协议显得日益困难或协议难以实现。低工资部门日益增长。

（二）薪酬和工时的发展

1. 最低工资

德国没有法定国家最低工资制度，但有两种变通形式。一种是政府利用《外派工人法》［the Posted Workers Act（Arbeitnehmer-Entsendegesetz，AEntG）］进行变通。该法允许一个部门的集体协议规定的薪酬和工作条件的最低标准扩展到整个行业，覆盖该部门所有国内和外派工人[①]。首个纳入《外派工人法》管辖的部门是建筑业。其他包括邮政服务、工业清洁和私人保安服务等行业。该法管辖范围的进一步扩大还在讨论中。

另一变通形式是《集体协议法》确认的集体协议向特定行业的所有企业扩展的做法，称为“一般性约束力宣告”。但扩展的范围近年来趋于下降。2009 年，只有 245 个原始集体协议得以扩展，涉及行业有美发师、建筑物清洁工、私人保安和建筑工人，占协议总数的 1.5%。而 2000 年占到 2.9%。[②]

2. 工时

集体谈判内容除了工资，最重要的项目是工时，包括灵活工时安排和工时计算。德国每天法定工时是 8 小时。如果在 6 个月或 24 周内平均日工时不超过 8 小时，则每天工作允许延长至 10 小时。没有法定周工时限定。

2008 年集体协议的周工时，德国西部是 37.4 小时，德国东部是 38.8 小时，一般在 34～40 小时之间。许多集体协议规定了开放性条款，允许违背协议的周工时。根据欧盟统计局报告，2007 年德国实际周工时是 41.1 小时。但延长周工时也导致一些争议，2006—2008 年间的公共部门就出现过这样的情况。

（三）近期变化趋势

1. 集体协议分散化和碎片化趋势

集体谈判存在分散化趋势，对于集体协议具体条款的执行率下降。自 20 世纪 90 年代以来，行业集体协议中不断加入开放型条款，这些条款允许在某些条件下不遵守集体协议的标准待遇，执行低于集体协议的标准。这通常要求工会和雇主组织双方的同意。根据 2005 年一项对企业委员会的调查，有 20 名雇员以上的企业中约有 75%使用了开放性条款。

越来越多的开放性条款的应用，可以在经济困难的情况下，提高企业竞争力，保护就业岗位，加快更新投资，但使就业条件标准改善缓慢甚至

---

① 外派工人（Posted Workers），被其雇主从欧盟某成员国临时派往另一成员国工作的工人。

② Reinhard Bispinck，Heiner Dribbusch and Thorsten Schulten，German Collective Bargaining in a European Perspective：Continuous Erosion or Re-Stabilisation of Multi-Employer Agreements? WSI Discussion Paper No. 171，(Wirtschafts-und Sozialwissenschaftliches Institut in der)，August 2010.

降低。近年来，允许雇主延迟或取消行业协议的工资增长的企业工资协议数量在增长。

2. 应对裁员风险措施

出于对工厂关闭和裁员风险的考虑，德国金属业工会（IG Metall）和服务业总工会（ver. di）近期在几个谈判行动中就新型的集体协议开展谈判，要求就工厂关闭或地点迁移作出规定。这些协议通常规定向“岗位创造”部门转移雇员培训和裁员费用。

3. 集体谈判纳入新的培训要求

终生学习和培训而非仅职业培训是集体谈判中纳入的新议题。2001年，德国金属业协会和巴登－符腾堡州（Baden-Württemberg）雇主组织签订的关于培训的集体协议形成了这方面的模式。近年来，各行业都有培训协议。金属加工部门的集体协议规定诸如需求评估、学习安排和培训费用与工时等事项。化学工业部门的集体协议更多关注提供厂际间进一步的和职业性的培训。

4. 其他事项

安全和卫生也在一些情况下得以关注。例如在钢铁业2006年的新集体协议中出现这方面规定，此外，钢铁业谈判各方同意基于“人口年龄结构变化”（demographic change）签订集体协议。2008年化学工业的一份集体协议也接受这一做法。这包括在企业层次的“人口年龄结构分析”和对老年工人的疾病预防措施。

性别平等事宜极少在集体协议中直接表述。典型做法是将性别平等归入“工作—生活平衡”（work-life balance）主题中并且作为工时灵活性的问题处理。

二、集体谈判的主体

工会或雇主组织的联合会或协会能否有资格作为集体协议的当事人，关键取决于下列条件：第一，它必须是自由组成的，独立的；第二，它是在超出一个企业范围的基础上组织起来的；第三，受集体协议法约束。

德国《基本法》确立了企业和雇员社团组织维护自身权益的地位。而《集体协议法》规定了集体谈判主体和协议当事人资格。《基本法》第9条规定，“所有德国人都有权组织社团和协会”；“从事任何职业的任何人都有权组织联合会，以维护并促进劳动条件和经济条件”。这些规定使集体协议的双方当事人依法从事活动有了法律保障，为集体协议制度奠定了基础。

（一）工会

德国工会是按照产业行业组织的。一个工人属于何种产业工会，一般取决于其雇主所从事的业务属于哪一个产业部门，而不论该工人本人从事的职业或领域。德国有约790万名工会会员，其中超过20%是退休的工会会员。

1. 工会组织

德国有如下三个主要工会组织：

第一是德国工会联合会①，下属8个工会，吸纳了全国工会会员总数的85%。2008年，其下属工会拥有会员637万人，其中32%为女性。2010年为619万人，其中，德国金属业工会②是其下最大的成员工会，2008年有230万名会员（17.7%女性），2010年约224万人。第二大成员是服务业总工会③，会员2008年为218万人（50%女性），2010年为209万人。二者在德国工会联合会内部有相当大的自治权和影响力。第三大工会是矿业、化学和能源工业工会④，有68万名会员。这前三大工会的会员占德国工业联合会的工会会员总数的81%。

第二是德国公务员协会⑤，下属40个公共和私营服务部门协会。2008年会员数为128万人，2010年为125万人⑥，在公共部门和前公共部门占有优势。其中许多会员在公共服务部门有特定的职位。公共服务部门职员不能采取产业行动，薪酬和待遇不能谈判，但协会也组织工人争取正常的雇员权利。

第三是德国基督教工会联合会⑦，有16个下属工会，2010年会员为

---

① the Confederation of German Trade Unions (Deutscher Gewerkschaftsbund, DGB).

② the German Metalworkers'Union (Industriegewerkschaft Metall, IG Metall).

③ the United Services Union (Vereinte Dienstleistungsgewerkschaft, ver. di).

④ Mining, Chemical and Energy Industrial Union (IG Bergbau, Chemie, Energie, IG BCE)

⑤ the German Civil Service Association (Beamtenbund und Tarifunion, dbb).

⑥ Germany Trade Union, http://www. worker-participation. eu/National-Industrial-Relations/Countries/Germany/Trade-Union.

⑦ The Christian Confederation of Trade Unions in Germany (Christlicher Gewerkschaftsbund Deutschlands, CGB).

28 万人。

也有一些工会参与集体谈判但没有加入这些联合会。其中包括一些特殊职业的职业性工会，如飞行员、医生工会，人数较多，2008 年这样的工会会员数为 27 万人。

德国各地区的工会联合会，由区属行业工会组成，职责是在行业工会之间起信息交流和协调作用。协调劳资关系由工会联合会所属的行业工会与相对应的雇主协会通过集体谈判和签订集体协议进行。有的行业工会里还分成若干个更小的行业工会。小行业都签订了集体协议，有的下属企业签订了企业协议。

工会的力量在制造业和公共部门的体力劳动者中的力量是最强的，而在私营服务业中最弱。工会集中度从 2000 年的 25％下降到 2005 年的 22％。其重要原因是因为传统的工会成员强势的部门如制造业和公共部门就业下降。

2. 工会签订集体协议的条件

工会是否具有谈判主体资格，要满足公认的条件，要有能力谈判，有会员支持的一定力量。对此没有固定的标准，有时靠判例解决。尽管《集体协议法》规定了工会可以成为集体协议的当事人，但是该法并没有规定工会的缔约要件。其他工会组织如对某一工会组织签订的集体协议有异议，可以提起诉讼，由法院确定工会的谈判主体效力。

因此，哪些工会可以签订集体协议一般由判例法加以明确。从判例上看，德国法院对工会的缔约能力要件加以严格解释。经过判例法的发展，一般认为，工会至少满足以下要件才有订立协议的能力：该工会组织为民主性组织；该工会独立于用人单位，不受用人单位支配；无论是对雇主方还是对自己的会员具有一定权威性并具备相当的财力基础；有能够正常运转的组织；具有较强的社会活动力；有承担劳动争议的能力等。

（二）雇主组织

2007 年德国雇主组织覆盖率为 63％。德国雇主协会联合会①和德国工业联合会②是主要的雇主组织。二者都不直接参与集体谈判，而且目标

① The German Confederation of Employers’Associations（Bundesvereinigung der Deutschen Arbeitgeberverbände，BDA）.

② the Federation of German Industries（Bundesverband der Deutschen Industrie，BDI）.

不同。

德国雇主协会联合会作为保护性组织，寻求协调其成员的谈判战略。2008年，德国雇主协会联合会下属56个所有产业的雇主协会和14个地区协会。德国工业联合会定位于“协调成员的观点和建议”，提供全面的经济政策的信息。

《集体协议法》规定了工会、雇主协会或每个雇主为集体协议的当事人。雇员方只有工会有权签订集体协议，而雇主组织或单个雇主都可以作为谈判一方。从实践经验看，主要模式是行业层次的工会和雇主组织之间的部门集体谈判。雇主谈判方原则上都是超越企业范围的雇主联合会。除了像大众汽车公司这样的超级企业，很少有单个企业作为协议谈判的一方当事人。

在经工会或者雇主协会的联合会授权后，作为其成员的工会或者雇主协会可以其名义签订集体协议。如果工会或者雇主团体的全国联合会于章程中将签订集体协议作为其基本职责的，该联合会也可以成为集体协议的当事人。

三、集体谈判制度概述

下面从法律背景、制度特征和谈判程序几方面分析德国集体谈判的制度特点。

（一）集体谈判的法律制度背景

德国的劳动法律制度完善，主要靠成文法调整劳资关系。德国劳动法的法律框架可分为个体劳动关系法律和集体劳动关系法律。德国成文法较多，为签订集体协议提供了较为全面的法律依据。其主要依据是《集体协议法》。德国在1918年就首次颁布《集体协议法令》（*The Collective Agreements Ordinance*），该法以法律形式确定了德国的集体谈判制度。现行的调整集体劳动关系法律的成文法主要有《集体协议法》《劳动法院法》《解雇保护法》《企业委员会法》和《雇员参与决策法》等法律，这些法律为德国处理集体劳资关系提供了依据。德国的集体协议和企业协议以这些法律为依据，结合行业或企业劳资关系的实际而订立。调整集体劳动关系的核心法律是1949年的《集体协议法》和1952年的《企业委员会法》（2001年修订）。

《集体协议法》[*The Act on Collective Agreements*（*Tarifvertragsge-*

sesetz-TVG)]，是集体谈判的立法核心，它明确规定了集体协议当事人的资格、集体协议的内容及其法律后果等；明确了工会和雇主协会的地位和相互关系，集体谈判的规则，集体协议的起因、内容和程序。该法后几经修订，使整个集体谈判和集体协议纳入了规范化的轨道。自20世纪60年代以来，集体谈判制度在全德国普遍推行，集体协议适用范围由企业扩大到了企事业单位。数量众多的集体协议，覆盖了绝大多数经济部门，这对保护劳动者利益、维持协调劳资关系和社会稳定，起到了举足轻重的作用。从1990年7月1日起，有关集体谈判的各项法规也开始在德国东部地区生效。

《企业委员会法》[*The Works Constitution Act* (*Betriebsverfassungsgesetz*，*BetrVG*)] 建立了雇员参与决定制度，主要规定了企业委员会的成立、机构、职权范围及其参与决定等问题。在企业层面，私营部门的雇员代表由1952年《企业组织法》管辖。企业委员会在至少5人以上企业都可以建立。所有雇员无论是否工会会员都有权作为代表，并且所有雇员都可以投票。

此外，调整雇佣合同关系大量的单行法规同时涵盖了个体和集体劳动关系。这些法规涉及面很广，包括解除合同的通知、禁止无正当理由解雇、职业培训、病假工资、工厂停产期间的工资、节假日待遇及劳动保险等。其中最重要的法规是《解聘保护法》和《劳动安全保障法》。《德国民法典》中也有许多涉及相关劳动法的条款。

(二) 集体谈判制度特征

1. 集体谈判的独立性

集体协议内容的标准是在不低于法律规定的基础上，双方通过谈判确定，国家法律对其规定不予干涉。德国集体协议制度中，具备集体协议资格的工会和雇主联合会开展劳资谈判和订立集体协议是其基本权利，政府不得直接干预，不能通过建立和实行某种强制性仲裁制度或对劳资冲突进行强制性调解；在协议谈判中，双方不受官方工资指导方针等方面的约束。政府的职能是制定竞争规则，并以此作为最后手段，授权法院确保这些规则得以遵守，即采取间接的干预手段限制劳资冲突的有害后果。

集体协议的实际推动力量，首先来自工会和雇主组织的力量，其次是法院的判例，以及学术界的观点。

任何一个协议谈判期间学术界的代表和政府的代表都会提出建议。其目的在于阐明各自的观点，明确协议工资谈判双方的活动范围。这些建议大多数都是以与生产率挂钩的工资政策为准则的。这些政策既是从国民经济的实际出发制定的，又是合理分配收入的依据。

集体协议签订后即具有法律效力，是处理争议的法律依据。集体协议的生效采取备案制，双方签字生效。

2. 集体协议的层次性

德国集体协议主要由行业工会代表工人与相对应的雇主协会签订。进一步分为两个层次，一是行业的集体协议，二是个别企业的企业合同。在行业集体协议的指导下，企业可以进一步签订本企业的集体或个人劳动合同（works agreements）。企业合同可以由企业中代表劳动者利益的企业委员会或者雇员代表与企业签订。原则上，企业委员会依法可进行协商的事务都可以在企业合同中作出规定。集体协议的效力高于企业合同，但无论集体协议还是企业合同都不能违反有关劳动法的规定。

这样就通过集体谈判形成两个层次的就业标准。工会和雇主联合会就工人工资达成的协议叫协议工资，又称最低工资。企业委员会与雇主之间就工资达成的协议称之为实际工资。二者的差额类似于我们说的浮动工资。

3. 集体协议的参照性

集体协议原则上只对加入工会的劳动者和加入雇主协会的企业产生约束力，但如果非工会成员的劳动者从事的工作已在有关集体协议中有了规定，该劳动者也可以与企业约定适用集体协议的规定。所谓的“一般约束力宣告”也是一种强制性的参照做法。

4. 对劳动者的“有利原则”

《集体协议法》还规定了对劳动者的“有利原则”。即当集体协议就某一事项达成不同于劳动关系法律的规定时，约定的条款必须更有利于劳动者，否则不得对法律规定进行变更。同样，除非企业合同中规定的内容更加有利于劳动者，否则，企业合同不得改变行业集体协议的内容。

根据《集体协议法》，集体协议制定的标准是强制性最低标准，企业合同不能降低待遇标准，个人劳动合同也不能变更至更差，除非集体协议本身允许如此。即使企业双方都不知道集体协议的适用性也是如此。但企业合同一般不会涵盖集体协议的项目，即使更有利。雇员不能放弃其权利，除非集体协议双方许可，但这很少发生。基本上，个人合同一般总能提供更有利的工作条件。单个雇员可以在劳动合同中与雇主约定高于集体协议标准的待遇，比如更高的工资、更少的劳动时间。这种有利于雇员的单独约定效力高于集体协议。

5. 集体协议的唯一性

对于多个集体协议的多重适用性，目前法院判例是一个企业只适用一个集体协议。

原则上，集体协议之间地位平等，集体协议之间没有级别划分的法律规定，尽管可能有一个框架性协议由几个关于工资和其他专项的协议补充说明的情况存在。当可以适用的几个协议同时存在时，则采用专业性原则（speciality），对于出现问题的企业（地区性、个体性或涉及该项内容），将适用有更加明确具体规定的协议，最终只有一个集体协议发生效力。

（三）集体谈判过程要素

德国劳资双方经历了多年的谈判，逐步形成了符合自身特点的一套较为成熟且规范的做法。

1. 谈判的原则、形式

谈判的原则，一是实行集体协议的自治原则，体现集体谈判的独立性，把工资等就业标准交给雇员和雇主的组织自行掌握，并通过谈判达成具有法律约束力的协议。二是在具体操作时体现有利于工人原则。

谈判的形式主要是在行业工会和雇主协会之间进行的行业性谈判。德国工会最重要的日常工作就是每年一次的集体谈判，工资谈判是整个谈判中的核心内容。企业委员会一般不进行工资谈判。

2. 谈判的基本程序

首先由行业工会致信雇主联合会，要求约定谈判时间；然后雇主方研究拟订答应的条件。双方谈判前重点分析一年来的经济形势。从工会方来说，主要考虑的因素是通货膨胀率、劳动生产率、本行业的经济形势以及工会谈判能力等。双方从谈判的内容和组织上进行充分的准备，确定下一年谈判的方针和基本要求。

在谈判进行中，会出现两种情况：一种是劳资双方相互妥协，较快地达成一致，并签订协议；另一种是谈判失败陷入僵局。谈判时，在大多数情况下双方都不争取第一次就达成一致，而是从双方的角度尽量阐述自己的条件。谈判陷入僵局时，就要寻找第三方调解人来协调，以防止产业行动和完成集体谈判。其间雇主协会联合会（BDA）和工会联合会（DGB）

会有一次简单仲裁协议，推荐各自成员方接受。如果协调不成则可能出现工会组织罢工、雇主闭厂的局面。

劳资双方最终经过谈判之后，要签订一个书面协议，它对所属的行业组织成员都是有效的。

3. 谈判特点

（1）规则性。劳资双方整个谈判的过程都有严格的程序，每一个谈判阶段都要反复听取各自所代表的会员的意见。

（2）慎重性。劳资双方对罢工和闭厂手段的运用都是比较慎重的，法律规定罢工手段不能在协议的有效期内使用，只能在劳资谈判失败、调解无效的情况下使用。对劳资双方来说，一旦发生罢工都要蒙受经济损失。

（3）专业性。由于工资谈判不同于一般的待遇谈判，谈判结果除了取决于谈判双方的实力和谈判技巧外，更多的还在于双方对经济发展趋势和企业发展状况的了解和把握。所以，工会都要同一些经济学家、法律专家等一起分析和预测下一年度国家经济发展状况，为谈判提供详细的参考资料。

从德国集体谈判的趋势来看，近年来如何平衡东、西部的差距，在经济全球化过程中企业工资低和行业间的工资差距拉大等问题，始终是谈判的难点。

四、集体协议的内容和实施

集体协议，是指工会和企业主联合会经过谈判，就当时的协议工资和薪金、工时、假期及其他劳动条件所达成的协议。

（一）集体协议的构成

集体协议必须采用书面形式，其内容应当包括当事人的权利义务，劳动关系的内容，劳动合同的开始、终止以及有关企业或企业组织法规定的事项。

1. 内容

协议内容没有强制性规定，除非法律规定，所有的劳动条件都可以通过集体协议自由协商确定。集体协议的内容包括工资、工作时间和假期、病假、特殊情况下的补贴和奖金、退休金的分担、职业培训、雇佣合同规则等。也可以规定有关企业委员会和雇主之间关系的权利和义务。其中最重要的是关于工资和劳动时间方面的约定。

德国《集体协议法》以及其他劳动法中，如何防止劳动者受到非正当解雇是一个核心内容。2004年德国《劳动力市场改革法》规定，《集体协议法》中规定的雇主解雇劳动者时应当考虑的社会因素必须包括企业工龄、年龄、家庭生活保障义务、严重残疾等事项。即雇主必须至少综合考虑这四项因素之后才能决定是否解雇劳动者，没有考虑或者不适当考虑这些因素解雇一个劳动者，其解雇行为属于无效的不当解雇。雇主解雇劳动者时，劳动者有权让雇主说明考虑社会因素的情况。

通常集体协议不规定违反协议的惩罚措施。

2. 形式

集体协议格式上，一般由“一般协议”“工资基本协议”“工资协议”三部分组成。一般协议主要是对工资以外的劳动条件进行的约定，比如劳动时间、年休假、试用期、解雇、加班的工资比例、劳动合同的缔结等。工资基本协议主要对工资等级以及工资分等的原则等进行约定。工资协议则是指在“工资基本协议”原则指导下对具体工资额的约定。

劳资关系中的任何问题，无论大小，只要双方认为有必要，都可以通过谈判和签订集体协议解决。协议种类繁多，既有综合性的，也有单项的，也可以就某一时期（几个月或半年）的工资、福利或者其他问题签订集体协议，灵活实用，效果很好。

3. 有效期

集体协议的有效期没有统一的规定，一般不同行业的集体协议其有效期不尽相同。金属产业的集体协议通常是一般协议和工资基本协议的有效期为3年，工资协议为1年。

此外，集体协议的有效期结束后，只要双方没有重新确立新的协议，原劳动合同仍然有效，但是，“一般约束力宣告”自合同期满时失去效力。

固定期限合同可以在集体协议中禁止，但通常不做规定，经常经协商规定某一最大期限。只有在雇佣合同中写明的时限是合法有效的。

2004年，德国共有行业性集体协议3.4万个，企业合同2.7万个。在2003年，德国集体协议对雇员的覆盖率为68%，其中德国西部为70%，德国东部为54.5%。未直接受集体协议约束的雇员中，很多人签订劳动合同时参照集体协议确立劳动关系，德国西部达到了15.5%，德国东部达到了 23.7%。[1]

（二）集体协议的实施

1. 集体协议效力范围

《集体协议法》对集体协议的效力进行了明确规定。集体协议对谈判双方的所有成员都有直接的约束力，即工会的所有会员雇员和雇主组织的所有会员企业。覆盖某个区域的行业集体协议，是在全国行业集体协议的框架下，由地区行业工会结合本区情况签订，只对本地区行业有效。

集体协议并不一定适用于企业所有员工。只有当雇员属于签订该集体协议的工会，雇主也属于签订该集体协议的雇主协会时，集体协议才直接适用（所谓的双方约束）。但是，即使雇员不属于某集体协议，他也可以在和雇主签订劳动合同时，约定相关集体协议的适用。在这种情况下，该集体协议不是直接适用，而是基于劳动合同的约定。通过这种方式可以达到对所有雇员适用统一劳动条件的效果，无须顾虑雇员是否为工会成员。

集体协议的范围可以是国家、地区和地方级别，包括外派员工。集体协议一方可以是境外的外国雇主（例如航空公司）。超国家工会可以在样本协议的基础上签订国际航运业务的集体协议。

就雇员、培训学员或学徒以及家庭工作者而言，所有的岗位、职业和工种一般都可以签订集体协议。销售代理如果执行《商业法》（*the Commercial Code*）则不能接受集体协议。雇主方、教会及其职员不接受劳动法管辖。

集体协议必须书面制定，双方签字。雇主有义务在其企业中展示集体协议，集体协议要到劳工部备案，但这两点不是法定要求。

2. 集体协议的扩展适用

原则上，集体协议只对签订双方当事人有效，即仅对所在工会会员以及雇主组织成员有效。但有时集体协议任何一方可以利用“一般性约束力宣告”制度来扩展集体协议的适用范围，覆盖集体协议的地区、个体和实际内容范围内的非成员方。

“一般性约束力宣告”是指在满足一定条件下，可以申请集体协议对从事相同行业的其他非合同当事人（包括雇主和雇员）也具有约束力。根

---

① 郑刚．德国集体协议及立法．人民法院报，2004-09-03

据《集体协议法》，只有下列前提条件满足，才能进行一般性约束力宣告：

（1）新签订协议的工会或雇主组织的至少一方必须提出扩展申请。

（2）受该集体协议约束的雇主必须合计雇佣在该协议所覆盖的职业和地理区域内工作的所有雇员的至少 50%。

（3）协议扩展被认为符合公共利益。例如当没有扩展的话，原有的就业条件将低于社会可接受水平。

（4）由三名工会代表和三名雇主代表（来自其他产业）组成“执行扩展委员会”，其中超过半数同意提出适用扩展。一般来自德国工会联合会（DGB）和德国雇主联合会（BDA）。

由联邦劳工和社会事务部（以下简称劳工部，BMAS）签发实行集体协议扩展的命令，联邦劳工部可以授权州最高劳动行政部门在特别情形下宣告或者撤销集体协议的一般性约束力。

这种集体协议扩展主要在建筑、农林、纺织、酒店和旅馆、金属加工、零售业、清洁业实行。21 世纪以来，这种方式降中趋稳。2004 年，德国西部地区有 476 个，东部地区有 179 个得以扩展，共占登记的集体协议总数的 0.8%。①

2008 年，在劳工部登记的 64 300 个集体协议中，共有 640 个获得扩展，其中东部地区有 186 个。

没有现存的法律机制管理集体协议条款的适用或扩展。然而，根据 2008 年的一项研究，约 27%的西部企业和 22%的东部企业自愿采用行业集体协议作为确定工资的模式。

大多数雇主在雇佣合同中会规定一般性协议的适用性。没有受到一般性约束力覆盖的雇主对集体协议的执行也可能会形成惯例。雇佣合同双方如果都是集体协议各方所在组织的成员，则合同中不必涉及该集体协议。如果一方不是，集体协议的适用性必须在合同中协商确定。雇主通常会在个人合同中讲明适用性，不论工人是否是工会会员。在大多数情况下，各方协商同意所适用的相关的现行集体协议。

（三）开放条款

近十几年来，因为经济不景气，德国很多企业在签订企业层面的劳动

① Judge Annelie Marquardt，GERMANY：Collective agreements，XIVth Meeting of European Labour Court Judges，Cour de cassation，Paris，4 September 2006.

协定时使用“开放条款”。所谓“开放条款”是指企业的劳动委员会或劳动者代表与雇主签订企业协定时，降低集体协议约定的劳动条件，比如在工作时间安排、加班、工资、年度特殊津贴（类似于我国年终奖）等方面约定可以低于集体协议中的标准。

德国宪法法院曾在1999年的一个判决中认可了开放条款。法院认为，虽然开放条款对协议自治原则造成了一定侵害，但是由于这样的协议是为了在经济不景气情形下尽量解决雇佣问题，增进公共福利，所以开放条款具有正当性。

现实中，雇员方面同意使用开放条款，是为了避免企业在面临经济不景气时大量减少雇佣岗位而对雇员造成损害。但实际上，为了防止开放条款对雇员造成过大的不利，一般在开放条款中均明确约定开放条款只在一定时期内适用，待经济状况好转时可以进行调整。开放条款增加了集体协议的灵活性，但也使集体协议的执行碎片化，加剧了集体协议的分散化情形。

截至2005年，德国有13%的企业在集体协议中规定了开放条款，2005年，这些企业中的51%实际使用了开放条款。其中，以利用开放条款降低工资及调整劳动时间居多。运输、通信、建筑企业频繁利用开放条款，零售业、修理业以及金融保险业利用开放条款的较少。

五、企业委员会的工作场所雇员代表职能

企业委员会是单个企业内全体雇员的组织，承担雇员的工作场所代表的职能。在德国，维护工人集体利益的组织有两个层次：一是居于企业之上的产业行业工会；二是企业层面的企业委员会。二者相互独立，但成员可以相互参与。二者的区别在于，集体谈判是通过提前协商确定就业条件标准，可以跨企业；而企业委员会是企业内的雇员组织，多是在企业生产经营过程中协商以维护雇员的实际利益，动态参与，与集体协议相互补充。

企业委员会在大型企业基本都存在，在小的工作场所几乎不存在。最常见于制造业，以及公共和能源部门、金融服务业，但在信息技术、零售和医疗行业以及低工资的服务业建立企业委员会比较困难。据2005年一项调查显示，只有11%的私营企业设立企业委员会。企业委员会覆盖了德国西部47%和德国东部39%的雇员。

（一）企业委员会的职能

企业委员会对企业的人事、生产、经营管理拥有广泛的参与和共决权，具体包括雇员和生产规模变动，企业组织结构改变，工时和工资制度调整，企业福利等各方面。一般来说，在稳定企业就业岗位、确定就业待遇条件方面，企业委员会有更强的影响力，在生产制度和具体人员安排、招募、解雇方面，权利较弱。

企业委员会对企业经营状况有知情权和咨询权。企业委员会在企业变动，如停产、合并或其他根本性的变动问题上参与讨论和决策。委员会有权要求雇主对影响就业岗位的较大变动提出补偿或缓解的解决方案。此外，雇主必须至少每年作一次企业形势报告，让雇员了解企业中的人事和社会事务情况以及经济形势和发展情况。

《企业组织法》规定，企业委员会有权参与职业安全卫生事宜并允许设置风险评估。医疗保险公司和雇主责任保险协会必须与雇主和雇员开展合作来预防安全和卫生风险。

在聘用和解雇问题上，企业委员会仅具有拖延作用的监督权。

企业委员会的共决权、知情权和协商权限于企业内部，无权就属于集体协议的事项进行谈判，除非协议明确允许。企业委员会无权实行罢工或进行其他产业行动。

企业职工委员会通过与雇主签订企业内部协议来行使共决权，企业内部协议与集体协议一样，直接适用于劳动关系。

（二）企业委员会的组织

《企业组织法》规定了企业委员会的产生程序及其权利义务，至少5人以上的企业都可以建立企业委员会。企业委员会由该企业的雇员选举并由该企业的雇员组成。所有雇员，无论是否是工会会员，都有权作为代表。所有年满18岁的雇员（包括外籍雇员）都有选举权和被选举权。有资格被选入企业委员会的雇员至少要在本企业工作6个月。高级雇员不能参加企业职工委员会的选举，他们有自己的利益代言机构。

企业委员会的规模取决于企业雇员的人数，企业委员会的委员基本上是兼职的。300人以上的企业可设专职的委员，企业人数越多，专职委员的数量也就越多。在一些大的企业，部分委员任职期间甚至全部时间都用来完成企业委员会的工作，暂停本职工作。企业委员会每4年选举一次，《企业组织法》规定了具体的选举程序。

作为企业委员会的成员并不会额外得到报酬，但雇主必须支付企业委员会委员活动期间的工资。企业委员会的运行支出由雇主负担。

企业委员会每季度须召集一次企业大会或代表大会。企业大会有助于企业委员会与雇员之间交换意见。企业委员会届时必须提出一份工作报告，参加大会的雇员可对企业委员会的报告内容和决定表态并提出提案，雇主在企业大会上有发言权。企业大会或代表大会有助于雇主与雇员之间的沟通，为在劳动关系方面达成一致意见奠定基础。

职工代表维护工人利益要承担一定的风险，对职工代表进行适当保护是国际通行的做法。德国《集体协议法》对工人代表的保护是“在担任代表的四年期限里和离任后一年，企业不得解雇”。

在德国，企业内大都没有脱产的工会组织，工会只能在业余时间开展工作。因此，企业委员会补充了工会的空白。

(三) 资合公司中的劳资共决①

德国集体劳动法的一个特别之处在于，雇员在资合公司的机关中拥有相对广泛的共决权。劳资共决确定于1976年颁布的《劳资共决法》中。类似制度在其他欧盟国家中或者根本没有，或者适用范围很有限。

企业组织中的劳资共决制度仅适用于资合公司（主要是股份公司和有限责任公司）。资合公司的组织结构是二元性的，有一个经营管理机构（有限责任公司的经理或者股份公司的董事会），还有一个监督经营管理的机构（监事会）。雇员通过选拔代表占据监事会的部分席位来实现对企业决策的影响。在规模较小的公司（拥有500～2 000名员工）中雇员拥有1/3的席位，而在规模较大的公司（拥有2 000名以上员工）中雇员拥有一半席位。监事会的所有成员拥有同等的权利，雇员代表与股东代表共同决定企业的基本决策。根据1976年的《劳资共决法》，监事会中劳资代表各占一半席位的，如果投票结果两方也是各占一半，那么监事会主席投出的一票将起决定性作用。监事会主席的人选是由股东代表决定的，所以说资方在监事会中还是保有相对的优势。另外，在较大的企业中，监事会得向董事会（经营管理机构）派出一名“劳动监督”。虽然法律没有明文规定，但是这位“劳动监督”一般由雇员代表担任。

① Detlev Joost. 德国劳动法之体系与基本原理. 大连海事大学学报（社会科学版）. 2010，9 (2)

六、集体谈判争议解决机制

在集体谈判过程中，双方通过多轮谈判，达成协议。政府不直接介入谈判。在谈判陷入僵局时，按双方事先约定的程序进行调解，并由一位中立和有影响力者任调解委员会主席。若调解失败，工会在一定条件下可举行罢工，雇主相应则可采取闭厂措施。然后在调解人周旋下进行协商、各自作出妥协，直至签订合同。

集体谈判争议斗争的基础和细节没有专门的法律规定，而是通过司法判例和学术研究来规范和发展。

（一）保持和平义务

工会和雇主为了在一定范围内实现各自的目标，可以采取相互压制的手段，实施产业行动。例如工会有组织工人罢工的权利，资方在工人罢工期间可以闭厂，并在闭厂期间不发给工人工资。为了避免劳资矛盾的激化，给社会带来不安定因素，法律逐渐确立了一项保持和平的义务，以维护公众利益和稳定社会经济秩序。

保持和平义务是指，集体协议有效期内双方有保持产业和平的义务，其间不允许进行罢工或闭厂，以此作为贯彻集体协议中所制定事项的途径。

《集体协议法》将保持和平义务设为强制性规范，作为集体协议的强制性效力而自动生效。因此，按照德国法律规定，集体协议具有双重效力。协议双方不但要承担履行协议内容的义务，而且还有“保持和平”的义务。任何一方不履行“保持和平”的义务，同样构成违约，承担违约责任。这样，迫使双方在集体协议有效期间，必须遵守已达成的协议规定事项，不得采取任何有可能引起或激化劳资冲突的行为。

对于既有的集体协议，工会必须先通过单方解除来结束集体协议的效力，才能罢工，以提高原集体协议的标准。但是如果在某个领域根本就没有签订过相应的集体协议，也就不存在所谓的“和平义务”。

这个原则适用于集体协议双方而不是单个雇主或单个雇员。也就是说，在集体协议所规定的履行期限未届满之前，不允许因集体协议中所规定的问题而采取对抗或激化冲突的行为，双方必须使用社团法的手段使本社团的成员都按所签订的协议行事。

在合法罢工或闭厂后所签署的协议通常包含：反对双方之间涉及危害

性的要求的措施，而且禁止对单个雇员的强制性行动或危害性要求。

（二）产业行动

根据德国法律规定，采取产业行动是集体谈判双方的权利，但同时规定只有当产业行动的目的是为了签订集体协议时才是合法的。

集体协议只能通过自由协商来签订。为了让工会有机会促使雇主与其签订集体协议，法律赋予工会发动产业行动的权利来给雇主施加一些实质的压力。产业行动的重心在于工会组织罢工的权利，雇主虽然拥有一个相应的防卫性闭厂权，但其实际意义不大。

1. 产业行动的合法性

罢工和闭厂仅在事关集体谈判的情况下是合法的，但没有法律来规范罢工和闭厂的程序和方式。

罢工的合法性取决于几个前提条件。首先，只有工会有罢工权。罢工应该由工会组织和领导，非工会组织的自发性罢工是非法的。工人没有个人罢工的权利。没有被工会正式认可的罢工是非法的，在职公务员禁止罢工。其次，罢工的目的是实现就某一事项签订集体协议，而政治性或一般性罢工则是非法的，不允许通过罢工来追求政治性的目的或者其他目的。最后，罢工不得违反“和平义务”，并且在产业行动中对社会或个人实施危害性行为会被劳动法院判为违法。

罢工虽然是由工会来组织和领导的，但是作为工会成员的雇员是否真的参加罢工停止工作，由他们自己决定。同时，即使雇员不是工会成员，也就是说罢工所追求的集体协议并不直接适用于他，该雇员也可以参加罢工。

一旦合法的罢工开始，双方的协议义务即暂时中止。也就是说，参加罢工的雇员没有劳动的义务，相应的雇主也不需要支付罢工期间的工资。工会发给他们的会员罢工补贴，而非会员的雇员参加罢工既没有工资也没有罢工补贴。雇主不得以某雇员参加合法罢工为由解除与其的劳动关系。

2. 产业行动的主要原因

罢工行动的原因是出于集体谈判的需求或保护现有的雇佣条件。大多数罢工是由工资需求引起，但在2006—2007年间公共部门也曾由于雇主要求延长工时而引发罢工。

企业层次的争议中很多是由于工厂迁移离开或关闭生产线而引发。在德国只有出于集体协议中规定的原因而进行的罢工是合法。因此，金属加工业协会提出需要订立规范移厂和工厂关闭的集体协议。

此外还有小型的职业工会也因谈判争议而举行罢工，例如飞行员、医院医生和火车司机等职业。

3. 罢工频率

联邦就业局没有对罢工和闭厂的统计，但发布受影响企业数、因产业行动停工天数和涉及雇员数的数据。少于1天的产业行动或涉及少于10个工人的产业行动没有报告记录。这样，联邦政府统计和工会对罢工的统计实际上提供了不同内容的数据。

德国罢工行动的总体水平低于其他欧洲国家。根据联邦就业局正式记录，2000—2007年间，产业行动的相对规模，即千人雇员的不工作天数（days not worked，DNW）为每年平均4.6天，千名雇员中涉及产业行动的人数为每年3.4人。

然而，德国正式罢工行动的最重要的形式，从频率和工人参与度角度看，是所谓的警告性罢工（warnstreik），即一种显示工会决心和动员能力的短期的象征性罢工。那些包括大量工人的罢工经常没有得以充分记录。

4. 涉及部门

最经常采取罢工的行业是金属加工业。由于有大量的警告性罢工，该行业的雇员占到1990—2007年间罢工工人总数的2/3。几个服务业部门的罢工行动也在增加，例如零售业、金融服务业和医疗卫生业。21世纪初的10年中，在具体的罢工行动中，公共部门、电信、铁路和零售业罢工的持续时间最长。

对于进行产业行动，劳资双方一般都比较慎重，尽量避免使用这种最后的斗争手段。在采取产业行动的同时，劳资双方继续进行谈判，如果双方达成协议，则可正式签订集体协议。

（三）调解和仲裁机制

调解行动有可能贯穿集体谈判和产业行动的全过程，而且也是集体谈判中更为重要的手段。

在签订集体协议过程中，双方权利义务对等，在相互协商、谈判的基础上达成协议。当谈判陷入僵局后，任何一方可请求进行调解，如果调解人提出的调解方案仍不能被双方一致接受，则劳资双方进入斗争阶段。此时，双方都可以为了向对方施加压力而采取“产业行动”。如果争议斗争持续没有解决，就有必要再次通过调解来结束劳资斗争。这种调解程序往往是由工会和雇主协会合同约定的。这里主要分析产业行动前的争议处理。

1. 争议处理模式

在德国，政府基本上不得介入劳资斗争，所以也就没有相应的调解法规。强制性解决劳资冲突被认为是非法的。

德国没有国家级的三方或双方协调常设机构存在。德国工会联合会（DGB）有一个仲裁委员会，就集体协议双方的要求进行争议调解。委员会没有一般地设定约束性的解释标准，而是个案调解。

在集体协议中，通常双方都确定了解决争议的协议，以便在谈判失败和罢工等行动开始之前有解决冲突的程序。在实际中，解决冲突的程序开始于一方或双方的申请，或在谈判破裂时自动开始调解协议。调解协议责成双方达成集体协议以参与处置过程。调解机构由冲突中的雇主协会和工会的同等数量代表组成，并有一个中立的主席。调解委员会的调解不具有约束力，除非双方事先同意遵守它。一旦它被各方接受，提议具有和集体协议同样的效力。

在许多行业部门中，工会和雇主组织已签订了一份联合解决争议协议[①]，通常定义了和平义务废止和工会可以举行正式罢工的时间标准。见方框 1。如果新集体协议的谈判没有实现任何结果，谈判各方可以申请执行经一致同意的联合解决争议程序来预防爆发产业行动。这一程序并不必然导致一种妥协，而是可能仅想要调解而已，没有相关联合协议的调解或仲裁程序的法律规定。

方框 1

联合解决争议协议机制

为避免劳资冲突，集体谈判各方可以建立联合解决争议委员会，解决利益争议。根据协议建立的委员会有优先于法定调解或仲裁程序的优先调解权。关于联合解决争议的安排可以在集体协议中列为条款或形成单独的协议。

① joint dispute resolution agreement (Schlichtungsvereinbarung).

联合解决争议协议在大多数行业中都存在，一般基于德国工会联合会和德国雇主协会联合会推荐的范本。协议程序可以经一方或双方申请而启动。近期的协议也有规定一旦谈判破裂该程序就应自动开始。联合解决争议协定为集体谈判各方设定了在开始实施产业行动前作出解决争议努力的义务。

由集体协议规定建立的联合解决争议委员会由代表相关各方的代表，还有一名来自第三方的主席组成，他可以是资深专家或前行政官员。如果委员会没能达成妥协提议，或双方都不接受其提议，联合解决争议程序被认为失效，和平义务终止存在，产业行动可以开始。相反，如果各方对联合解决争议程序的妥协达成一致，达成的妥协方案则构成新集体协议的一部分。

资料来源：the European Industrial Relations Observatory，http://www.eurofound.europa.eu/emire/GERMANY/JOINTDISPUTERESOLUTIONAGREEMENT-DE.htm.

2. 企业内仲裁委员会的仲裁

在企业级别，可以通过成立企业内仲裁委员会处理集体纠纷。

企业委员会享有企业经营的共同决定权，在企业要针对涉及雇员利益的事项采取行动时，企业委员会可以要求与雇主制订协调计划共同行动，以补偿给雇员带来的经济上的损失。当双方无法达成一致意见时，可以通过成立企业内仲裁委员会处理争议。

如果雇主不顾企业委员会的共同决定权而作出决定，那么这一决定即为无效，任何雇员都无须遵守。此外，企业委员会还可以要求劳动法院发出临时命令，命令雇主收回其决定。

企业仲裁委员会设委员长一名，仲裁委员中劳动者代表（可以是其他企业的劳动者）和用人单位代表各占一半，大多数情形为双方代表各2～3名。委员长由劳资双方共同选出，以保障其中立性。但实际上，委员长一般由劳动法院的法官担任，处于中立地位，在仲裁委员无法达成一致意见时，由其作出最后决定并征得当事人同意。依据企业组织法，仲裁费用全部由雇主负担。对仲裁委员会成员可以支付有限额的报酬。

仲裁程序非常简单灵活，很少表现出强烈的对抗性。争议双方就纠纷问题各自提出见解，力求达成一致意见。当无法达成一致意见时，可以将纠纷诉诸劳动法院。如果仲裁机构的决定违反了现行劳动法的规定，则劳动法院可以撤销这一决定。

企业内仲裁总体上有利于兼顾企业及雇员利益。在过去几年间德国企业内仲裁机构解决的纠纷中，主要集中在有关劳动时间的纠纷、工资纠纷、休假纠纷、职场秩序纠纷、企业变更等几个方面。

在德国，通过企业内仲裁机构解决集体协议纠纷并不是经常利用的手段，即使在大企业中，通过这一方法解决共决事项的纠纷也仅有2%左右。这是因为，对于雇员方面来说，由于能够与企业建立起良好的雇佣关系，需仲裁的事项较少，而雇主方面的积极性并不高。目前常设仲裁机构的企业极少，几乎所有的企业均使用企业临时仲裁机构来解决纠纷，该机构裁决完纠纷后即告解散。当然，劳资双方事前就此达成一致的书面协议，同意通过设置临时仲裁机构解决纠纷。

（四）司法判决

德国劳动争议处理制度最大的特色是司法制度的完善。德国有劳动法庭，专门处理和解决劳资争议，政府的作用只是提供相关信息。发生劳资争议时，先由双方的法律专家协调，协调不成由劳动法庭裁决。联邦劳动法院在一系列裁决中发展了案例法，劳动法院的法官有权解释集体协议。监管集体争议的基本法律原则是产业行动必须以能够受集体协议调整的事项为目标。

1. 劳动法院

根据《劳动法院法》[*the Labour Courts Act*（Arbeitsgerichtsgesetz)]，劳动法律对个人和集体的适用由联邦、地区和区域层次的劳动法院解释。

根据德国《劳动法院法》，劳动法院分为三级，即：（1）基层劳动法院。它负责劳资纠纷案件的初审，即第一审案件的审理，因此也称初审劳动法院。德国共设有基层劳动法院123个。（2）州劳动法院。它负责劳资纠纷案件上诉案件的审理，因此也称上诉审劳动法院。全德现设有州劳动法院19个。（3）联邦劳动法院。主要负责不服上诉法院裁判的复审。全德只设一个联邦劳动法院，它是德国劳动法院的最高法院。

2. 劳动法院的审理程序

劳动法院解决集体协议纠纷时，根据案件的性质又分为两种不同的审理程序。

(1) 判决程序

主要涉及集体协议的违约和违法行为的诉讼。该程序主要适用于基于集体协议所发生的民事争议。因纠纷产生不法行为的诉讼，比如，要求履行集体协议约定以及相关损害赔偿诉讼，关于集体协议一般性约束力的诉讼，因违法罢工引发的损害赔偿诉讼等。

适用判决程序的争议案件的双方多为单个的雇员和雇主，实行当事人举证原则。法院处在中立的地位，不得积极主动地调查搜集证据。

(2) 决议程序

主要解决集体性争议内容事项，涉及企业委员会共决权争议和集体协议范围的纠纷。根据《劳动法院法》，决议程序适用于以下集体协议纠纷：

- 企业组织事务范围内的纠纷；
- 企业委员会事务范围内的纠纷；
- 有关监事会雇员代表选举和撤销的事务纠纷；
- 对订立集体协议能力和集体协议适用范围判定的纠纷，等等。

决议程序所采取的是由雇主方举证的原则，法院可以主动对案件事实进行官方调查。例如，在某一集体劳动争议中如果涉及企业委员会，法庭可以对该企业委员会是否合法产生进行必要的调查，然后根据法庭所获得的证据，对争议进行审理。

判决程序和决议程序举证责任不同。因为决议程序所要解决的纠纷涉及群体利益，为了保护众多劳动者的利益，由雇主方面负举证责任更为妥当。用决议程序解决纠纷案件，一律免除诉讼费用。

3. 法官组成

无论是判决程序还是决议程序，审理时合议庭均由职业法官和名誉法官组成。地方劳动法院及州劳动法院合议庭，由1名作为职业法官的裁判长和来自雇员和雇主各1名名誉法官组成；联邦劳动法院审判案件，由3名职业法官以及来自雇员和雇主方面的名誉法官各1名组成合议庭，其中裁判长由职业法官担任。

4. 判决

判决以少数服从多数的方式作出，名誉法官与职业法官具有同等的评议权。对基于集体协议或关于合同是否有效而发生民事争议的生效法律判决，应尽快以完整的形式递送州最高主管当局和联邦劳动与社会管理部门。联邦劳动法院复议时，不再审理事实问题，而是审查州劳动法院适用法律是否正确，并尽可能做到劳动法院适用法律在整个联邦范围内达到统一。

七、总结和借鉴

德国集体协议在维护双方利益、稳定劳资关系和社会秩序、促进经济发展方面发挥了重要作用。长期以来，德国工会和政府对集体协议在稳定劳资关系、促进德国经济高速增长等方面的作用持肯定态度。

（一）德国集体谈判制度总结

德国集体谈判制度从谈判形式与内容、争议处理、谈判组织等方面都形成自己的特点。

1. 集体谈判法律完备

德国劳动法律体系健全。将集体劳动关系和个体劳动关系同等对待，甚至更加重视前者，因为其制度影响力更显著。通过立法对集体谈判和集体协议规定了明确的界限和规范。这样正视集体性劳动关系的存在，使其中的利益表达和沟通有顺畅平稳的合法渠道。

2. 集体谈判分层次

集体谈判可以从全国到地方到细分行业逐级进行，高一级协议的法律效力更高，指导低一级的集体协议。地方和细分行业的协议可以规定更有利于劳动者的条件，更适应实际情况，最终是更有利于具体的集体协议生效。

3. 集体谈判内容灵活而广泛

德国法律赋予集体谈判自由协商的权利，有关劳动关系和雇佣条件范围内的问题大都可以在集体谈判程序中协商。协议可以是全面的，也可以是单项内容，适应性较强。

4. 发生争议时重视调解

调解和产业行动同为集体谈判中的手段，但调解的作用和范围更显著。集体谈判、争议和产业行动的全过程都有可能贯穿着调解的内容，调解对于完成签订集体协议有直接影响力。谈判各方对调解的方式和内容更重视，甚于产业行动。

5. 重视罢工的经济性和合法性

罢工作为解决集体谈判争议的手段，德国法律给予了严格规范，并通过劳动法院有力执行。只有经济性罢工是合法的，并且罢工只能是针对有关集体协议未签订事项所引发的争议，而不能作为现行集体协议的推行手段。集体协议一旦执行，要承担保持和平的义务，排除开展产业行动的权利。

6. 企业委员会发挥独特优势

企业委员会的优势主要体现在雇员在工厂中的参与决定权制度方面。虽然企业委员会的主要职能是与雇主合作，而不是与之对抗，但是这无疑对于确保雇员集体维护自身权利有重要作用。它重视在企业动态经营过程中发挥作用，可以实际协调和推动解决雇员集体性就业条件和劳动关系利益受损问题。对于集体协议的原则性、普适性、预设标准的功能形成有力支撑。企业委员会与集体协议相互补充，在德国集体劳动关系中，形成工会、雇主和企业委员会构成的三角关系，对于稳定和维护合理的劳动关系有重要意义。

7. 政府发挥间接影响

德国法律虽然不允许国家机构对集体谈判进行干涉，但对其的间接甚至直接影响还是客观存在的。在德国，政府一方面持不干预、不介入的立场，另一方面则运用多种手段施加影响，其中有通过立法规范劳资双方的权利和义务，发表年度经济报告和评述上年工资政策等引导谈判。实际上，雇主中存在脱离集体协议约束的倾向。而政府倾向于支持集体协议，因为其秩序和保持和平的功能。但政府政策无权干涉集体谈判，除了应要求宣布一般性约束力这一办法，政府没有有效手段。

当然，制度上现存的较大问题，就是对于罢工的合法性问题没有明确的法律规范。法院在这一问题上自由裁量权过大，雇员和工会利益难以得到稳定保障。

（二）启示及借鉴

德国的集体谈判制度有明确的法律地位，形成劳动关系制度的独有领域，对我国有较强的参考作用。

1. 正视我国集体劳动关系和劳动争议的存在

集体劳动关系和个体劳动关系是现代市场经济中劳动关系制度中同等重要的两个分支。集体劳动关系是现实存在的社会经济范畴。当产业规模越来越大，大量劳动者处于等同的劳动条件和劳动关系中，集体劳动关系自然产生。集体争议和集体谈判是集体劳动关系的体现方式。而我国的个体劳动关系制度建设已逐渐完备起来，应将集体劳动关系制度建设纳入轨道。

2. 正确看待德国工会和集体协议覆盖率下降与我国国情的差异

德国工会和集体协议覆盖率双下降，其经济社会背景在于，经济上，城市化早已完成，而经济结构趋于分散化，劳动者流动性加大，雇佣关系分散化；知识技术资本对于企业作用越来越大，甚至与产业资本和金融资本形成一定的合作关系，劳动者的弱势地位得到一定程度改善。在劳动法律制度上，制度的建设和运行已较为成熟，调解仲裁机制和惯例为社会接受，劳动法院制度成熟，管辖权广泛，执行有力，这都使劳动者的合法权益能够得到较为完善的保护。即使如此，集体劳动关系仍是劳动关系制度的重要方面，集体谈判制度也不可能消亡，而只是在波动中发展。

相反，中国城市化还在进程中，产业集中度上升，大量劳动者的产业关系越加紧密，形成广泛的现实存在的集体劳动关系，劳动者在劳动关系中的联系紧密度还在不断加深和扩大。因此，就要针对这一现实情况进行管理规范。而我国的集体劳动关系的法制和调解仲裁制度的建设还远未成熟，需要根据现实发展趋势加强集体协商的相关机制建设，加强雇员群体和企业方的协商沟通和利益调节的法制建设。

3. 大力发展集体协议的调解仲裁制度

解决集体劳动关系最重要的应是对集体争议的调解仲裁制度。我国目前还没有相关的制度和机构。产业行动在德国也是协议双方慎重采取的解决争议的步骤，更多的是展示姿态和力量。德国法律规定，一旦集体协议生效，如发生争议双方都要和平协商，不得开展产业行动，否则视为违约。这就为集体劳动关系的有序化规定了合理的边界。而实际上，双方都倾向于以平和的协商、调解、仲裁方式解决矛盾。我国的制度建设也应以此为鉴。

我国的劳动争议仲裁制度中应接纳群体性劳动争议的事项，并建立相应机制。群体性争议经常不意味着违反劳动法或其他法律，而是不同利益的合理表达，其主流不会以激烈对抗或群体性事件方式表现，因此属于劳动争议调解仲裁范畴，应使协商、调解、仲裁成为处理集体劳动争议的主要渠道。

4. 借鉴德国集体协议的灵活性，协议的订立可整可单项

集体协议可就容易达成的劳动条件事项单项协商签订，逐步推进整体

机制建设。

5. 借鉴企业委员会制度，开展企业内谈判作为集体谈判的试点

应该看到，德国的行业性集体谈判制度的成熟有几个基础，集体谈判法律制度确立，谈判规范有序。其中，法律赋予工会发起集体谈判的权利，而劳动司法制度完备有力，是集体协议的最有力的实际监督者。这在中国还远未成熟。因此可以自上而下和自下而上同时开展工作，由点到面，由小到大，稳步推进。

英国集体谈判制度研究

英国是工业革命的发源地，工人运动和工会的起源可追溯至 17 世纪末。1800 年的《结社法》限制工人组织的发展，直到 1824 年《结社法》被取消，结社才成为工人的合法权利。1868 年，英国工会联盟（TUC）成立，1871 年英国颁布了《工会法》，这是世界上第一部承认工会为合法组织的法律。第二次世界大战后，工党上台执政，英国工会联盟和工党政府共建战后经济，工党政府推行大规模国有化措施，全员入会制的实施极大地促进了工会会员数量的增长，壮大了工会势力。1951 年，英国工会会员达到 928.9 万人，到 1978 年，会员人数达到近 1 200 万人。这一阶段，在一系列有利政策的影响下，工会的势力和影响力大大增长，为增加工资及各种工作福利进行了广泛的罢工活动。

1971 年保守党上台，为了遏制工会力量的发展，政府颁布了《雇佣关系法》，希望借用美国的方式来规范集体谈判、工会代表权和罢工行为。这一法案遭到工会的强烈反对，保守党也在 1974 年由于镇压煤矿工人大罢工而在大选中失败。1979 年撒切尔夫人为首的保守党政府上台后，用铁腕打击工会，接连通过了 8 个反工会的法律，包括工会领导未经会员投票和授权，不得号召罢工；各工会的全国性执委和主要领导人满 5 年必须改选；政府设立工会事务专员，监督工会领导人的工作，还要检查工会的财务情况等，使英国工会在 20 世纪 80 年代遭受了历史性重创，工人运动进入低潮。工会会员人数大幅减少，由 1979 年近 1 200 万人减少到 1997 年的 711.7 万人。工会的认可度直线下降，一些雇主组织也开始或者以工会会员人数下降，工会活动已经不存在为理由取消对工会的承认，或者通过企业重组、裁员、鼓励雇员签订个人劳动合同的方式限制工会集体谈判的力量。根据工作场所雇员关系的系列调查，1980 年认可工会的工作场所（拥有 25 名雇员以上）的比例为 64%，到 1998 年这一比例下降至 42%。私营部门对工会认可的下降尤为明显，1980 年半数的私营部门认可工会，而到了1998年仅有25%的私营部门认可工会。

1997年，布莱尔领导的工党执政后出台了一些新政策，如1999年国会通过了对工人和工会有利的《最低工资法》，并修订了《雇佣关系法》，以寻求雇主和工会之间力量的平衡。

一、规范集体谈判的法律

英国规范工资集体谈判的法律主要有：

（一）工会法（*Trade Union Act*，1871年/1913年/1984年）

1871年《工会法》是英国劳工运动的重要法律，为100年来工会运动的法律基础。该法有两项主要内容：一是使工会在民事及刑事上获得合法化；二是建立工会注册登记制度，对于注册的工会赋予若干能力及利益。《工会法》历经多次修订，从《工会法》的立法发展看，英国的《工会法》并不是积极地通过立法建立工会的法律制度，而是消极地排除法院对工会活动所设置的种种限制；不是通过立法赋予工会各种权利，而是在于免除工会在刑事上或民事上的违法性；不是通过立法构建工会法律体系，而是针对特别的问题采取的特别立法。

（二）工会和劳资关系法［*Trade Union and Labour Relations*（*Consolidation*）*Act*，1974年/1976年/1993年］

在1993的修订中，《工会和劳资关系法》规定，工会不得拒绝员工入会或任意开除会员，设立专门的委员会为因工会从事非法产业行动而向高等法庭提起诉讼的工会会员提供咨询和经济支持，对罢工投票进行更加严格的限制，取消工资理事会等。

（三）雇佣关系法（*Employment Relations Act*，1971年/1999年/2004年）

《雇佣关系法》在集体协商和谈判方面，做了以下几方面的规定：第一，工会应当同雇主协会和其他方面共同在产业一级或其他级别上进行有效的安排，来解决争议并谈判雇佣条款和雇佣条件；第二，工会应当同个别的行政管理一起共同为谈判、协商和交流以及为解决投诉和争议而进行有效的安排；第三，工会应当采取一切合理的步骤来确保工会干部，包括车间的工会代表和成员，都应遵守协议，并采用协商一致的程序；第四，维护有效程序来解决与其他工会的某些特殊争议，如果可能应充分采用职工大会所制定的程序来解决工会之间的争端。在1999年修订中该法又提出，在雇佣 20 人以上的企业建立的工会在代表其成员参与集体谈判前，需要由雇主按照法定程序进行认可。一般需要代表至少 40%的员工的工会方有资格与雇主开展集体谈判，雇主在产业行动后 8 周内不得解雇罢工员工，弱化罢工投票的规定，有关不公正解雇的罚金提高至 50 000 英镑等。

（四）就业法（*Employment Act*，1980 年/1982 年/1988 年/1990 年和 2008 年）

《就业法》规定，招工时不得歧视非工会人员或工会会员，招募广告不得要求应聘者的会员身份，工会应当反对不法的产业行动，非正式的罢工可以被立即解散，等等。

二、集体谈判的级别

英国的集体谈判主要在行业和企业级进行，1898 年，英国工程业雇主和工会签订了行业性集体协议。这个协议成为英国劳动关系史上最著名的协议，也是英国集体谈判历史上涉及范围最广泛的协议。从那时开始，直到 20 世纪 50 年代，这种产业一级的集体谈判模式是私营企业大部分雇员确定基本就业条款的主要方式。80 年代以后，企业一级的集体谈判逐渐增多。造成这一变化的原因，一是有些雇员对工会越来越不感兴趣，他们或者认为企业已经提供了较为优厚的、超过平均水平的待遇，或者认为自己的需求可以通过企业内部的其他途径得以解决，即便与雇主发生劳动争议，在劳动争议法律体系的支持下，也可以通过个人的律师在劳动法庭寻求公正的解决而不需要通过加入工会这样的组织来获得支持。对于雇主而言，他们在处理劳资关系时更加注重个人激励和团队激励，而不是与工会组织协调集体劳动关系。比如有些企业的人力资源管理系统对年度工资总额预算进行调整，定期开展对员工工资水平的内外部的比较和评估，对不同类型的岗位设定幅度不等的增长率。企业内部设有“雇员论坛”，员工可以通过这个平台反映意愿、提出意见，而管理方也会重视雇员的各种需求。通过这种非正式的、公开的途径，保持劳资之间的沟通与协调。最后，集体谈判被批评破坏性太大，频繁的产业行动削弱了经济竞争力。而且工会组织的产业行动还面临一系列道德挑战，如罢工给社会造成巨大损失，一些工会可能因顾虑工作调整或损失工作岗位而抵制先进的工作方法的引进从而不利于劳动生产率的提高，等等，这些问题使工会组织的行动面临着社会各界的质疑。再加上保守党政府对工会的打压，从 20 世纪八九十年代起，英国工会组织率开始持续下降。2008年工会的组织率下降到27.4%。集体谈判覆盖的雇员比例从1984年的70%逐渐下降到1998年的41%，到2006年集体谈判覆盖的雇员比例为33.5%。

2009年6月8日，英国伦敦铁路、海运及运输工会（RMT，即Britain’s national union of Rail. Maritime and Transport）与伦敦地铁局（LU）进行了长达10小时的最后谈判，最终谈判还是破裂。RMT组织10 000名会员进行投票，约有3 000人同意罢工。在这次关于签署工资集体协议的争议中，RMT要求加薪5%，同时要求LU不得强迫裁员。而地铁局提出两个方案：一个方案是为期4年的协议，2009年加薪1.5%，2010年在通胀率上再加0.5个百分点；另一个方案是签订为期2年的协议，2009年加薪1%，2010年再在通胀率基础上加0.5个百分点。但两个方案都遭到RMT的拒绝。这次罢工持续了48小时，造成伦敦地铁全面瘫痪，数百万名乘客受影响，损失达1亿英镑。伦敦市市长约翰逊批评RMT发动罢工的决定不可原谅，并强调罢工“不会对他们的要求有任何帮助”。

三、集体劳动争议的处理机制

经过一百多年的发展，英国已形成了一个较完备的处理劳动争议的体系。它主要由劳资双方自行处理，咨询、调解、仲裁服务中心（ACAS）处理以及司法系统处理三部分组成。

英国集体争议的处理程序与个人权利争议的处理程序不同，它不涉及司法程序。发生集体争议时，有以下的处理程序：

（一）内部协商解决

当企业内部发生集体争议时，由工会或雇主一方向对方提出协商解决的要求，另一方响应，双方可就争议的事项进行协商。如达成协议，协议的内容可写入集体合同或雇佣合同中；达不成协议的，则进入下一程序解决。

（二）调解

对于企业发生的集体争议，ACAS可以提供调解或仲裁。调解申请可以由集体争议的双方即工会或雇主方分别或共同提出，也可以由ACAS主动向争议双方提出调解。ACAS的调解并不要求双方事先达成调解协议，只要双方有调解意愿即可进行。调解是一个完全自愿的程序，任何一方在任何时候都可以提出终止调解。

调解在 ACAS 的调解员主持下进行，调解员的作用就是帮助争议双方通过协商解决他们之间的争议。调解员要做到维持公正和独立，要获得双方的信任，使双方能够达成相互理解，尽可能地为双方解决争议提出一些建设性意见，并为双方提供有关的信息服务，包括提供相关的法律规定。ACAS 的调解员处理集体争议的第一步就是要找出双方争议的焦点是什么，各方对争议的态度又是什么，在调查事实阶段，调解员可以分别会见双方当事人，也可以召开双方共同参加的会议。双方当事人可以面对面地解释他们的立场和观点。如果双方能够达成协议，则调解员会将双方协商的结果以书面形式记录下来，并由双方签字，形成最终的解决方案。调解达成的协议只在双方当事人间生效。ACAS 无权强迫任何一方履行协议。ACAS 的调解没有时间的限制，只要双方存在达成调解协议的可能，调解员就应当尽可能地提供帮助。

（三）仲裁

当集体争议双方不能达成调解协议时，应当通过仲裁的方式解决争议。ACAS 的仲裁只适用于集体争议，不适用于个人权利争议。

一般情况下，集体争议仲裁在 ACAS 指定单个的仲裁员主持下进行，但在特殊情况下，ACAS 也可以指定由仲裁委员会进行仲裁。仲裁委员会由一名主席和两名分别代表雇主和工会的成员组成。双方要求仲裁，应当提出书面申请，并提出事实理由和相关的证据。仲裁通常在 ACAS 的办公地点开庭，但也可以在雇主或工会提供的地点开庭。仲裁正式开始前，要由双方当事人签署一份服从并执行仲裁裁决的保证书。仲裁裁决为终局裁决，仲裁员做出裁决后，当事人不得向法院提出起诉请求。

法国集体谈判制度研究

法国是发达的市场经济国家，但与其他欧美发达市场经济国家相比，法国的集体谈判不如其他国家那样具有悠久的传统和相对完善的制度。法国的集体谈判制度带有很大的分散性和随意性。

一、集体谈判的历史沿革

法国有关集体谈判的立法始于1919年。当时法国立法机构颁布的关于集体劳资协议的法案中规定，集体协议应由劳资双方代表以书面形式缔结，目的是使集体劳资协议具有法律上的约束力和能够得以无条件执行。此外，法案还规定工会要以自己的名义，而不是会员委托人的名义签署协议。

关于集体协议的法案并没有使法国的集体谈判制度真正建立起来，在当时法国的劳资冲突中，政府的干预行动发挥了更大的作用。1936年，由法国总工会和法国雇主联合会达成的劳资协定构成了当年颁布的《劳资协议法》的基础。该法案规定要确立劳资双方的权利和义务，包括工人的工会活动自由，最低工资、休假以及在10人以上的企业建立和选举雇员代表等。该法案加强了工会的地位，为建立现代集体谈判制度奠定了基础。

法国在1950年又颁布了一项《劳资协议法》，这项法案规定了劳资双方自愿进行集体谈判的原则，并允许全国、地区或地方各级，在双方权利平等的情况下缔结行业集体协议。企业和公司除了在工资问题上能签订劳资协议外，其他问题只能根据有关行业劳资协议作出补充协议。

随着1950年《劳资协议法》的颁布，集体谈判才真正在法国实行起来。此后，立法部门对法案进行了多次修订，但令人遗憾的是，这些修改不同程度地限制了集体谈判的发展，使劳资双方都不愿积极开展集体谈判。但在20世纪六七十年代，法国有关劳资双方就就业、职业安全与卫生、职业培训、失业保障和产假工资等问题达成了若干劳资协议。这些协议得以纳入国家劳动法规，使得这些协议具有了法律约束力。

尽管法国的集体谈判制度一直在发展，但是在20世纪80年代以前，法国集体谈判的规模较小，谈判层次也比较混乱，各级各类行业劳资协议相互交叉，界限不清。企业级的谈判非常少，除特大型企业外，中小企业的非正式谈判，如简单对话、口头协议等现象十分常见。由于集体谈判制度的不甚健全，集体谈判在法国的劳资关系领域所起到的作用非常有限。

20世纪80年代初，法国社会各方深感有必要改革集体谈判制度，使之作为一种社会对话的形式，借以推动社会进步和加强社会的稳定性。在这次改革中，法国立法机构于1982年颁布了一项新的有关集体谈判的法案——《奥罗法》。该法案对法国集体谈判制度建设是一次重大突破。首先，它推翻了以前法令规定的劳资双方自愿谈判的原则，转而规定开展强制谈判的原则，即劳资双方每年必须就工资、工时、工作条件等问题进行谈判；在行业级别，5年内必须就岗位分类问题进行谈判。其次，该法案确立了工会的否决权。以往劳资双方签订协议时，如果劳方只有一个有代表性的工会组织在场，即使这个组织的会员人数极少，该组织签字的协议也是有效的协议。而《奥罗法》规定，获得50%以上选票支持的工会组织有权否决达成协议的申请。再次，《奥罗法》不仅赋予了企业和行业集体谈判新的内容，如劳资双方应对职工的再培训和工作保障问题进行谈判，而且还规定了今后集体谈判要在这两个层次进行。最后，《奥罗法》重建了工厂委员会并赋予其一定的权利，如获取信息和资料，对其成员进行培训，掌握相当于企业总收入0.2%的经费等。

总的来说，《奥罗法》将法国集体谈判制度建设向前推进了较大的一步。但是这个法案也存在不足，例如它只规定劳资双方进行谈判的责任而没有规定签订协议的责任。也就是说，劳资双方必须进行集体谈判，但谈判并不意味着必须签订协议。

法国集体谈判的法律框架还在2004年5月、2007年1月和2008年8月得到了修订。2004年的立法规定，企业级的集体谈判协议可以与行业级的集体谈判协议不一致，但最低工资、职业分类、附加社会保障和专业培训等方面例外。2007年的立法是有关国家级谈判的。2004年和2008年的立法在关于工会方面谁有权签订有效集体合同方面有了新的规定。①

2007年的立法加强了国家级集体谈判的地位，它还更明确地规定了在制定行业关系、就业和培训立法过程中工会组织和雇主组织的职责。如果政府在这几个领域制定新的政策或修改原有政策，那么它必须通过正式函件的形式咨询雇主组织和工人组织的意见，函件中要阐明关于政策领域现状、目标及可能的政策选择等内容。如有可能，要尽量达成共识。政府还要就有关立法草案咨询工会和企业组织的意见。这样的制度安排并不意味着政府一定会接受工会和企业组织达成的某种协议，在某些紧急情况下，政府甚至可以越过这种制度安排，但是这种制度安排明确强化了政府与国家级的工会和企业组织协商的重要性。②

二、集体谈判的主体

法国的全国性工会组织主要有三个，即法国总工会、法国工人力量总工会和法国工人民主联合会。此外，还有两个由知识分子组成的工会，即教师工会联合会和高级职员联合会。在法国的各类企业中，这五大工会同时存在，各工会受政治的、宗教的派系纷争的影响，工会运动长期处于分裂状态。工会的组织率在西欧国家中属于较低水平，大约只有8%。因此，从整体上讲，法国工会的力量比较弱小。

与工会组织力量薄弱相比，法国的雇主组织却较为强大。由于法国有很多国有化大企业，这些大企业有很大的权力。实力雄厚的大企业的雇主联合起来，组成了强大的雇主组织。法国的雇主组织主要有法国雇主全国理事会、中小企业总联合会、全国工艺手工业联合会等。

根据法国法律的规定，签订集体协议的一方为一个或几个在全国有代表性的工会组织（即上述五大工会组织），或是加入上述工会的人，或是在行业、地区一级实施集体协议时有代表性的人。谈判的另一方为一个或若干个雇主联合会组织，也可以是一名或若干名雇主。

在工会的确认问题上，在国家一级，确认一个工会是否具有代表性要看该工会的会员人数、会费收入、工会的工作经验、成立年限、独立性以及第二次世界大战时德国占领时期的爱国表现等。而在企业一级，只要企

①② http://www.worker-participation.eu/National-Industrial-Relations/Countries/France/Collective-Bargaining.

业中存在一个或若干个工会分会，他们都有权和雇主进行谈判。

三、集体谈判的层级、程序及内容

（一）集体谈判的层级

法国的集体谈判分为三个层次。

1. 全国性的劳、资、政三方谈判，即政府有关部门代表（劳工部部长、国民经济部部长、国务委员会社会司司长等）、受雇者代表（五个全国性工会）、雇主代表（法国雇主全国理事会、中小企业总联合会、全国工艺手工业联合会）三方进行的谈判。谈判的重要内容是：研究是否扩展集体协议以及扩展哪些内容，研究常规预算结构并以此作为工资增长的基础，研究基本的工资增长趋势等。由三方谈判所达成的协议称为"三方协议"。

2. 全国行业一级的集体谈判，由各行业工会与各自对应的资方组织进行谈判，谈判时国家级的劳资双方均可派员参加。

3. 企业一级的集体谈判。企业的集体谈判一般在全国行业谈判签订协议后开始，自上而下，以行业级谈判签订的集体协议为依据。

在20世纪80年代以前，法国的集体谈判多在行业展开，行业级谈判既可以以全国为基础，也可以以地区为基础，这主要由雇主组织选择，而对于工会的愿望则考虑不多。所以，法国行业级（部门级）谈判比较混乱，企业级的谈判则更少。直到60年代末，单个企业的集体谈判才受到重视。在1971年的一项立法中，该项法律赋予企业集体协议与行业集体协议相等的法律地位，以支持企业集体谈判的发展。1982年的《奥罗法》更强调了企业集体谈判的重要性。目前的情况是，如果企业中存在工会，那么企业中劳资双方每年必须就工资、工时和其他问题进行谈判，否则，资方将被罚款。不过，在企业一级的谈判中，法律并没有规定他们必须达成协议。在有些情况下，雇主只是听听工会的要求，最终还是单方面确定工资水平和工作条件。在2009年，法国共签署了28 185份企业一级集体协议，这些集体协议大都涉及了工资、奖金、工时以及雇员的金融参与权。①

全国性的三方谈判是在20世纪70年代初形成的，法国政府极力倡导

---

① 请参见：http://www.worker-participation.eu/National-Industrial-Relations/Countries/France/Collective-Bargaining。

这种谈判。在政府的支持下，法国雇主联合会和各工会联合会就大量问题签订了一些意义重大的行业间集体协议，包括职业培训、职业安全与卫生、失业收入维持和产假工资等。政府还将这些协议条款编入了法规。

一般来说，政府不干预集体谈判，经谈判签订的集体协议也无须报政府审核，政府设立一个集体谈判全国委员会，主要任务是总结经验，指导谈判，负责立法。但对拒不签订集体协议的部门和地区，法国劳工部部长可以发布命令，宣布这个部门和地区实行同类部门和地区的集体协议。法国设立“仲裁委员会”，由劳资双方组成，对个人与企业、工会与企业以及集体谈判中发生的争议进行仲裁，如仍解决不了问题，由仲裁委员会提交法院审理。

（二）集体谈判的程序

法国的法律规定，只要雇主提出建议，或某一个有代表性的工会组织提出要求时，就可以进行谈判。如果是企业级谈判，法律规定劳资双方每年必须就工资、工时及工时的安排等问题进行谈判。当工会提出要求时，雇主须在 8 天内将其要求转交给其他有关组织。在工会提出书面谈判要求 15 天后，雇主应召集有关方面举行会议。在谈判的第一次会议中，雇主必须向工会代表介绍企业里的工资、工时、工时的安排及男女职工情况。除了紧急情况之外，雇主不得在谈判中擅自作出决定，谈判时间可以计入工时。如果谈判成功，劳资双方即可签订一项集体协议。

（三）集体谈判的内容

法国的法律规定，集体谈判的内容为劳动条件和社会保障，这只是笼统的规定。具体说来，法国各级集体谈判的内容与其他西方市场经济国家一样，均包括工资、工时、劳动条件、工作安排、男女职工处境、职业卫生与安全、职业培训、就业保障等。就谈判的具体内容来讲，须劳资双方自行选定，但不能违背最低合法条件。因而，集体协议的内容应对劳动者更为有利。

四、集体谈判的现状及特点

从法律的角度来看，法国的集体谈判似乎比较完善和严格，但事实并非如此。法国的集体谈判比其他西方国家的集体谈判所起的作用小得多，这主要是由法国集体谈判制度的特点造成的。

第一，法国工会组织力量薄弱，工会覆盖率仅为 8%，导致了法国的集体谈判规模较小，工会对集体谈判的控制力不强。此外，由于法国有3/4的雇员在50人以下的小企业内工作，这些企业大多数为私人所有，老板完全不愿缔结集体协议，这也是导致法国集体谈判规模较小的原因。

第二，法国的集体谈判制度缺乏连续性。不同年代颁布的有关集体谈判的法律前后不一致是造成这种现象的一个重要原因。这些法律文件一会儿强调行业级谈判的重要性，一会儿强调企业级谈判的重要性，最终导致法国目前的集体谈判现状是行业级谈判比较混乱，企业级谈判比较少。

第三，目前法国有大量“非规范协议”的存在，这种现象导致了工会集体谈判政策的削弱。在法国的企业中，工人组织除了工会外，还有两个直接选举的雇员代表机构，即雇员代表和企业委员会。这两个机构同样可以同雇主进行协商谈判，并达成一种“非规范协议”，但这类协议实际上具有与集体协议完全相同的实施效力。据统计，目前法国约有17%的企业实行这种非规范协议。

法国除了雇员代表和企业委员会同雇主直接签订“非规范协议”之外，还有一种“非规范协议”是由劳动者个人直接与雇主签订的。有关企业利润分配的协议应该由工会与雇主签署，但据统计，有一多半有关此问题的协议是劳动者个人与雇主直接签署的。

“非规范协议”的增多势必削弱了工会在集体谈判中的地位，也影响了法国集体谈判制度的发展。

第四，虽然法国对集体谈判有详细的法律规定，但劳资双方并不严格履行他们各自的义务。劳资双方可以订立详细的集体协议或协定，但如果他们不执行集体协议却不承担法律责任，而在多数西方市场经济国家，集体协议是具有很强的法律约束力的。此外，法国法律本身的缺陷也导致了这一现象的加剧。例如法国法律并不强制要求遵守协议内容，只要有一个大工会牵头，任何时候都可以进行罢工。法律禁止在协议中出现关于罢工的附加条款。而像瑞典和德国的劳资双方通常会在集体协议的后面附有“和平条款”，或专门订立“和平协议”，双方约定在所约定的限期内不得采取产业行动。

法国集体谈判制度的上述特点导致了集体谈判在法国的劳动关系中所起的作用不大。从20世纪80年代以来，法国对集体谈判制度进行了改革。当时，法国政府委托一些专家、学者研究改进集体谈判的办法，并让工会组织和雇主组织各自提出自己的方案，其中“奥罗报告”最为著名，《奥罗法》就是在此报告的基础上形成的。由于社会各方的努力，法国的集体谈判制度改革颇见成效。具体表现为：（1）集体谈判的数量在不断增加，劳资双方达成的协议数量也比从前大为增加；（2）谈判的地区比以往有所扩大，谈判的范围也有所扩大，一些原来未开展集体谈判的部门也开始开展集体谈判工作；（3）各个级别的谈判得到了加强和稳定，例如国家级、行业级、区域级、地区级谈判不再像以前那样混乱，企业级的谈判尤其得到了发展。

总的来说，通过20世纪80年代的改革，法国基本上确立了一种有效的集体谈判制度。改革使集体谈判更加规范化了，集体谈判在法国劳动关系中所起的作用也越来越重要了。

瑞典集体谈判制度研究

瑞典地处斯堪的纳维亚半岛，面积44.9万平方千米，人口894万人，其中劳动力人口490万人。瑞典的政党主要有五个，长期执政的是社会民主党，自20世纪30年代走上执政舞台以来，社会民主党已累计执政65年。社民党非常强调劳资合作，劳资双方共同解决劳资纠纷制度、劳资双方共同管理劳动力市场制度、劳资双方共同决定企业大事制度是政府对待瑞典劳动关系的态度。

一、集体谈判的主体

（一）工会组织

瑞典的工会组织率非常高，1995年最高时达到86%。尽管近几年工会的组织率有所下降，但是2009年仍有71%，在欧盟中居于首位，并且比欧盟工会组织率的平均水平25%高出近2倍。

瑞典全国性的总工会共有三个：蓝领部门的瑞典工会联盟（Confederation of Swedish Trade Unions，LO）、白领部门的瑞典职业雇员联盟（Swedish Confederation of Professional Employees，TCO）、瑞典职业协会联盟（Swedish Confederation of Professional Associations，SACO）。其中，瑞典工会联盟成立于1898年，会员152.8万人，是瑞典最大的工会组织。瑞典职业雇员联盟和瑞典职业协会联盟均成立于20世纪40年代，前者有会员119.25万人，后者有会员61.77万人。近几年，瑞典职业协会联盟的会员人数上升，而瑞典工会联盟和瑞典职业雇员联盟的会员人数有所下降。

瑞典工会联盟和瑞典职业雇员联盟是以行业为基础组建的，而瑞典职业协会联盟是以会员的职业为基础进行组建的。瑞典职业雇员联盟和瑞典职业协会联盟存在较大的竞争关系，因为大多数的会员可以在这两个联盟中自由选择。

瑞典工会联盟下属 14 个产业工会，其中最大的是市政工人工会，会员 50.69 万人；其次是五金工会，2006 年由五金和行业工会合并而成，会员 35.43 万人，涵盖金属制品、建筑元件、纺织和服装行业；接下来的是商业工会，会员 14.53 万人；服务和通信雇员工会，会员 12.8 万人；建筑业工会，会员 11.03 万人。

瑞典职业雇员联盟共有 15 个下属工会，其中最大的是 Unionen，2008 年 1 月 1 日由职员工会（SIF）和技术雇员工会合并而成。2010 年拥有会员 47.71 万人，几近瑞典职业雇员联盟总会员人数的 1/3。第二大是教师工会（Lärarförbundet），会员 22.94 万人，第三大是地方和中央政府白领雇员工会（SKTF），会员 16.39 万人。

瑞典职业协会联盟共有 23 个下属工会，其中最大的是研究生工程师协会（Sveriges Ingenjörer），会员 12.87 万人；其次是另一个教师工会（LR），会员 8.36 万人；再次是 Jusek，会员 7.86 万人，包括律师、企业经理、人事经理和计算机专家。

瑞典工会联盟和瑞典职业雇员联盟在一些地方都设有分支机构，并在很多企业发挥了积极的作用。瑞典没有地区性的工会，因为瑞典社会传统上地区差别不大，没有必要设置多个层次的工会组织。

除中央层次的组织外，能够发挥重要作用的工会只有两个，一是飞行员工会，一是工作单位负责人工会。它们在各自领域发挥作用，不需要与总工会下属的任何强势工会进行竞争。

瑞典工会的权利主要有：（1）结社权。结社自由意味着雇员有组织工会、加入工会、代表工会行动的权利。雇主不得因员工行使结社权而采取报复行动；不得采取引诱性措施、限制性措施，使雇员放弃行使结社权和组织权。任何结社自由遭受侵犯的人都可以要求经济或非经济损害赔偿金。（2）谈判权。如果工会想要为了达成一项集体协议而跟雇主接洽要求谈判，该雇主有义务出席谈判并且客观地讨论所提出的要求，否则工会可以要求雇主进行损害赔偿。（3）产业行动权。如果双方谈判不能达成一致，工会可以采取产业行动。（4）诉讼代表权。工会会员职工与企业产生劳动纠纷时，可以从工会方面得到法律支持和帮助。在劳动法庭，工会代表其会员作为一方当事人（原告或被告）参与诉讼。（5）扩展的谈判权。雇主想对经营作出重大改变或想对工会会员的雇佣条件作出重大变更时，必须同已与其订立集体协议的地方工会进行谈判。（6）知情权。工会有获取公司信息的权利。(7) 优先解释权。在员工的工作职责、工作时间、工资方面发生争议时，工会有优先解释权。

(二) 雇主组织

瑞典雇主组织的组织率也很高。加入雇主组织的私营企业，其雇员人数占所有私营企业雇员的77%。几乎所有参加雇主组织的企业都签署了集体协议，没有参加雇主组织的企业也签署了本企业的集体协议或替代性协议。因此，私营企业中90%的雇员被集体协议所覆盖，所有的公共部门都是参加雇主组织并签署集体协议的。

瑞典最大的雇主组织是瑞典企业联盟（Confederation of Swedish Enterprise，SN）。它成立于2001年，由瑞典雇主联盟（SAF）和瑞典产业联合会（FSI）合并而成。瑞典企业联盟共有50个分会，其中最重要的是机械雇主联合会、商业雇主联合会以及建筑业雇主联合会。它的会员包括近54万家私营企业，雇佣者超过150万名劳动力，会员企业涵盖私营的工商业、运输业及其他服务业企业，其中既有小作坊，也有大垄断企业。雇主协会通常是保守党、中央党、自由党的积极支持者。

瑞典还有政府雇主组织机构，地方政府和地区政府各有一个，分别为瑞典地方当局协会和瑞典郡议会联盟。

二、集体谈判的发展

瑞典具有较为悠久的集体谈判的历史。早在20世纪初期，集体谈判和集体协议就已经成为瑞典解决劳资矛盾和工资问题的主要方式。

瑞典工会最早成立于19世纪中叶，1898年瑞典工会联盟成立，1902年全国雇主协会成立。组织起来的劳资双方展开了激烈的较量，双方冲突不仅涉及工资和其他工作条件，还涉及工会的权利和工人罢工等其他权利。为了获得劳动力市场的和平，1905年产生了第一个重要的全国性机械行业集体协议。1906年瑞典工会联盟和全国雇主协会达成“12月妥协”，广泛鼓励将集体协议作为规范劳动力市场的主要手段，承认结社权，限制雇主解雇行为。1912年瑞典首次通过第一个保护工人安全代表的规定。1915年最高法院判决承认集体协议具有法律效力。此后，集体协议逐渐代替个人劳动合同成为瑞典劳动力市场解决劳资矛盾的主导方式。

但是在20世纪最初的20年里，集体协议并没有为瑞典带来和谐的产业关系，劳资矛盾冲突还是不断发生。为了解决冲突，1920年瑞典政府修改了1906年建立的国家调解员制度并建立了由劳资双方代表共同参加的仲裁委员会。1928年瑞典议会通过《集体协议与劳动法庭法》，这是瑞典历史上第一部集体协议法。该法律划清了罢工、闭厂等劳资合法权利与非法产业行动之间的界限，为瑞典劳资关系走向法制化、稳定化创造了条件。

20世纪30年代经济大萧条，瑞典经济结构改革困难重重，失业工人大幅增加，劳资矛盾升级。1932年，瑞典社民党上台后奉行新经济政策，通过政府投资刺激国内需求，促进经济回升，稳定劳动力市场。在社民党的支持下，1938年瑞典工会联盟与全国雇主协会进行谈判，双方就劳工冲突、生产和技术、劳动环境和劳动保护等问题达成了劳资总体协议，即咸水湖浴场协议（又称萨尔特舍巴登协议）。

咸水湖浴场协议对《集体协议与劳动法庭法》的内容作出重要补充，规定：有关工资和其他劳动条件等劳资矛盾要通过谈判解决；在谈判开始前和谈判期间任何一方不得采取产业行动；如果地方谈判未果，开始进行中央层级的谈判；在谈判失败的情况下，任何一方采取产业行动都要事先通知对方及有关单位（为讨还拖欠工资而采取的产业行动除外）。违反上述程序的任何一方将受到制裁。咸水湖浴场协议是瑞典现代史上最著名的劳资双边协议，其使瑞典劳资谈判和集体协议真正走上了程序化、制度化轨道，为劳动力市场的长期和平与稳定创造了条件，也为瑞典社民党长达44年的连续执政和瑞典福利国家的建设奠定了基础。

进入20世纪70年代，由工会联盟和雇主联盟进行的中央层次谈判越来越难以适应经济全球化、信息化发展而导致的日益复杂的劳资关系。1990年，瑞典全国雇主协会决定放弃统一谈判制度。面对这种局面，社民党政府于1996年提议与劳资双方进行协商，1997年劳资双方八大组组长就如何进行工资谈判和保护瑞典企业竞争力问题进行谈判，并达成了《工业发展与工资形成协议》（简称《工资协议》）。在该协议中，劳资双方保证“在和平条件下”通过“建设性谈判”来解决利益争端，以维护企业竞争力并实现双方利益互赢。同时双方达成新的谈判程序规定，在原有集体协议到期前3个月双方即进行新的谈判。如果谈判出现困难，应双方或者一方的要求，国家调解署可为其提供一个中立的谈判主持人或者调解人。如果谈判破裂，双方可以采取罢工或闭厂等产业行动，但应就产业行动问题提前7个工作日通知对方并报告国家调解署。事前不通知的将受到罚金处罚。2000年，政府修改了《国家调解员法》并授权新成立的瑞典调解署在谈判已经破裂或者产业行动已经开始的情况下，自行任命调解人并进行强制性调解，以维护劳动力市场和平。

三、集体谈判的层级

瑞典的集体谈判分为三个层级：中央层级、行业层级和企业层级。

中央层级的谈判主要在工会联盟和雇主联盟间展开，全国各行业有关雇佣工资的集体协议通常在中央级达成。工会联盟（如 LO、TCO、SACO）和雇主联盟（如 SN、SAF、FSI）之间定期展开中央级谈判，双方签订建议性框架协议，确定双方利益分割的基本原则，如谈判的程序、要不要涨工资等，以此作为瑞典全国劳动关系的风向标。由于集体谈判的强大影响力和执行效力，多年以来，瑞典没有最低工资立法，努力回避实行国家制定收入政策，雇主和工会都认为他们可以对工资和工作条件达成共识。

整个行业的公司订立一份中央性的协议，然后由地方协议作补充，中央协议不允许地方协议有违背其精神的做法。

行业层级的集体谈判主要在行业工会（如金属工人工会）和雇主行业协会（如机械工业协会）间展开；行业层级的集体谈判也属于国家级谈判，双方签署行业协议，就中央层级的建议性框架协议作出具体规定，如确定具体的工资、工时、休假制度等。

地方层级的集体谈判在地方工会和单个雇主间展开。双方签订地方协议或企业协议，对行业层级的集体协议再进行细化，如制定单个雇员之间的差别工资等。

瑞典传统的集体谈判都是在私人部门进行的。从 1956 年至 20 世纪 80 年代约 30 年间，瑞典的集体谈判主要是国家层级的，协议内容覆盖整个经济事项。之后，情况发生变化。集体谈判层次开始下降，其中最主要的标志性事件是 1983 年的五金行业的集体协议。目前瑞典集体谈判最主要的是行业层级的谈判。

瑞典集体协议的覆盖率非常高，达到 90%，其中私人部门集体协议的覆盖率为 85%，公共部门的集体协议覆盖率为 100%。

对于工资谈判，目前的情况是：在私营部门，国家层级的工资谈判已经停止，瑞典企业联盟已经不对工资谈判发挥任何作用，主要的谈判是行业层级谈判。但是国家层级的一些非工资框架协议一直存在，如 1982 年效率和参与协议。2006 年，又达成了一项关于年金方面的新国家协议，覆盖私营部门 70 万白领劳动者。2000 年依法设立瑞典调解署。根据国家层级集体协议对工资规定的详细程度，将集体协议分为七类，从最低层次的国家级协议没有制定工资增长标准，而是由地方进行协商，到最高层次的国家级协议为每个雇员确定工资增长水平。经统计，2010 年，瑞典有 8%的雇员是被没有具体数字的工资增长协议所覆盖，6%的雇员是被工资增长水平全国一致的协议所覆盖，而 80%的雇员工资水平由行业协议和地方协议混合确定。一般情况是国家级协议确定全部的增长水平，地方级协议将工资增长水平进行协调细化再分配。全国工资水平一致的集体协议，在公共部门的覆盖率远远高于私人部门。其中在国家雇员中覆盖 38%，地方公务员覆盖 5%，而私人部门的覆盖率为 6%。

通常，蓝领工人和白领工人的工资协议是分开的。工资协议期限一般为 3 年，但是通常赋权工会可以提前一年终止协议。2008 年，建筑工人工会 Byggnads 就使用了这一权利。由于大多数谈判都是同时开始的，所以在全国形成了集体谈判周期现象。2001 年、2004 年、2007 年、2010 年都是瑞典的集体谈判年。但是 2010 年谈判产生了一个不同的模式，许多达成的协议都将集体协议周期改为 2 年。

四、集体谈判的类型

瑞典集体谈判的类型共分为四类：第一类是基于传统的核心的集体谈判；第二类是基于共决模式的集体谈判；第三类是基于加强工会影响力的集体谈判；第四类是基于半强制性立法的集体谈判。

（一）基于传统的核心的集体谈判

涉及工资和工作条件的谈判是传统的核心的集体谈判。由于瑞典既没有任何法律规定的工资水平，也不存在宣布某一集体协议具有普遍约束力的机制，因此，针对工资和工作条件进行谈判是各层级集体谈判的传统核心内容。

大企业一般通过其雇主组织或自己直接与工会进行谈判，达成协议。对于只有几个雇员、没有加入雇主组织的小型、微型企业，可以采用替代性合同。但是不论是大企业还是小企业，都必须执行中央层次的集体协议。

如果这类集体谈判不能达成一致时，工会一般会通过产业行动对雇主进行威胁，逼迫雇主答应条件。在瑞典，个人没有权利进行罢工，只有工会为了达成集体协议才能进行罢工。原则上国家对产业行动一般采取不干涉态度。即使对于雇员既不是工会会员也没有加入工会愿望的企业，工会仍然可以采取产业行动来迫使雇主签署集体协议，当然绝大多数情况下签署的是替代性合同。这时工会可以采取雇佣联合抵制的方式，即要求工会会员不到该企业应聘。但是这种雇佣联合抵制本身的作用有限，迫使小企业签署集体协议的主要是声援性罢工。

（二）基于共决模式的集体谈判

瑞典处理集体劳动关系的基本法律是 1976 年的《共决法》，该法适用于劳动力市场所有部门。该法包括两套基本规则，一套是集体谈判基本规则，由早期的和睦产业关系立法转化而来，内容修改不多。第二套是关于在工作中进行劳资共决的规定，这是该法自身第一次提出来的。

《共决法》并没有赋予雇员任何个人权利，劳资共决的作用通过工会发挥出来。瑞典认为如果赋予个人权利，会降低工会的权利，所以瑞典极力避免双层劳动关系结构，即在工会之外建立工作委员会等。

《共决法》包括两个层次的协商和代表权。一是一般协商权利，适用于所有工会，只要其有一个会员受雇于某雇主，工会都可以与该雇主进行共决；二是基本协商权利，原则上只适用于与雇主签署集体协议的工会。

一般协商权利由《共决法》第 10 节规定。该权利包括，工会就其会员雇员与雇主之间的任何劳动关系问题与雇主会谈并交换意见。一般协商权利包括传统谈判领域的任何方面，也可以就地方和中央层级的权利争议问题进行协商。

但是作为一个原则，只有与雇主存在集体协议的工会才可以根据共决专门规则进行基本协商。根据《共决法》第 11 节规定，工会具有“协商基本责任”。这种责任的关键是，雇主在作出重大经营活动调整或计划对雇员的就业条件进行重大变更前，必须主动与工会协商。协商并不要求必须达成协议，雇主对事项有最后的决定权。但是，雇主的决定必须在地方层次的协商（或者根据工会的要求，在中央层次的协商）结束后才能实行。

基本协商范围比集体谈判的传统核心范围要大得多。对于重要的经营决定，雇主都要与工会进行协商。协商是瑞典企业运行的基本特征，并不是只在发生冲突的时候才需要进行协商。但是对于细微不重要的经营决定，或者已经有常规的制度安排的情况下，雇主就不需要邀请工会进行协商，但是如果工会要求的话，雇主仍有责任进行协商。多数情况下，雇主会听从工会的意见，这是瑞典劳动领域整套体制得以良性运行的基础。

（三）基于加强工会影响力的集体谈判

根据《共决法》的规定，当劳资双方就集体协议中关于工资和雇员岗位职责的条款发生争议而进行谈判时，工会具有优先解释权。工资和岗位职责方面的内容是个人就业合同最主要的内容，这些内容往往受集体协议的影响很大。根据《共决法》第 34 节和第 35 节的规定，如果发生这方面的争议，工会具有优先解释权。一旦工会宣布其使用该优先权，雇主必须执行工会的要求。雇主也可以将争议上诉至劳动法庭，但是在劳动法庭作出裁决之前，按照《共决法》的规定，雇主必须按照工会要求执行合同。

但是法律对于工会主张优先解释权也作出一些限制，即工会关于工资水平的解释必须相对合理；而且，在雇主明确表示该工作任务非常紧迫必须完成的情况下，雇主也有权利按照自己关于雇员岗位职责的解释执行合同，直到劳动法庭作出解释。

另一种加强工会影响力的集体谈判是工会可以就雇主的某些雇佣活动行使否决权。根据《共决法》第 38 节的规定，当雇主不以雇佣为目的而与他人签订合同，由他人代表雇主执行某些任务或从事工作的时候，工会可以行使否决权。这就表明，如果雇主使用劳务派遣人员，工会可以行使否决权。一旦工会行使否决权，雇主必须遵照执行，直到劳动法庭作出裁决。

但是这并不意味工会可以随意行使否决权，根据《共决法》第 39 节的规定，只有在雇主的这种合同违反了法律或者集体协议的情况下，或者在违反了特定谈判部门普遍接受的规则的情况下，工会才可以行使否决权。而且工会必须给出有力的、公正的理由。工会不能仅仅以损害会员最佳利益为由行使否决权。

（四）基于半强制性立法的集体谈判

瑞典在立法上，原则由法律制定强制性的最低标准。一个雇员与雇主的雇佣合同都尽可能避免与这些最低标准相冲突。但是瑞典的法律是半强制性的，如果工会和雇主在集体谈判中达成协议，也可以按照集体协议执行，不遵守这些法律规定。比如，瑞典《就业保护法》对于固定期限合同的使用进行了严格限制。为了阻止雇主大量雇佣有固定期限劳动合同的雇员，《就业保护法》采取封闭式列举的方式，列举了能够使用固定期限劳动合同的所有情况。但是瑞典法律半强制性的特点表明，如果现实中工会和雇主达成协议，雇主就可以使用固定期限劳动合同雇员。再比如，对于冗余解雇问题，《就业保护法》第 7 节规定，只有给出正当理由或客观的原因才可以解雇无固定期限劳动合同的雇员。但是在现实中，对于因经济原因解雇员工提出正当理由的要求只是一种形式，因为一般的集体协议都约定，冗余解雇是企业经营优先权的一部分，企业有权根据经营需要作出决策。如果解雇是企业为提高利润水平进行重组计划的一个部分，它就被视为是正当的。为此，《就业保护法》在第 22 节明确解雇人员的选择规则，即“后进先出”，保护老员工的权利。然而这个规定仍然是半强制性质的。集体协议仍然可以规定一些与该法律条款规定所不同的解雇规则，确定解雇所考虑的一些因素。瑞典劳动立法的半强制性质进一步提高了集体协议的地位。

澳大利亚集体谈判制度研究

澳大利亚的集体谈判制度中，政府长期发挥着主导作用是其独特的特点。20 世纪末以来，集体谈判制度发生了较大变化，政府放松管制，实行企业级别的集体谈判。下面从历史变化、法律制度、谈判制度等方面进行分析。

一、集体谈判监管制度的历史发展

在澳大利亚的劳资关系中，集体谈判曾长期处于相对弱化的地位，政府长期处于主导的管理地位，对集体谈判的管制较为严格。国家主管机构不仅确立统一的劳动标准，而且裁定特定行业工资及相关劳动条件的水平，裁定具有法律效力，作为集体谈判的依据。集体协议要经过政府部门的批准，甚至政府一度有对集体协议内容的最后决定的权利。主管机构通过强制性调解、仲裁处理个体和集体劳资纠纷。20 世纪 80 年代后，管制逐渐放松，集体谈判趋于灵活。

澳大利亚调解劳动关系的第一部法律是 1904 年的《联邦调解仲裁法》。该法的核心是：设立联邦调解仲裁委员会，实行指令性的工资制度，由联邦调解仲裁委员会的裁定确立工资标准、增薪幅度，以及工时、休假、解雇等基本劳动标准；劳资纠纷由调解仲裁委员会调停并在必要时实行强制性仲裁。该法确立了澳大利亚以政府为主导的管理劳动关系的基本模式，并基本上延续下来。其中，裁定是主导和较为独特的制度方法，在长期的管理中，不仅确定最低劳动工资标准，还确定行业的工资等劳动条件的指导线，具有法律效力。

20 世纪 80 年代开始，澳大利亚劳动就业法律制度发生根本性变革，出现“去监管化”和“分权”的特征。联邦调解仲裁委员会的职能开始逐渐弱化，裁定和调解仲裁权力弱化。集体谈判制度管制逐步放松，取消原来的行业层次的集体谈判，谈判级别下移至企业层次，集体谈判的权限和范围扩大。

1988年，《联邦调解仲裁法》更替为《产业关系法》，联邦调解仲裁委员会更名为产业关系委员会。1993年，《产业关系法修正案》对《产业关系法》有重大改动。主要涉及：（1）取消传统的行业层次的集体谈判、集体协议，改为企业集体谈判。（2）首次允许无工会参与的集体协议，企业的非工会会员雇员可组织起来与雇主谈判，签订“企业内独自协定”。没有工会组织的企业可达成适合本企业的劳资协定。（3）具体企业劳动标准，原来依据产业关系委员会裁定确立，现改为由企业集体谈判来决定。而产业关系委员会的裁定则转为集中于建立全国的劳动标准制度，并形成覆盖所有劳动者的劳动标准最低保障安全网，为企业谈判提供良好的规范和依据。（4）第一次以立法形式承认工人采取产业行动的权利，但同时规定各种限制条件，体现国家对工人罢工的强烈干预以及对非法罢工的惩罚。1993年的立法改革更多强调的是个人法律权利，而不是集体权利。

1996年，《产业关系法》经修订更名为《工作场所关系法》。《工作场所关系法》开始削弱产业关系委员会的权力，进一步弱化裁定的作用和地位。《工作场所关系法》进一步强调劳资矛盾应尽量在基层即企业解决，而不应由产业关系委员会大包大揽。即使需要产业关系委员会出面也要以调解为主，尽可能减少强制性仲裁。它的创新是：（1）开始允许成立企业层次的工会，但必须拥有50名以上的会员；（2）不允许行业工会到没有其会员的企业进行情况调查及代表工人与雇主进行集体谈判（原《产业关系法》允许）；（3）允许劳动者个人与雇主签订劳动合同，称为《工作场所协议》（AWAS），而且为确保、推动这项制度的实施，增设“就业代言”（Employment Advocate）这一联邦政府机构；（4）将产业关系委员会的裁定权限定在20个方面，归纳起来为：技术等级分类、劳动时间、工资标准、增薪幅度、各种休息休假、各种津贴补助、解决劳动纠纷的程序、裁员补助、雇佣方式、养老金、临时停工条款、陪审团服务报偿标准等，在此之外的劳动纠纷由劳资双方谈判、协商解决，委员会无权裁定。推行由企业和雇员直接签订的个人劳动合同，虽然该类协议所占比例不高，但企业可用来威胁工会和雇员降低劳动就业条件。

通过20世纪八九十年代的改革，裁定工资标准的总体作用在下降，集体谈判和个人协商方式的作用在上升。90年代前，澳大利亚工资分配标准主要是通过联邦或各州产业关系委员会或劳资法庭裁定的大约3 200个工资标准确定。1996年《工作场所关系法》，对裁定工资标准体系进行大幅度改革，除保留少数裁定工资标准作为确定工资的标准外，绝大多数其他劳动条件主要通过企业集体谈判或雇员单独同雇主直接协商来确定。21世纪初期，澳企业工资由裁定工资标准确定的占24.1%，由集体谈判确定的占35.3%，由个人劳动合同确定的占40.6%。

总体趋势是，裁定工资标准主要在公共部门、大企业和全日制工作中流行，采用率分别达80%、79%和37%；而集体谈判和个人协商方式受到私营部门、小企业及专业和管理人员的青睐，采用率分别达到50%、68%和75%。

2006年，霍华德政府制定了《工作选择法》。该法倾向保护企业利益，目的是使劳动关系更加灵活，提高生产率。该法规定设立最低劳动条件安全网、雇主有权利用与雇员的协议排除适用裁定、雇员少于100人企业不适用不公平解雇规定、限制工会采取产业行动和进入企业，等等。产业关系委员会丧失大部分权力，其规范工资的权力也移交新成立的公平工资委员会。但《工作选择法》扩大雇主权力的做法引发了工会和社区的强烈反对，成为联合政党2007年竞选失败的重要原因。工党上台后便立即推行"推动公平"政策，其核心是制定《公平就业法》，逐步替代《工作场所关系法》。该法于2009年实施，取消了有关"雇员少于100人企业不适用不公平解雇规定"。2010年成立全国劳资关系公平仲裁庭，整合替代此前的产业关系委员会等相关管理机构。

澳大利亚的集体谈判经历了重心不断下移，政府管制不断放松的变化过程，改革后的制度注重灵活调整，适应企业的变化，但政府仍有较大的监管权。

二、集体谈判的法律制度背景

有关集体谈判的规定主要体现在《公平就业法》(*Fair Work Act*)中。《公平就业法》是对集体谈判制度发展趋势的总结和继承，并形成以《公平就业法》为核心的配套法律体系。见方框1。《公平就业法》共六章800条，包括职业介绍、就业标准、雇主和企业有关权利和义务、遵守和执行、行政管理以及其他事项。其有关集体谈判的主要内容体现在以下几个方面。

方框 1

有关集体谈判的法律体系

2009 年公平就业法

2009 年公平就业（登记组织）法［*Fair Work*（*Registered Organisations*）*Act* 2009］

2009 年公平就业规章（*Fair Work Regulations* 2009）

2009 年公平就业（登记组织）规章

2010 年公平就业条例（*Fair Work Australia Rules* 2010）

小企业公平解雇准则（*Small Business Fair Dismissal Code*）

1996 年工作场所关系法（*Workplace Relations Act* 1996）

2006 年工作场所关系规章（*Workplace Relations Regulations* 2006）

此外，还包括各州相关法律和有关 2009 年公平就业法与以前法律之间的过渡性规定。

资料来源：Fair Work Australia，http://www.fwa.gov.au/index.cfm?pagename=legislation.

（一）建立统一规范的国家工作场所制度

根据 2009《公平就业法》，澳大利亚形成新的基本统一的全国工作场所关系制度，作为劳动就业领域的标准制度。从 2010 年起，新南威尔士、昆士兰、南澳大利亚等州的产业关系州属管辖权移交联邦政府，全国绝大部分就业岗位的雇主和雇员置于国家工作场所关系制度的管辖中，而不分州别。

该制度要点包括：

1. 建立最低国家就业标准制度［National Employment Standards (NES)］。《公平就业法》规定了 10 个方面最低劳动就业标准，包括：每周最长工作时间、各种休假、公开信息（雇主有义务为新雇员提供“公平工作信息声明”，解释有关劳动权利）、通知解雇和经济补偿金等内容。这些最低标准称为全国就业标准，具有强制性，任何就业标准裁定、集体协议和个人协定都不得违反以上标准。

2. 建立适用于全国的对特定产业和职业的就业标准的裁定。下文详述。

3. 建立国家最低工资标准。

4. 监管集体（企业）谈判。

5. 规范对不公平解雇的保护。

就业标准和最低工资标准构成了国家工作场所关系制度对雇员的新安全保护网。也是企业谈判的基本依据。其中各州公共部门雇员和大部分州的政府雇员不纳入该制度管辖。

（二）规范并简化就业标准裁定制度

就业标准裁定（award）是在法定最低标准基础上，制定有关就业最低标准和条件的实施性文件，包括工资、工时、休假等方面。一般情况下，适用于特定产业或职业的雇员，并且作为评估集体（企业）协定的衡量标准。

1. 裁定制度的发展

20 世纪 70 年代，劳动仲裁委员会负责管理两种工资标准，一是实行最低工资制，二是实行工资增长同日用消费品价格指数挂钩的办法。这两项措施是裁定的基本内容，为企业工资集体谈判提供了参考依据，确定了企业增资的基本机制，从而既确保了企业特别是中小企业职工的最低工资收入，也保证了各类企业的工资增长得到有效控制。之后，就业标准裁定由产业委员会确定，主要也是以各个产业和行业为基础。

2. 现代就业标准裁定

《公平就业法》实施后的新标准称为现代就业标准裁定（modern award)。《公平就业法》所规定的裁定内容范围，包括工资、就业形式、弹性工作安排、工时、加班费用、津贴、假期、年金以及争议处理办法等方面，形成对全国最低就业标准的补充。此前的旧标准逐渐向新标准过渡而废止。《公平就业法》对原有的就业标准裁定进行简化，在 2010 年之前，澳大利亚大约有 4 300 个经裁定的就业标准，产业关系委员会将之整合为 130 个左右。

裁定的重要作用之一是确保低收入和弱势群体的劳动就业权利，比如，规定弹性工作的雇员在符合一定条件后转为正式雇员。对于高收入雇员（年薪超过 108 300 澳元，该数额每年进行调整），在雇主确保其收入并征得其同意的前提下，可不适用有关裁定。

全国劳资关系公平仲裁庭负责制定并变更就业标准裁定。全国劳资关系公平仲裁庭每隔4年将对现代就业标准裁定进行评估，以决定是否修订、撤销或制定新裁定，2012年将进行首次全面评估。

现代就业标准裁定和最低国家就业标准制度（National Employment Standards，NES）一起形成了公平而相关联的最低待遇安全网。就业标准裁定内容具有法定性，是劳动合同的基本参考依据，也是集体谈判的基本标准。

（三）完善和加强集体谈判

澳大利亚的集体谈判曾长期处于辅助甚至弱化的地位，但自20世纪80年代末、90年代初，政府开始提倡集体谈判，以促进生产力。允许企业根据具体情况规定劳动标准，如果雇员与企业签订集体协议，则暂停适用裁定，优先适用集体协议。只要雇员不会陷于不利处境，集体协议可变更甚至排除适用有关裁定规定。但集体协议标准应“整体高于”有关裁定标准，工资水平不得低于有关裁定规定。集体协议期限最长不得超过4年。

《公平就业法》规定，雇主和雇员必须“善意”地达成集体协议，判断标准包括：在合理时间内参加会议，及时披露有关信息，及时回应对方提议，认真考虑对方提议并解释有关原因，不得采取危害结社自由和集体谈判的恶意或不公平行为，承认其他相关谈判代表等。

如果雇主不善意谈判，雇员可向全国劳资关系公平仲裁庭申请“谈判令”，要求雇主按规定进行谈判。对于严重违反“谈判令”的雇主，全国劳资关系公平仲裁庭有权作出有关“工作场所决定”，直接对谈判内容作出决定，发挥“准集体协议”的作用。

总之，澳大利亚集体谈判有较为严密的法律监管制度基础，并须以国家的劳动工资标准为底线。

三、工会和雇主组织主体

澳大利亚的工会和雇主组织由2009年《公平就业（登记组织）法》管辖，总称为登记组织。该法取代了1996年《工作场所关系法》，规定了工会和雇主组织要达到的标准，涉及组织准则、财务报告、选举、官员行为规范等方面。由全国劳资关系公平仲裁庭依法负责登记和管理。

截至2011年5月，登记的产业组织有120个，主要是全国和各州的工会和雇主行业协会。其中雇主组织73个，工会组织47个。

(一) 工会

1. 工会组织

澳大利亚工会理事会（Australian Council of Trade Unions）是全国最高的工会组织，所有主要工会都隶属于它。工会在劳资关系中起着重要作用，在制定工资标准、确定劳动条件、签订集体劳动协议和劳资双方争议谈判中具有举足轻重的作用。

澳大利亚工会在集体谈判中的权利受到一定限制和削弱。《公平就业法》规定，一般情况下，工会并不能直接成为集体协议当事人，但可成为谈判代表。集体协议必须获得雇员以大多数投票通过，并提交全国劳资关系公平仲裁庭批准。

近 20 年来，澳大利亚工会会员人数都呈下降趋势。目前，澳大利亚只有 20%左右的工人参加了工会组织。工会在处理劳动争议案件中的作用是：向请求帮助的会员或当事人提供服务，根据法律来维护会员或当事人的合法权益，从而对劳动争议及时、公正地解决起到了积极的促进作用。当然工会向请求帮助的会员或当事人提供的服务是既有无偿的也有有偿的。

2. 工会的调查权（right of entry）

工会人员为维护雇员的权益，有依法进入工作场所进行调查的权利。调查程序有严格的法律规定，并需要持有有效的调查权许可证。

工会官员（可包括工会雇员）有权进入营业场所，调查违反《公平就业法》和其他法令的事宜，调查纺织、服装和制鞋产业非法用工情况，与雇员会谈，执行职业安全卫生法律规定的权利。可以调查相关工作场所或物品，会见相关人员，查阅相关文件记录。

在进入某一工作场所执行调查权前，必须要发出书面通知（调查通知），通知要在实际访问前的 14 天内至 24 小时以前提供给营业方。例外情形要由全国劳资关系公平仲裁庭批准。对工作场所的访问必须在工作期间进行。对于拒绝、拖延或阻拦调查或其他违法情形，将处以罚金。

调查许可证由全国劳资关系公平仲裁庭发放并进行备案。调查许可证的申请有条件限定。调查权必须由某个工会的管理委员会成员申请。许可证只能发放给"正当和特定的人员"，上面登记有调查者姓名。《公平就业法》第 513 章对于申请官员的标准有详细规定。许可证自签发之日起有效期为 3 年，或当许可证持有人不再是工会官员身份时许可证终止。许可证必须在失效后 7 日内返还全国劳资关系公平仲裁庭。

（二）雇主

雇主组织结构分为三个层次。澳大利亚国家级雇主组织是澳大利亚工商产业联合会；澳大利亚工商产业联合会的直接会员是10个地方雇主组织和22个行业协会，这些地方或行业协会再发展企业会员。全国地方及行业协会的企业会员数量达35万个，雇员总数为400万人。

三个层次的雇主组织的服务对象不同。澳大利亚工商产业联合会是一个政策性机构，其主要任务是在国家三方机制中代表雇主。主要职能是代表雇主在劳动关系和就业领域开展工作，包括游说政府，参与政策制定，代表和维护雇主利益，并代表澳大利亚雇主组织参与国际组织的活动。联合会没有企业会员，只对32个地区、行业组织提供服务，其服务内容也多为政策性、指导性信息，而不是为会员提供个性化服务。

地区雇主组织在具体问题上参与三方机制工作。包括，接受国家雇主组织的指导，间接参与政策制定；参与国家有关劳动关系委员会的工作；受雇主委托与企业工会进行谈判等。行业协会是国家雇主组织的直接会员，参与国家三方机制活动。

澳大利亚工商产业联合会强调两级组织对企业的服务不要重复。地区和行业组织接受联合会的政策性、指导性信息，再把这些信息传达至会员企业，并直接为企业提供实际的服务。

澳大利亚工商产业联合会会费主要来源于地方雇主组织，行业协会也缴纳会费，但所占比重较小。

（三）三方机制的形式及运作

澳大利亚运用三方协调机制解决劳动关系问题已经有很长的历史，其雇主组织和工会的地位受到国家法律认可。

三方机制主要依靠国家在劳动关系问题上成立的三个委员会。一是劳动关系咨询顾问委员会。由议会依法建立，政府劳动方面的部长出任主席，另有6位雇主代表、6位工会代表，每年召开两次会议，主要讨论国家的就业与劳动关系政策，提出各种建议。议会在需要解决某个问题时，会向联合会提出咨询，听取他们的意见。二是原产业关系委员会。雇主组织和工会通过产业关系委员会参与最低工资标准及假期时间标准的制定，这些标准成为企业与雇员协商劳动用工的依据。三是职业安全卫生委员会，由联邦政府部长、各州的职安官员、工会和雇主组织代表组成，是职安领域的三方协商机构。

四、集体谈判和协定的有关规定

澳大利亚对签订集体协议的工会资格限制很少，不仅是有工会的企业，对于非工会企业，澳大利亚也允许职工组织起来进行集体谈判，而且组织起来的员工不需要注册为工会会员。澳大利亚还允许个人与企业签订工作场所协议，效力等同于集体协议。对个人来讲，工作场所协议侧重确定工资和劳动条件等最低标准，集体协议侧重就业标准。

（一）企业协定类型

澳大利亚的集体合同称为企业协定，是雇主和雇员之间就就业的标准和条件在企业层次上制定的协定。企业协定内容，包括工资水平、就业条件（如工时、就餐时间、加班）、协商机制、争议解决程序、经雇员同意的任何目的的工资扣除。协定中不能包含非法内容，如歧视性或有争议的条款。企业协定不能低于全行业或职业的薪酬标准和最低工资。

企业协定在一个或多个雇主和多个雇员或一个或多个相关雇员组织（工会）之间协商制定。有三类：

1. 单个企业协定，包括本质上单个企业中的单个雇主或一个或多个雇主（如股份有限公司），称为单方利益相关雇主。

2. 多企业协定，包括不全部是单个利益相关雇主身份的两个或两个以上雇主。

3. 新企业协定（Greenfields agreements），包括一个或多个雇主在建的或打算建立的真实的新企业，还没有雇佣到企业正常运行所必需的人员。此类协定可以是单企业协定或多企业协定之一。

（二）协定批准

谈判完成和协议草案制定后，必须由雇员投票通过，最后经过全国劳资关系公平仲裁庭批准，协定才能生效。全国劳资关系公平仲裁庭可以在制定协定过程中提供帮助，解决由协定标准引发的争议，最后评估和批准协定。

1. 雇主采取的预批准步骤

雇主必须确保在协定批准程序前，已告知雇员，向雇员解释说明协定的条款及其影响；解释要采取恰当的方式，例如考虑青年雇员或不同文化背景雇员的接受方式。

2. 雇员投票

雇员必须通过投票签署协定。投票在告知雇员至少 21 天后进行。在投票前 7 天内，雇主须确保雇员得到协定及相关参考材料的副本。雇主也必须告知雇员投票的时间、地点和投票方式。

投票成功，协定签署的条件根据协定类型变化：

（1）非新企业的单个企业协定，多数雇员经有效投票同意协定。

（2）非新企业的多企业协定，至少一个雇主的雇员大多数经有效投票同意协定。如果所有雇主的雇员不同意该协定，则协定必须变更，以使其只表述为覆盖同意该协定的雇员及其雇主。

（3）新企业协定，由协定包含的每个雇主和每个相关雇员组织签字。

3. 批准

企业协定必须在签订后 14 日内提交给全国劳资关系公平仲裁庭审核，以获得批准实施。审核的基本原则是公平性，不损害相关雇员的相对利益。

全国劳资关系公平仲裁庭审核以下各方面是否合格：

• 协定真实。

• 协定所包含的所有雇员的待遇要优于相关的现代就业标准，并且没有非法条款或指定劳务工[①]（outworker）的条款。前者称为全员改善性审查（better off overall test），是全国劳资关系公平仲裁庭批准企业协定的基本前提条件，现由 2009 年《公平就业法》规定实施，相当于此前由 1996 年《工作场所关系法》规定的非不利性审查。

• 协定包含的雇员群体选择标准公平。

• 协定有明确的有效期（仲裁庭批准后不超过 4 年）。

• 协定规定了争议处理程序。

• 协定包括灵活性条款和协商条款。

《公平就业法》还规定了特殊情况，有的企业协定不符合《公平就业法》规定但提供对相关问题的合格的书面保证，对此仲裁庭可以有条件地批准。但要求其中接受书面保证的内容的后果不会造成任何雇员经济上的损失，不会引起协定的实质性的改变。书面保证要由雇主提交，并且经过所有谈判代表检查通过。

① 意指外雇的临时性成本较低的非正式雇员。

五、劳动争议处理

近年来，澳大利亚政府试图将传统的以强制仲裁为主的解决劳资纠纷的方针改为尽可能以调节为主，从《工作场所关系法》开始，更加强调劳资矛盾应尽可能以协商、谈判、调停的方式解决在基层。尽管机构变动，但从产业关系委员会到全国劳资关系公平仲裁庭内部一直都设有劳动法庭，都遵循这一原则努力对投诉案件进行调解。

（一）全国劳资关系公平仲裁庭处理争议的方式

劳动争议包括由国家就业标准的执行或企业协定内容而引发的争议。全国劳资关系公平仲裁庭对于争议的处理有和解、调解和仲裁（conciliation，mediation and arbitration）等方式。仲裁庭根据情况对争议有法定的最终裁定权。

由国家工作场所关系制度覆盖的雇主及其组织和雇员及工会都受仲裁庭管辖。仲裁庭致力于帮助雇主和雇员解决工作场所争议，着眼于长远地解决问题，而会提出可能对于利益相关方并不立即见效的但立足于从根本上解决差异的途径建议。

管辖的争议类型包括，有关就业标准执行或集体或企业协定的争议，谈判争议，由《公平就业法》的一般性保护规定引发的争议。

（二）争议处理程序

2009 年《公平就业条例》中规定了“处理争议模式条款”。该条款规定，争议要分层次解决。首先，协定各方必须在工作场所层次，即劳资双方之间尽力解决争议。雇主、雇员和相关管理方要就争议问题进行协商。其次，如果工作场所层次的协商没有实现争议的解决，则争议一方要将争议事宜提交全国劳资关系公平仲裁庭。全国劳资关系公平仲裁庭也分两个步骤处理争议。第一阶段，通过对争议的调解或和解，或提供建议或表达观点来提供援助。第二阶段，如果第一阶段失败，则进行争议仲裁或作出对各方的约束性决定。当然，争议各方可对仲裁结果向联邦法院上诉。

企业协定都要求包含处理争议程序。发生争议时，协定各方就特定程序达成一致或接受模式条款。企业协定中既可以包含“处理争议模式条款”，也可以包含允许全国劳资关系公平仲裁庭介入援助的争议解决程序。在后者情形中，一旦发生争议，全国劳资关系公平仲裁庭只行使争议解决程序规定的或争议双方同意的权力。

（三）产业行动

产业行动可以采取多种形式。例如，雇员可以罢工或实施工作禁令（即拒绝承担所有正常职责），雇主可以闭厂等。但对跨企业谈判或新成立企业谈判，不能采取产业行动。

根据《公平就业法》，产业行动若要获得法律保护，必须满足若干条件，合乎要求的产业行动受到法律保护。这些条件包括：

1. 集体协议期满失效。

2. 产业行动是为了支持签订新的企业协定（或是对对方产业行动的反应）。

3. 产业行动不能涉及模式谈判（pattern bargaining）（指谈判涉及多个集体合同，涉及多个雇主。一个协议中的条款可被作为其他谈判的模式条款。即在雇员与不同雇主的不同协议中，一方要求纳入相同条款）。

4. 经过投票，多数工人决定采取产业行动，并获得全国劳资关系公平仲裁庭批准。当雇员发起产业行动来支持谈判诉求时，必须先获得全国劳资关系公平仲裁庭投票授权，在相关雇员群体中进行合法性投票（protected action ballot）。要有半数以上的所涉及雇员参加投票并且半数以上投票支持采取产业行动，全国劳资关系公平仲裁庭才有可能批准。合法性投票结果要在全国劳资关系公平仲裁庭网站或其他公开途径公布。

5. 全国劳资关系公平仲裁庭要确认，产业行动必须以达成企业协定为目的而进行。

6. 产业行动要提前3天以上书面通知谈判的另一方。采取应对性产业行动的不在此列。

全国劳资关系公平仲裁庭的目标是保证谈判过程和产业行动遵守法律规定，有权暂停或终止合法的以及非法的产业行动。全国劳资关系公平仲裁庭有权主动或应雇主要求，阻止或预防不受法律保护的产业行动。如果产业行动继续进行，雇主或公平就业督察专员（Fair Work Ombudsman）可向联邦法院申请禁止令。即使是合法的产业行动，如果可能造成谈判双方的雇主或雇员的重大经济损失，或威胁到相关人群的生命、个人安全、健康和福利，或有可能造成第三方的重大经济损失，则全国劳资关系公平仲裁庭可以中止或终止合法的产业行动。如果全国劳资关系公平仲裁庭认为中止有助于解决争议，可规定冷静期。

此外，工人采取产业行动过程中，一般情况下没有任何工资，除非是部分罢工。如果是未经法律保护的产业行动，即使罢工少于 4 个小时，也按 4 个小时予以扣减工资。

六、管理机构和职能

2009 年后，澳大利亚形成新的国家工作场所制度。新的国家制度整合了各州原来各自独立的大部分劳动关系制度，使全国绝大部分企业和雇主接受同一国家劳动关系制度的管理。同时，新制度取代了 1996 年《工作场所关系法》及其相关机构。新旧机构的接替在 2009—2010 年间完成。

新的制度包括全国劳资关系公平仲裁庭、公平就业督察专员办公室和联邦法庭及其地方法庭公平就业处。

（一）全国劳资关系公平仲裁庭

全国劳资关系公平仲裁庭（Fair Work Australia，FWA），是国家工作场所关系法庭性质机构。依据 2009《公平就业法》，全国劳资关系公平仲裁庭是新的国家工作场所关系制度的核心管理部门。全国劳资关系公平仲裁庭旨在“简易、方便、一站式处理劳资关系问题”。它结合统一的全国工作场所关系制度的建立，改革劳动就业相关机构，整合了多个相关部门，见方框 2。

方框 2

全国劳资关系公平仲裁庭整合并取代的机构

澳大利亚产业关系委员会（Australian Industrial Relations Commission，AIRC）

澳大利亚产业关系登记处（the Australian Industrial Registry，Registry）

澳大利亚公平薪酬委员会（Australian Fair Pay Commission，AFPC）

工作场所局（Workplace Authority）

工作场所督察专员（Workplace Ombudsman）

资料来源：Fair Work Australia，http://www.fwa.gov.au/index.cfm?pagename=transagencies.

全国劳资关系公平仲裁庭是一个独立机构，独立于政府。它承担一系列职能，包括：

1. 制定设定最低工资和雇佣条件安全网标准，评估和修改就业标准裁定；

2. 处理企业谈判，保证善意谈判，促进针对低收入群体的跨企业谈判，审批集体协议；

3. 处理产业行动；

4. 解决争议；

5. 处理雇佣终止，解决不公平解雇等。

仲裁庭对所受理的案件，都是先进行调解，调解不成后再进行仲裁。

（二）公平就业督察专员

公平就业督察专员（The Fair Work Ombudsman，FWO）办公室作为另一独立并行机构，通过宣传教育促进法律实施，向雇员、雇主和劳务工（outwcrkers）提供关于公平就业行动、权利和义务的教育、援助和咨询。督查员监督《公平就业法》的执行情况，调查有可能违反工作场所关系法律的行为，并对相关违法行为向法院起诉处理。

（三）联邦法院公平就业庭

联邦法院以及地方法院内部都设置了公平就业庭，专门处理工作场所关系纠纷。《公平就业法》对法院进行更大范围的授权，法院可裁定支付工资、罚款、赔偿或复职，以及通过颁发强制令，预防、阻止或救济有关违法行为。如果标的额少于 2 万澳元，当事人可申请快捷简易的小额诉讼，律师经法院同意方可代理案件，法院可不受证据规则和有关程序限制。

七、对我国的借鉴

（一）澳大利亚集体谈判机制的特点

1. 重视企业级别的谈判，使集体谈判重心下移，又鼓励雇员参与集体谈判

澳大利亚的集体谈判原来只在行业和产业层次进行，20 世纪末以来注重企业级别的谈判，一方面是适合具体企业的情况和需求，另一方面也考虑到鼓励企业和雇员提高劳动生产率和提高经济效益。这样集体谈判就具备了灵活性，适应劳资双方的实际特点。

同时在具体企业中，也鼓励雇员参与集体谈判。雇员的集体谈判行动具有合法性。法律规定，没有工会组织的雇员也可以组织起来进行集体谈

判。这有利于推广集体谈判，加强雇员的谈判力量，有利于实现就业公平。

2. 谈判过程置于监管之下，国家管理部门发挥积极的监管作用

在澳大利亚的劳动关系调整机制中，政府长期起主导作用。它通过立法控制集体谈判的形式、内容乃至谈判主体，通过主管机构确定统一的劳动标准，审批集体合同，解决劳资纠纷，有意识地把握产业关系调整机制的各主要环节，主导它的运作。

目前，政府的监管在集体谈判中仍发挥着关键作用。法律对于集体谈判全过程有明确的规范。而集体协定批准生效、争议的处理、产业行动、工会进行工作场所调查等环节，都要经过国家主管部门的批准才能实施，否则即为非法。在这一过程中，管理机构鼓励劳资双方的协商沟通，鼓励将问题在基层得以解决，并积极引导集体谈判的良性发展，但对最终的行为有决定权。

3. 监管体制简单清晰，分工合理

集体谈判是作为国家劳动关系制度（公平就业制度）的重要组成部分。在管理体系中，如上所述，有全国劳资关系公平仲裁庭、公平就业督察专员、联邦法院公平就业庭三层机构管理，其中仲裁庭是核心部门。集体谈判和个人劳动关系管理并行。既重视对具体的集体劳动关系建立早期的调解、引导，又有对其协议执行合法性的宣传监督，并以法院的强制执行力为最后争议处理手段。管理框架简洁、重心前置，有利于服务于劳资双方。

4. 有相关的国家劳动就业标准安全网作为谈判底线

国家制定较为严密的就业标准，既有最低劳动工资标准，又有具体的行业职业性就业标准裁定，集体协议要高于这一明确的参考底线。这在促进集体谈判灵活性的同时，有效保护了雇员的基本利益。

（二）对我国集体劳动关系管理的借鉴

1. 把集体劳动关系的管理纳入国家劳动关系管理体制中

随着我国市场经济的深化，企业分工和规模的扩大，单个企业或一地的同类企业群内部，就业者的劳动雇佣关系的同质化、相互利益联系紧密化的特征愈发清晰，从而形成事实存在的集体劳动关系。而这些就业者就可能因共同的利益诉求，与对应的单个或多个雇主发生争议。因此应该正视这一现实存在的劳动经济关系现象，以劳动关系管理手段进行规范，将

对集体劳动关系及集体劳动争议的管理纳入国家劳动关系管理制度中，制定相应的劳动关系规则和争议处理方法。

在成熟的市场经济国家，对集体劳动关系的管理是劳动法律管理制度的重要方面，与个体劳动关系有着同等重要的地位。我国应对这方面的规律和管理机制积极研究探索。

要结合经济社会发展的需要，兼顾群体性就业者合理权益诉求和企业灵活经营的需要，给集体劳动关系合理的发展空间，促进引导集体劳动关系的建立和发展。应使集体谈判，集体争议处理，乃至产业行动有一定的自由度，通过法律和政策建立相应的行动规则，以利于雇佣双方灵活处理解决问题，建立及时有效的双方间的处理机制。

2. 恰当发挥政府对集体劳动关系的主管作用

这方面澳大利亚的经验有独特的借鉴意义。

首先，应明确集体劳动关系的主体是雇佣关系的双方。对集体谈判乃至争议行动，政府是规范管理的角色，不应代位处理和解决，而应制定规则，维护雇佣关系双方平等的谈判主体地位，规范集体谈判合理空间，鼓励引导其良性发展。

其次，应依据劳动关系处理的规律机制解决争议。尽管集体劳动关系涉及人数多，存在社会性影响，但还是属于劳动关系管理的特定范畴。面对这一不断发展的劳动经济现象，应依据劳动关系处理机制加以解决。

最后，集体谈判最后的边界要由政府规范，将其活动限定在劳动关系机制的范畴内，明确其合法性、外部性影响的标准，形成有疏导、有灵活度、有管制的局面。

3. 集体劳动关系及争议重在初期管理和协调

及时解决争议问题应是处理集体劳动关系的恰当做法，在基层和前期处理解决既有效又经济，负面影响小。在集体劳动争议发生的早期，在争议现场，在企业内部处理，避免矛盾的拖延和扩大化，把争议给就业者和企业造成的损失及负面社会影响降到最低。因此，要为集体劳动关系建立顺畅的协商协调处理机制，发生问题有渠道有规则及时解决。其中，尤其应在有效维护受雇者群体一方的劳动关系平等权益，改善其弱势地位方面，加强制度建设。只有集体劳动关系双方主体有了相对平等的地位，双方的利益诉求和协商才有可能建立相对顺畅的渠道，争议才有可能及时有效地沟通解决。

要实现集体劳动关系的初期管理，雇佣关系双方的有效沟通协商是关键。主管部门发挥引导者和协调者的作用，应确立和承认双方的谈判主体地位，促使双方直接协商谈判，并在其中发挥积极的影响。而对于违反公平和难以谈判解决的争议则履行管理者的角色。

现有的企业劳动调解委员会和调解员制度，应强化其法律地位，加强建设和推行，劳动主管部门在现有基础上，应持续加以扶持和指导，发挥其协调解决集体争议问题的特殊作用。劳动争议仲裁委员会和劳动监察部门应针对集体劳动争议和违反集体协议问题设立单独的处理机制。

4. 建立分层级的集体劳动关系管理体制

国家劳动关系管理体制对集体劳动关系全过程都要加以管理，将其与个体劳动关系同等对待。纳入调解、仲裁、法院判决的机制体系，某一环节的缺失将导致集体争议在某些情况下失控，演变为社会性问题。集体劳动争议本身并非坏事，有序合理地解决问题的行动也是化解争议的正常方法。但如果利益诉求渠道缺失，导致争议外溢成为有社会危害性的群体性事件，则有可能反映出管理体制的漏洞。例如，澳大利亚形成的三个层次的集体谈判管理体系，对于集体劳动关系产生的初期、进程中和争议处理都有完善的制度，既支持争议的解决，又限定了谈判双方的合法行动范围。各层制度完善，而且有效衔接，使集体谈判积极有序地发展。

总之，合理发展、管理有序是澳大利亚集体谈判机制和制度发展的特色，这不同于欧洲工业化国家对于集体谈判中的雇主、工会的自由谈判权的优先设定，而是将集体劳动关系纳入社会经济管理整体中，从而使集体谈判限定于劳动关系的范畴内，减少过于自由带来的社会负面影响。

俄罗斯集体谈判制度研究

20世纪90年代初，随着苏联解体和俄罗斯发生剧变，俄罗斯工会运动受到极大冲击，发生了一系列变化。进入新时期后，以俄罗斯独立工会联合会（在原俄罗斯联邦工会的基础上重组，简称独立工联）为代表的俄罗斯工会进行了一系列改革与探索，其演变过程经历了以下几个阶段：

第一阶段，苏联解体后，工会与政党的关系及其职能逐渐发生较大变化。工会从共产党领导下的群众组织演变为在政治上和组织上完全独立的社会组织。工会从教育、生产、民主参与等职能转变为履行代表权和维权的职能，工会的各项活动围绕维权职能开展。集体谈判成为工会维护劳动者权益的主要手段。

第二阶段，20世纪90年代中期，工会的重组基本完成，形成了以独立工联为主体的多工会并存局面，工会在国家生活中的建设性作用逐步得以加强。

第三阶段，20世纪90年代中期以后，工会运动的主要特点是在进一步巩固前一时期变革的基础上对新时期工会的理论进行了新的探索，对活动机制进行了一系列改革。独立工联把主要力量更多地投入到参与立法和执法监督活动中，推动建立与完善由政府、雇主和工会共同参与的三方协商与合作机制，全面加强工会的代表性与维权职能。

伴随着相关法律的颁布与修订、三方协调机制的建立以及工人运动的转型，俄罗斯集体谈判机制在维护工人权益和保持社会稳定方面发挥着越来越重要的作用。

一、集体谈判立法

早在1918年7月2日，当时的苏联颁布了《确定工资定额（工资率）和劳动条件的集体合同批准程序》，这是第一个有关集体合同的法令。1922年颁布的《俄罗斯联邦劳动法典》第4章和1970年颁布的《苏联和各加盟共和国劳动立法纲要》第2章都对集体合同作了专门规定。

目前，《集体合同和协议法》是俄罗斯国家杜马通过的有关集体谈判和建立社会伙伴关系的重要法律之一。涉及集体谈判和劳动者权益的其他法律还包括《劳动法典》《工会及其权利与活动保障法》《劳动保护法》和《社会保险法》等。

二、集体谈判规则与程序

根据俄罗斯法律规定，集体合同既可以整个企业签订，同时，具有独立法人资格的企业下属单位的工会或其他代表机关，为了保护某些职业劳动者的特殊利益，也可以与资方进行谈判，代表劳动者单独签订合同。在这种情况下，某个企业内部可能签订几个不同的集体合同。此外，考虑到有些企业内同时有若干个工会组织，它们代表不同群体职工的利益，《集体合同法》规定，为了获得劳动者利益的协调一致和便于管理，有若干个工会的企业可成立一个工会联合机构以便同雇主开展谈判并签订统一的集体合同。

集体谈判程序包括以下几方面：（1）谈判准备工作。确定工人和雇主双方参加谈判人员；成立谈判和起草集体合同方案委员会；确定委员会工作计划，如工作时间、地点以及收集必要的材料等。（2）开展谈判。讨论双方提出的合同草案，确定合同框架，逐条讨论协议内容；通过协商解决分歧。（3）审议合同草案。在企业下属各单位对谈判委员会起草的合同草案进行讨论，提出新的建议和修改意见；将合同草案提交全体职工大会或职工代表会议审议通过；批准合同、双方代表签字、确立合同生效条件；向全体职工发布集体合同。

三、集体合同与集体协议

（一）相关法律法规

1.背景情况

俄罗斯通过订立集体合同调整劳动关系的做法始于20世纪20年代，但集体合同在其后很长时间内流于形式。当时，国家通过党的机关选拔和任命企业和工会的领导和干部。集体合同作为唯一的协议形式只能调节很有限的一些问题。改革后，上述状况发生了彻底的改变。由于生产资料所有制的非国有化、国家调节经济的职能被削弱，以及新的工会组织的建立，使得扩大集体合同调节范围与作用显得十分重要。在俄罗斯建立社会伙伴关系体制的过程中，出现了一系列的新问题和新矛盾，如一些新工会组织的出现以及这些新工会与传统工会之间不可避免地发生矛盾，缺乏集体谈判的经验和双方代表的推选机制，各种复杂的社会关系和不完善法制体系。直到 1994 年，俄罗斯才初步建立了新型的社会伙伴关系体制。

2. 立法情况

《集体合同和协议法》于 1992 年颁布，这是俄罗斯首次以法律形式对集体合同作出规定。该法规定了制定、签署和履行集体合同以及就合同开展谈判的原则，确定了协议双方的权利、义务和责任。根据国际劳工组织第 91 号建议书，集体合同指有关劳动与雇佣条件的书面协定，但《集体合同与协议法》将此定义扩展为国家社会经济条件的有关规定，即集体合同指调节雇主与企业、机关、单位、职工之间劳动、社会经济和就业关系的法律文件，确定了集体合同在劳资关系形成方面的调节作用，所有适用的企业必须执行根据法律订立的集体合同。集体合同内容可由双方商定，双方有权自由确定合同框架和双方的义务。虽然双方可自由选择集体合同的内容，但不得违反法律规定，必须遵守国家、行业和地区协议确定的条件，并且不得低于协议提出的各项标准。

目前，集体合同可在所有企业、机关和组织中签订，不受所有制、职工人数和隶属关系的限制。它既可在整个企业范围内订立，也可在具有法人资格的下属单位内订立。

全国的集体协议经俄罗斯联邦政府、俄罗斯工会联合会和俄罗斯雇主联合会谈判后签署，它规定了在俄罗斯联邦推行社会经济政策的总原则。协议的每一方都要制定出一整套属于各自义务的具体措施。行业集体协议则规定各行业部门社会经济发展的方向、劳动条件和劳动报酬，本行业部门职工的社会保险条款等。地区协议则由地方工会联合会、政府和雇主协会经谈判后签署，它主要规定了本地区解决社会经济问题的有关条款。

根据法律规定，参加谈判的各方有选择确定协议内容的自由。社会伙伴关系机制确定的总原则是，行业协议的内容条件不得低于全国协议所规定的社会经济条件，地区协议的条件不能低于行业协议的条件。企业内部的劳动关系可通过劳资双方直接谈判并签署集体合同加以调节，违反法律规定的集体合同内容被视为无效。某一层面的集体合同内容不得低于上一级集体合同、协议所规定的标准和条件。

（二）集体合同与集体协议

1. 集体合同的内容

在俄罗斯实行集体合同初期，合同内容需严格按照规定订立。《关于批准有关工资和劳动条件的集体合同程序》以及《俄罗斯联邦劳动法典》第 8 条都比较详细地规定了订立集体合同的程序和内容。如招收和解雇工人的程序、工时定额、劳动报酬、学徒工待遇等。

《集体合同和协议法》规定了集体合同涵盖的五类内容，包括：

第一类，调节劳动条件的标准和义务，如劳动报酬及其指数化，工作时间与休息时间，职业安全与卫生，特殊工种的福利等。

第二类，保护就业和企业在解雇职工时应提供的特别福利待遇标准，并对其进行转职训练等。

第三类，提供职工生活待遇与服务的相关内容，如交通补助、食堂用餐补助、住房建设等。

第四类，雇主在职工社会保障和医疗保险方面的义务和标准。尽管社会保障法、医疗保险法等相关法律对这些问题有所规定，但是由于它们与企业的生产经营状况密切相关，并且直接影响着职工的福利待遇，因此，双方在集体合同中须包括此领域的内容，并且所商定的标准不得低于法律规定的各项标准。

第五类，有关集体谈判双方和劳动关系方面的内容。如涉及修改和补充集体合同的相关规定，雇主和工会履行合同所应承担的义务等。

在确定集体合同内容时，双方应从雇主的实际财政状况、生产的需要和双方共同关心的问题出发，协商确定合同的内容。根据以往资料，俄罗斯各类所有制企业签署的集体合同都规定了调节劳资双方关系的详尽标准和义务，其中包括，保护就业和解雇时应给予一定补偿的专门条款（如当企业停产和裁减人员编制时），在规定时间内就解雇问题提前通知个人，依法为失业职工发放救济金，为失业者家庭提供物质帮助，为已被企业解雇打算从事个体商业活动的职工提供优惠贷款，提高解聘金标准等。在集体合同中，培训和转业训练也占有很大的比重。

（1）工时与工休

关于工时和工休，集体合同一般都按法律规定加以订立，但是，很多企业都将其细化并作一些补充规定。条件好的企业还为职工提供工时和工休方面更优惠的待遇。如根据一些职工的要求，采用灵活工时和非全日工时制，增加工间休息的次数，提供额外休假等。劳动保护的内容在集体合同中也占有相当重要的地位。

（2）劳动报酬

劳动报酬条款是集体合同中最重要的内容。通常，集体合同中规定劳动报酬的种类、工资等级标准和职务工资标准、奖金和其他物质奖励以及各类不同人员之间的工资差距。对于完成正常工时以外的工作、加班加点、夜班、节假日期间工作的工资津贴等内容在集体合同中也有比较明确的规定。非职工本人原因未完成定额或出现废品时的劳动报酬不得低于法律规定的标准。

（3）社会保障待遇

最近，各类企业签订的集体合同纷纷增加了有关补充社会保障和社会服务的内容，如提高曾经长期在本企业工作职工的企业补充保险金标准，每年为职工提供保健费，为职工家属提供工伤死亡抚恤金，为职工提供上下班交通补助或交通服务，提供托幼场所，提供低价食品等。

自1991年7月28日通过《俄罗斯联邦医疗保险法》后，集体合同中还需要反映雇主为职工提供的医疗保险的情况。根据现行法律，医疗保险包括强制参保和自愿参保两种类型。有关法律对强制参保的险种有明确的规定，自愿性保险是强制保险的补充。按照规定，对于自愿性医疗保险，如与哪家保险公司签订了合同，保险期限、医疗服务种类和保险金额等要在集体合同中有所体现。

（4）劳资谈判

集体合同对劳资谈判的一些程序性问题也作出了规定。比如，列出专门的条款规定，雇主必须为工会（职工代表）提供用于谈判和监督协议执行情况的场所和信息，并允许工会代表在工作时间参加工会的活动。

（5）按照最新修改的法律增加的集体合同内容

根据联合国经济和社会理事会《经济、社会和文化权利国际公约》缔约国对公约执行情况的定期报告，俄罗斯于2006年签署了“关于对《俄罗斯联邦劳动法》进行修改和补充”的法律，具体修改和补充的新内容包括：

——确定了签订定期劳动合同和合同生效后扩大了的适用范围。

——纳入了免试上岗人员，此类人员中包括正在抚养不满1岁半小孩的妇女。

——补充条款还详细规定了中止劳动合同的程序。

——明确了超过正常工作时间的工作属于超时工作和非规定工作日条件下的工作类型。

——恢复了准许在特殊情况下未经劳动者同意可让其参加超时工作的规定。

——除了禁止用酒类饮品、毒品、毒药和其他各类有害物质、武器、弹药等物品作为工资发放外，现在还禁止用债券、借据、流通债券和息票顶替工资。

——引入了“按职业技能类别支付的基准劳动报酬水平”的新概念，规定了工资标准、固定工资（职务工资）和基础工资（基础职务工资），以及按劳动者职业技能类别支付的基准工资额不得低于最低劳动报酬的标准。

——规定如果定期劳动合同在妇女怀孕期间到期，雇主应根据劳动者的要求将劳动合同的期限在扣除其法定孕产假期后予以延长。

2. 集体合同的有效期

集体协议有效期一般不得超过3年，但考虑到经济和社会因素的影响，集体合同（协议）的有效期通常为1年。由于通过集体谈判签订集体合同的过程既漫长，又充满着各种问题和争议，费时费力，所以企业管理层都不想年复一年地在集体谈判上耗费过多的精力。一些企业在这方面积累了丰富的经验，通常它们在订立有效期为3年的集体合同时直接在合同中写明标准和条件（如雇用和解聘程序、就业和职业培训问题、工时与休假、对老职工的奖励以及需每年修改的标准，包括劳动报酬、工资指数、劳动条件津贴等）。这种做法可以使企业随时对产生变化的内部与外部生产条件制定应对措施。

3. 集体合同的登记与执行情况的监督

俄罗斯法律规定，已签署的集体合同须送交联邦劳动部地方劳动部门登记备案。集体合同的双方共同对合同执行情况进行监督。一般情况下，每年一次或在合同规定的期限内由签订合同的代表向全体职工大会汇报合同履行情况。为有效实施监督，双方应互相提供相关信息。劳动部及各级地方劳动部门有责任对集体合同的执行情况进行监督。

违反集体合同相关规定的企业管理层要承担经济责任、行政责任或刑事责任，职工个人违反集体合同的也要追究其相应责任。

4. 劳动合同订立的最新特点

根据2010年联合国经济和社会理事会《经济、社会和文化权利国际公约》缔约国对公约执行情况的定期报告，俄罗斯通过了新的《俄罗斯联邦劳动法》，该法旨在保障劳动者和雇主的利益平衡，促进劳动力就业的稳定性并逐步取代“非正式的”劳动关系，提高登记就业率，将失业率降到最低。新的《俄罗斯联邦劳动法》规定，提高协调劳动关系首先要巩固和加强工会与雇主的协同关系。该法在显著加强个体劳动合同作用方面做了规定，扩大了定期个体劳动合同的适用范围，简化了雇主（在对劳动者权益给予必要保障的条件下）解除劳动合同的程序，扩大了直接通过合同解决问题的范围。

通过个别协调订立个体劳动合同成为劳动者直接参与确定劳动条件和劳动报酬、明确劳动职能的性质和内容、履行劳动职能的特定条件和劳动者所需的业务素质以及加强劳动激励机制的基本方法。

四、集体劳动争议处理与三方协调机制

（一）集体劳动争议处理机制

目前，俄罗斯在集体劳动争议处理方面的主要法律依据是1991年5月20日颁布的《集体劳动争议处理程序》和同年发布的《关于社会伙伴关系和劳动争议处理》。新的法律草案正在拟订过程中。现行法律对争议的双方、工人代表组织形成的程序、争议的起因与调解争议的程序作出了明确的规定。工人可以就重新作出规定或改变现有劳动和生活条件、签署和履行集体合同以及其他协议等问题提出要求。提出的要求须在职工全体代表大会上通过并以书面形式提交企业管理方，管理方必须审议工人的要求并书面作出答复。如果工人对答复不满意，可以由调解委员会和劳动仲裁机构解决。法律允许罢工，由劳动集体委员会作出罢工的决定。法庭判定罢工的合法性，若罢工属于非法，则要求立即停止。

《集体劳动争议处理程序》还对集体劳动争议处理作出了补充规定，内容包括国家和行业三方委员会可以参加集体劳动争议处理，委员会有权审查争议的原因、提出解决办法、监督集体协议的执行情况。按照相关法律规定，成立了集体劳动争议处理局。该局在劳动部的指导下开展工作，并协调三方委员会的工作，配合地方劳动部门、雇主协会和工会开展工作。劳动争议处理局的职能是：对劳动争议案件进行备案登记，研究争议

发生的原因，分析并提出预防和解决争议的建议，参与实施建议，向政府主管部门通报争议情况，组织调解和仲裁，检查双方代表的授权委托书以及双方提出的要求所具有的代表性。

（二）三方协调机制

三方协调机制由两部分组成，一是政府、雇主和工人代表组成的三方委员会，二是集体协议制度。三方委员会包括国家、地方、行业和企业层面的委员会。集体协议制度分三级，最高一级是政府、工会和雇主签订的总协议；其次是产业工会与政府和雇主签订的产业三方协议，以及各联邦主体的工会分会同联邦主体政府签订的地方三方协议。最低一级是企业工会和雇主签订的集体协议。

1. 全国三方协调机制

根据第45号俄罗斯联邦总统令，1992年1月24日成立了俄罗斯调控社会劳动关系三方委员会。三方委员会的工作职责参照1999年5月1日颁布的“关于俄罗斯调控社会劳动关系三方委员会”第92号联邦法令执行。根据该法令第3条第1款，委员会的主要任务是调控社会劳动关系和协调各方社会经济利益。

根据该法令第1条第1款，委员会由全俄工会联合会、全俄雇主联合会和俄联邦政府的代表组成。这些代表构成了委员会的相应各方。委员会以公开表决方式对决议作出决定。委员会以少数服从多数的方式独立作出决定，并且必须在三方中的每一方以表决的方式通过决定后才视为有效。

三方委员会的主要任务是签署两年一度的总协议（1995年以前为年度协议）。协议涉及主要的劳工和社会问题，如最低工资、工资拖欠问题、社会保障、最低生活保障等。协议大部分内容涉及政府的方针政策和有关法律规定，强调三方共同努力致力于发展“面向社会的市场经济”，保证国家的经济发展，鼓励投资，提高人民生活水平，减少通胀等。

根据《集体合同和协议法》，全国三方委员会负责起草总协议并监督各级三方协议的执行。三方委员会还负责调解集体劳动纠纷，以及地方和产业协议中出现的分歧。俄罗斯联邦劳动部负责协调和解决与执行全国协议有关的所有问题，监督协议的执行情况，并对行业协议做登记备案。俄罗斯联邦各地区的工作则由相应的地方劳动部门负责。企业签订的集体合同必须到当地劳动部门登记备案。

俄罗斯调控社会劳动关系三方委员会的工作实践表明，社会伙伴各方的意见以及联邦政府、全俄雇主联合会和全俄工会联合会各方的协调工作正在产生积极的成果，并对形成更加稳定的社会关系起到促进的作用。

2. 地方三方协商机制

随着俄罗斯联邦政府的权力下放，三方协商机制在地方的运作越来越受到关注。工会组织也逐渐把工作重心转向地方三方机构。俄罗斯联邦由89个联邦主体组成。联邦政府是国家权力的最高执行机关，各联邦主体政府在政策、法律和预算上相对独立于联邦政府。目前，各联邦主体基本都建立了本地区的三方委员会和集体协议制度，三方机制已成为地方政府的一个重要组成部分。

地方三方委员会的职责作用是负责起草并监督执行三方协议，协调社会劳动关系，完善劳动立法，负责集体谈判，参加调解劳动纠纷，如提出相关的建议、推荐协调员和专家、提名仲裁机构等。

3. 产业三方协商机制

俄罗斯几乎每个产业都签订了产业协议，但多数协议只有工会和政府两方参加。由于产业协议中很多条款针对性较强，在内容上比总协议更加具体，因此产业协议对工会十分重要。但在订立产业协议时，雇主和政府在工资和工作条件等重大劳动问题方面十分谨慎，如对于工资的具体标准，协议通常只提供一些参考数据。

参考文献

1. 常凯. 中国劳动关系报告——当代中国劳动关系的特点和趋向. 北京：中国劳动社会保障出版社，2009

2. 常凯. 劳动关系学. 北京：中国劳动社会保障出版社，2005

3. 常凯. 劳权论——当代中国劳动关系的法律调整研究. 北京：中国劳动社会保障出版社，2004

4. 常凯. 劳动法. 北京：高等教育出版社，2011

5. 常凯. 关于罢工合法性的法律分析——以南海本田罢工为案例的研究. 战略与管理. 2010 (9/10)

6. 常凯. 罢工立法问题的若干思考. 学海. 2005 (4)：43－55

7. 程延园. 集体谈判制度研究. 北京：中国人民大学出版社，2004

8. 董宝华. 劳动关系调整的法律机制. 上海：上海交通大学出版社，2000

9. 葛少英. 我国罢工立法问题初探. 法商研究. 中南政法学院学报. 1996 (3)：34－37

10. 黄河涛等. 经济全球化与中国劳动关系的重建. 北京：社会科学文献出版社，2007

11. 黄庆华. 试议市场经济条件下公民的罢工权利. 法学探索. 1995 (3)：3

12. 何平等译. 工业化市场经济国家集体谈判. 北京：中国劳动社会保障出版社，1992

13. 贺然. 论中国罢工权的缺失与法治原则的矛盾及其解决办法. 兰州学刊. 2007 (6)：112－113

14. 降蕴彰. 理性对待法治解决——常凯谈劳资集体争议的处理. 经济观察报，2010－06－14

15. 江永众，章群. 国外劳资关系实践、理论与启示. 管理现代化.

2010（4）

16. 刘燕斌. 世界劳动保障. 北京：中国劳动社会保障出版社，2001

17. 刘燕斌. 市场经济国家集体谈判决定工资机制及其借鉴. 国际工运. 1995（3）

18. 刘亚妮. 国外劳动争议处理机制及评析. 求实. 2006（1）

19. 李凌云. 工会缺位与立法缺失下的罢工行为. 社会观察. 2009（1）：31—32

20. 马永堂. 澳大利亚的工资分配制度. 中国劳动. 2003（3）

21. 秦中忠，赵雪飞. 健全劳动争议调解机构当有新思路. 工人日报，2006—05—30

22. 乔健. 发展和壮大工会组织的必要性与必然性分析——来自美国大萧条时代劳工政策的启示. 劳动关系. 2009（4）

23. 乔健. 中国特色的三方协调机制：走向三方协商和社会对话的第一步. 中国人力资源开发研究会劳动关系分会第二届年会暨学术研讨会论文集. 2010—01—09

24. 汝信等. 2011 年中国社会形势分析与预测. 北京：社会科学文献出版社，2011

25. 宋晓梧. 产权关系与劳动关系. 北京：企业管理出版社，1995

26. 宋晓梧. 中国社会体制改革 30 年回顾与展望. 北京：人民出版社，2008

27. 宋晓梧. 中国收入分配：探究与争论. 北京：中国经济出版社，2011

28. 宋晓梧. 民生在勤，勤则不匮——宋晓梧谈民生. 北京：中国友谊出版社，2010

29. 宋晓梧. 我国收入分配体制研究. 北京：中国劳动社会保障出版社，2005

30. 宋晓梧等. 中国社会保障制度建设 20 年. 郑州：中州古籍出版社，1998

31. 宋湛. 集体协商与集体合同. 北京：中国劳动社会保障出版社，2008

32. 苏颖霞，李星光. 试论德国劳动法律制度. 理论导刊. 2001（2）

33. 石美霞. 劳动关系国际比较. 北京：中国劳动社会保障出版社，

2010

34. 史尚宽. 劳动法原论. 台北：正大印书馆，1978

35. 史探径. 中国劳动争议情况分析和罢工立法问题探讨. 法学研究. 1999（6）：47—56

36. 陶建国. 德国集体合同制度及其纠纷解决机制. 中国劳动关系学院学报. 2009，23（3）

37. 王霞. 国外集体谈判实践对我国的启示. 调研参考. 2011（6）

38. 王益英. 外国劳动法和社会保障法. 北京：中国人民大学出版社，2001

39. 卫民，许海峰. 劳资关系：平衡效率与公平. 台北：前程文化事业有限公司，2006

40. 许日华. 澳大利亚劳动就业立法评析. 中国劳动. 2010（11）

41. 宜冰等. 以集体谈判化解劳资矛盾"井喷". 今晚报，2009—08—30（13）

42. 姚先国等. 工会在劳动关系中的作用. 中国劳动关系学院学报. 2009，23（1）

43. 尹蔚民. 纪念人力资源和社会保障事业改革开放 30 年文集. 北京：中国人事出版社，2009

44. 易定红. 欧洲劳动关系（共性卷）. 北京：中国劳动社会保障出版社，2009

45. 于冠华. 西方工资集体谈判制度之比较. 天津市工会管理干部学院学报. 2011，19（1）

46. 伊夫，徐多. 亲历一次罢工谈判. 新民周刊. 2010（32）：36—39

47. 张小磊等. 企业工会主席多不是民主选举. 羊城晚报，2010—07—03

48. 张金孝. 论罢工权在我国面临的困境及其解决. 法制与社会. 2009（12）（下）：377

49. 张俊华等. 劳动关系比较研究. 北京：中国社会科学出版社，2010

50. 张锐，郑莉. 全国工资集体合同覆盖企业 150.9 万家　逾亿职工受益. 工人日报，2011—11—10

51. 张喜亮. 工会在集体合同制度中的角色. 劳动法学通讯. 1997

(2)

52. 张峻峰，丁赛尔，张锋. 国外企业经济性罢工处理机制研究. 北京：中国劳动社会保障出版社，2011

53. 张胜辉. 希克斯工资谈判模型对我国工资集体协商的启示. 职大学报. 2009（4）：111－113

54. 郑爱青. 试述法国对罢工的法律调整及关于我国罢工立法的思考. 工会与集体合同制度研究. 2005（12）

55. 郑刚. 德国与丹麦集体协议及其立法. 人民法院报，2004－09－10

56. 赵德淳. 关于我国罢工现象的立法思考. 财经问题研究. 1999（1）：79－81

57. 朱健. 集体谈判制度在国外. 中国劳动保障. 2008（4）

58. 我国经济体制改革面临的形势和任务，深入学习实践科学发展观活动领导干部学习文件选编. 北京：中央文献出版社，2008

59. 人力资源和社会保障部政策研究司编. 人力资源和社会保障部重大政策研究课题报告集，2009

60. 国际劳工组织. 国际劳工公约和建议书，1994

61. 沃尔夫冈·多依布勒，何旺翔. 德国劳动法的基本架构及其在全球化影响下的发展前景. 中德法学论坛. 2006（4）

62. Detlev Joost. 德国劳动法之体系与基本原理. 大连海事大学学报（社会科学版）. 2010，9（2）

63. 第十届中国人文社会科学论坛就业民生与可持续发展文集，中国人民大学劳动人事学院主办，2010 年 6 月

64. 欧盟委员会. 2010 欧盟产业关系. 欧盟出版社，2011，http：//europa. eu

65. 哈里·C. 卡茨，托马斯·A. 科钱，亚历山大·J. S. 科尔文著. 集体谈判与产业关系概论. 李丽林，吴清军译. 大连：东北财经大学出版社，2010

66. 香港《工会条例》

67. 劳动争议统计调查年报，厚生劳动省大臣官方统计情报部劳动福祉统计课，2007

68. 澳大利亚《1996 工作场所法》

69. 印度《1947 年产业争议法》

70. 菲律宾《劳动法典》

71. 越南 2002 年《劳动法典》

72. 美国 1947 年《劳资关系管理法》

73. 爱尔兰 1941 年《工会法》

74. 俄罗斯 2004 年《劳动法典》

75. 英国 1992 年《工会与产业关系（团结）法》

76. 美国 1935 年《国家劳工关系法》

77. 南非 1995 年《劳动关系法》

78. Judge Annelie Marquardt，GERMANY：Collective agreements，XIVth Meeting of European Labour Court Judges，Paris，4 September 2006.

79. Germany：Industrial relations profile（2008），the European Industrial Relations Observatory on-line，http：//www. eurofound. europa. eu/eiro/country/germany. htm.

80. the European Industrial Relations Observatory.

81. http：//www. eurofound. europa. eu/emire/GERMANY/JOINT-DISPUTERESOLUTIONAGREEMENT-DE. htm

82. John T. Addison，Andr Pahnk，Alex Bryson，Lutz Bellmann，Paulino Teixeira，The State of Collective Bargaining and Worker Representation in Germany：The Erosion Continues，Discussion Paper No. 5030，Institute for the Study of Labor（Forschungsinstitut zur Zukunft der Arbeit），June 2010.

83. Reinhard Bispinck，Heiner Dribbusch and Thorsten Schulten，German Collective Bargaining in a European Perspective：Continuous Erosion or Re-Stabilisation of Multi-Employer Agreements? WSI Discussion Paper No. 171，（Wirtschafts-und Sozialwissenschaftliches Institut in der），August 2010.

84. Arabella Stewart & Mark Bell et al. "The Right to Strike：A Comparative Perspective. A study of national law in six EU states"，the Institute of Employment Right.

85. ILO，Your voice at work，Global report under the follow-up to

the ILO Declaration on Fundamental and Rights at Work, International Labour Conference, 88th session, 2000.

86. L. J. Perry, "Lockout and Strike: Some Comments on the Experience of Australia", Australian Bulletin of Labour, 2006; 32, 1; p74—102.

87. Masewicz W., "Lokaut jako pojecie i instytucja prawna", Praca i Zabezpieczenie Spoleczne, No 12, 1992

88. Swiatkowski A., "Lokaut (Studium stosunków przemyslowych)", Studia z zakresu prawa pracy, Kraków, 1996.

89. Chris Briggs, "Lockout Law in Australia: Into the Mainstream?", Acirrt working paper 95, University of Sydney, 2004.

90. Statistics on industrial disputes, closures, retrenchments and layoffs in India during the year 2005, 2006, 2007, Labour Bureau Government of India.

91. Annual survey of violations of trade union rights, 2007. International Trade Union Confederation.

92. The Labour Relations Act, 2011, Manitoba, Canada.

编后语

集体谈判是代表雇员和雇主利益的团体之间的决策过程，是市场经济国家劳资双方确定劳动条件和处理劳资关系的有效机制。工业化和市场经济是集体谈判产生发展的经济社会基础，劳资双方利益的矛盾和冲突，孕育并推动了集体谈判的发展。集体谈判自19世纪末产生以来，作为调整劳资关系的有效机制，在改善劳动者的劳动条件、调节劳资关系、缓解劳资冲突、保护劳资双方的合法权益等方面发挥了举足轻重的作用。

改革开放以来，我国集体协商制度是伴随着我国工业化进程和劳动力市场机制的建立和完善而产生和发展的。随着劳动制度改革的不断深入和劳动法律体系的建立和发展，以《工会法》《劳动法》为代表的保障集体协商制度有效运行的法律框架已经建立。目前，我国已经形成以企业集体合同为主体、以区域性行业性集体合同为补充的集体合同制度框架，初步建立了以工会和职工代表与企业或企业组织平等协商为特征的集体劳动关系调整机制。集体协商制度在建立和谐劳动关系进而构建和谐社会过程中发挥了至关重要的作用。

当前及今后一个时期，随着我国经济发展方式的转变、劳动力供求双方主体结构的变化以及劳动力市场供求关系的变化，劳动关系将处于一个复杂和多变的时期，构建和谐劳动关系依然任重而道远。在构建和谐劳动关系过程中，深入研究和借鉴市场经济国家集体谈判的做法经验具有非常积极的意义。

鉴此，2010年年底，中国经济体制改革研究会委托人力资源和社会保障部国际劳动保障研究所开展国外集体谈判机制及其借鉴研究，旨在通过深入研究国外集体谈判机制的各个主要方面，提出完善我国集体协商制度的建议。一年来，课题组的同志从我国的实际需要出发，重点研究了国外集体谈判的产生与发展、谈判的立法和国际标准、谈判的主体、谈判的规则和程序、谈判的内容、集体争议的处理以及政府的职能作用等重大问题，并提出了借鉴国际经验完善我国集体协商制度的建议。经过课题组同志一年多时间的辛勤努力，“国外集体谈判机制及其借鉴研究”终于完成了预定的研究任务并付梓出版。我衷心希望这项研究成果能够为广大劳动者和工会组织、企业和企业组织、政府有关部门、从事劳动关系研究和教学的工作者以及关心劳动关系问题的同志起到参考作用。

课题组成员主要由人力资源和社会保障部国际劳动保障研究所的科研骨干组成。刘燕斌为课题组负责人，对课题的研究思路、基本框架、主要内容进行了设计，并对全部稿件进行了审定。第一章国外集体谈判概述及发展趋势，由赵永生撰写；第二章国外集体谈判立法研究，由张锋撰写；第三章国外集体谈判的主体研究，由李明甫撰写；第四章国外集体谈判的主要内容研究，由杨洋撰写；第五章国外集体谈判的程序、规则与层级研究，由陈玉萍撰写；第六章国外集体劳动争议处理机制研究，由周宵撰写；第七章国外罢工和闭厂研究，由丁赛尔撰写；第八章国外公共服务部门集体谈判研究，由车红霞撰写；第九章国外集体谈判中政府的作用研究，由马永堂撰写；第十章借鉴国际经验完善我国集体协商机制，由刘燕斌撰写；美国集体谈判制度研究、法国集体谈判机制研究，由徐寒撰写；德国集体谈判制度研究、澳大利亚集体谈判机制研究，由李宗泽撰写；英国集体谈判机制研究，由陈玉萍撰写；瑞典集体谈判机制研究，由丁赛尔撰写；俄罗斯集体谈判机制研究，由孟彤撰写。张玉杰、侯增艳重点研究了集体协议并进行了中外集体谈判机制比较研究。周书学、车红霞做了周到的科研组织工作；徐寒、马玉红做了大量编辑和文字处理工作。

在研究过程中，中国经济体制改革研究会宋晓梧会长对课题的思路框架、研究重点和内容设计提出了重要指导意见；张昌鸣副会长、漆畅青博士对课题研究给予了热情帮助和大力支持。中国人民大学劳动关系研究所所长常凯教授、人力资源和社会保障部法规司副司长余明勤博士对课题研究提出了重要意见。在此我代表课题组对各位领导、专家、学者的热情指导和大力支持表示衷心的感谢。课题组的各位同志在研究过程中，翻译、查阅了大量文献资料、进行了深入的分析思考和潜心研究，付出了辛勤劳动。中国人力资源和社会保障出版集团的仲艳平、黄霞同志为本书策划和编辑出版做了大量工作。在此，我亦对他们的辛勤工作和贡献表示深深的谢意。

刘燕斌

2012 年 5 月